D1692102

ESV

Bearbeitungs- und Prüfungsleitfäden
der Internen Revision

Outsourcing in Kreditinstituten

Regulatorische Vorgaben – erfolgreiche
Umsetzung – effektive Prüfung

Herausgegeben von

Michael Berndt

Mit Beiträgen von

Axel Becker, RA Frank A. Brogl, Olaf Feldhahn,
Nicolas Kleemann, Reinhard Pabst,
Michael Plaumann-Ewerdwalbesloh, Jens Prößer,
Stephan M. Schader, Andreas Serafin,
RA Holger Stabenau

ERICH SCHMIDT VERLAG

Bibliografische Information der Deutschen Bibliothek
Die Deutsche Bibliothek verzeichnet diese Publikation in der Deutschen
Nationalbibliografie; detaillierte bibliografische Daten sind im Internet über
dnb.ddb.de abrufbar.

Weitere Informationen zu diesem Titel finden Sie im Internet unter
ESV.info/978 3 503 11633 1

Lizenzausgabe des Werkes
„Outsourcing in Kreditinstituten"
Mit freundlicher Genehmigung
© Finanz Colloquium Heidelberg, Heidelberg, 2009

Alle Rechte an dieser Ausgabe vorbehalten
© Erich Schmidt Verlag GmbH & Co., Berlin 2009
www.ESV.info

ISSN 1866-4520
ISBN 978 3 503 11633 1

Gesamtherstellung: City-Druck, Heidelberg

Inhaltsübersicht

Vorwort des betreuenden Herausgebers ... 1

A. Aufsichtsrechtliche Dimension des Outsourcing – Entwicklung und Inhalt der regulatorischen Vorgaben *(Brogl)* ... 3

B. Etablierung einer Outsourcing-Organisation im auslagernden Institut *(Brogl)* ... 35

C. Formen des Outsourcing – Charakteristische Unterschiede der Dienstleister – Formale Konsequenzen *(Brogl)* ... 61

D. Festlegung des auszulagernden Bereichs einschließlich der Risikoanalyse *(Kleemann/Serafin)* ... 81

E. Vertragliche Dokumentation des Outsourcing *(Stabenau)* ... 131

F. Umsetzung des Outsourcing-Projektes *(Feldhahn/Pabst)* ... 177

G. Steuerung, Überwachung und Kontrolle des Outsourcing *(Feldhahn/Pabst)* ... 195

H. Outsourcing als Prüfungsobjekt der Internen Revision *(Becker)* ... 239

I. Ausgewählte Aspekte der Prüfungspflichten der Internen Revision bei wesentlichen Auslagerungen *(Plaumann-Ewerdwalbesloh)* ... 279

J. Praxisbericht – Geschäftspolitische Dimension des Outsourcing *(Prößer/Schader)* ... 317

Literaturverzeichnis ... 353

Inhaltsverzeichnis

Vorwort des betreuenden Herausgebers 1

A. **Aufsichtsrechtliche Dimension des Outsourcing – Entwicklung und Inhalt der regulatorischen Vorgaben** 3

    I. Entwicklung der regulatorischen Grundlagen 5
        1. Regulatorische Ursprünge auf nationaler Ebene (KWG und Outsourcingrundschreiben des BAKred) 5
        2. Entwicklungen auf Europäischer Ebene (CEBS-Leitlinien und MiFID) 6
            2.1. CEBS-Leitlinien zum Outsourcing 6
            2.2. MiFID 6
        3. Interdependenzen der regulatorischen Grundlagen für Auslagerungen auf europäischer und deutscher Ebene 7

    II. MaRisk nebst Gegenüberstellung der Anforderungen des CEBS und des BaKred-Rundschreibens 11/2001 9
        1. MaRisk (jeweils soweit bzgl. Auslagerungen relevant) 9
        2. Gegenüberstellung BAKred-Rundschreiben 11/2001 und MaRisk AT 9 Tz. 1 – 9 13
        3. Gegenüberstellung CEBS-Guidelines und MaRisk nebst Einfluss auf das Outsourcingmanagement der Institute in Deutschland 14

    III. Implikationen der Outsourcing-Regeln (§ 25a KWG und MaRisk) 17
        1. Grundsätzliche (Un-) Zulässigkeit von Auslagerungen 17
            1.1 Materielle (Un-) Zulässigkeit 17
            1.2. Formale (Un-) Zulässigkeit 18
        2. Wesentliche Auslagerungen – aufsichtsrechtliche Abgrenzung zu »nicht wesentlichen« Auslagerungen und Konsequenzen 19
        3. Sonstige institutstypische Dienstleistungen 23

	4.	Auslagerungsentscheidung bzw. Entscheidungsprozess und Checkliste für Beschlussvorlagen	25
	5.	Überwachungs- und Steuerungserfordernisse bei bestehenden Auslagerungen	28
	6.	Konsequenzen bei Verstößen gegen den Pflichtenkatalog für Auslagerungen – Eingriffsbefugnisse der Aufsicht und Sanktionsmöglichkeiten	31

B. Etablierung einer Outsourcing-Organisation im auslagernden Institut — **35**

    I. Festlegung einer Outsourcing-Strategie — 37
        1. (Gesamt-) Verantwortung des Geschäftsleitung — 37
        2. Risikostrategie bezüglich Auslagerungsrisiken — 38

    II. Aufbauorganisatorische Weichenstellungen für Auslagerungen — 42
        1. Interne Organisation des Outsourcingmanagements/ »Organisationsrichtlinie Auslagerungen« — 42
        2. Mindestinhalte einer »Organisationsrichtlinie Auslagerungen« — 46
        3. Checkliste zum Mindestinhalt der »Organisationsrichtlinie Auslagerungen« — 56
        4. Struktur der »Organisationsrichtlinie Auslagerung« — 57
        5. Struktureller Aufbau einer »Organisationsrichtlinie Auslagerung« — 59

C. Formen des Outsourcing – Charakteristische Unterschiede der Dienstleister – Formale Konsequenzen — **61**

    I. Ausgründung (gesellschaftsrechtliche Lösung) — 63
        1. Definition »Ausgründung« — 63
        2. Ausprägungen der Ausgliederung und aufsichtsrechtliche Folgen (Spin-Off, Split-Off, Outtasking, Offshoring, Nearshoring) — 64
    II. Mehrmandantendienstleister (schuldrechtliche Lösung) — 65

		1.	Definition »Mehrmandantendienstleister«	65
		2.	Aufsichtsrechtliche Konsequenzen bei Auslagerungen an Mehrmandantendienstleister (zulässige formale Erleichterungen)	67
	III.	Zentralbankfunktionen (verbundorganisatorische Lösung)		67
		1.	Definition »Zentralbankfunktion«	67
		2.	Aufsichtsrechtliche Konsequenzen bei »Zentralbankfunktionen«	69
	IV.	Sonstiger Fremdbezug		70
		1.	Definition »Sonstiger Fremdbezug«	70
		2.	Aufsichtsrechtliche Konsequenzen bei »Sonstigem Fremdbezug«	73
	V.	Gruppen-/konzerninterne Auslagerungen		74
	VI.	Varianten von Auslagerungsverhältnissen und Kombinationsmodelle der Formen des Outsourcings		76

D. Festlegung des auszulagernden Bereichs einschließlich der Risikoanalyse — **81**

	I.	Wesentlichkeitskonzeption		83
		1.	Gegenstand	83
		2.	Einrichtung eines institutsspezifischen Auslagerungsprozesses und die Ableitung der Auslagerungsentscheidung	84
		3.	Einrichtung eines Risikoanalyseprozesses	90
			3.1. Vorliegen einer Auslagerung	92
			3.2. Auslagerbarkeit	95
			3.3. Risikoanalyse	97
			3.4. Änderung der Risikosituation	106
	II.	Ausgestaltung der Risikoanalyse zur Bestimmung der Wesentlichkeit		108
		1.	Ableitung einer Risikoanalyse: Qualitative Bestimmung der Wesentlichkeit	108
			1.1. Gegenstand	108

		1.2.	Beispielhafte Ausgestaltung der qualitativen Risikoanalyse	114
	2.	Risikoanalyse: Quantitative Bestimmung der Wesentlichkeit		116
		2.1.	Gegenstand	116
		2.2.	Beispielhafte Ausgestaltung der quantitativen Risikoanalyse	122
	3.	Zweistufige Risikoanalyse		124
III.	Fazit und Empfehlung zur Bestimmung der Risikoanalyse			126

E. Vertragliche Dokumentation des Outsourcing — **131**

I.	Vorüberlegungen bei der Gestaltung von Outsourcing-Verträgen			133
	1.	Allgemeine Überlegungen und Regelungsgehalt		133
	2.	Spannungsverhältnis wegen langer Laufzeit		134
	3.	Umsatzsteuerbefreiung (teilweise) möglich?		135
		3.1.	Umsatzsteuerorganschaft	135
		3.2.	Umsatzsteuerbefreiungsvorschriften	136
	4.	Vorüberlegungen zur Zusammenstellung des Verhandlungsteams		137
II.	Bearbeitungsliste für den jeweiligen Fachbereich			138
	1.	Einleitung und allgemeine Hinweise		138
		1.1.	Einzubeziehende Fachbereiche	138
		1.2.	Rechtliche Vorgaben für die Vertragsgestaltung	139
		1.3.	Rechtsnatur von Outsourcing-Verträgen	140
		1.4.	Vertragsstruktur	142
	2.	Rahmenvertrag		144
		2.1.	Formalien	144
		2.2.	Beschreibung der vom Auslagerungsunternehmen geschuldeten Leistung	148
		2.3.	Vergütungsregelungen	153
		2.4.	Spezifisch aufsichtsrechtliche und sonstige gesetzlich geforderte Regelungen	155

		2.5.	Schlechtleistung, Eskalationsmechanismus, außerordentliche Kündigung	159
		2.6.	Kündigungsregelung	162
		2.7.	Schlussbestimmungen	166
	3.	Service Level Agreements		170
		3.1.	Bezugnahme auf den Rahmenvertrag	170
		3.2.	Sonstige Angaben	170
		3.3.	Beschreibung des Leistungssolls des Dienstleisters	170
	4.	Gegebenenfalls Kauf- und/oder Übertragungsvertrag		171
		4.1.	Einleitung	171
		4.2.	Definition der vom Auslagerungsunternehmen zu übernehmenden Vermögensgegenstände	172
		4.3.	Übernahme von Verträgen	172
		4.4.	Kaufpreis und Umsatzsteuer	172
		4.5.	Betriebsübergang	173
III.	Checkliste für den Prüfer			174
	1.	Einleitung und allgemeine Hinweise		174
	2.	Prüfungsleitfaden		174

F. Umsetzung des Outsourcing-Projektes 177

I.	Anpassung der Prozesse		179
	1.	Welche internen Prozesse sind durch die Auslagerung betroffen?	179
	2.	Anpassung vor Leistungsübergang	179
	3.	Anpassung nach Leistungsübergang	180
	4.	Neue Tätigkeiten für den Dienstleister	180
	5.	Optimierung und Rückbau von internen Prozessen nach Auslagerung	180
II.	Test		180
	1.	Pilotierung, Verprobung	180
	2.	Servicelevel und Qualitätstest	181
	3.	Backup	183

	III.	Überführung (zeitlicher Ablauf)		185
		1. Aufbau einer Dienstleistersteuerung (DLS)		185
		2. Kommunikationsmodell		185
		3. Phasen des Übergangs und des Betriebes		187
		4. Servicelevel im Leistungsübergang		192
		5. Kontinuierlicher Verbesserungsprozess – Optimierung		194

G. Steuerung, Überwachung und Kontrolle des Outsourcing 195

	I.	Einbindung in das Risiko-Management		197
		1. Dienstleistersteuerung		197
			1.1. Legitimation aus § 25 a (2) KWG und der AT 9 der MaRisk	197
			1.2. Aufbau einer Dienstleistersteuerung modellhaft und in der Praxis	198
		2. Integration der Dienstleistersteuerung in bestehende Risikomanagement-Systeme		205
		3. Kontrollsystem		206
			3.1. Identifizierung und Bewertung von Risiken	206
			3.2. Kontrollziele	210
			3.3. Kontrollen	214
		4. Aktive Dienstleistersteuerung		221
		5. Steuerungsgremien		221
		6. Subunternehmer		223
	II.	Laufendes Management		225
		1. Vertragsmanagement		225
			1.1. Wie werden neue Leistungen definiert oder Leistungen geändert?	225
			1.2. Wie werden aufsichtsrechtliche Anforderungen umgesetzt?	227
		2. Anweisungs- oder Auftragsmanagement		228
		3. Budgetmanagement		229
		4. Leistungsmanagement		231
			4.1. Wie können Leistungen kontrolliert werden?	231

			4.2.	Reporting	232
		5.		Leistungsstörungen	233
		6.		Eskalation	235
		7.		Vertragsende, Vertragswechsel, Insourcing	236

H. Outsourcing als Prüfungsobjekt der Internen Revision — 239

	I.	Einleitung			241
	II.	Beurteilung des Outsourcings aus strategischer Sicht			243
		1.	Begriff des Outsourcings		244
		2.	Bedeutung des Outsourcings vor dem Hintergrund der Geschäftsstrategie		247
		3.	Chancen und Risiken des Outsourcings		248
		4.	Checkliste »Strategische Aspekte« beim Outsourcing		250
	III.	Mitwirkung und Prüfungstechnik bei Outsourcing-Prüfungen			251
		1.	DIIR- Standard zur Projektrevision		252
		2.	Einbindung der Internen Revision bei Outsourcing Projekten		253
		3.	Klassische Systemprüfungen		259
		4.	Revisionsseitige Beratung in Einzelfällen		261
		5.	Checkliste Prüfungstechnik Outsourcing		262
	IV.	Outsourcing als Prüfungsfeld der Internen Revision			267
		1.	Gesetzliche und bankaufsichtliche Anforderungen		267
		2.	Wesentliche und unwesentliche Auslagerungen		268
			2.1.	Anforderungen bei unwesentlichen Auslagerungen	269
			2.2.	Anforderungen bei wesentlichen Auslagerungen	270
			2.3.	Checkliste wesentliche und unwesentliche Auslagerungen	271
		3.	Anforderungen an die Risikoanalyse		273
			3.1.	Bestandteile der Risikoanalyse	274
			3.2.	Checkliste Risikoanalyse	275
	V.	Ausblick			277

INHALTSVERZEICHNIS

I. Ausgewählte Aspekte der Prüfungspflichten der Internen Revision bei wesentlichen Auslagerungen   **279**

    I. Einleitung   281

    II. Schnittstellenaspekte der Internen Revisionen des auslagernden Instituts und des Auslagerungsunternehmens   282

       1. Risikoanalyse gemäß MaRisk AT 9, Tz. 2   283

       2. Festlegung und Abgrenzung von Auslagerungs- und Revisionsgegenstand   286

       3. Steuerung und Überwachung in den auslagernden Instituten: Koordination von Interner Revision, Fachabteilungen und Auslagerungscontrolling   291

       4. Zusätzliche Einzelaspekte: Strategie und Notfallkonzept   293

       5. Abstimmungs- und Vereinheitlichungsbedarf zwischen auslagernden Instituten und ihren Revisionen   293

    III. Prüfungspflichten und -formen bei wesentlichen Auslagerungen   295

       1. Prüfungspflichten der Internen Revision   295

       2. Formen der Ausübung der Revisionsfunktion bezogen auf das Auslagerungsunternehmen   296

       3. Formen der anderweitigen Durchführung der Revisionstätigkeit gemäß MaRisk   298

       4. Auslagerungsunternehmen mit eigenem, internen Revisionsbereich   299

           4.1. Funktionsfähigkeit der Internen Revision   299

           4.2. Mögliche Informationsquellen zur Beurteilung der Funktionsfähigkeit der Internen Revision   305

           4.3. Weitere Aspekte der Beurteilung der Internen Revision des Auslagerungsunternehmens   309

       5. Durchführung anderweitiger Revisionstätigkeiten durch einen externen Dienstleister   312

           5.1. Mögliche Vor- und Nachteile   313

           5.2. Funktionsfähigkeitsprüfung und ausgewählte weitere Aspekte   314

	IV.	Fazit	316
J.	Praxisbericht – Geschäftspolitische Dimension des Outsourcing		317
	I.	Veränderte externe und interne Rahmenbedingungen als Ausgangspunkte von Outsourcing-Projekten	319
		1. Durchführung einer strategischen Analyse zur Untersuchung der Ausgangssituation	320
		2. Analyse und Prognose der externen Rahmenbedingungen	321
		3. Analyse und Prognose der internen Rahmenbedingungen	323
	II.	Die Vision des »erlebbaren Qualitätsführers für unsere Kunden« als gemeinsame Basis für eine Radikalkur in der Produktions- und Steuerungsbank	326
		1. Entwicklung der Vision und konsequente Ausrichtung des strategischen Handelns	327
		2. Ansätze zur strukturellen Veränderung der Wertschöpfungskette	332
		3. Partnershipbanking als die Lösung der Volksbank Dreieich eG	334
	III.	Betriebswirtschaftliche Überlegungen aus Sicht der Volksbank Dreieich eG	339
		1. Betriebswirtschaftliche Motive für Auslagerungen	339
		2. Zentrale Modelle vs. Regionale Bündelung	342
		3. Vorteilhaftigkeit des Regionalen Service Centers	345
Literaturverzeichnis			**353**

Vorwort des betreuenden Herausgebers

Die deutsche Finanzdienstleistungsbranche befindet sich in einem substantiellen Wandel und steht, nicht zuletzt bedingt durch die Finanzmarktkrise, vor massiven Umbrüchen.

Geschäftsmodelle, Wertschöpfungsketten mit tendenziell hoher Fertigungstiefe und einzelne Geschäftsprozesse werden zunehmend kritisch hinterfragt. Dabei wird das Outsourcing von Geschäftsbereichen verstärkt als Alternative zum Status quo wahrgenommen.

Neben dieser strategischen und geschäftspolitischen Dimension bedingt die Neuausrichtung der Outsourcing-Vorschriften im Rahmen der MaRisk, dass die Möglichkeiten des Outsourcings verstärkt in den Fokus der Banken und Sparkassen rücken. Durch den prinzipien- und gleichzeitig risikoorientierten aufsichtsrechtlichen Rahmen wird die Eigenverantwortung der Institute gestärkt.

Die vorliegende Ausgabe der Bearbeitungs- und Prüfungsleitfäden mit dem Titel »Outsourcing von Geschäftsbereichen« zielt darauf, die im Zusammenhang mit Outsourcing-Maßnahmen stehenden Fragestellungen systematisch zu erörtern und zu operationalisieren.

Im nachfolgenden Band kommen die in ihren Instituten verantwortlichen Praktiker aus genossenschaftlichen Zentral- und Einzelinstituten und der Sparkassenorganisation ebenso zu Wort, wie die Experten aus Rechtsberatung und Prüfungsgesellschaft.

Die Darstellung erfolgt in jedem Kapitel anhand eines erläuternden Textes, dem eine Aufbereitung in Checklistenform folgt. Dadurch erhält der Leser ohne großen Aufwand konkrete Vorschläge für Handlungsweisen und -abfolgen.

Inhaltlich ist der Band wie folgt strukturiert:

Im ersten Abschnitt werden die aufsichtsrechtlichen Vorgaben in ihren Implikationen für Auslagerungsentscheidungen und bestehende Auslagerungen thematisiert.

Es folgt die Beschreibung der Etablierung einer Outsourcing-Organisation im auslagernden Institut als zentrale Weichenstellung sowohl hinsichtlich der Schaffung einer Auslagerungsstrategie als auch hinsichtlich der aufbauorganisatorischen Ausgestaltung.

VORWORT DES BETREUENDEN HERAUSGEBERS

Der Abschnitt »Formen des Outsourcing« behandelt die charakteristischen Unterschiede der unterschiedlichen Dienstleister und leitet die daraus entstehenden formalen Konsequenzen ab.

Die Behandlung der »Festlegung der auszulagernden Bereiche« gibt wertvolle Hinweise zur gebotenen Risikoanalyse dieser Bereiche für das Institut und stellt in diesem Zusammenhang eine »Wesentlichkeitskonzeption« für Auslagerungen vor.

Eine zentrale Bedeutung im Rahmen von Auslagerungsvorhaben nehmen die vertraglichen Regelungen des Outsourcing ein, die in einem eigenen Abschnitt behandelt werden.

Die konkreten Herausforderungen bei der Umsetzung des eigentlichen Outsourcing-Projekts sowie die Steuerung, Überwachung und Kontrolle des Outsourcing stehen im Mittelpunkt eigener Kapitel. Darin werden Impulse zur Einbindung in das Risikomanagement sowie zur Gestaltung und zu den Aufgaben des Dienstleistermanagements gegeben.

Outsourcing als Prüfungsobjekt der Internen Revision sowie ausgewählte Aspekte der Prüfungspflichten der Internen Revision bei wesentlichen Auslagerungen sind zwei komplementäre Beiträge, die die Relevanz des Outsourcing aus Sicht der Internen Revision und konkrete praktische Prüfungshinweise an der Schnittstelle zwischen auslagerndem Institut und Auslagerungsunternehmen aufzeigen.

Abschließend folgt ein Praxisbericht der Planung und Durchführung eines Outsourcingvorhabens aus Sicht einer Regionalbank.

Das Buch richtet sich an die Mitarbeiter in Banken und Sparkassen, die sich mit dem Thema Outsourcing sowohl grundsätzlich befassen als auch konkret mit der Handhabung von Auslagerungen in den unterschiedlichen Funktionen befasst sind. Weiterhin werden externe und interne Revisoren, Mitarbeiter der Bankenaufsicht, Studierende und Kollegen der verschiedenen Bildungseinrichtungen angesprochen.

März 2009   Michael Berndt

A.

Aufsichtsrechtliche Dimension des Outsourcing – Entwicklung und Inhalt der regulatorischen Vorgaben

A. Aufsichtsrechtliche Dimension des Outsourcing – Entwicklung und Inhalt der regulatorischen Vorgaben

I. Entwicklung der regulatorischen Grundlagen

1. Regulatorische Ursprünge auf nationaler Ebene (KWG und Outsourcingrundschreiben des BAKred)

Allgemeine gesetzliche Basis der aufsichtsrechtlichen Bewertung einer jeden Outsourcingmaßnahme eines Instituts ist § 25a KWG (»Besondere organisatorische Pflichten von Instituten«). Diese Norm wurde im Rahmen der sechsten KWG-Novelle in das Kreditwesengesetz (KWG) eingefügt. Schon damals unterteilte der Gesetzgeber die Vorgaben, indem § 25a Abs. 1 KWG zunächst Grundsätzliches für die ordnungsgemäße Geschäftsorganisation regelte. Sobald allerdings **Auslagerungen** vorgenommen werden, gewinnt seither der § 25a Abs. 2 KWG zusätzlich an Bedeutung, wobei nicht jede Auslagerung den »Outsourcing-Spezialregelungen« unterfällt (s. u. a. Abgrenzungen gemäß »Wesentlichkeit«; III., 3.).

1

Wie vielfach im Aufsichtsrecht festzustellen, waren auch die gesetzlichen Auslagerungsvorgaben nur allgemeiner Art und auslegungsfähig bzw. ausfüllungsbedürftig. Dies nahm die damalige Aufsichtsbehörde, das **Bundesaufsichtsamt für das Kreditwesen (»BAKred«)** zum Anlass, die aus ihrer Sicht angebrachte **Interpretation mittels einem Rundschreiben** den Instituten zur Kenntnis zu geben. Jedoch stießen schon die ersten Entwürfe dieses Rundschreibens in der Praxis auf breite Kritik, so dass sich der Konsultationsprozess des Rundschreibens über mehrere Jahre hinzog. Erst am 6. Dezember 2006 veröffentlichte das BAKred das **Rundschreiben 11/2001** »Auslagerung von Bereichen auf ein anderes Unternehmen gemäß § 25a Abs. 2 KWG«, das fortan als »**Outsourcingrundschreiben**« bezeichnet wurde. Trotz des hohen Detaillierungsgrades dieses Rundschreibens bedurfte es zahlreicher weiterer Abstimmungen mit der Bankenaufsicht, um aus Instituts- wie auch aus Aufsichtssicht für die Vielzahl und Vielfalt der in der Praxis festzustellenden Auslagerungsmaßnahmen angemessene Lösungen zu finden. Nicht zuletzt das wachsende Verständnis für die Auslagerungspraxis gab in der Folgezeit Anlass, das o. g. Outsourcingrundschreiben mehrfach zu ergänzen bzw. abzuändern.

2

2. Entwicklungen auf Europäischer Ebene (CEBS-Leitlinien und MiFID)

2.1. CEBS-Leitlinien zum Outsourcing

3   Parallel mit der fortlaufenden Diskussion und Weiterentwicklung des Verständnisses und der Regelungen zum »Bankenoutsourcing« in Deutschland wuchs auf europäischer Ebene das Bestreben, diesbezüglich zur europaweiten Harmonisierung beizutragen. Im Jahre 2002 begannen die europäischen Bankenaufseher mit der Entwicklung von allgemeinen Konvergenzkriterien für Auslagerungen. Das **Committee of European Banking Supervisors (CEBS)** stellte im April 2004 ein Arbeitspapier mit dem Titel »Consultation Paper on High Level Principals on Outsourcing« zur Konsultation. In weiten Zügen ähnelte es dem »Outsourcingrundschreiben« des BAKred (s. o. 1.). Daher war in den anderen europäischen Staaten, die teilweise bis dahin noch gar keine Diskussion zu diesem Themenkomplex geführt hatten, wesentlich mehr Überraschung über diese CEBS-Aktivität festzustellen als in Deutschland. Aber auch in Deutschland wurde Kritik an dem Konsultationspapier laut, denn eine ganze Reihe der den praktischen Bedürfnissen der Institute entgegenkommenden Rahmenvorgaben wurden im CEBS-Papier vermisst; andererseits erweckte CEBS den Eindruck, zusätzliche Hürden aufbauen zu wollen. Noch in der Konsultationsphase sahen sich Vertreter der deutschen Bankenaufsicht zu der Äußerung veranlasst, dass die in Deutschland vor dem Hintergrund des BAKred-Rundschreibens 11/2001 gelebte Verwaltungspraxis keine Änderung erfahren müsse. Vielmehr sei das Gedankengut des CEBS-Rundschreibens bereits national gelebte Praxis. Diese Aussage sollte sich später jedoch als nur bedingt belastbar erweisen (s. u. a. 3.). Nach einer weiteren Konsultationsfassung im April 2006 (»Standards on Outsourcing«) veröffentlichte das CEBS sodann noch im Dezember desselben Jahres die finale Fassung seiner Outsourcing-Leitlinien (**»Guidelines on Outsourcing«** vom 14.12.2006).

2.2. MiFID

4   Während das europäische Komitee der Bankenaufseher (CEBS) o. g. Leitlinien erarbeitete, befassten sich die europäischen Gremien für das Wertpapiergeschäft (u. a. das Committee of European Securities Regulators; »CESR«) mit der Überarbeitung der Wertpapierdienstleistungsrichtlinie. Wohl deswegen, weil kaum jemand erwartete, dass eine Novellierung im Bereich der Wertpapieraufsicht auch die übergreifende Thematik »Auslagerungen« aufgreift, blieb

bei den mit allgemeinem Bankaufsichtsrecht befassten Stellen eher unbemerkt, dass sich dennoch diesbezügliche Auswirkungen anbahnten. Letztlich wurden zwar im Kern keine gravierend neuen Ausrichtungen vorgegeben. Dennoch enthielt die finale Fassung der **Finanzmarktrichtlinie (»MiFID«: Markets in Financial Instruments Directive; ABl. EU Nr. L 145, S. 1 ff.)** nebst deren Durchführungsrichtlinie (ABl. EU L 241/26 vom 2.9.2004, S. 26 ff.) einige Verfeinerungen, die im Anschluss den deutschen Gesetzgeber veranlassten, die KWG-Vorschriften zum Outsourcing anzupassen. Dazu zählt besonders die Erweiterung des Kreises der relevanten Auslagerungen auch auf »… Aufgaben, die für die kontinuierliche und zufrieden stellende Erbringung bzw. Ausübung von Dienstleistungen für Kunden und Anlagetätigkeiten ausschlaggebend sind …« (Art. 13 Abs. 5 Finanzmarktrichtlinie) sowie die ausdrückliche Reportingpflicht des Dienstleisters bei Entwicklungen, welche die Ordnungsmäßigkeit der Dienstleistung beeinträchtigen können (Art. 14 Durchführungsrichtlinie). Die speziellen Ausführungen betreffend der »Dienstleister in einem Drittstaat« (Art. 15 Durchführungsrichtlinie) wurden zwar nicht ausführlich ins deutsche KWG übernommen (dort werden für diese Fälle nur »geeignete Vorkehrungen« im Interesse der Kontrollrechte der BaFin verlangt). Die Wegweisungen der Durchführungsrichtlinie für grenzüberschreitende Auslagerungen können zumindest jedoch hinreichend bei der allgemeinen Beurteilung Einzug finden, ob die jeweilige Auslagerung ordnungsgemäß gestaltet ist und gemanagt wird (vgl. III., 1.). Aus formaler Sicht ist andererseits hervorzuheben, dass in Deutschland – abweichend von den Vorgaben der Durchführungsrichtlinie – u. a. selbst dann keine grundsätzliche Pflicht zur Anzeige der Auslagerung in einen Drittstaat gibt, wenn der Dienstleister nicht der lokalen Finanzaufsicht unterliegt.

3. Interdependenzen der regulatorischen Grundlagen für Auslagerungen auf europäischer und deutscher Ebene

Die vorstehend beschriebenen regulatorischen Grundlagen des Outsourcingmanagements dürfen nicht isoliert voneinander betrachtet werden. Vielmehr wird das Verständnis der jeweils aktuellen nationalen Vorgaben erleichtert, wenn man sich die verschiedenen Entwicklungsstufen, die Zusammenhänge zwischen den einzelnen Regelungen und damit die gegenseitigen Einflüsse vergegenwärtigt. So verwundert nicht, dass die CEBS-»Guidelines on Outsourcing« in weiten Zügen dem früheren BAKred-Outsourcing-Rundschreiben ähneln, wenn man weiß, dass Vertreter der deutschen Bankenaufsicht Mitglieder des CEBS sind und seinerzeit innerhalb der EU nur

Deutschland mit dem Rundschreiben 11/2001 über ein spezielles aufsichtsbehördliches Positionspapier zum Outsourcingmanagement verfügte. Die Finanzmarktrichtlinie (»MiFID«) war allerdings schon vor der Finalisierung der CEBS-Guidelines in Kraft und konnte dort schon ersten Einfluss ausüben. Prägender war die MiFID allerdings für die Neufassung des § 25a Abs. 2 KWG, der seinerseits von der BaFin zum Anlass genommen wurde, die Outsourcingvorgaben neu zu gestalten und in die MaRisk aufzunehmen (s. II.). Auch wenn damit das BAKred-Outsourcing-Rundschreiben aufgehoben wurde, lebt ein Teil des Geistes dieses Rundschreibens in den bislang noch unveränderten CEBS-Guidelines on Outsourcing weiter. Letztlich können diese »Guidelines« insbesondere über die Spielräume, welche die MaRisk belässt, weiter Einfluss auf die deutsche Auslagerungspraxis behalten. Der Gesamtzusammenhang der o. g. regulatorischen Grundlagen für Auslagerungen und deren Interdependenzen ist in der folgenden Grafik zusammengefasst.

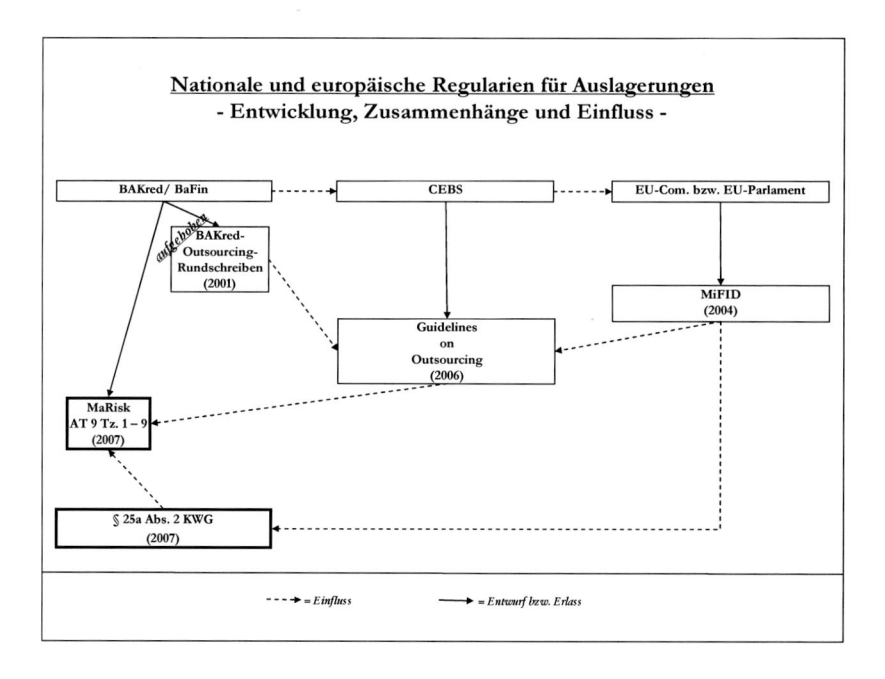

Nationale und europäische Regularien für Auslagerungen
- Entwicklung, Zusammenhänge und Einfluss -

```
BAKred/ BaFin  ------>  CEBS  ------>  EU-Com. bzw. EU-Parlament
    |
    | aufgehoben
    v
BAKred-
Outsourcing-
Rundschreiben
(2001)                                      MiFID
                                            (2004)
                    Guidelines
                        on
                    Outsourcing
                      (2006)
MaRisk
AT 9 Tz. 1 – 9
(2007)

§ 25a Abs. 2 KWG
(2007)
```

---> = Einfluss   ⟶ = Entwurf bzw. Erlass

II. MaRisk nebst Gegenüberstellung der Anforderungen des CEBS und des BaKred-Rundschreibens 11/2001

Die BaFin nahm die aus ihrer Sicht beachtlichen Vorgaben für »wesentliche Auslagerungen« (s. III., 2.) in die Neufassung der »**Mindestanforderungen an das Risikomanagement – MaRisk**« (Rundschreiben 2/2007 vom 30.10.2007) auf. Die MaRisk haben wie die meisten Rundschreiben der Bankenaufsicht norminterpretierenden Charakter. Letztendlich bleibt aber § 25a KWG die entscheidende Grundlage für die Beurteilung von Auslagerungsmaßnahmen und etwaige Anordnungen der BaFin. Die für Auslagerungen relevanten Ausführungen sind an verschiedenen Stellen in den MaRisk zu finden und werden hier im Folgenden zusammengestellt.

1. MaRisk (jeweils soweit bzgl. Auslagerungen relevant)

MaRisk AT 1 Vorbemerkung

AT 1 Tz. 1: Dieses Rundschreiben ... präzisiert ... die **Anforderungen an eine ordnungsgemäße Geschäftsorganisation für die ausgelagerten Aktivitäten und Prozesse nach § 25a Abs. 2 KWG**. Das Risikomanagement im Sinne dieses Rundschreibens umfasst unter Berücksichtigung der Risikotragfähigkeit insbesondere die Festlegung angemessener Strategien sowie die Einrichtung angemessener interner Kontrollverfahren. ... Das Rundschreiben zielt insofern vor allem auf die Einrichtung angemessener institutsinterner Leitungs-, Steuerungs- und Kontrollprozesse ab. ...

AT 1 Tz. 3: Durch das Rundschreiben wird zudem über § 33 Abs. 1 des Gesetzes über den Wertpapierhandel (WpHG) in Verbindung mit § 25a Abs. 1 KWG Art. 13 der Richtlinie 2004/39/EG (Finanzmarktrichtlinie) umgesetzt, soweit diese auf Kreditinstitute und Finanzdienstleistungsinstitute gleichermaßen Anwendung findet. Dies betrifft die ... **Anforderungen zur Geschäftsleiterverantwortung gemäß Art. 9 sowie an Auslagerungen gemäß Art. 13 und 14 der Richtlinie 2006/73/EG (Durchführungsrichtlinie zur Finanzmarktrichtlinie)**. Diese Anforderungen dienen der Verwirklichung des Ziels der Finanzmarktrichtlinie, die Finanzmärkte in der Europäischen Union im Interesse des grenzüberschreitenden Finanzdienstleistungsverkehrs und einheitlicher Grundlagen für den Anlegerschutz zu harmonisieren.

MaRisk AT 3 Gesamtverantwortung der Geschäftsleitung

9   AT 3 Tz. 1: Alle Geschäftsleiter (§ 1 Abs. 2 KWG) sind, unabhängig von der internen Zuständigkeitsregelung, für die ordnungsgemäße Geschäftsorganisation und deren Weiterentwicklung verantwortlich. Diese **Verantwortung bezieht sich unter Berücksichtigung ausgelagerter Aktivitäten und Prozesse auf alle wesentlichen Elemente des Risikomanagements.** Die Geschäftsleiter werden dieser Verantwortung nur gerecht, wenn das Risikomanagement ihnen ermöglicht, die Risiken zu beurteilen und die erforderlichen Maßnahmen zu ihrer Begrenzung zu treffen.

MaRisk AT 4 Strategien sowie Aufbau- und Ablauforganisation

10 AT 4.2 Strategien Tz. 1: Die Geschäftsleitung hat eine Geschäftsstrategie und eine dazu konsistente Risikostrategie festzulegen. Bei der Ausarbeitung der Risikostrategie sind die in der Geschäftsstrategie niederzulegenden Ziele und Planungen der wesentlichen Geschäftsaktivitäten sowie die **Risiken wesentlicher Auslagerungen (AT 9 Tz. 2) zu berücksichtigen**. ...

11 AT 4.3.1 Aufbau- und Ablauforganisation: Prozesse sowie die damit verbundenen Aufgaben, Kompetenzen, Verantwortlichkeiten, Kontrollen sowie Kommunikationswege sind klar zu definieren und aufeinander abzustimmen. Das gilt auch bezüglich der **Schnittstellen zu wesentlichen Auslagerungen**.

MaRisk AT 5 Organisationsrichtlinien

12 AT 5 Tz. 3: Die Organisationsrichtlinien haben vor allem Folgendes zu beinhalten:

   a) Regelungen für die Aufbau- und Ablauforganisation sowie zur Aufgabenzuweisung, Kompetenzordnung und den Verantwortlichkeiten,

   ...

   e) Regelungen zu **Verfahrensweisen bei wesentlichen Auslagerungen**.

MaRisk AT 7.3 Notfallkonzept

13 AT 7.3 Tz. 1: Für Notfälle in zeitkritischen Aktivitäten und Prozessen ist Vorsorge zu treffen (Notfallkonzept). ... Im Fall der Auslagerung von zeitkritischen Aktivitäten und Prozessen haben das auslagernde Institut und das Auslagerungsunternehmen über aufeinander abgestimmte Notfallkonzepte zu verfügen.

MaRisk AT 9 Outsourcing

AT 9 Tz. 1: Eine **Auslagerung** liegt vor, wenn ein anderes Unternehmen mit der Wahrnehmung solcher Aktivitäten und Prozesse im Zusammenhang mit der Durchführung von Bankgeschäften, Finanzdienstleistungen oder sonstigen institutstypischen Dienstleistungen beauftragt wird, die ansonsten vom Institut selbst erbracht würden.

AT 9 Tz. 2: Das Institut muss auf der Grundlage einer Risikoanalyse **eigenverantwortlich festlegen, welche Auslagerungen von Aktivitäten und Prozessen unter Risikogesichtspunkten wesentlich sind** (wesentliche Auslagerungen). Die maßgeblichen Organisationseinheiten sind bei der Erstellung der Risikoanalyse einzubeziehen. Im Rahmen ihrer Aufgaben ist auch die Interne Revision zu beteiligen. Soweit sich wesentliche Änderungen der Risikosituation ergeben, ist die Risikoanalyse anzupassen.

AT 9 Tz. 3: **Bei unter Risikogesichtspunkten nicht wesentlichen Auslagerungen sind die allgemeinen Anforderungen an die Ordnungsmäßigkeit der Geschäftsorganisation gemäß § 25a Abs. 1 KWG zu beachten.**

AT 9 Tz. 4: **Grundsätzlich sind alle Aktivitäten und Prozesse auslagerbar, solange dadurch die Ordnungsmäßigkeit der Geschäftsorganisation gemäß § 25a Abs. 1 KWG nicht beeinträchtigt wird.** Die Auslagerung darf nicht zu einer Delegation der Verantwortung der Geschäftsleitung an das Auslagerungsunternehmen führen. Die Leitungsaufgaben der Geschäftsleitung sind nicht auslagerbar. Besondere Maßstäbe für Auslagerungsmaßnahmen können sich ferner aus spezialgesetzlichen Regelungen ergeben, wie z. B. bei Bausparkassen hinsichtlich der Kollektivsteuerung.

AT 9 Tz. 5: **Das Institut hat bei wesentlichen Auslagerungen im Fall der beabsichtigten Beendigung der Auslagerungsvereinbarung Vorkehrungen zu treffen, um die Kontinuität und Qualität der ausgelagerten Aktivitäten und Prozesse auch nach Beendigung zu gewährleisten.**

AT 9 Tz. 6: **Bei wesentlichen Auslagerungen ist im Auslagerungsvertrag insbesondere Folgendes zu vereinbaren:**

　a) Spezifizierung und gegebenenfalls Abgrenzung der vom Auslagerungsunternehmen zu erbringenden Leistung,

　b) Festlegung von Informations- und Prüfungsrechten der Internen Revision sowie externer Prüfer,

　c) Sicherstellung der Informations- und Prüfungsrechte sowie der Kontrollmöglichkeiten der Bundesanstalt für Finanzdienstleistungsaufsicht,

d) soweit erforderlich Weisungsrechte,

e) Regelungen, die sicherstellen, dass datenschutzrechtliche Bestimmungen beachtet werden,

f) angemessene Kündigungsfristen,

g) Regelungen über die Möglichkeit und über die Modalitäten einer Weiterverlagerung, die sicherstellen, dass das Institut die bankaufsichtsrechtlichen Anforderungen weiterhin einhält,

h) Verpflichtung des Auslagerungsunternehmens, das Institut über Entwicklungen zu informieren, die die ordnungsgemäße Erledigung der ausgelagerten Aktivitäten und Prozesse beeinträchtigen können.

20 AT 9 Tz. 7: **Das Institut hat die mit wesentlichen Auslagerungen verbundenen Risiken angemessen zu steuern und die Ausführung der ausgelagerten Aktivitäten und Prozesse ordnungsgemäß zu überwachen.** Dies umfasst auch die regelmäßige Beurteilung der Leistung des Auslagerungsunternehmens anhand vorzuhaltender Kriterien. Für die Steuerung und Überwachung hat das Institut klare Verantwortlichkeiten festzulegen.

21 AT 9 Tz. 8: **Soweit die Interne Revision vollständig ausgelagert wird, hat die Geschäftsleitung einen Revisionsbeauftragten zu benennen,** der eine ordnungsgemäße Interne Revision gewährleisten muss. Die Anforderungen des AT 4.4 und BT 2 sind entsprechend zu beachten

22 AT 9 Tz. 9: **Die Anforderungen an die Auslagerung von Aktivitäten und Prozessen sind auch bei der Weiterverlagerung ausgelagerter Aktivitäten und Prozesse zu beachten.**

MaRisk BT 2.1 Aufgaben der Internen Revision

23 BT 2.1 Tz. 3: **Im Fall wesentlicher Auslagerungen auf ein anderes Unternehmen kann die Interne Revision des Instituts auf eigene Prüfungshandlungen verzichten, sofern die anderweitig durchgeführte Revisionstätigkeit den Anforderungen in AT 4.4 und BT 2 genügt.** Die Interne Revision des auslagernden Instituts hat sich von der Einhaltung dieser Voraussetzungen regelmäßig zu überzeugen. Die für das Institut relevanten Prüfungsergebnisse sind an die Interne Revision des auslagernden Instituts weiterzuleiten.

2. Gegenüberstellung BAKred-Rundschreiben 11/2001 und MaRisk AT 9 Tz. 1 – 9

Der Form nach gleichen sich das Outsourcing-Rundschreiben des BAKred und die MaRisk. In beiden Fällen handelt es sich um ein **Rundschreiben der deutschen Bankaufsichtsbehörde mit norminterpretierendem Charakter**. Bei der Norm, zu der die Bankenaufsicht auf diese Weise ihre Auffassung verdeutlicht, dreht es sich jeweils um § 25a KWG (bezüglich Auslagerungen: insbes. § 25a Abs. 2 KWG). Und obwohl diese gesetzliche Grundlage zwischenzeitlich aufgrund der neuen Finanzmarktrichtlinie bereits einer Erneuerung unterzogen wurde (s. I.2.2.), sind die Grundgedanken, die die deutsche Bankenaufsicht mit diesen speziellen Auslagerungsvorgaben verdeutlichen will, unverändert geblieben. Im Wesentlichen wurden nur die Schwerpunkte verschoben.

So verzichten die MaRisk vor allem auf Detailregelungen, die man noch im Rundschreiben 11/2001 finden konnte (z. B. die damalige Auflistung der »nicht wesentlichen Bereiche«). Dafür wird jedoch die Bedeutung des Managements der outsourcing-spezifischen Risiken einschließlich dem Erfordernis der Risikoanalysen hervorgehoben (s. Kapitel D). Aber auch hierin sollten keine gravierenden Unterschiede zu sehen sein. Innerhalb der durch die MaRisk belassenen Spielräume kann das Institut durchaus noch die Wegweisungen aus dem früheren Outsourcing-Rundschreiben einbeziehen; es muss diese heute lediglich entsprechend der – schon immer bestehenden – Eigenverantwortlichkeit des Instituts bei Bedarf in die institutsindividuellen Überlegungen einbeziehen, eigens abwägen, eigene Rückschlüsse daraus ziehen und dies dokumentieren. Auch wird wohl kaum behauptet werden, dass vor Neufassung der MaRisk auf Risikoanalysen vollständig verzichtet wurde; solche Überlegungen gehörten schon zuvor zu den grundlegenden Aspekten eines ordnungsgemäßen Risikomanagements. Allerdings werden die MaRisk-Vorgaben nunmehr vielfach Anlass sein, dass die Institute den Risikoanalyseprozess stärker strukturieren, standardisieren und dokumentieren. Auch die BaFin ging davon aus, dass sich **durch die MaRisk vom Oktober 2007 substantiell nicht viel geändert** hat. Dies verdeutlichte sie unter anderem damit, dass sie grundsätzlich keinen Anlass sah, für »Altfälle« (Auslagerungen, die bereits vor der Neufassung der MaRisk vollzogen waren) eine neue Risikoeinschätzung vorzunehmen[1].

---

1   BaFin-Begleitschreiben BA 17-K 3106-2007/0010 zum Rundschreiben 5/2007 vom 30.10.2007.

26 Dass vielfach geäußert wird, mit den neuen MaRisk sei die **Möglichkeit, Kreditentscheidungen auszulagern,** erweitert worden, sollte nicht überbewertet werden. Vielmehr war es auch schon zuvor möglich, einem Dritten die »Entscheidung« zu überlassen, wenn diesem hierfür möglichst konkret die **entscheidungserheblichen Aspekte vorgegeben** wurden. Und auch heute wird man die Vergabe eines sich als Risikoposition des Instituts auswirkenden Kredites nichts ins freie Belieben eines externen Dritten stellen können.

3. Gegenüberstellung CEBS-Guidelines und MaRisk nebst Einfluss auf das Outsourcingmanagement der Institute in Deutschland

27 Mit den im Dezember 2006 veröffentlichten Leitlinien für Auslagerungen des CEBS (»Guidelines on Outsourcing«; s. I.2.1.) sollte der fehlenden Harmonisierung im Zusammenhang mit Auslagerungen von Kreditinstituten entgegengewirkt werden. Diese Leitlinien haben noch heute Gültigkeit und zielen darauf ab, innerhalb der EU ein angemessenes Maß an Konvergenz im Rahmen der Aufsichtspraxis zu fördern. Sie haben streng formal betrachtet keine unmittelbare Wirkung für die einzelnen Institute, insbesondere keinen Regelungs- oder Verpflichtungscharakter. Da allerdings **§ 25a Abs. 2 KWG interpretationsfähig** ist, wird die **Möglichkeit des Einflusses durch solche Leitlinien** eröffnet. Die BaFin hat zwar die aus ihrer Sicht angebrachte Norminterpretation zu § 25a KWG **mittels der MaRisk** kundgetan. Damit wurde gleichzeitig **national die grundsätzliche Entscheidung getroffen,** wie die für die Aufsicht in Deutschland zuständige Behörde gedenkt, die Wegweisungen der CEBS-Leitlinien in Deutschland umzusetzen. Da **allerdings auch die MaRisk prinzipienorientiert** sind und somit ihrerseits **Entscheidungsspielräume für die jeweiligen Einzelfälle** lassen, bleibt ein letztes – wenn auch kleineres – Einfallstor für die Erwartungshaltung des CEBS. Im Folgenden werden die für die Praxis wesentlichen inhaltlichen Unterschiede zwischen den CEBS-Leitlinien und den MaRisk dargestellt wie auch die Teilaspekte des Outsourcingmanagements, auf die diese Einfluss haben können.

Wesentliche Outsourcing-Management-Aspekte	Unterschied zwischen CEBS-Outsourcingleitlinien und MaRisk-2007	Möglicher Einfluss auf das Outsourcingmanagement der Institute in Deutschland
Aufsichtliche Erlaubnis (»Banklizenz«)	Nach den CEBS-Leitlinien nur zwingend für das auslagernde Institut	Berücksichtigung bei der Auswahl des Dienstleisters
Konzentrationsrisiko	in den CEBS-Leitlinien auch im Zusammenhang mit Auslagerungen hervorgehoben	Berücksichtigung im Rahmen der institutsindividuellen Risikoanalyse
Gestaltung/ Inhalt des Auslagerungsvertrages	CEBS-Leitlinien enthalten wesentlich detailliertere Vorgaben, insbes.: ▪ Dokumentation der Leistungsanforderungen muss geeignet sein, die Geeignetheit des Dienstleisters zu beurteilen ▪ Recht zur Kündigung muss auch für den Fall bestehen, dass die Aufsichtsbehörde eine solche verlangt ▪ Kündigungsregelung soll nicht nur schlichte Vertragsbeendigung sondern vor allem kontinuitäts- und qualitätssichernde Rückführung der Tätigkeit auf das Instituts oder Übertragung zu einem anderen Dienstleister ermöglichen ▪ Sicherstellung der Einhaltung des Bankgeheimnisses wird (neben dem allgemeinen Vertraulichkeitsschutz) ausdrücklich genannt	Berücksichtigung bei der konkreten Ausgestaltung des Auslagerungsvertrages (bei Bedarf/in Abhängigkeit der konkreten Dienstleistung)

	• Zutrittsrecht der Compliance-Abteilung wird ausdrücklich gefordert (neben den vergleichbaren Rechten der Internen Revision) • Konkretisierung, dass der Aufsichtsbehörde Zugang zu Daten und Räumen des Dienstleisters möglich sein muss	
Notfallmanagement	CEBS-Leitlinien erwarten, dass zumindest »adäquate Kernkompetenzträger auf oberer Betriebsebene« im Institut verbleiben, um die Wiederaufnahme der direkten Kontrolle über die ausgelagerte Tätigkeit zu ermöglichen	Berücksichtigung im Rahmen der Aufbauorganisation, des Kontrollmanagements und/oder der Notfallvorkehrungen
Auslagerungsstrategie	CEBS-Leitlinien erwarten ausdrücklich, dass diese auch die »nicht wesentlichen« Auslagerungen einbezieht	Berücksichtigung im Rahmen der institutsindividuellen Strategie- bzw. Organisationsvorgaben

28 Vorstehende Auflistung zeigt, dass sich die Erwartungshaltung des CEBS von den MaRisk-Vorgaben der BaFin nahezu nur dadurch unterscheiden, dass die **CEBS detailliertere Ausführungen** macht, **ohne aber grundlegend andere Wege zu gehen**. Als Ausnahme davon fällt die Vorgabe auf, dass neben der Internen Revision auch die Compliance-Abteilung Zutrittsrechte haben soll. Dieser ergänzenden Vorgabe hat sich die BaFin bisher nicht offen angeschlossen. Allerdings wird für ausgelagerte Tätigkeiten, welche in den Überwachungsbereich der Compliance-Abteilung fallen, schon grundsätzlich erwartet werden können, dass die Compliance-Funktion uneingeschränkt fortgeführt werden kann. Inwieweit dafür unmittelbarer Zugang erforderlich ist oder die Ordnungsmäßigkeit auch anderweitig sichergestellt werden kann, wird in jedem Einzelfall und letztlich in Abhängigkeit davon, wie im Institut die »Compliance-Funktion« definiert ist, zu beurteilen sein. Wie die CEBS-Guidelines im

Gesamtzusammenhang der aufsichtlichen Vorgaben und damit deren Einfluss auf die gegenwärtig geltenden Regeln zu beurteilen ist, wurde grafisch bereits unter I.3. dargestellt.

III. Implikationen der Outsourcing-Regeln (§ 25a KWG und MaRisk)

1. Grundsätzliche (Un-) Zulässigkeit von Auslagerungen

1.1 Materielle (Un-) Zulässigkeit

Weder § 25a KWG noch die MaRisk sprechen für Auslagerungen ein prinzipielles Verbot aus. Vielmehr soll es der Geschäftsleitung eines Instituts grundsätzlich überlassen bleiben, in welcher Art, in welcher Form und in welchem Umfang auf externe Unterstützung zurückgegriffen wird[2]. Die Zulässigkeit einer Auslagerungsmaßnahme muss sich jedoch jeweils an den generellen Rahmenvorgaben nach § 25a KWG – teils konkretisiert durch die Ausführungen der MaRisk – messen. Die Grenzen der Zulässigkeit sind überschritten, wenn eine Auslagerungs- oder mehrere solcher Maßnahmen in der Gesamtbetrachtung dazu führen, dass

- die Ordnungsmäßigkeit der Geschäftsorganisation gemäß § 25a Abs. 1 KWG beeinträchtigt,
- Leitungsaufgaben der Geschäftsleitung ausgelagert oder sonst
- die Verantwortung der Geschäftsleitung an das Auslagerungsunternehmen delegiert wird.

Zu den – nicht auslagerungsfähigen – Leitungsaufgaben der Geschäftsleitung zählen solche allgemeiner Art, wie die Aufgaben der Unternehmensplanung, -koordination oder -kontrolle und die Besetzung der Führungspositionen und die Aufgaben, die durch Gesetz oder andere Normen (z. B. auch durch institutseigene Satzung[3]) der jeweiligen Geschäftsleitung zugewiesen sind, wie z. B. Entscheidungen über Großkredite (§§ 13 ff. KWG) und Organkredite (§ 15 KWG). Zu den bankaufsichtlich spezialgesetzlichen Maßstäben, die Grenzen für die Zulässigkeit einer Auslagerung setzen, zählen auch die Regelungen des Bausparkassenrechtes (BauSparkG) mit besonderem Blick auf die Verantwortlichkeit für die Steuerung des Bausparkassenkollektivs.

---

2 *Reischauer/Kleinhans,* § 25a KWG Anm. 14.
3 *Reinicke,* Outsourcing in Genossenschaftsbanken, S. 146.

31 Die materielle Unzulässigkeit einer konkreten Auslagerung kann sich allerdings auch aus den faktischen Umständen ergeben, wenn das auslagernde Institut schon anfänglich oder später nicht in der Lage ist, die ausgelagerten Aktivitäten und Prozesse in sein Risikomanagement einzubeziehen[4]. Dies kann zum Beispiel begründet sein mit der mangelnden fachlichen Qualifikation des zur Überwachung und Steuerung der Maßnahme im Institut eingesetzten Personals oder an dem nicht organisierten oder sonst lückenhaften Kommunikationsprozess mit dem Auslagerungsunternehmen. Das gilt nicht zuletzt auch für Weiterverlagerungen und die sodann erhöhten Anforderungen an das Outsourcingmanagement (vgl. u. a. Kapitel C., I., 2.»Offshoring«). Scheitert eine ordnungsgemäße Überwachung und Steuerung allerdings schon daran, dass die dazu nötigen vertraglichen Vereinbarungen fehlen, ist dies ein Aspekt der formalen Unzulässigkeit (s.u. 1.2.).

1.2. Formale (Un-) Zulässigkeit

32 Ist eine Auslagerungsmaßnahme ihrer Art nach materiell zulässig, bedarf es noch einiger formaler Ausgestaltungen der konkreten Auslagerung, damit diese auch aus diesem Blickwinkel die Zulässigkeitsanforderungen erfüllt. Die zentrale Basis hierfür ist ein ordnungsgemäßer schriftlicher Vertrag mit dem Auslagerungsunternehmen, der dem auslagernden Institut angemessene Rechte durchsetzbar sichert und die Überwachung und Steuerung ermöglicht. Dazu zählt insbesondere, dass die Dienstleistung sorgfältig beschrieben und abgegrenzt wird, Instruktions-, Kontroll- und Weisungsrechte in angemessener Form vereinbart und vor allem den für Prüfungen zuständigen Stellen (Interne Revision, Abschlussprüfer und BaFin) hinreichende Zugangs-, Auskunfts- und Prüfungsrechte eingeräumt werden (zu den Mindestinhalten eines Auslagerungsvertrages s. ausführlicher Abschnitt VI). Formale Unzulässigkeit wäre auch gegeben, wenn im Falle einer Weiterverlagerung der Vertrag mit dem »Sub-Dienstleister« nicht lückenlos an die nötigen Vertragsinhalte (insbes. die Rechte des Instituts und der Aufsicht) anknüpft und diese damit nicht in der gesamten Auslagerungskette gelten. Inwieweit die vorgenannten formalen Rechte zur Überwachung und Steuerung dann auch mit Leben gefüllt und tatsächlich wahrgenommen werden, ist sodann wieder ein Aspekt der materiellen Zulässigkeit der konkreten Auslagerung (s. Kapitel E).

---

[4] *Reischauer/Kleinhans*, § 25a KWG Anm. 18.

Für die bloße Unterstützung eines Instituts bei der Durchführung dessen Bank- oder vergleichbarer Geschäfte ist es keine formale Zulässigkeitsvoraussetzung, dass der Dienstleister eine aufsichtliche Erlaubnis besitzt; der Dienstleister ist vielmehr gar nicht als »Betreiber« der nach KWG lizenzpflichtigen Geschäfte anzusehen[5]. Andererseits sind die Grenzen der Zulässigkeit auch dann überschritten, wenn das auslagernde Institut so umfangreich auslagert, dass nur noch eine »virtuelle Bank«[6] übrig bleibt, denn dann wird das Geschäft nicht mehr in dem Unternehmen betrieben, das hierfür die Erlaubnis erhalten hat.

2. Wesentliche Auslagerungen – aufsichtsrechtliche Abgrenzung zu »nicht wesentlichen« Auslagerungen und Konsequenzen

Schon in der ursprünglichen Fassung des § 25a Abs. 2 KWG war die gesetzgeberische Vorgabe zu finden, dass nur Auslagerungen, die für die Durchführung der Bankgeschäfte oder Finanzdienstleistungen wesentlich sind, besonderer Behandlung gemäß der Auslagerungsvorschriften bedürfen. Dies griff das BAKred in seinem Outsourcing-Rundschreiben vom Dezember 2001 auf. Als wesentlicher Bereich im Sinne der Norm wurden seinerzeit Funktionen und Tätigkeiten definiert, die unmittelbar für die Durchführung und Abwicklung der betriebenen Bankgeschäfte und erbrachten Finanzdienstleistungen notwendig sind und gleichzeitig bankaufsichtlich relevante Risiken für das Institut begründen oder sie nachhaltig beeinflussen können (BAKred-Rundschreiben 11/2001 Tz. 10).

Auch die heutige durch das Finanzmarktrichtlinie-Umsetzungsgesetz (»FRUG«) erneuerte Fassung des § 25a Abs. 2 KWG zieht nur solche Auslagerungen in seinen Anwendungsbereich, die **für die Durchführung von Bankgeschäften, Finanzdienstleistungen oder sonstigen institutstypischen Dienstleistungen** (s. 3.) **wesentlich** sind. Parallel prägt die MaRisk ihrerseits »wesentliche Auslagerungen« als Begriff aus und will damit solche erfassen, die auf der Grundlage einer Risikoanalyse **unter Risikogesichtspunkten als wesentlich anzusehen** sind (AT 9 Tz. 2 MaRisk).

---

5 *Reischauer/Kleinhans*, § 1 KWG Anm. 20.
6 *Hannemann/Schneider/Hanenberg*, Mindestanforderungen an das Risikomanagement (MaRisk), S. 222.

Wesentliche Auslagerungen	
§ 25a Abs. 2 KWG	AT 9 Tz. 2 MaRisk
Auslagerung von Aktivitäten und Prozessen auf ein anderes Unternehmen, die **für die Durchführung** von Bankgeschäften, Finanzdienstleistungen oder sonstigen institutstypischen Dienstleistungen **wesentlich** sind	Auslagerungen von Aktivitäten und Prozessen [, die aufgrund einer eigenverantwortlichen Risikoanalyse des Instituts][7] **unter Risikogesichtspunkten wesentlich** sind (wesentliche Auslagerungen)

36 In der Fachliteratur wird hieraus oft verkürzt nur noch auf den Wesentlichkeitsbegriff der MaRisk abgestellt[8], was im Rahmen von Revisions- oder Abschlussprüfung häufig zu Meinungsverschiedenheiten betreffend der Einordnung einer Auslagerungsmaßnahme in den Anwendungsbereich innerhalb des § 25a KWG (Abs. 1 oder Abs. 2) und der daraus resultierenden unterschiedlichen Konsequenzen führt. Dieser Streit ließe sich vielfach schnell auflösen, wenn man sich vergegenwärtigt, dass der neue Gesetzeswortlaut zwar einerseits zusätzlich eine (von den MaRisk aufgegriffene) risikoorientierten Betrachtung hervorhebt. Andererseits blieb er aber im Vergleich zu seiner Ursprungsfassung dahingehend unverändert, dass die ausgelagerte Tätigkeit **für die Durchführung der im Gesetz aufgelisteten Geschäftsarten wesentlich** sein muss. Damit setzt der Wesentlichkeitsbegriff des **§ 25a Abs. 2 KWG** nach wie vor einen engen Zusammenhang mit diesen aufsichtsrechtlich relevanten Geschäften bzw. Dienstleistungen voraus und es gibt keinen Grund von der früheren Klarstellung der Bankenaufsicht zur »Wesentlichkeit« im Sinne § 25a Abs. 2 KWG, die sich nach der **»Notwendigkeit« für die Durchführung** beurteilte (s. o.), abzurücken. Im Umkehrschluss heiß das, dass Tätigkeiten, die nicht notwendige Teile der Prozesse zur Durchführung der Bankgeschäfte, Finanzdienstleistungen oder sonstigen institutstypischen Dienstleistungen des auslagernden Instituts sind, keine »wesentlichen Auslagerungen« im Sinne § 25a Abs. 2 KWG sein können und somit schon aus diesem Grunde nicht in den Anwendungsbereich der aufsichtsrechtlichen Spezialregelungen für Auslagerungen fallen.

---

7 [...] redaktionell textliche Umstellung des Autors in Anlehnung an AT 9 Tz. 2 MaRisk.
8 Z. B. *Hanten, Goerke*, »Outsourcing-Regelungen unter Geltung des § 25a Abs. 2 KWG in der Fassung des FRUG«, BKR 2007, 489 ff.; *Braun* in Boss/Fischer/Schulte-Mattler § 25a KWG Rd. 606 ff.

Folglich kann man den § 25a Abs. 2 KWG – und damit auch die Outsourcing-Sonderregelungen AT 9 MaRisk – schnell verlassen, wenn die Auslagerung zwar den allgemeinen Geschäftsbetrieb, nicht aber die speziellen o. g. Tätigkeiten eines Institutes betrifft. Eine Auslagerung liegt zwar auch in diesen Fällen vor; dass sie dennoch nicht in den Anwendungsbereich des § 25 Abs. 2 KWG fällt, begründet sich rechtsdogmatisch an der fehlenden Notwendigkeit für die Durchführung der im Gesetz genannten Geschäftsarten einschließlich der damit eng verbundenen Nebentätigkeiten[9]. Auch der insoweit bedeutende Unterschied zwischen der alten und der neuen Fassung des § 25a Abs. 2 KWG, indem lediglich die Liste der hier relevanten Geschäftsarten (ursprünglich nur aus »Bankgeschäften« und »Finanzdienstleistungen« bestehend; s. dazu § 1 Abs. 1 Satz 2 und Abs. 1a Satz 2 KWG) um die »sonstigen institutstypischen Dienstleistungen« erweitert wurde, hat daran nichts geändert (s. hierzu 3.).

37

Die MaRisk greifen hingegen nicht die o. g. »normative Wesentlichkeit« sondern die durch die Neufassung des § 25a Abs. 2 KWG zusätzlich hervorgehobene risikoorientierte Betrachtung auf und wollen Auslagerungen in die Kategorien »unter Risikogesichtspunkten wesentlich« bzw. »unter Risikogesichtspunkten nicht wesentlich« eingruppieren. Wenn aber eine Auslagerung schon nicht den Begrifflichkeiten (einschließlich dem o. g. Verständnis von der »Wesentlichkeit«) des § 25a Abs. 2 KWG unterfällt, kommt es grundsätzlich auf die Einstufung nach AT 9 Tz. 2 MaRisk gar nicht mehr an. Unabhängig davon ist es dennoch nicht verfehlt, eine Risikoanalyse auch für solche Auslagerungen vorzunehmen. Denn diese müssen zumindest in das Risikomanagements nach § 25a Abs. 1 KWG einbezogen werden, das üblicherweise am Risikogehalt der Tätigkeit auszurichten ist. Die Ergebnisse einer Risikoanalyse können hierbei eine hilfreiche Wegweisung sein.

38

Im Zusammenhang mit Auslagerungen ist somit festzustellen, dass es zwei Wesentlichkeitsbegriffe mit unterschiedlichen Ausprägungen gibt. Zum einen geht es wie schon zu Zeiten des Outsourcing-Rundschreibens (s. o.) um die Frage, ob überhaupt **»funktionale Wesentlichkeit« für die Durchführung** der Bankgeschäfte, Finanzdienstleistungen oder sonstigen institutstypischen Dienstleistungen besteht (normative Abgrenzung im Sinne § 25a Abs. 2 KWG). Zum anderen stellt sich (als zweiter Prüfungsschritt) die Folgefrage, ob diese Auslagerung auch **aus Risikogesichtspunkten** als wesentlich einzuordnen ist (risikoorientierte Abgrenzung im Sinne MaRisk; **»risikoorien-**

39

---

9 A. M.: *Braun* in Boos/Fischer/Schulte-Mattler § 25a KWG Rd. 601.

tierte Wesentlichkeit«). Um Begriffsverwirrungen zu vermeiden, kann es sich empfehlen, in der ersten Prüfungsstufe anstelle nach der oben genannten »funktionalen bzw. normativen Wesentlichkeit« eher danach zu fragen, ob die ausgelagerte Tätigkeit »prinzipiell institutsspezifisch« (im Sinne § 25a Abs. 2 KWG) ist. Den Begriff »wesentlich« sollte man dann – wie in der Literatur stark verbreitet – lediglich im Zusammenhang mit der institutsindividuellen risikoorientierten Betrachtung (im Sinne AT 9 Tz. 2 MaRisk) verwenden.

Wesentliche Auslagerung
– Prüfungsstufen und Konsequenzen –

	Prüfungsaspekt	Prüfungsergebnis	Konsequenz
1.	Ist die externe Dienstleistung generell notwendig für die Durchführung von Bankgeschäften, Finanzdienstleistungen oder sonstigen institutstypischen Dienstleistungen eines Instituts (prinzipiell institutsspezifische Tätigkeit)? – normative/ funktionale Abgrenzung –	Nein:	externe Dienstleistung wird nicht vom Anwendungsbereich des § 25a Abs. 2 KWG erfasst
		Ja:	Der Anwendungsbereich des § 25a Abs. 2 KWG ist grundsätzlich eröffnet; weiter mit Prüfungsstufe 2
2.	Ist die Auslagerung unter Risikogesichtspunkten aus individueller Sicht des auslagernden Instituts wesentlich? – risikoorientierte Abgrenzung –	Nein:	Auslagerung fällt nicht in den Anwendungsbereich der Outsourcing-Regelungen AT 9 Tz. 1–9 der MaRisk; § 25a Abs. 1 KWG bleibt jedoch beachtlich
		Ja:	Auslagerung fällt auch in den Anwendungsbereich AT 9 Tz. 1–9 MaRisk und ist dementsprechend umfassend zu managen

3. Sonstige institutstypische Dienstleistungen

Mit den Änderungen des KWG durch das Finanzmarktrichtlinie-Umsetzungsgesetz (»FRUG«) wurde ebenso der Anwendungsbereich der speziellen Auslagerungsregelungen, der sich bis dahin nur auf Bankgeschäfte und Finanzdienstleistungen bezog, erweitert. Seither gilt § 25a Abs. 2 auch für Auslagerungen von Aktivitäten und Prozessen, die für die Durchführung von »sonstigen institutstypischen Dienstleistungen« wesentlich sind. 40

Anwendungsbereich des § 25a Abs. 2 KWG

Auslagerung von Aktivitäten und Prozessen auf ein anderes Unternehmen, die wesentlich sind für die Durchführung von

- Bankgeschäften (§ 1 Abs. 1 Satz 2 KWG),
- Finanzdienstleistungen (§ 1 Abs. 1a Satz 2 KWG) oder
- sonstigen institutstypischen Dienstleistungen

Mit dieser begrifflichen Erweiterung im Gesetzestext hat sich der ursprüngliche Streit in der Fachliteratur, der sich zuvor nur um die Begriffe Bankgeschäfte und Finanzdienstleistungen rankte, keinesfalls vollständig erledigt[10]. Vielmehr hat sich der Streitgegenstand erweitert um die Frage, was unter »sonstige institutstypische Dienstleistungen« zu verstehen ist. Jene Abgrenzungsfragen führen folglich nach wie vor zu Diskussionen im Rahmen interner oder externer Prüfungen des auslagernden Instituts. 41

Schon aus rechtsstaatlichen Gründen kann es nicht in Betracht kommen, dass § 25a Abs. 2 KWG durch die o. g. Neufassung unbegrenzt erweitert wurde und jede Funktion, die vor der Auslagerung zu den typischen Tätigkeiten eines konkreten Instituts gehörte, erfasst[11]. Die nötige Normenklar- und -bestimmtheit erfordert vielmehr, dass ein verlässliches abgrenzbares Verständnis zu § 25a Abs. 2 KWG zu entwickeln ist. Eine diesbezügliche einheitliche Ausrichtung lässt sich der Fachliteratur noch nicht entnehmen. Teils wird lediglich auf die beispielhafte Geltung der in der Finanzmarktrichtlinie (die dem »FRUG« zugrunde lag) genannten Nebendienstleistungen[12] verwiesen, allerdings ohne dass diese Auflistung als abschließend eingeordnet wird[13]. 42

---

10 So aber offenbar: *Hanten, Görke*, Outsourcing-Regelungen unter Geltung des § 25a Abs. 2 KWG in der Fassung des FRUG, BKR 2007, 489 ff.
11 So aber wohl: *Braun* in Boos/Fischer/Schulte-Mattler, § 25a Rd. 602.
12 Finanzmarktrichtlinie Anhang I Abschnitt B.
13 *Braun* in Boos/Fischer/Schulte-Mattler, § 25a KWG Rd. 604.

Aus den o. g. rechtsstaatlichen Erwägungen heraus erscheint es jedoch zutreffender, den von der vorgenannten Richtlinie gezogenen Rahmen als maßgeblich und abschließend anzusehen[14]. Zwar äußert auch die Bankenaufsicht, dass die Auflistung der Nebendienstleistungen in der Finanzmarktrichtlinie »beispielsweise« zu den sonstigen institutstypischen Dienstleistungen zählen (BaFin-Erläuterung zu AT 9 Tz. 1 MaRisk). Die BaFin hat bislang allerdings nicht zu erkennen gegeben, dass sie eine darüber hinausgehende Konkretisierung vorzunehmen gedenkt.

43 Demnach ist aus heutiger Sicht davon auszugehen, dass es sich bei den sonstigen institutstypischen Dienstleistungen um die im Folgenden aufgelisteten handelt, die **für die kontinuierliche und ordnungsgemäße Erbringung und Ausübung von Dienstleistungen für Kunden und Anlagetätigkeiten wichtig** sind:

Sonstige institutstypische Dienstleistungen

1) Verwahrung und Verwaltung von Finanzinstrumenten für Rechnung von Kunden, einschließlich der Depotverwahrung und verbundener Dienstleistungen wie Cash-Management oder Sicherheitenverwaltung,

2) Gewährung von Krediten oder Darlehen an Anleger für die Durchführung von Geschäften mit einem oder mehreren Finanzinstrumenten, sofern das kredit- oder darlehensgewährende Unternehmen an diesen Geschäften beteiligt ist,

3) Beratung von Unternehmen hinsichtlich der Kapitalstrukturierung, der branchenspezifischen Strategie und damit zusammenhängender Fragen sowie Beratung und Dienstleistungen bei Unternehmensfusionen und -aufkäufen,

4) Devisengeschäfte, wenn diese im Zusammenhang mit der Erbringung von Wertpapierdienstleistungen stehen,

5) Wertpapier- und Finanzanalyse oder sonstige Formen allgemeiner Empfehlungen, die Geschäfte mit Finanzinstrumenten betreffen,

6) Dienstleistungen im Zusammenhang mit der Übernahme von Emissionen und

---

14 *Reischauer/Kleinhans*, § 25a KWG Anm. 16; *Reinicke*, Outsourcing in Genossenschaftsbanken, S. 144 f.

> 7) Wertpapierdienstleistungen und Anlagetätigkeiten sowie Nebendienstleistungen des in Anhang I Abschnitt A oder B der Finanzmarktrichtlinie enthaltenen Typs betreffend die Unterlegung der in Abschnitt C Nummern 5, 6, 7 und 10 enthaltenen Derivate, wenn diese mit der Bereitstellung der Wertpapier- oder der Nebendienstleistung in Zusammenhang stehen.

Folglich rechtfertigt es der Gesetzeswortlaut nach wie vor nicht, Dienstleistungen in den Anwendungsbereich des § 25a Abs. 2 KWG einzubeziehen, die nicht spezifisch für die Durchführung von Bankgeschäften, Finanzdienstleistungen oder vorgenannter sonstiger institutstypischer Dienstleistungen notwendig sind. Insbesondere fallen die schon beispielhaft in dem BAKred-Rundschreiben 11/2001 genannten Fälle, wie z. B. die Wartung technischer Geräte und der Kantinenbetrieb (BAKred-Rundschreiben 11/2001 Tz. 11; dort im Zusammenhang mit der Abgrenzung zwischen »wesentlichen« und »unwesentlichen« Bereichen erläutert) aber auch solche, die nur dem allgemeinen Geschäftsbetrieb dienen bzw. für diesen von großer Bedeutung sind (z. B. der ausgelagerte Betrieb eines Telekommunikationsnetzes), nicht in den Regelungsbereich der speziellen bei Auslagerungen zu beachtenden Vorgaben. Für alle die zuletzt genannten Auslagerungen bleibt selbstverständlich die Pflicht, diese in das allgemeine Risikomanagement nach § 25a Abs. 1 KWG einzubeziehen. Aber ebenso wenn es z. B. typischerweise zu den »Leistungen« eines konkreten Instituts gehört, für die Kunden Reise- oder sonstige Freizeitaktivitäten anzubieten, mag das für dieses Institut typisch sein; um eine »Institutstypische Dienstleistung« im Sinne § 25a Abs. 2 KWG handelt es sich jedoch nicht.

44

4. Auslagerungsentscheidung bzw. Entscheidungsprozess und Checkliste für Beschlussvorlagen

Gleichwohl, dass jedwede Auslagerung (u. a. auch die, die nicht in den Anwendungsbereich des § 25a Abs. 2 KWG fällt) jeweils angemessen gemanagt und der Dienstleister sorgfältig ausgewählt[15] werden muss, sind deren aufsichtsrechtlich relevanten Unterschiede schon für die jeweilige Auslagerungsentscheidung deutlich herauszuarbeiten. Hierbei geht es nicht um die ökonomischen bzw. geschäfts- oder sonstigen politischen Aspekte; diese spielen zwar regelmäßig auch eine Rolle für die Entscheidung zur Auslagerung, sind

45

---

15 *Reischauer/Kleinhans*, § 25a KWG Anm. 17a.

aber aus aufsichtsrechtlicher Sicht eher nebensächlich. Um den Erfordernissen des § 25a KWG und den diesbezüglichen in den MaRisk niedergeschriebenen Erwartungen der BaFin gerecht zu werden, ist es vielmehr schon für den Entscheidungsprozess von Bedeutung, in welche aufsichtsrechtliche Kategorie die konkrete Auslagerung gehört. Denn um eine sachgerechte Entscheidung treffen zu können, muss allen Beteiligten und Verantwortlichen offenkundig sein, welchen Mindestanforderungen oder sonstigen Besonderheiten die jeweilige Auslagerung gerecht werden muss bzw. wie man diese zu erfüllen gedenkt. Die demgemäß herauszuarbeitenden Unterscheidungen sind bedeutsame differenzierende Grundlage für die Auslagerungsentscheidung sowie letztendlich Wegweisung für das anschließende operative Management der ausgelagerten Tätigkeit.

46 Somit ist die **potentielle Auslagerung zuvor unter sämtlichen unterscheidungsrelevanten Aspekten des § 25a KWG und der MaRisk zu untersuchen**. Bei der Auslagerungsentscheidung muss zunächst vor allem geklärt sein, ob es sich um eine Auslagerung handelt, die den speziellen Auslagerungsregelungen des § 25a Abs. 2 KWG unterfällt (s. 2. und 3.) oder ob lediglich die allgemeinen Anforderungen nach § 25a Abs. 1 KWG gelten. Ist § 25a Abs. 2 KWG anwendbar, muss zwingend eine Risikoanalyse durchgeführt werden. Deren Ergebnis trifft gleichzeitig eine Aussage zur Anwendbarkeit des AT 9 Tzn. 1 – 9 MaRisk. Im Regelfall werden die diesbezüglich nötigen Informationen im Rahmen eines Auslagerungsprojektes zusammengetragen bzw. die entscheidungserheblichen Erfahrungen in Testphasen gesammelt (s. Kapitel F. »Umsetzung des Outsourcing-Projektes«). Sämtliche Ergebnisse der vorgenannten Untersuchungen bzw. Analysen müssen in den Entscheidungsprozess bzw. die Beschlussvorlage einfließen.

47 Ein ordnungsgemäßer Entscheidungsprozess setzt außerdem voraus, dass die vorgenannten Untersuchungen **unter Einbindung aller zwingend zu beteiligenden Einheiten** erfolgten. Durch eine entsprechend fixierte Aufbau- und Ablauforganisation (s. Kapitel B., II.) ist dies sicherzustellen. Im Zusammenhang mit Auslagerungen ist über die initiale Auslagerungsentscheidung hinaus auch der Prozess für die ggf. in der Folgezeit zu treffenden Entscheidungen (z. B. für nötige Steuerungsmaßnahmen oder etwaige Eskalations- bzw. Notfallszenarien) festzulegen.

48 Je konkreter bzw. umfangreicher die institutsindividuell zu beachtenden Mindeststandards in den zentralen Strategie- bzw. Organisationsvorgaben vorgegeben sind, desto weniger Details müssen in die Beschlussvorlage aufgenom-

men werden. Denn die Einhaltung dieser Vorgaben darf der Entscheider unterstellen. Etwaige Abweichungen von generellen Vorgaben oder die Art bzw. der Umfang eines – in den Organisationsrichtlinien – eingeräumten und im Einzelfall ausgenutzten Ermessens (z. B. Auswahlermessen bzgl. des Dienstleisters) sind jedoch zu verdeutlichen und zu erläutern.

Im Folgenden sind beispielhaft die Aspekte zusammengestellt, die sich in einer Entscheidungs-/Beschlussvorlage wiederfinden sollten. Damit werden den entscheidungsbefugten Personen oder Gremien komprimiert die nötigen entscheidungsrelevanten Faktoren zusammengestellt. Außerdem wird für spätere Prüfungen nachvollziehbar dokumentiert, auf welcher Grundlage die Entscheidung seinerzeit getroffen wurde. In der konkreten Ausgestaltung der Beschlussvorlage ist das jeweilige Institut frei. Insbesondere kann die einzelne Auslagerung Anlass geben, weitere Aspekte zu ergänzen oder einige in breiterer Form (ggf. als Anlage) aufzunehmen. 49

Checkliste/Muster für eine Beschlussvorlage		
	Inhalt der Beschlussvorlage	**In Beschlussvorlage/als Anlage aufgenommen?**
1.	Beschreibung der Auslagerung	
a)	Darstellung/Eingrenzung der externen Dienstleistung	
b)	geplanter Beginn der Auslagerung/des Projektes	
c)	Benennung des Dienstleisters oder der wesentlichen Auswahlkriterien	
d)	Erläuterung der Konformität mit institutsindividuellen zentralen (Mindest-) Vorgaben (z. B. Strategie und Organisationsrichtlinie) oder etwaiger Abweichungen (nebst Begründung)	
2.	Generelle Zielsetzung der Auslagerung	
	z. B. Kosteneffekte, Qualitätsaspekte, Resourcensteuerung	
3.	Quantitative Kosten-/Nutzenanalyse bzgl. der konkreten Auslagerung	

		ggf. incl. Erfahrungsbericht aus Projekt-/Testphase	
4.		Qualitative Aspekte des Outsourcingmanagements bzgl. der konkreten Auslagerung	
	a)	Aufsichtsrechtliche Einordnung der Auslagerung	
	b)	Steuerbarkeit der Dienstleistung/des Dienstleisters; Einflussnahmemöglichkeiten	
	c)	Komplexität der konkreten Maßnahme/des konkret erforderlichen Outsourcingmanagements/ggf. incl. Management bei Weiterverlagerung	
	d)	Ergebnis und ggf. herausragende Aspekte der internen Risikoanalyse (ggf. incl. Analyse der Weiterverlagerung)	
	e)	ggf. Erfahrungsberichte aus Projekt-/Testphasen	
5.		Kontrolle und Steuerung der auszulagernden Tätigkeit	
	a)	Für das operative Management verantwortliche Einheit und deren Aufgaben	
	b)	Einbindung der Internen Revision etc.	
6.		Entscheidungsvorschlag/Beschluss	
7.		Ggf. Vorlage im/Zustimmung durch Aufsichtsorgan (z. B. Aufsichtsrat)	

5. Überwachungs- und Steuerungserfordernisse bei bestehenden Auslagerungen

50 Auslagerungen sind kontinuierlich zu überwachen und das auslagernde Institut muss – je nach Bedarf – steuernd eingreifen. Für die sog. »wesentlichen Auslagerungen« (»Wesentlichkeit« im Sinne AT 9 Tz. 2 MaRisk; s. 2.) betont die BaFin dies in AT 9 Tz. 7 MaRisk. Die unter Risikogesichtspunkten »nicht wesentlichen Auslagerungen« bedürfen allerdings ebenso angemessener Überwachung und Steuerung im Rahmen der allgemeinen Anforderungen an die ordnungsgemäße Geschäftsorganisation nach § 25a Abs. 1 KWG (AT 9 Tz. 3 MaRisk); lediglich das Ausmaß der Überwachungs- und Steuerungstätigkeiten kann geringer sein. Die fortdauernde Verantwortung des Instituts für

die Einhaltung der für die ausgelagerte Tätigkeit geltenden gesetzlichen Bestimmungen ist in § 25a Abs. 1 Satz 5 KWG ausdrücklich klargestellt. Diese Verantwortung fällt den Geschäftsleitern zu (Kapitel B., I., 1.).

Dies ist nicht nur eine logische Konsequenz der Erlaubnis für den Geschäftsbetrieb, die dem Institut erteilt wurde und wofür dieses entsprechende Voraussetzungen verantwortlich und dauerhaft erfüllen muss – auch wenn es sich bei der Erbringung seiner lizenzierten Geschäfte der Unterstützung von Dritten bedient. Denn bei einer Auslagerung im Sinne des § 25a Abs. 2 KWG bleibt das Institut weiterhin Betreiber des aufsichtrechtlich relevanten Geschäftes (z. B. des Bankgeschäfts im Sinne § 1 Abs. 1 KWG). Der Dienstleister hingegen tritt in diesen Fällen den Kunden des Instituts gegenüber nicht oder nur im Namen des Instituts auf[16]. Parallel mit der aufsichtsrechtlichen Verantwortung bleibt im Falle einer Auslagerung auch die zivilrechtliche Haftung des Instituts unverändert. Mag das Institut im Falle von Schlechtleistungen des Dienstleisters einen Regressanspruch gegenüber diesem haben. Der Kunde des Instituts muss sich darauf nicht verweisen lassen; sein Vertragspartner ist und bleibt das Institut und er kann diesem gegenüber seine etwaigen Schäden geltend machen. 51

Daher ist es nur folgerichtig, dass die Outsourcingmanagement-Verantwortung nicht mit der sorgfältigen Auslagerungsentscheidung (s. o. 4.) und der diesbezüglichen Umsetzung endet. Insbesondere in den Fällen, in denen die Auslagerung durch ein Projekt initiiert wurde, ist sicherzustellen, dass nach Projektende nahtlos die nötigen Überwachungs- und Steuerungsaufgaben von den zuständigen Einheiten des Instituts über- und wahrgenommen bzw. deren Schnittstellen zum Dienstleister aktiviert werden. 52

Zum einen bedarf es der fortlaufenden Kontrolle der operativen Leistungen des Dienstleisters (**prozessabhängige Überwachung**). Diese laufende Kontrolle umfasst insbesondere 53

- Identifizierung, Prüfung und Beseitigung von Leistungsmängeln,
- Einhaltung von Leistungs- und Qualitätsstandards und
- Überwachung eines etwaigen Veränderungsbedarfes betreffend der Leistungs- und Qualitätsstandards.

Jene Kontrolltätigkeit kann (ggf. teilweise) vom Dienstleister wahrgenommen werden, was sich aufgrund seiner Nähe zu den Prozessen anbietet. Dies ist dann allerdings vertraglich zu regeln (s. Kapitel E.). Beim auslagernden Insti- 54

---

16   *Reischauer/Kleinhans*, § 1 KWG Anm. 20.

tut bleibt dennoch ein Rest von Kontrollverantwortung, indem dort die Qualität der erbrachten Dienstleistung regelmäßig überwacht bzw. Berichte des Dienstleisters zu seinen Kontrolltätigkeiten bzw. dessen Fehlermeldungen zum Anlass kritischer Überprüfungen genommen werden müssen. Je nach Grad oder Häufigkeit von festgestellten Mängeln hat das Institut zu entscheiden, ob bzw. wie es hier steuernd eingreifen muss (s. zur Steuerung und Überwachung im Einzelnen Kapitel G.). Grundsätzlich kann dies auf Basis von vertraglich vorbehaltenen Einzelweisungsrechten geschehen oder das Institut muss letztendlich Kündigungsrechte bzw. sonstige Einflussnahmemöglichkeiten geltend machen, um die zu erwartende Leistungsqualität zu erreichen.

55 Aber auch darüber hinaus ist die bestehende Auslagerung in den **prozessunabhängigen internen Kontrollprozess** des Instituts, insbesondere in die Prüfungen der Internen Revision einzubeziehen. Hier kann zwar ebenso die Vor-Ort-Prüfung von der Revision des Dienstleisters übernommen und deren jeweiliger Bericht sodann von der Internen Revision des Instituts ausgewertet werden. Ob es das Institut dabei belassen kann, hängt allerdings von verschiedenen Qualitätsaspekten ab. Zum einen ist entscheidend, wie verlässlich die Kontrolltätigkeiten der Revision des Dienstleister erscheinen. Verfügt der Dienstleister über eine institutsgerechte Revision im Sinne der MaRisk, kann die Interne Revision des auslagernden Instituts grundsätzlich von Ergänzungsprüfungen Abstand nehmen[17]. Davon gilt es wiederum abzuweichen, wenn dennoch die Berichterstattung der Revision des Dienstleisters oder deren Prüfungstätigkeit als solche Anlass zu Zweifeln an der Ordnungsmäßigkeit geben. Verfügt der Dienstleister hingegen nicht über eine MaRisk-konforme Revision, kann sich die Interne Revision des auslagernden Instituts nicht ausschließlich auf deren Prüfungstätigkeiten bzw. -berichte verlassen (zu den Revisionstätigkeiten s. im Detail Kapitel H. und I.).

56 Letztendlich gehört es zur ordnungsgemäßen Überwachung und Steuerung, dass das auslagernde Institut über funktionierende **Entscheidungs- und Handlungsprozesse für etwaige Eskalations- und Notfälle** einschließlich etwaiger Beendigung bzw. Rückgängigmachung der Auslagerung verfügt. Sämtliche Überwachungs- und Steuerungsvorkehrungen bzw. die diesbezüglichen Abläufe und Verantwortlichkeiten sind in den Organisationsrichtlinien des Instituts zu dokumentieren (s. Kapitel B., II., 2.).

---

17 *Reinicke*, Outsourcing in Genossenschaftsbanken, S. 148.

Der Vollständigkeit halber ist noch zu erwähnen, dass auch die vertragliche und faktische Sicherstellung der Prüfungsmöglichkeiten des Abschlussprüfers und der Auskunfts- und Prüfungsrechte der BaFin (s. o. III., 1.2.) die ordnungsgemäße Erbringung der ausgelagerten Tätigkeit gewährleisten soll.

57

6. Konsequenzen bei Verstößen gegen den Pflichtenkatalog für Auslagerungen – Eingriffsbefugnisse der Aufsicht und Sanktionsmöglichkeiten

Sollte ein Institut gegen die vielfältigen Pflichten im Zusammenhang mit Auslagerungen verstoßen, stehen der Bankenaufsicht eine Reihe von **Eingriffs- und Sanktionsmöglichkeiten** zur Verfügung, um das Institut bzw. die verantwortlichen Personen zum ordnungsgemäßen Outsourcing-Management anzuhalten. Hierbei ist die Aufsichtsbehörde – wie regelmäßig im Aufsichtsrecht – jeweils an den **Grundsatz der Verhältnismäßigkeit** gebunden. Das heißt, dass die Maßnahme in angemessenem Verhältnis zu dem Verstoß stehen muss; stehen mildere, Erfolg versprechende Eingriffe zur Verfügung, sind diese den etwaigen schwerwiegenderen Sanktionen vorzuziehen. Teils sind die einzelnen gesetzlich eingeräumten Sanktionsmöglichkeiten auch an konkrete Verstöße gebunden und auf andere vorzuwerfende Managementfehler nicht anwendbar.

58

Speziell ausgerichtet auf den Fall, dass bei Auslagerungen, die in den Anwendungsbereich des § 25a Abs. 2 KWG fallen, die Prüfungsrechte und Kontrollmöglichkeiten der BaFin beeinträchtigt sind, wird der BaFin gesetzlich eine **Anordnungskompetenz** gegenüber dem Institut eingeräumt (**§ 25a Abs. 3 KWG**). Hiernach kann die BaFin das Institut gezielt zu Handlungen oder Maßnahmen anweisen, die geeignet sind, die vorgenannte Beeinträchtigung zu beseitigen. Um einen solchen Fall kann es sich z. B. handeln, wenn der Auslagerungsvertrag keine erforderliche Erklärung des Dienstleisters enthält, dass die BaFin bzw. die von ihr beauftragten Dritten (Bundesbank oder Wirtschaftsprüfer) Prüfungen durchführen und Auskünfte einholen darf. Auf der Basis des § 25a Abs. 3 KWG kann die BaFin sodann anordnen, dass der Vertrag entsprechend nachgebessert wird (siehe hierzu im Einzelnen die vertraglichen Erfordernisse bzw. Formulierungsvorschläge in Kapitel E.). Wenn hingegen (ggf. auch ungeachtet der ordnungsgemäßen Vertragsgestaltung) andere Gründe die BaFin daran hindern, ihren Aufsichtsaufgaben nachzukommen (z. B. weil der Vertragspartner sich beharrlich zur Auskunftserteilung weigert und auf Grund seines Sitzes im Ausland eine von der BaFin angeord-

59

nete Prüfung nicht durchgeführt werden kann), kann von der BaFin durchaus auch in Betracht gezogen werden, das Institut anzuweisen, einen Dienstleisterwechsel vorzunehmen oder die ausgelagerten Tätigkeiten wieder im Institut selbst durchzuführen. Eine solche weitgehende Anordnung setzt allerdings voraus, dass kein milderer Eingriff Erfolg versprechend erscheint und daher auf diese gravierende Sanktion als »ultima ratio« zurückgegriffen werden muss.

60 Andererseits geht die Kompetenz der BaFin nicht so weit, dass sie den Wechsel auf einen bestimmten Dienstleister anordnen oder das Institut ausschließlich anweisen kann, die Auslagerung vollständig rückgängig zu machen. Vielmehr ist die Aufsicht auch durch die **Privatautonomie der Institute** begrenzt[18]. Dem Institut muss jeweils die Entscheidungsmöglichkeit verbleiben, ob die Rückgängigmachung der Auslagerung oder ein Dienstleisterwechsel angestrebt wird und – in letzterem Fall – welcher andere Dienstleister hierfür in Frage kommt. Allerdings muss die neue Konstellation dann ihrerseits den verschiedenen an Auslagerungen gestellten Anforderungen gerecht werden, was im Falle von Mängeln der BaFin ein weiteres Mal Eingriffs- und Sanktionsmöglichkeiten eröffnet.

61 Mängel im Outsourcing-Management, die nicht bereits durch die vorgenannte Spezialregelung des § 25a Abs. 3 KWG erfasst sind, kann die BaFin auf Grundlage der allgemeineren **Anordnungskompetenz** aus **§ 25a Abs. 1 Satz 8 KWG** sanktionieren. Dies betrifft z. B. die Fälle, in denen die Auslagerung »nicht wesentlich« ist (zum Wesentlichkeits-Begriff s. o. III., 2.), oder wenn der vorzuwerfende Mangel in keinem Zusammenhang mit einer Beeinträchtigung von Prüfungsrechten und Kontrollmöglichkeiten der BaFin steht. Auch § 25a Abs. 1 Satz 8 KWG erlaubt es der BaFin, gegenüber dem Institut Einzelfallanordnungen zu treffen. Hierbei muss es sich allerdings – im Unterschied zu § 25a Abs. 3 KWG – um Anordnungen handeln, die erforderlich sind um organisatorische bzw. für das Risikomanagement relevante Mängel zu beseitigen (Verstöße – insbesondere organisatorischer Art – gegen den sich aus § 25a KWG ergebenden Pflichtenkatalog). Beispielhaft kann es sich in diesem Zusammenhang um bedeutsame Mängel in der Aufbau- und Ablauforganisation oder der diesbezüglichen Organisationsrichtlinie handeln, es kommen Lücken im Notfallkonzept in Betracht oder das spezielle Outsourcing-Management ist z. B. nicht hinreichend mit dem übergreifenden Management der operationelle Risiken (sog. »opRisk-Management«) des Instituts

---

18 *Reischauer/Kleinhans*, § 25a KWG Anm. 25.

verbunden oder es fehlt letztlich an einem funktionierenden Reportingprozess, der es der Geschäftsleitung ermöglichen soll, u. a. die Gesamtlandschaft der Auslagerungen des Institutes sachgerecht zu steuern.

Bußgelder kann die BaFin wegen eines Verstoßes gegen Pflichten im Zusammenhang mit Auslagerungen nicht bereits anfänglich verhängen. Wenn die Aufsicht allerdings zuvor eine der oben beschriebenen Anordnungen nach § 25a KWG erlassen hat und das Institut dem nicht nachkommt, läge eine Ordnungswidrigkeit vor, die mit einer Geldbuße bis zu 150.000,– EUR geahndet werden kann. 62

Übersicht der wesentlichen Eingriffsbefugnisse und Sanktionsmöglichkeiten im Zusammenhang mit Auslagerungen		
Mangel:	Eingriff bzw. Sanktion:	Rechtsgrundlage:
Prüfungsrechte und Kontrollmöglichkeiten der BaFin beeinträchtigt	Anordnung der BaFin zur Beseitigung der Beeinträchtigung	§ 25a Abs. 3 KWG
Organisatorische oder sonstige Outsourcing-Managementmängel	Anordnung der BaFin zur Schaffung der erforderlichen institutsindividuell geeigneten Vorkehrungen	§ 25a Abs. 1 S. 8 KWG
Zuwiderhandlung gegen o. g. Anordnungen	Verhängung eines Bußgeldes	§ 56 Abs. 4 KWG

Letztlich kommt bei extremen Mängeln oder beharrlichen Verstößen grundsätzlich auch noch die Abberufung von Geschäftsleitern (zur Gesamt- bzw. Resourcenverantwortung siehe Kapitel B., I., 1.) oder die Aufhebung der Erlaubnis zum Geschäftsbetrieb des Institutes in Betracht. Dies dürfte jedoch in der Praxis mit Blick auf etwaige Verstöße im Zusammenhang mit Auslagerungen eher der Ausnahmefall sein. 63

Sämtliche Eingriffe oder Sanktionen der BaFin erfolgen per Verwaltungsakt. Ein solcher kann nach allgemeinen verwaltungsrechtlichen Grundsätzen im Widerspruchsverfahren bzw. gerichtlich einer Prüfung unterzogen werden. 64

B.

Etablierung einer Outsourcing-Organisation im auslagernden Institut

B. Etablierung einer Outsourcing-Organisation im auslagernden Institut

I. Festlegung einer Outsourcing-Strategie

1. (Gesamt-) Verantwortung des Geschäftsleitung

Auch wenn es eine – nicht nur aufsichtsrechtliche – Selbstverständlichkeit sein sollte, hat die Bankenaufsicht erstmals mittels Rundschreiben im Dezember 2001 hervorgehoben, dass die Geschäftsleitung eines auslagernden Instituts in vollem Umfang die Verantwortung für den ausgelagerten Bereich trägt (BAKred-Rundschreiben 11/2001 Tz. 3). Bemerkenswert ist in diesem Zusammenhang, dass die ursprüngliche Fassung des § 25a KWG (zum 1.1.1998 ins KWG eingefügt) eine derart ausdrückliche Zuweisung der Verantwortung nicht vorsah. Mittlerweile hat der Gesetzgeber diesbezüglich nachgezogen und nunmehr die **Verantwortlichkeit der Geschäftsleitung für ordnungsgemäße Geschäftsorganisation** in den Gesetzestext eingefügt (§ 25a Abs. 1 Satz 2 KWG). Auf dieser Grundlage konnte die Bankenaufsicht ihre Politik fortsetzen und hat in den MaRisk die Gesamtverantwortung der Geschäftsleitung wiederholt unterstrichen (AT 3 MaRisk). Diese Gesamtverantwortung besteht unabhängig von der internen Zuständigkeit eines einzelnen Mitgliedes der Geschäftsleitung. Im Zuge der Einfügung der Auslagerungsvorgaben in die MaRisk wurde ergänzend hervorgehoben, dass **auch die ausgelagerten Aktivitäten und Prozesse im Rahmen dieser Gesamtverantwortung berücksichtigt** werden müssen. Auch ist ausdrücklich geregelt, dass eine Auslagerung nicht zu einer Delegation der Verantwortung der Geschäftsleitung an das Auslagerungsunternehmen führen darf (§ 25a Abs. 2 S. 4 KWG; AT 9 Tz. 4 MaRisk).

Die Zuweisung der Gesamtverantwortung hat nicht zwingend die praktische Folge, dass jeweils die gesamte Geschäftsleitung (z. B. der Gesamtvorstand) das Outsourcing-Management organisieren bzw. im Detail überwachen muss. Dies kann – insbesondere betreffend einzelner Auslagerungsmaßnahmen – durchaus entsprechend der ressortmäßigen Aufteilung einem einzelnen Mitglied der Geschäftsleitung als Aufgabe zufallen. Für die anderen Mitglieder der Geschäftsleitung begründet sich aus der Gesamtverantwortung dann jedoch die Pflicht, zu überwachen bzw. dafür zu sorgen, dass der ressortmäßig zuständige Geschäftsleiter seinen Obliegenheiten nachkommt[19].

---

19 *Reischauer/Kleinhans*, § 25a KWG Anm. 4.

67 Betreffend der Auslagerungen hat die Geschäftsleitung folglich die Gesamtverantwortung u. a. für folgende Organisationsaspekte:
- Festlegung einer Risikostrategie speziell für oder unter Berücksichtigung von Auslagerungsrisiken (s. 2.),
- Entwicklung einer Aufbau- und Ablauforganisation (s. II., 1.) und
- Erstellung ordnungsgemäßer Organisationsrichtlinien (s. II., 2.).

2. Risikostrategie bezüglich Auslagerungsrisiken

68 Für die Geschäftsleitung eines Instituts resultiert aus den »Besonderen organisatorischen Pflichten« (§ 25a KWG) die Aufgabe, eine Geschäftsstrategie festzulegen (AT 4.2 Tz. 1 MaRisk). Außerdem bedarf es einer dazu konsistenten Risikostrategie. Ausdrücklich hebt die Bankenaufsicht hervor, dass die Verantwortung für die Festlegung dieser Strategien nicht delegierbar ist (AT 4.2 Tz. 1 MaRisk). Hierbei handelt es sich um eine konsistente Fortsetzung der aufsichtsbehördlichen Haltung, nachdem es schon früher als mit der Pflicht zur eigenverantwortlichen Unternehmensleitung unvereinbar anzusehen war, wenn zentrale Leitungsfunktionen Dritten übertragen werden (BAKred-Rundschreiben 11/2001 Tz. 13; dort bezogen auf Auslagerung von Leitungsfunktionen). Sowohl Unternehmensplanung, -organisation, -steuerung als auch die -kontrolle sind als originäre Leitungsaufgaben einzuordnen und somit jeweils von der Geschäftsleitung selbst wahrzunehmen. Dies schließt allerdings nicht aus, dass sich die Geschäftsleitung in diesem Zusammenhang der Unterstützung anderer Personen oder Einheiten bedient, welche die diesbezüglichen Entscheidungen vorbereiten. Die Entscheidungen als solche sind allerdings von den Geschäftsleitern selbst zu treffen und dürfen daher nicht schon durch die Vorbereitungen oder Zuarbeiten präjudiziert sein.

69 Die demnach aufzustellende **Risikostrategie muss** neben den in der Geschäftsstrategie niederzulegenden Zielen und Planungen auch die Risiken der **aus Risikogesichtspunkten wesentlichen Auslagerungen berücksichtigen** (AT 4.2 Tz. 1 MaRisk). Daraus sollte allerdings nicht der Rückschluss gezogen werden, dass alle anderen nicht dem Wesentlichkeitsbegriff der MaRisk (s. Kapitel A., III., 2.) unterfallenden Auslagerungen unberücksichtigt bleiben können. Denn z. B. kann die Gesamtbetrachtung sämtlicher Auslagerungen (auch wenn diese alle bei isolierter Beurteilung »nicht wesentlich« wären) eine anders einzuschätzende oder zumindest zu überdenkende Gesamt-Risikolage vor Augen führen. Außerdem gilt der Grundsatz, dass bei allen nach MaRisk-Gesichtspunkten nicht wesentlichen Auslagerungen zu-

mindest die generellen Anforderungen des § 25a Abs. 1 KWG zu beachten sind (AT 9 Tz. 3 MaRisk). Folglich sind auch jene Auslagerungen in den Strategien des Instituts zu berücksichtigen. Dabei bleibt es allerdings bei dem allgemeinen Prinzip, dass die Anforderungen an den Detaillierungsgrad der diesbezüglichen Strategievorgaben niedriger sind – entsprechend dem geringeren Risikogehalt dieser Auslagerungen. **Risiken in Verbindung mit Auslagerungen** (unabhängig ob wesentlich oder nicht) sind keine neue, eigenständige Risikoart. Sie sind vielmehr **überwiegend den operationellen Risiken zuzuordnen**[20].

Geschäfts- und Risikostrategien sind schriftlich zu dokumentieren. Die **Risikostrategie** ist darüber hinaus institutsintern **in geeigneter Form bekannt zu machen** (AT 4.2 Tz. 4 MaRisk). Zumindest sollten die Mitarbeiter Gelegenheit zur Kenntnisnahme haben, deren Tätigkeitsbereich davon betroffen ist[21]. Dementsprechend können die risikostrategischen Vorgaben bezüglich Auslagerungen auch in Auszügen zugänglich gemacht werden. Eine differenzierende Verbreitung macht aber wohl nur Sinn, soweit die Vorgaben konkrete Auslagerungen behandeln. **Die allgemeinen strategischen Richtungsweisungen zum Umgang mit Auslagerungen** dürften hingegen institutsweite Bedeutung haben und **sollten** daher **allen Mitarbeitern bekannt sein**. Die Risikostrategie kann – ggf. auch in Teilen – in die Geschäftsstrategie integriert werden (BaFin-Erläuterungen zu AT 4.2 Tz. 2 MaRisk). Die Einhaltung der Strategien ist zu überwachen.

Die Basis der Strategievorgaben ist jeweils – auch hinsichtlich der auslagerungsrelevanten Überlegungen – der Status quo, insbesondere mit Blick auf die betriebenen Geschäfte und die resourcenmäßige Ausstattung (incl. Personal). Darauf aufbauende Ziele (z. B. Expansion betreffend Geschäftsvolumen oder neuer Geschäftsgebiete) können im Zusammenhang mit dem hier erörterten Thema Auslagerung dann relevant werden, wenn diese Ziele mit den vorhandenen »Bordmitteln« nicht verlässlich erreichbar sind. Es liegt auf der Hand, dass folglich **auslagerungsrelevante Strategievorgaben kein von den anderen strategischen Entscheidungen losgelöstes Eigenleben** führen können bzw. umgekehrt, dass nicht selten, strategische Vorgaben, die nicht augenscheinlich Zusammenhänge mit Auslagerungsrisiken haben, dennoch solche verursachen oder zumindest beeinflussen. Teils lassen sich aber auch Rahmenvorgaben strategischer Art machen, die speziell auf (gegebenenfalls künftige) Fälle von Auslagerungen ausgerichtet sind.

---

20 *Reinicke*, Outsourcing in Genossenschaftsbanken, S. 143.
21 *Reischauer/Kleinhans*, Anhang zu § 25a KWG, Kommentar zu AT 4.2 Tz. 4 MaRisk.

72 Im Folgenden wird beispielhaft aufgezeigt, welche strategischen Vorgaben möglichen Zusammenhang mit dem Themenkomplex Auslagerungen haben können und demgemäß – in Abhängigkeit der jeweiligen Risikoeinschätzung – in der Risikostrategie oder in einer eigens für Auslagerungen erstellen Auslagerungsstrategie zu berücksichtigen sind.

	Beispielhafte strategische Vorgaben mit möglichem Einfluss auf oder unter möglichem Einfluss von Auslagerungen/ Auslagerungsentscheidungen bzw. -risiken:	In Geschäfts-/ Risikostrategie einbezogen?
(1)	Bestimmung der künftigen Kerngeschäftsfelder	
(2)	Festlegung ob etwaige Expansion im Vergleich zum Status quo mittels Auslagerungen erfolgen können oder ggf. sollen	
(3)	Festlegung in welchem Umfang Auslagerungen betreffend einzelner (Kern-) Geschäftsfelder erfolgen können oder sollen (z. B. begrenzt auf Entwicklung, Vertrieb oder Abwicklung)	
(4)	Festlegung in welchem Gesamtumfang institutsweit Auslagerungen erfolgen können oder sollen	
(5)	Umgang mit/Begrenzung von Konzentrationsrisiken betreffend Dienstleistern	
(6)	Umgang mit/Begrenzung von Abhängigkeiten von Dienstleistern (ggf. aufgrund Monopolstellung des Dienstleisters, hohen Kosten im Falle des Rücksourcings oder des Wechsels auf andere Anbieter etc.)	
(7)	Prinzipielle Begrenzung der Auswahl der Dienstleister (z. B. nur oder vorrangig Dienstleister aus einem Finanzverbund oder dem eigenen Konzern; nur Dienstleister mit Sitz in einem oder in bestimmten Ländern etc.)	
(8)	Prinzipielle quantitative und qualitative Anforderungen an Dienstleister (z. B. nur Dienstleister mit bestimmten Lizenzen oder ähnlichen erteilten Er-	

	laubnissen; nur Dienstleister mit bestimmter Bonität; nur Dienstleister mit bestimmter Mindesterfahrung/Reputation; nur Dienstleister mit institutsüblicher Interner Revision etc.)	
(9)	Kosten-/Nutzenrelation bei Auslagerungen (z. B. Senkung der Kosten soll im Vordergrund stehen; Erhöhung der Qualität soll im Vordergrund stehen; Flexibilität bei Mengenschwankungen soll im Vordergrund stehen etc.)	
(10)	Zulässigkeit, Voraussetzung bzw. Konsequenzen bei Abweichung von den prinzipiellen Vorgaben (z. B. Abweichung nur in besonders begründeten Fällen und nur mit entsprechend zustimmendem Votum durch bestimmtes Gremium; sonstige Entscheidungsspielräume)	
(11)	Ziel-, Grenz- oder Tendenzvorgaben für die Fortentwicklung der Risiken der bereits bestehenden gesamten Auslagerungslandschaft des Instituts (allgemeine strategische Konsequenzen aus Bestandsanalysen)	

Die letztendliche Festlegung der institutsindividuellen Geschäfts- und Risikostrategie liegt in der Entscheidungsgewalt der jeweiligen Geschäftsleitung – insbesondere unter Berücksichtigung der konkreten Rahmenbedingungen. Dabei kann die **Geschäftsstrategie nicht Gegenstand von internen oder externen Prüfungen** werden (z. B. Prüfungen der Internen Revision, der Abschlussprüfer oder der Bankenaufsicht). Die **Risikostrategie kann hingegen Prüfungsgegenstand sein**. Dabei spielt dann allerdings die Geschäftsstrategie eine Rolle, indem die Konsistenz zwischen dieser und der Risikostrategie zu hinterfragen ist (Erläuterungen der BaFin zu AT 4.2 MaRisk). 73

Die **Grenzen zwischen** auslagerungsrelevanten **Strategievorgaben und den** Regelungen einer **»Organisationsrichtlinie Auslagerung«** (vgl. II., 2.) sind **fließend**. Einige der oben genannten Strategiebeispiele können ebenso gut in dem bei einer Risikoanalyse abzuarbeitenden Katalog der institutsintern festgelegten Risikoaspekte (s. Kapitel D.) aufgenommen werden. 74

75 Die **Strategien müssen mindestens einmal jährlich überprüft und ggf. angepasst werden** (AT 4.2 Tz. 3 MaRisk). Sie sind dem Aufsichtsorgan (z. B. Aufsichts- oder Verwaltungsrat) jeweils zur Kenntnis zu geben und mit diesem zu erörtern, wobei es ausreicht, wenn ein Ausschuss des Aufsichtsorgans (z. B. Risikoausschuss) kraft entsprechender Delegation durch das Aufsichtsorgan diese Funktion übernimmt. Dabei muss aber sichergestellt sein, dass der Vorsitzende des Ausschusses regelmäßig das gesamte Aufsichtsorgan informiert und dass es jedem Mitglied des Aufsichtsorgans ermöglicht wird, in die dem Ausschuss vorgelegten Strategien einzusehen (Erläuterungen der BaFin zu AT 4.2 Tz. 3 MaRisk).

76 Die Entwicklung der Ablaufprozesse und die diesbezügliche Dokumentation in den Organisationsrichtlinien (s. II., 2.) sind dann die nächsten Stufen der Umsetzung der Strategievorgaben und daher an letztgenannten auszurichten.

II. Aufbauorganisatorische Weichenstellungen für Auslagerungen

1. Interne Organisation des Outsourcingmanagements / »Organisationsrichtlinie Auslagerungen«

77 Bereits gesetzlich ist vorgegeben, dass ein Institut über eine ordnungsgemäße Geschäftsorganisation verfügen muss, welche die Einhaltung der vom Institut zu beachtenden gesetzlichen Bestimmungen und der betriebswirtschaftlichen Notwendigkeiten gewährleistet (§ 25a Abs. 1 Satz 1 KWG). Daraus leitet sich die Pflicht ab, eine **schriftliche institutsindividuelle Dokumentation der Aufbau- und Ablauforganisation** (»schriftlich fixierte Ordnung«) zu entwickeln und den Mitarbeitern zur Verfügung zu stellen. Dabei ist ebenso dafür Sorge zu tragen, dass die Mitarbeiter hiervon Kenntnis nehmen und die Einhaltung überwacht wird.

78 Dieser Grundsatz gilt auch im Zusammenhang mit Auslagerungen. Ob eine das Outsourcing betreffende Organisationsrichtlinie nun als Vorkehrung anzusehen ist, um übermäßige zusätzliche Risiken zu vermeiden (wie sie nach § 25a Abs. 2 Satz 1 KWG gefordert wird) oder ob sich dies aufgrund der auch im Zusammenhang mit Auslagerungen nach § 25a Abs. 2 KWG zu beachtenden allgemeinen Organisationsregeln nach § 25a Abs. 1 KWG ergibt, kann dahinstehen. Auch die MaRisk differenziert – zutreffendermaßen – betreffend dem Erfordernis der Regelungen zur Aufbau- und Ablauforganisation nicht nach der Rechtsgrundlage innerhalb des § 25a KWG. Vielmehr muss die **ge-**

samte schriftliche Ordnung ein insgesamt in sich konsistentes Gebilde sein, das widerspruchsfrei sowohl die Prozesse regelt, die in keinem Zusammenhang mit Outsourcing stehen, als auch die Abläufe, bei denen ganz oder teilweise Aktivitäten oder Prozesse von externen Dritten bezogen werden.

So regeln die MaRisk zum einen, dass das Institut zunächst angemessen aufgebaut und die Abläufe sorgfältig organisiert sein müssen.

> **Aufbau- und Ablauforganisation betreffend Auslagerungen (nach MaRisk)**
>
> In jedem Institut sind entsprechend Art, Umfang, Komplexität und Risikogehalt der Geschäftsaktivitäten Regelungen zur Aufbau- und Ablauforganisation zu treffen. Prozesse sowie die damit verbundenen Aufgaben, Kompetenzen, Verantwortlichkeiten, Kontrollen sowie Kommunikationswege sind klar zu definieren und aufeinander abzustimmen. Das gilt auch bezüglich der Schnittstellen zu wesentlichen Auslagerungen.

Zum anderen wird ausdrücklich erwartet, dass dieser Aufbau und die Organisation der Prozesse in internen Richtlinien dokumentiert sind.

> **Organisationsrichtlinien betreffend Auslagerungen**
> **– schriftlich fixierte Ordnung –**
> **(nach MaRisk)**
>
> Das Institut hat sicherzustellen, dass die Geschäftsaktivitäten auf der Grundlage von Organisationsrichtlinien betrieben werden (z. B. Handbücher, Arbeitsanweisungen oder Arbeitsablaufbeschreibungen). Der Detaillierungsgrad der Organisationsrichtlinien hängt von Art, Umfang, Komplexität und Risikogehalt der Geschäftsaktivitäten ab.
>
> Die Organisationsrichtlinien müssen schriftlich fixiert und den betroffenen Mitarbeitern in geeigneter Weise bekannt gemacht werden. Es ist sicherzustellen, dass sie den Mitarbeitern in der jeweils aktuellen Fassung zur Verfügung stehen. Die Richtlinien sind bei Veränderungen der Aktivitäten und Prozesse zeitnah anzupassen.
>
> Die Organisationsrichtlinien haben unter anderem Regelungen zu Verfahrensweisen bei wesentlichen Auslagerungen zu beinhalten.

81 Diese Dokumentation hat eine Doppelfunktion:

- Sie muss es jedem – auch neuen – Mitarbeiter ermöglichen, sich einen **Ein- und Überblick** über die (vor allem für seinen Zuständigkeitsbereich geltenden) Vorgaben zu verschaffen.

- Sie ist aber auch beurteilungsrelevante **Grundlage für Prüfungen der Ordnungsmäßigkeit der Abläufe und Organisation** durch die Interne Revision, den Abschluss- oder sonstige externe Prüfer – im Bedarfsfall einschließlich eigener Prüfungen der Institutsaufsicht selbst.

82 Einer sachgerechten Integration der Aufbau- und Ablauforganisation in den Betriebsablauf kann es – trotz schriftlicher Fixierung – allerdings entgegenstehen, wenn die Organisationsrichtlinien in kurzen Abständen mehrfach geändert werden und den Mitarbeitern die Möglichkeit fehlt, von den Neuerungen hinreichend Kenntnis zu nehmen.

83 Wenig zielführend wäre es, sich bei der Entwicklung der Aufbau- und Ablauforganisation und deren Dokumentation in entsprechenden Organisationsrichtlinien zu eng an den MaRisk-Formulierungen auszurichten, die sich nur an den »wesentlichen Auslagerungen« anlehnen (s. z. B. »Abstimmung der Schnittstellen zu wesentlichen Auslagerungen«/AT 4.3.1 bzw. »Dokumentation der Regelungen und Verfahrensweisen bei wesentlichen Auslagerungen«/AT 5). Zwar ist es zutreffend, dass § 25a Abs. 2 KWG nur für »wesentliche Auslagerungen« anwendbar ist und dass auch die speziellen Outsourcing-Regelungen der MaRisk (AT 9 Tzn. 1 – 9) nur solche erfassen wollen, die aus Risikogesichtspunkten als wesentlich einzuordnen sind (zu den Wesentlichkeitsbegriffen siehe Kapitel A.III.2.). Allerdings verbleiben auch für die »nicht wesentlichen« Auslagerungen zumindest die Organisationspflichten des § 25a Abs. 1 KWG und letztlich ist denklogisch zunächst erst einmal festzustellen, ob die jeweilige Auslagerung überhaupt als »wesentlich« einzuordnen ist. Daraus folgt, dass sowohl der **Prüfungs- und Entscheidungsprozess zur aufsichtsrechtlichen Wesentlichkeit** als auch der Umgang mit den schlussendlich als »nicht wesentlich« eingeordneten Auslagerungen ebenfalls der angemessenen Organisation und diesbezüglichen Dokumentation bedarf.

84 Daneben äußert die MaRisk zwar, dass der Detaillierungsgrad der Organisationsrichtlinien von Art, Umfang, Komplexität und Risikogehalt der Geschäftsaktivitäten abhängt. Daraus sollte aber nicht voreilig geschlossen werden, dass sich diese Aussage undifferenziert auf jede Regelung betreffend die interne Organisation im Zusammenhang mit Auslagerungen übertragen lässt. Die **Ablauforganisation hinsichtlich neuer Auslagerungen** sollte vielmehr so gestaltet und dokumentiert sein, dass sie jede künftige – ggf. auch bei Abfas-

sung der Richtlinie noch nicht absehbare – potentielle Auslagerung angemessen erfasst und regelt, insbesondere den diesbezüglichen Analyse- und Entscheidungsprozess. Insoweit gilt ausnahmsweise, dass **Regelungen erforderlich sind, die für jede Art, jeden Umfang, jede Komplexität und jeden Risikogehalt geeignet sind.** Damit wird nämlich nicht eine konkrete nach den vorgenannten Kriterien einstufbare Aktivität organisiert, sondern es sind Regeln aufzustellen für noch unbekannte Auslagerungsmaßnahmen (zukunftsorientierte Rahmenvorgaben).

Die Überwachung und Steuerung einer letztlich vollzogenen Auslagerung kann dann allerdings individuell an Art, Umfang, Komplexität und Risikogehalt ausgerichtet werden. Auch diesbezüglich ist denkbar, dass das Institut allgemeingültige Rahmenvorgaben aufstellt, die den internen Mindeststandard des Outsourcingmanagements einer Auslagerung festlegen. Art, Umfang, Komplexität und Risikogehalt der sich schon konkretisierten Maßnahme können es aber erforderlich machen, dass diese Mindeststandards ergänzt oder durch detailliertere Richtlinien ersetzt werden.

Organisationsrichtlinie
– Grobkonzept –

1) Allgemeine **Rahmenvorgaben für Neuauslagerungen**, insbesondere für den durchzuführenden Analyse- und Entscheidungsprozess

2) Regelungen zum **Management vollzogener Auslagerungen**, insbesondere zur Überwachung und Steuerung:
 – Festlegung von Mindeststandards
 – ggf. ergänzt mit oder ersetzt durch detailliertere Regelungen betreffend einzelner konkret bekannter Auslagerungsmaßnahmen

---

Dabei ist das Institut frei, ob es die Rahmenvorgaben für Neuauslagerungen und die Mindeststandards für das Steuerungs- und Überwachungsmanagement in einer einheitlichen oder in getrennten Richtlinien festschreibt. Entscheidend ist in jedem Fall, dass die Regelungen in sich schlüssig und insgesamt widerspruchsfrei sind. Für den Fall, dass eine konkrete Auslagerung aufgrund Art, Umfang, Komplexität und Risikogehalt der weiteren Detaillierung bedarf, bietet es sich allerdings an, dass diese **einzelfallbezogenen Regelungen separat in die Gesamtdokumentation des Instituts** oder sogar nur in die Organisationsrichtlinien der Einheiten aufgenommen werden, die von den

Detailregelungen betroffen sind bzw. diese umsetzen müssen. Nähere Ausführungen bzw. Vorschläge zur praxisgerechten Strukturierung einer »Organisationsrichtlinie Auslagerungen« sind unter 4. zu finden.

2. Mindestinhalte einer »Organisationsrichtlinie Auslagerungen«

87 Der mindestens zu erreichende Detaillierungsgrad einer Organisationsrichtlinie steht in Abhängigkeit von Art, Umfang, Komplexität und Risikogehalt der zu regelnden Aktivitäten. Folglich ist die **Regelungstiefe einer »Organisationsrichtlinie Auslagerung« danach auszurichten, welche Rolle Auslagerungen im Institut spielen und welches Risikopotential dem beigemessen wird.** Diese – regelmäßig erneut anzustellende – Betrachtung kann dazu führen, dass anfänglich eher globalere Beschreibungen in Laufe der Zeit den institutsindividuellen Entwicklungen – insbesondere betreffend dem quantitativen und qualitativen Ausmaß der Auslagerungen insgesamt – angepasst und detaillierter gefasst werden müssen.

88 Anders wird dies im Regelfall bezüglich des Mindestinhaltes einer solchen Richtlinie sein. Der **Mindestinhalt setzt sich aus den Aspekten zusammen, unter denen prinzipiell das Outsourcingmanagement überdacht werden muss** und die folglich einer internen Regelung bedürfen (zunächst gleichgültig in welcher Detailtiefe). Im Folgenden werden beispielhaft die Mindestinhalte einer »Organisationsrichtlinie Auslagerungen« erläutert, ohne dass hiermit eine Aussage zum nötigen Detaillierungsgrad getroffen wird. Letzterer muss jeweils – wie oben bereits beschrieben – institutsindividuell ermittelt und dargestellt werden.

Relevante regulatorische Ausgangslage

89 Den Mitarbeitern sollte zunächst verdeutlicht werden, auf welchen Grundlagen das Institut veranlasst ist, Outsourcingmanagement vorzunehmen. Diese können – je nach Art der Auslagerungen – über die primären **Regelungen des § 25a KWG und die Vorgaben der Bankenaufsicht mittels der MaRisk** (Kapitel A., II., 1.) hinausgehen. Werden zum Beispiel dem Dienstleister zum Zwecke der Durchführung der ausgelagerten Aufgaben Daten übertragen oder erhält er zumindest Zugang zu solchen, ist zusätzlich der **Regelungsbereich des Datenschutzes bzw. des Bankgeheimnisses** relevant[22]; dies nicht nur dann, wenn Kundendaten sondern auch, wenn Daten von

---

22 Vgl. auch AT 9 Tz. 6 MaRisk: Datenschutz als Bestandteil eines Auslagerungsvertrages.

Mitarbeitern betroffen sind. Steht die ausgelagerte Tätigkeit etwa im Zusammenhang mit Transaktionen, die unter Geldwäschepräventionsgesichtspunkten beachtlich sind, wäre des Weiteren das **Geldwäschegesetz** mit einzubeziehen. Weitere Grundlagen können in Abhängigkeit des institutsindividuellen Auslagerungspotentials Bedeutung erlangen: z. B. **Betriebsverfassungsrecht**, wenn Arbeitnehmer des Instituts von einer Auslagerung betroffen sein können, auslagerungsspezifische **Prüfungsstandards** des Instituts der Wirtschaftprüfer (s. z. B. IDW-PS 951, wenn eine Auslagerung die Rechnungslegung des Instituts tangiert) oder **Wertpapierhandelsrecht**, wenn die Auslagerung Wertpapierdienstleistungen bzw. -nebendienstleistungen betrifft.

Definitionen und Abgrenzungen

Nicht selten finden sich in institutsinternen Organisationsrichtlinien bloße Hinweise auf die zu beachtenden rechtlichen oder vergleichbaren Grundlagen. So kann man interne Anweisungen finden, die außer dem Verweis auf den Gesetzeswortlaut als sog. »Mitzubeachtende Regelung« oder der bloßen Wiedergabe des Normwortlautes kaum eigene Ausführungen enthalten. Manches Mal werden zwar eigens formulierte Richtlinienvorgaben gemacht, dann aber eine ganze Reihe von Gesetzen oder einzelnen Paragrafen als z. B. »Außerdem mitgeltende Regelungen« aufgezählt. 90

In beiden Fällen sind die Verweise wenig zielführend, sofern die Mitarbeiter durch die Organisationsrichtlinien befähigt werden sollen, eigenen Handlungsspielraum auszufüllen oder eigenes (Vor-) Entscheidungsermessen sachgerecht auszuüben. Dies bedarf vielmehr – anstelle der Verweise auf Gesetze – **konkreter und allgemeinverständlicher Handlungsanweisungen**. Je eigenständiger die Mitarbeiter agieren sollen, desto höher sind die Anforderungen an den Mindestbestand und die Verständlichkeit der Erläuterungen in den Organisationsrichtlinien des Instituts. Dies gilt auch im Zusammenhang mit den sorgfältig zu organisierenden internen Auslagerungsprozessen. Eine Organisationsrichtlinie sollte zwar nicht den Umfang einer Fachkommentierung einer gesetzlichen Regelung haben. Sie sollte aber **zumindest für Standardkonstellationen aus sich heraus schlüssig und abschließend selbsterklärend** sein. Dies schließt nicht aus, dass auf weitere interne Organisationsrichtlinien verwiesen werden kann, wenn diese einen Zusatz- oder Spezialaspekt behandeln. Sonderfälle, die vom leicht zu lösenden Standardfall abweichen, können aber wohl kaum in einer allgemeingültigen internen Arbeitsanweisung erläutert werden, ohne dass es den verträglichen und überschaubaren 91

Rahmen einer sinnvollen Organisationsrichtlinie sprengen würde. Für diese Fälle ist es ausreichend, wenn sich die Mitarbeiter der **Unterstützung einer diesbezüglich fachkundigen Einheit** bedienen (z. B. der Rechtsabteilung, wenn es um definitorische und gesetzliche Abgrenzungsfragen geht). Dies muss dann aber auch **in der Organisationsrichtlinie ausdrücklich vorgegeben** sein.

92 Auch die für Auslagerungen zu beachtende regulatorische Ausgangslage ist nicht für jeden Mitarbeiter selbsterklärend. So besteht Bedarf, dass in den Organisationsrichtlinien **die entscheidenden Begriffe näher erläutert und den Mitarbeitern die wichtigen Aspekte für relevante Abgrenzungen genannt** werden. Es empfiehlt sich daher, dass in einer »Organisationsrichtlinie Auslagerungen« z. B. einige Ausführungen zu den Begriffen »Auslagerung«, »Wesentlichkeit« und die diesbezüglichen Abgrenzungsfälle zum »Sonstigen Fremdbezug« und zu den »nicht wesentlichen Auslagerungen« zu finden sind (s. im Einzelnen und weitere Begriffe und Abgrenzungsfälle in Kapitel C.).

Pflichtenkatalog

93 Wie schon die Begriffe und Definitionen der normativen Ausgangslage als solche erschließt sich der daraus ergebende **Pflichtenkatalog** ebenso selten von selbst. Dieser ist **den Mitabeitern in eindeutiger Form aufzulisten**. Darauf baut letztlich die im Weiteren folgende Beschreibung der internen Zuständigkeiten und Abläufe auf, mittels derer sichergestellt wird, dass diese Pflichten erfüllt werden. Außerdem belassen die gesetzlichen oder aufsichtsbehördlichen Vorgaben der Geschäftsleitung eines Instituts nicht selten Ermessensspielraum ob bzw. wie man der grundsätzlichen Erwartungshaltung der Norm institutsindividuell gerecht zu werden gedenkt. Gerade die MaRisk sind ein herausragendes Beispiel der bloß **prinzipienorientierten Vorgaben, die es gilt, institutsindividuell mit konkreten Vorgaben auszufüllen.** Die interne Auflistung der Pflichten im Zusammenhang mit Auslagerungen – nebst der internen Beschreibung der dazugehörigen internen Prozesse zur Erfüllung dieser Pflichten – hat folglich in weiten Zügen institutsindividuellen Charakter.

94 Zu den generellen Pflichten im Zusammenhang mit Auslagerungen gehört u. a., dass
- über Auslagerungen erst nach Durchführung einer Risikoanalyse entschieden werden soll,

- die Auslagerungen nur auf Basis der durch eine zentrale unabhängige und rechtsfachkundige Einheit (z. B. Rechtsabteilung) freigegebenen oder individuell geprüften Vertragsgrundlagen erfolgen,
- ein einheitlicher Prozess zum Outsourcingmanagement installiert wird,
- insbesondere die laufende Steuerung und Kontrolle von Auslagerungsmaßnahmen gewährleistet wird,
- Risikoanalysen unter bestimmten Voraussetzungen zu aktualisieren sind,
- interne Berichterstattungen zum Bestand und der Fortentwicklung einer bzw. aller Auslagerungen eingerichtet werden,
- eine zentrale Erfassung von Auslagerungen jederzeit einen Gesamtüberblick sicherstellt,
- Auslagerungen in das interne Management der operationellen Risiken einbezogen werden.

Beschreibung interner Prozesse, Verantwortlichkeiten und Kompetenzen

Die institutsindividuellen Beschreibungen der internen Abläufe sind der Kern der Organisationsrichtlinie. Denn mit diesen trifft die Geschäftsleitung letztendlich die Entscheidung, wie den gesetzlichen und ggf. ergänzend institutsindividuell festgelegten Pflichten im Zusammenhang mit Auslagerungen konkret nachgekommen wird. In diesem Sinne sind **Prozessbeschreibungen für alle der zuvor aufgelisteten Pflichten in der internen Richtlinie zu erwarten**. Die Detailtiefe kann allerdings – insbesondere in Abhängigkeit jeweiliger Komplexität der Auslagerungsmaßnahmen – unterschiedlich ausfallen. Hinsichtlich des Aufbaues der Richtlinie kann die Prozessbeschreibung jeweils unmittelbar in Anschluss an die Benennung der zu erfüllenden Pflicht oder separat in einem gesonderten Teil der Richtlinie erfolgen (s. Strukturbeispiel unter 4.).

Es dürfte auf der Hand liegen, dass man von einem funktionierenden internen Prozess nur dann ausgehen kann, wenn für die jeweiligen Abläufe **klare Verantwortlichkeiten** bestehen. Insbesondere muss nach den Richtlinienvorgaben eindeutig bestimmbar sein, wer für die Einleitung von Prüf- bzw. Entscheidungsprozessen zuständig ist und wer letztendlich die Kompetenz zur Entscheidung hat. Dies wird in einer Rahmenrichtlinie üblicherweise in abstrakter Form erfolgen, indem z. B. der Risikoanalyseprozess für Auslagerungen jeweils von der Einheit des Instituts initiiert werden muss, welche grundsätzlich intern für Erbringung der Leistung zuständig ist und diese nunmehr auslagern will.

97 Getrennt nach den unterschiedlichen Aufgaben im gesamten Outsourcingmanagementprozess (insbesondere mit Blick auf die Teilkomplexe Risikoanalyse-, Entscheidungs- und Reportingprozess) kann die Organisationsrichtlinie jeweils anderen Einheiten die Verantwortung zuweisen, so dass insgesamt mehrere Einheiten (Teil-) Verantwortung tragen können. Dies erfordert jedoch wiederum klare Vorgaben für die sodann einzurichtenden organisatorischen Schnittstellen.

Einzubindende Einheiten

98 Unabhängig davon, dass für einzelne Prozesse oder deren Initialisierung konkrete Einheiten zuständig sind, bedarf es je nach Art der zu erfüllenden Pflicht der **Einbindung weiterer bzw. der Zusammenarbeit unterschiedlicher Einheiten** innerhalb des Instituts. Damit soll nicht die Verantwortlichkeit verschoben, sondern ein jeweils abgewogenes Ergebnis in einem sachgerecht breit angelegten Entscheidungsprozess bzw. ein insgesamt konsistentes Outsourcingmanagement sichergestellt werden.

99 Im Zusammenhang mit Auslagerungen macht die MaRisk wenig detaillierte Vorgaben, welche internen Einheiten in die Prozesse einzubinden sind. Vielmehr wird zunächst nur abstakt vorgegeben, dass »**die maßgeblichen Organisationseinheiten**« bei der Erstellung der Risikoanalyse einzubeziehen sind (AT 9 Tz. 2 MaRisk). Lediglich betreffend die Interne Revision ist ausdrücklich ausgeführt, dass diese im Rahmen ihrer Aufgaben am Risikoanalyseprozess zu beteiligen ist (AT 9 Tz. 2 MaRisk).

100 Welches die weiteren für Auslagerungen »maßgeblichen Organisationseinheiten« sind, ist institutsindividuell zu entscheiden. Selbstredend sollte dies u. a. jeweils die Einheit sein, welche die Auslagerung vornimmt. Aufgrund der engen Zusammenhänge zwischen Auslagerungen und dem Management der operationellen Risiken wäre es außerdem ratsam, die zentral für das »opRisk-Managemement« zuständige Einheit (z. B. die Controllingabteilung) hinzuzuziehen. Da außerdem regelmäßig die rechtliche Beurteilung des konkreten Auslagerungsverhältnisses eine bedeutende Rolle spielt, sollte das Gesamtvotum zur Risikoanalyse nicht ohne Einbindung der Rechtsabteilung erfolgen. Der Bedarf zur Mitwirkung weiterer Einheiten kann sich im Einzelfall ergeben. Aber auch diesbezüglich kann die Richtlinie Rahmenvorgaben machen, indem z. B. bestimmt wird, dass die Einheiten einzubeziehen sind, die besonders auf das Funktionieren der auszulagernden Leistung angewiesen sind und bei denen sich im Falle von Schlechtleistung des Dienstleisters die Schäden auswirken würden.

Evidenzzentrale

Nicht unmittelbar aus den MaRisk, jedoch aus allgemeinen Grundüberlegungen zum Erfordernis sachgerechter Organisation heraus erscheint es notwendig, **an zentraler Stelle im Institut sämtliche Auslagerungsmaßnahmen zu erfassen** und somit über eine regelmäßig zu aktualisierende Übersicht über den Gesamtbestand zu verfügen. Diese »Evidenzzentrale« sollte die Aufgabe haben, die jeweils mit Auslagerungsentscheidungen oder damit zusammenhängenden Prozessen befassten Einheiten mit den nötigen Informationen zum aktuellen Auslagerungsbestand zu versorgen. Das können z. B. die Einheiten »Interne Revision« (u. a. mit Blick auf deren Prüfungsplanung), »Controlling« (u. a. wegen dem dort zentral angesiedelten Management der operationellen Risiken) und nicht zuletzt im Bedarfsfall die Geschäftsleitung sein, sofern dort Entscheidungen anstehen, welche z. B. die Gesamtlandschaft der Auslagerungen betreffen. 101

Aber auch für die Risikoanalyse von bestehenden oder fortzuführenden Auslagerungen oder die Überprüfung der Strategiekonformität einer Auslagerung (s. o. I., 2.) kann der Gesamtbestandsüberblick von Bedeutung sein, wenn es z. B. gilt, die institutsweite Abhängigkeit von einem Dienstleister zu beurteilen. Letztlich werden solche Gesamtdarstellungen in der Praxis regelmäßig als Grundlage im Rahmen der Jahresabschlussprüfungen betreffend die Auslagerungen (§§ 5 und 73 PrüfBV) genutzt. 102

Eine wie hier beschriebene »**Evidenzzentrale**« sollte zwar eine interne Stelle sein, die allgemein über Erfahrung mit Auslagerungen verfügt. Sie soll aber **nicht gleichgestellt werden mit einem vielfach diskutierten »Zentralen Outsourcing-Beauftragten«**[23]. Mit letzterem wird meist die Erwartung verbunden, dass dieser sämtliche Auslagerungen verantwortlich managt. Solches dürfte bei einer Vielzahl von Auslagerungen eines Instituts kaum möglich sein, indem jede Auslagerung anderer fachlicher Kompetenz und operativer Erfahrung bedarf. Folglich erscheint es **ratsamer, dass das materielle Management dezentral** jeweils durch die Einheit **erfolgt**, welche über das speziell für die konkrete Dienstleistung nötige Fach-Know-How verfügt. Die Evidenzstelle übernimmt dazu ergänzend zentral die Aufgabe, die verschiedenen Auslagerungen formal zusammenzuführen und den Gesamtüberblick zu wahren, worauf sich weitere zentrale und dezentrale Managemententscheidungen aufbauen lassen. 103

---

23 Vgl. *Reischauer/Kleinhans*, § 25a KWG Anm. 20.

Pflege und Fortentwicklung der Richtlinie

104 Alleine mit der Entwicklung einer Aufbau- und Ablauforganisation und deren Dokumentation in einer Organisationsrichtlinie ist den Erfordernissen ordnungsgemäßer Organisation eines Instituts nicht Genüge getan. Vielmehr ist **sicherzustellen, dass sowohl die Aufbau- und Ablauforganisation als auch die diesbezügliche Dokumentation regelmäßig überprüft und bei Bedarf angepasst wird.** Dies soll jedoch nicht dahingehend missverstanden werden, dass es zu ständigen Anpassungen der Richtlinien kommen muss. Denn wenn die Organisationsrichtlinien in kurzen Abständen mehrfach geändert werden und den Mitarbeitern die Möglichkeit fehlt, von den Neuerungen hinreichend Kenntnis zu nehmen, kann dies eher kontraproduktiv wirken und der Pflicht einer sachgerechten Integration der Aufbau- und Ablauforganisation in den Betriebsablauf entgegenstehen. Mit der Regelung zur Richtlinienpflege soll lediglich sichergestellt werden, dass sachgerecht abgewogener materieller Änderungsbedarf angemessen zeitnah umgesetzt wird.

105 Der Bedarf zur Anpassung kann sich aus verschiedenen Umständen ergeben. Wenn z. B. die Geschäftsleitung die Strategie betreffend Auslagerungen ändert, ist zu prüfen, ob die Organisationsrichtlinie noch die nötige Konformität mit den neuen Strategievorgaben aufweist. Gesetzliche Rahmenbedingungen können sich ändern oder die diesbezüglichen Erwartungshaltungen der Bankenaufsicht (z. B. mittels Neufassung der MaRisk). Auch die institutsindividuellen Erfahrungen mit Auslagerungen oder dem diesbezüglichen Managementprozess können Anlass sein, den Mitarbeitern geänderte Handlungsanweisungen an die Hand zu geben.

106 So erscheint es nur folgerichtig, dass das Institut eine **konkrete interne Stelle damit verantwortlich beauftragt, regelmäßig die Ordnungsmäßigkeit der Richtlinie zu überwachen** und diese bei Bedarf anzupassen. Typischerweise wird es sich dabei um die Einheit handeln, welche die Richtlinie ursprünglich erstellt hat. Sofern die ursprüngliche Erstellung jedoch innerhalb eines institutsweiten Projektes erfolgt, das mit Inkraftsetzen der Richtlinie seinen Zweck erfüllt hat und aufgelöst wird, ist zu entscheiden, welcher Einheit im Anschluss diese fortlaufende Aufgabe übertragen werden soll. Das heißt nicht, dass diese Einheit im Falle erkannten Änderungsbedarfes die Anpassung alleine vornehmen muss. Vielmehr wird es sich häufig anbieten, die Änderungen mit anderen Einheiten des Instituts abzustimmen oder – je nach Komplexität – wieder ein neues Projekt ins Leben zu rufen. Aber sichergestellt ist die fortlaufende und zeitnahe Pflege der Richtlinie nur, wenn eine

klare **Zuständigkeit für die Initiative des Anpassungsprozesses** besteht. Diese Verantwortlichkeit ist ebenso wie die sonstigen Vorgaben zum Outsourcingmanagement institutsintern festzulegen – vorzugsweise unmittelbar in der Richtlinie selbst, deren Überwachung sichergestellt werden soll.

Rahmenvorgaben für Auslagerungsverträge

Schon im Outsourcing-Rundschreiben vom Dezember 2001 gab die Aufsicht ausdrücklich vor, dass wesentliche Auslagerungen nur auf Basis schriftlicher Verträge vollzogen werden dürfen (Rundschreiben 11/2001 Tz. 23). Zwar mutete auch dies wie eine weitere Unterstreichung einer Selbstverständlichkeit an. Allerdings waren die Institute bereits damals gut beraten, jenen Hinweis der Aufsicht zum Anlass für eine inhaltliche Vertragsprüfung zu nehmen. Wesentlich bedeutsamer als die Frage, ob denn die Auslagerungen des Instituts überhaupt schriftlich fixiert sind, war nämlich die Erwartung des BAKred, in den Verträgen auch umfassende und klare Regelungen des Leistungsgegenstandes und der daraus resultierenden Steuerungsabreden zu finden. 107

Der Inhalt des Auslagerungsvertrages ist letztlich die entscheidende Grundlage für die nötige Kontrolle und Steuerungskompetenz des Instituts, die ohne Einräumung diesbezüglicher Rechte nicht dauerhaft sichergestellt und im Streitfall durchgesetzt werden kann. Für **wesentliche Auslagerungen gibt die BaFin den Mindestbestand an Vereinbarungen vor**, indem dort insbesondere 108

a) Spezifizierung und gegebenenfalls Abgrenzung der vom Auslagerungsunternehmen zu erbringenden Leistung,

b) Festlegung von Informations- und Prüfungsrechten der Internen Revision sowie externer Prüfer,

c) Sicherstellung der Informations- und Prüfungsrechte sowie der Kontrollmöglichkeiten der Bundesanstalt für Finanzdienstleistungsaufsicht,

d) soweit erforderlich Weisungsrechte,

e) Regelungen, die sicherstellen, dass datenschutzrechtliche Bestimmungen beachtet werden,

f) angemessene Kündigungsfristen,

g) Regelungen über die Möglichkeit und über die Modalitäten einer Weiterverlagerung, die sicherstellen, dass das Institut die bankaufsichtsrechtlichen Anforderungen weiterhin einhält, und

h) Verpflichtung des Auslagerungsunternehmens, das Institut über Entwicklungen zu informieren, die die ordnungsgemäße Erledigung der ausgelagerten Aktivitäten und Prozesse beeinträchtigen können

enthalten sein müssen (AT 9 Tz. 6 MaRisk). Vereinzelte Ausnahmen davon anerkennt die BaFin nur in den Fällen, in denen die zu erbringende Leistung im Vertrag hinreichend klar beschrieben sind oder beim Dienstleister eine MaRisk-konforme Interne Revision tätig ist oder es sich um einen sog. »Mehrmandantendienstleister« (s. Kapitel C., II.) handelt (Erläuterungen der BaFin zu AT 9 Tz. 6 MaRisk).

109 Institutsintern ist folglich sicherzustellen, dass **Auslagerungen nur auf Basis demgemäß erstellter oder geprüfter Verträge** durchgeführt werden. Wie schon betreffend der Vertragsgrundlagen im Kredit- (BTO 1.2 Tz. 11 MaRisk) und Handelsgeschäft (BTO 2.2.1 Tz. 8 MaRisk) ausdrücklich vorgegeben, ist auch bezüglich der Auslagerungsverträge zu erwarten, dass die **Vertragsmustervorgaben von einer unabhängigen Stelle des Instituts** stammen bzw. durch diese die individuellen Prüfungen erfolgen. Dabei ist die Zuständigkeit für diese rechtliche Beurteilung einer Einheit zuzuweisen, in der von einem entsprechenden Qualifikationsniveau zur Beurteilung von komplexen, im Zusammenhang mit Auslagerungen typischerweise vielfältigen juristischen Fragen ausgegangen werden kann. Dies und die o. g. erforderliche Weisungsunabhängigkeit ist regelmäßig in der Rechtsabteilung eines Instituts anzutreffen. Im Übrigen (insbesondere wenn das Institut nicht über eine eigene Rechtsabteilung verfügt) sind demgemäße Zuständigkeitsentscheidungen nachvollziehbar daran auszurichten, ob die prüfende Einheit die entsprechende **Unabhängigkeit** (z. B. auch bezüglich der Kosten-/bzw. Ertragskonsequenzen oder allgemein hinsichtlich dem Erfolg der Auslagerung) besitzt, keinen Weisungen bei der Bewertung des Rechtsrisikos unterliegt und die handelnden Personen über den **nötige juristischen Sachverstand und hinreichende Erfahrung** verfügen.[24]

110 Die Anweisung zur Gestaltung der Auslagerungsverträge in o. g. Sinne wie auch der Prozess zur Vertragsverhandlung und zum Vertragsabschluss sollten grundsätzlich in der Auslagerungsrichtlinie Regelungsgegenstand sein. Sofern jedoch in einer anderen Organisationsrichtlinie allgemein der Abstimmungsprozess betreffend Verträge bzw. Vertragsmuster vorgeschrieben ist, kann auch hierauf verwiesen werden. Anstelle der institutseigenen Vertragserstellung kann ebenso die Option eingeräumt werden, dass die Auslagerung auf

---

24 *Hannemann/Schneider/Hanenberg*, Mindestanforderungen an das Risikomanagement (MaRisk), S. 325 ff. (zu BTO 1.2 Tz. 11).

Basis von externen durch den Dienstleister vorgegebenen Verträgen (z. B. Standardverträge von Mehrmandantendienstleistern) vollzogen werden kann, wenn diese den aufsichtsbehördlichen Anforderungen entsprechen (letzteres wäre dann aber wieder mittels einer internen unabhängigen Prüfung festzustellen). In der konkreten textlichen Gestaltung der Auslagerungsverträge zur Erfüllung der o. g. prinzipiellen Vorgaben der BaFin ist das jeweilige Institut frei (hierzu nähere Anregungen in Kapitel E.).

Dokumentation

Die allgemeine gesetzliche Pflicht zur vollständigen **Dokumentation** der Geschäftstätigkeit (§ 25a Abs. 1 Satz 6 Nr. 2 KWG) gilt auch für Tätigkeiten im Zusammenhang mit Auslagerungen. Der Gesetzeswortlaut hebt hervor, dass durch die anzufertigenden und aufzubewahrenden Aufzeichnungen die **Möglichkeit einer lückenlosen Überwachung durch die BaFin** sichergestellt werden muss. Überwachungsgegenstand ist dabei die Einhaltung aufsichtsrechtlicher Pflichten, zu denen u. a. die gesamten organisatorischen Pflichten nach § 25a KWG[25], und damit auch die betreffend der Auslagerungen (s. o. »Pflichtenkatalog«) gehören. Die gesetzliche Aufbewahrungsfrist beträgt grundsätzlich 5 Jahre (§ 25a Abs. 1 Satz 6 Nr. 2 KWG). Allerdings hat die BaFin sich dahingehend positioniert, dass ihr bei Geschäfts-, Kontroll- und Überwachungsunterlagen ein Aufbewahrungszeitraum von 2 Jahren ausreicht (AT 6 Tz. 1 MaRisk).

Gleichzeitig aber erweitert die BaFin indirekt den Kreis derer, für die die **systematische und nachvollziehbare Abfassung** erfolgt. Denn sie verweist pauschal auf »sachkundige Dritte« (AT 6 Tz. 1 MaRisk), womit – ohne dies auszusprechen – mittelbar u. a. alle Personen gemeint sein dürften, die mit Prüfungsaufgaben betraut sind (z. B. Interne Revision oder Abschlussprüfer).

Zu den aufzubewahrenden Dokumenten zählen u. a. alle die, mit denen man – auch rückblickend – nachweisen kann, dass und wann die o. g. auslagerungsspezifischen Pflichten erfüllt wurden. Dies sind z. B. die Belege zur Risikoanalyse, zu den nötigen Entscheidungen einschließlich derer im Falle erforderlicher Eskalation, die Auslagerungsverträge (auch nach Beendigung der Auslagerung) aber auch die älteren Fassungen der Organisationsrichtlinien, so dass nachvollzogen werden kann, zu welchem Zeitpunkt welche Vorgaben galten.

---

25 *Reischauer/Kleinhans*, § 25a KWG Anm. 9.

114 Für welche Form der Dokumentation man sich im Institut entscheidet, ist freigestellt. Selbst die MaRisk macht diesbezüglich keine detaillierten Vorgaben. Es findet sich nur im Gesetz der Verweis auf handelsrechtliche Vorschriften (§ 25a Abs. 1 Satz 6 Nr. 2 KWG in Verbindung mit § 257 Abs. 3 HGB). Demnach ist grundsätzlich auch die **elektronische Archivierung auf Bild- oder sonstigen Datenträgern möglich**. In jedem Fall stehen die Erfordernisse der Nachvollziehbarkeit, Vollständigkeit und die Verfügbarkeit (d. h. ggf. auch die Lesbarmachung) in angemessener Frist im Vordergrund.

3. Checkliste zum Mindestinhalt der »Organisationsrichtlinie Auslagerungen«

	Organisationsrichtlinie »Auslagerungen« – Anregungen/Beispiele für Richtlinieninhalte –	In Richtlinie einbezogen?
(1)	Beschreibung der relevanten rechtlichen Ausgangslage (u. a. KWG u. MaRisk)	
(2)	Begriffe, Definitionen, Abgrenzungen (u. a. Begriff der »Auslagerung«; Abgrenzung der »Wesentlichkeit«)	
(3)	Katalog der institutsinternen auslagerungsrelevanten Pflichten	
(4)	Zuweisung der internen Verantwortlichkeiten zur Erfüllung der auslagerungsrelevanten Pflichten, Prozessinitiativen etc.	
(5)	Einzubindende Einheiten/Personen in interne Prozesse bzw. Entscheidungswege (z. B. im Rahmen der Risikoanalyse und des laufenden Outsourcingmanagements)	
(6)	Kompetenzen für Entscheidungen (incl. etwaiger Eskalation)	
(7)	Verantwortlichkeit für die fortdauernde Pflege/bedarfsgemäße Anpassung der Organisationsrichtlinie	
(8)	Einsetzung einer Auslagerungs-Evidenzzentrale	
(9)	Rahmenvorgaben für Vertragsgestaltung/-abschluss (incl. etwaiger »Service Level Agreements«)	

(10)	Vertragsverhandlung/-abschluss	
(11)	Risikoanalyseprozesses (Ablauf und Mitwirkende)	
(12)	Mindestinhalt/-aspekte der Risikoanalyse	
(13)	Anlass/Prozess für Aktualisierung bestehender Risikoanalysen	
(14)	Internes Reporting	
(15)	Externes Reporting (Kommunikation mit Dienstleister)	
(16)	Prozess und Verantwortlichkeit für laufende Überwachung	
(17)	Dokumentation	
(18)	Notfallplanung	
(19)	Rücksourcingmanagement	

4. Struktur der »Organisationsrichtlinie Auslagerung«

Strukturell gibt es grundsätzlich keine zwingenden Vorgaben für den Aufbau einer »Organisationsrichtlinie Auslagerung«. Allerdings kann die Vielfältigkeit der nötigen Inhalte (s. o. II., 2.) Anlass sein, sich auch beim Aufbau für eine deutliche strukturelle Trennung entsprechend der verschiedenen Gruppen bzw. Arten von internen Vorgaben zu entscheiden. Im Vordergrund steht jeweils – wie auch immer man sich entscheidet – das Erfordernis der **Verständlichkeit der Richtlinie für die Mitarbeiter,** die diese zur Arbeitsgrundlage machen sollen. Andernfalls läge der Organisationsmangel schon in der mangels Verständlichkeit fehlenden organisatorischen Wirkung der Richtlinie.

So hat z. B. ein modulhafter Aufbau in Orientierung an den trennbaren Themenkomplexen und internen Verfahren den Vorteil, dass sich **klare sachgerechte Zuweisungen von Verantwortlichkeiten für die kontinuierliche Pflege** der Richtlinienmodule (Regelungsteilpakete) vornehmen lassen. Diese Zuständigkeiten sollten sich an den für die jeweiligen inhaltlichen Schwerpunkte der Pakete nötigen Fachkompetenzen orientieren. So bietet es sich z. B. an, der Controlling- oder vergleichbaren Risikomanagementeinheit des Instituts die Verantwortlichkeit für die Festlegung der zwingenden Mindeststandards einer Risikoanalyse zuzuweisen. Die Erläuterung der regulatorischen Rahmenbedingungen und die Ausarbeitung der daraus resultierenden institutsinternen Pflichten könnte der Rechtsabteilung zufallen und die Mindestvorgaben für die laufende Kontrolle und Steuerung einer vollzogenen Auslagerung könnten von einer mit Auslagerungen besonders erfahrenen Fachabteilung erstellt und fortlaufend mit dem Zuwachs an praktischen Erfahrungen, die dann dem gesamten Institut zugute kommen, angepasst werden. Diese Trennung und konkrete Zuweisung der Richtliniepflege erspart insbesondere, jeweils aufwändige Projekte für Richtlinienänderungen aufzusetzen. Dabei bliebe es der zuständigen Einheit dennoch unbenommen, etwaige Änderungsvorhaben mit anderen Einheiten des Instituts abzustimmen, um hier mögliche unterschiedliche Sichtweisen einbeziehen oder institutsweite Konsequenzen besser einschätzen zu können, jedoch ohne dass sie sich damit der Verantwortlichkeit entziehen kann.

117 Aber auch soweit die Erstellung einer einheitlichen Richtlinie erwogen wird, ist zu empfehlen, dass diese je nach thematischem Teilkomplex, in formal deutlich abgegrenzte Kapitel o. ä. aufgeteilt wird (was faktisch o. g. modularem Aufbau gleichkommt). Denn nur auf diese Weise lassen sich wiederum sachbezogen sinnvoll getrennte Verantwortlichkeiten für die Erstellung der einzelnen Kapitel und deren fortlaufende Überwachung (insbesondere bzgl. des etwaigen Anpassungsbedarfes) zuweisen. Andernfalls wäre das Institut auch hier regelmäßig gezwungen, Projekte unter Einbindung zahlreicher Einheiten aufzusetzen, um eine Anpassung vorzunehmen bzw. zuvor den diesbezüglichen Bedarf zu überprüfen. Dabei würde sich außerdem die Frage stellen: Wer überwacht verantwortlich, ob Bedarf zur Aufsetzung eines solchen Projektes besteht?

118 Darüber hinaus empfiehlt es sich, dass die Rahmenbedingungen verständlich gestaltet werden z. B. durch Einfügung von Organigrammen, Bezugnahmen bzw. Erläuterung der das Outsourcing betreffenden Geschäfts- bzw. Risikostrategien und gegebenenfalls eines Gesamtüberblicks der innerhalb des Instituts einzubindenden Einheiten.

119 Betreffend konkreter Auslagerungsmaßnahmen kann es sich noch anbieten (oder sogar aufdrängen), dass die Rahmenrichtlinie mit dem o. g. allgemeingültigen Mindestinhalt ergänzt wird, durch eine fach- bzw. leistungsbezogene Detailrichtlinie. Diese kann individuell an der einzelnen Leistung oder dem Dienstleister orientierte Beschreibungen der Notfallpläne und Schnittstellen personeller Art zwischen dem Institut und dem dienstleistenden Unternehmen sowie etwaige spezifische Eskalations- bzw. sonstige Entscheidungsszenarien enthalten.

5. Struktureller Aufbau einer »Organisationsrichtlinie Auslagerung«

Die nachfolgende Grafik stellt beispielhaft dar, wie eine »Organisationsrichtlinie Auslagerungen« strukturiert sein könnte und wie sich dort die o. g. Mindestinhalte einbauen lassen. Entsprechend der o. g. Empfehlungen ist die Richtlinie in diesem Beispiel in deutlich getrennte Themenkomplexe bzw. Module aufgeteilt.

120

Organisationsrichtlinie für Auslagerungen
- Strukturbeispiel und Mindestinhalte -

Rahmenbedingungen für das Outsourcingmanagement (formales Outsourcingmanagement)
- Erläuterung relevanter rechtlicher Ausgangslage
- Definitionen und Abgrenzungen
- Pflichtenkatalog
- Institutsinterne Prozess- u. sonst. Verantwortlichkeiten (Initiativen, Überwachung, Steuerung etc.)
- Einzubindende Einheiten/Personen
- Kompetenzen (Auslagerungs- u. Steuerungsentscheidungen, Eskalationsstufen etc.)
- Organisationsrichtlinie: Verantwortlichkeit(en) für Erstellung bzw. Pflege
- Einrichtung einer Outsourcing-Evidenzzentrale
- Rahmenvorgaben für Vertragsgestaltung/-abschluss

Risikoanalyse, Entscheidungs- und Auswahlprozess
- Beschreibung/Abgrenzung konkreter Auslagerungsvorhaben
- Dienstleister (Vor-) Auswahl
- Risikoanalyse
  - Prozess
  - Einzubindende Einheiten
  - Mindestinhalte/analyserelevante Aspekte
- Anlass/Prozess für Neuanalyse
- Prüfung Strategiekonformität
- Internes Reporting
- Entscheidung bzgl. Vollzug, Änderung bzw. Fortführung der Auslagerung
- Vertragsverhandlung/- abschluss (incl. Leistungsbeschreibung/ SLA)

Leistungskontrolle und -steuerung (materielles Outsourcingmanagement)
- Prozess laufender Überwachung/Kontrolle
- Kontroll- u. Kommunikationsprozess Revision/ auslagernde Einheit
- Steuerungsverantwortlichkeit/-prozess (incl. Notfall und sonst. Eskalation)
- Reporting (intern und zwischen Dienstleister und Institut)
- Dokumentation
- Allg. Relationship-Management
- Rücksourcingmanagement

Fachliches/leistungsbezogenes Outsourcingmanagement
- Dienstleistungsspezifische Besonderheiten
  - z. B. bzgl. Leistungserbringung und Überwachung, Notfallplanung
- Dienstleisterspezifische Besonderheiten
  - z. B. bzgl. Kontrolle, Revision sowie personelle oder technische Schnittstellen

= zentrale Rahmenvorgaben

= dezentrale fachbereichsspezifische Vorgaben

Abb. 1 (Quelle: Eigene Darstellung)

C.

Formen des Outsourcing
– Charakteristische Unterschiede der Dienstleister
– Formale Konsequenzen

C. Formen des Outsourcing – Charakteristische Unterschiede der Dienstleister – Formale Konsequenzen

I. Ausgründung (gesellschaftsrechtliche Lösung)

1. Definition »Ausgründung«

Die Gründe, die einem Institut zum »Outsourcing« Anlass geben, sind ebenso vielfältig wie die in diesem Zusammenhang herumschwirrenden Begrifflichkeiten. Nicht selten steht am Anfang eine sog. **Ausgründung**. Aber auch hiervon gibt es verschiedene Ausprägungen. Im Kern versteht man die Ausgründung wie folgt:

121

> **Ausgründung**
> (Teil-/Betriebsübergang)
> =
> Ausgliederung und Verselbstständigung eines Betriebsteils

Für die begriffliche Einordnung macht es keinen Unterschied, ob man diesen Betriebsteil noch zum Kerngeschäft des ausgründenden Unternehmens zählt oder ob eine diesbezügliche neue Fokussierung Anlass ist. Letztendlich wird ein **neues Unternehmen geschaffen, das einen Teil der Tätigkeiten des ausgliedernden Unternehmens übernimmt**. Für den Oberbegriff »Ausgründung« ist es auch nicht entscheidend, ob das neue Unternehmen die Tätigkeiten anschließend als Dienstleistung für das ausgründende Unternehmen oder für mehrere ähnliche Unternehmen oder derart erbringt, dass die Leistungsempfänger bzw. Kunden auf das neue Unternehmen übergehen. Dies macht jedoch bankaufsichtsrechtlich einen großen Unterschied. Übernimmt das neue Unternehmen nämlich die Tätigkeiten nebst Kundenbeziehungen, so dass die Aktivitäten des neuen Unternehmens als Betreiben von Bankgeschäft oder Finanzdienstleistung »im eigenen Namen« einzuordnen ist, benötigt das neue Unternehmen eine entsprechende bankaufsichtsbehördliche Erlaubnis (z. B. nach § 32 KWG)[26]. Übernimmt es hingegen nur die Durchführung bzw. Abwicklung von Geschäften, die nach wie vor als Bankgeschäft oder Finanzdienstleistung eines anderen Unternehmens anzusehen sind, liegt nur eine

122

---

26   *Reischauer/Kleinhans*, § 1 KWG Anm. 19 f.

unterstützende Dienstleistung vor, für die der Dienstleister keiner »Banklizenz« bedarf. Diese Dienstleistung erlangt indessen unter dem Gesichtspunkt der Auslagerungsregelungen (§ 25a Abs. 2 KWG, MaRisk etc.) Bedeutung. Fehlt es letztlich sogar bei der in Anspruch genommenen Dienstleistung an dem Zusammenhang mit dem spezifischen Betrieb von Bankgeschäft, Finanzdienstleistungen oder den sonstigen institutstypischen Dienstleistungen (zu den Begriffen s. III.2. u. III.3.), liegt keine Auslagerung nach § 25a Abs. 2 KWG vor.

123 Die Ausgründung mit dem Ziel, dass das neu gegründete Unternehmen die übernommenen Tätigkeiten als Dienstleistung für das ausgründende Unternehmen (und ggf. auch für weitere Unternehmen) erbringt führt gesellschaftsrechtlich häufig dazu, dass das neue Unternehmen zwar operativ selbstständig aber gesellschaftsrechtlich als Tochterunternehmen dem ausgründenden Mutterunternehmen »unterstellt« wird.

2. Ausprägungen der Ausgliederung und aufsichtsrechtliche Folgen (Spin-Off, Split-Off, Outtasking, Offshoring, Nearshoring)

124 Eine Ausgliederung, bei der die Tätigkeiten des neuen Unternehmens weiterhin im Interesse des ausgliedernden Unternehmens erfolgt (sei es z. B. bloß durch die konzernmäßige Beziehung oder zusätzlich als Dienstleistung für das Mutterunternehmen) wird auch als **Spin-off** (engl.: Ableger) bezeichnet. Für den Spin-off ist charakteristisch, dass die Ausgliederung **im Einvernehmen zwischen beiden Unternehmen** erfolgt. Sofern es sich um eine Ausgliederung von bereits zuvor bei dem Mutterunternehmen betriebenen Tätigkeiten handelt und mit ihr ein Übergang von Mitarbeitern in das neue Unternehmen verbunden ist, hängt der Erfolg der Ausgliederung nicht zuletzt wesentlich von der – gegebenenfalls im Rahmen der sorgfältigen Vorbereitung erzeugten – Bereitwilligkeit der betroffenen Belegschaft ab. Oft wird unter der Überschrift Spin-Off speziell die Ausgliederung junger oder erst im Aufbau befindliche Wachstums- bzw. Zukunftssparten, die das ausgliedernde Unternehmen (noch) nicht zu seinem Kerngeschäft zählt, verstanden.

125 Betreiben Mitarbeiter die Ausgründung hingegen **gegen den Willen des die Tätigkeit zuvor betriebenen Unternehmens**, spricht man von einem **Split-off** (engl.: Abspaltung). Allerdings ist in diesen Fällen realistischerweise nicht damit zu rechnen, dass zwischen diesen beiden Unternehmen längerfristige Leistungsbeziehungen im Sinne § 25a Abs. 2 KWG aufgebaut werden. Folglich spielt der Split-off im Zusammenhang mit der aufsichtsrechtlichen Auslagerungsthematik keine nennenswerte Rolle.

Werden lediglich einzelne Aufgaben von einem Dienstleister übernommen und der Dienstleistungsnehmer behält insbesondere die Personalverantwortung und die Prozesssteuerung in vollem Umfang, spricht man vom **Outtasking**. Ob das jeweilige Outtasking von aufsichtsrechtlicher Relevanz ist, hängt im Einzelfall davon ab, welche Tätigkeiten übertragen wurden. Beschränkt sich z. B. der Fremdbezug auf die Entwicklung von Software oder die Vorbereitung von Präsentationen, die anschließend nach Abnahme vom Auftraggeber genutzt werden, das Übersetzen von Texten oder Handbücher oder Internet- bzw. sonstige Recherchen, ist der Anwendungsbereich des § 25a Abs. 2 KWG nicht berührt.

126

Ob eine Auslagerung als »**Offshoring**« (Sitz des Dienstleisters in einem weit entfernten Land, z. B. Asien) oder »**Nearshoring**« (Sitz des Dienstleister in einem nahe gelegenen Land) ausgestaltet ist, spielt für die grundsätzliche Einordnung in den Anwendungsbereich des § 25a Abs. 2 KWG nebst MaRisk keine Rolle. Hierfür ist nicht die räumliche Distanz (räumliche Verlagerung), sondern jeweils die Art und der Umfang der Fremdleistung (organisatorische bzw. funktionale Verlagerung) entscheidend. Aber die räumliche Nähe bzw. Distanz, die Relevanz der Rechtsordnungen anderer Länder, die Problematik unterschiedlicher Sprachen und Kulturen, unterschiedliche Zeitzonen und die Konsequenzen für die Erreichbarkeit bzw. für die Kommunikation mit dem Dienstleister im allgemeinen etc. haben erhebliche Auswirkungen auf die Abwägungen im Rahmen der Risikoanalyse (Kapitel D.), die Auslagerungsentscheidung (Kapitel A., III., 4.), die konkrete vertragliche und operative Ausgestaltung und nicht zuletzt für die Beurteilung der Zulässigkeit der konkreten Auslagerungsmaßnahme insgesamt (Kapitel A., III., 1.). Dies gilt es **besonders bei Weiterverlagerungen zu überdenken**, bei denen der primäre Dienstleister seinen Sitz im Inland hat, die Leistung oder Teile davon jedoch weiter ins Ausland verlagert: aus Sicht des auslagernden Instituts liegt auch in diesem Fall »Offshoring« vor, das kritisch mit Blick auf die Steuerungs- und Kontrollmöglichkeiten des Instituts beurteilt werden muss.

127

II. Mehrmandantendienstleister (schuldrechtliche Lösung)

1. Definition »Mehrmandantendienstleister«

In dem »Outsourcinggrundschreiben« 11/2001 des BAKred verwendete die Bankenaufsicht erstmals im Zusammenhang mit Auslagerungen den Begriff »Mehrmandantendienstleister« (Tz. 49 BAKred-Rs. 11/2001). Allerdings fehl-

128

te schon damals eine konkrete Legaldefinition. Aus dem Gesamtkontext prägte sich seinerzeit das Verständnis, dass ein Mehrmandantendienstleister
- ein nach deutschem Recht organisiertes Auslagerungsunternehmen ist,
- dessen Geschäftstätigkeit im Wesentlichen darin besteht, standardisierte Dienstleistungen im Massengeschäft für die angeschlossenen Institute zu erbringen.

129 Insbesondere sollte es sich dabei um solche Auslagerungsunternehmen handeln, die von Instituten eines Finanzverbundes getragen werden. Als typische Beispiele erwähnte das BaKred Rechenzentren und Wertpapierservicebanken im Sparkassen- und Genossenschaftssektor (Tz. 49 BAKred-Rs. 11/2001). Bei Auslagerungen an solche »Mehrmandantendienstleister« akzeptierte das BAKred – speziell bezüglich der Weisungsrechte – einige vertragliche Erleichterungen. Im Laufe der Zeit näherte sich das Verständnis zur Charakteristik eines Mehrmandantendienstleisters der tatsächlichen Praxis an, wonach es letztlich nur noch auf die Erbringung standardisierter Leistungen im Massengeschäft ankam[27].

130 In den MaRisk finden sich überhaupt keine Ausführungen mehr zur Typik eines Mehrmandantendienstleisters. Vielmehr werden diese in den Erläuterungen der BaFin zu AT 9 Tz. 6 der MaRisk lediglich als eine Untergruppe der Dienstleister erwähnt, die einige Erleichterungen in Anspruch nehmen können (s. II., 2.). Damit grenzt sich eine Mehrmandantendienstleistung entsprechend dem zuvor schon entwickelten Verständnis wie folgt von sonstigen Auslagerungsleistungen ab:

Mehrmandantendienstleistung
=
standardisierte Dienstleistung im Massengeschäft

Praxistypische Beispiele:
- Rechenzentrumsleistungen
- Leistungen zur Abwicklung des Wertpapiergeschäfts
- Leistungen zur Depotverwaltung
- Leistungen zur Abwicklung des Zahlungsverkehrs

---

27 Unveröffentlichtes Schreiben der BaFin vom 13.08.2003 BA 13 – 272 A – 1/2003: »... Danach [nach Tz. 49 des BAKred-Rs. 11/2001]* kommen Erleichterungen insbesondere im Bereich der Massengeschäfte in Betracht ...«. *[...] = Einfügung des Autors.

2. Aufsichtsrechtliche Konsequenzen bei Auslagerungen an Mehrmandantendienstleister (zulässige formale Erleichterungen)

Eine Auslagerung an einen Mehrmandantendienstleister wird von der Bankenaufsicht auch dann als zulässig angesehen, wenn – anders als sonst nach AT 9 Tz. 6 der MaRisk grundsätzlich gefordert (s. Kapitel A., II.) – das auslagernde Institut sich weder vertraglich noch sonst explizit Weisungsrechte und auch nicht das Recht für seine Interne Revision auf eigene Prüfungshandlungen vorbehält. Dass heißt, dass es ausnahmsweise auf diese Rechte verzichten kann. Den übrigen Anforderungen des AT 9 Tz. 6 der MaRisk (s. Kapitel A., II.) müssen allerdings auch die Auslagerungsverträge mit Mehrmandantendienstleistern gerecht werden. 131

> **Zulässige Erleichterungen
> bei der Vertragsgestaltung mit Mehrmandantendienstleistern:**
> - Verzicht auf eine Vereinbarung von **Weisungsrechten** des auslagernden Instituts
> - Verzicht auf eine Vereinbarung des **Rechtes der Internen Revision** des auslagernden Instituts **auf eigene Prüfungshandlungen**

Aber auch über vorgenannte Erleichterungen hinaus ist es sinngerecht, sich bei der Umsetzung der weiteren Vorgaben des AT 9 Tz. 6 der MaRisk an der Typik einer (auch vertraglich standardisierten) Mehrmandantendienstleistungsbeziehung zu orientieren und insbesondere keine praxisfremde Individualität der Vertragsgestaltung zu erwarten. 132

III. Zentralbankfunktionen (verbundorganisatorische Lösung)

1. Definition »Zentralbankfunktion«

Im Laufe der Konsultation zu den Entwürfen des BAKred-Rundschreibens 11/2001 (s. Kapitel A., I., 1.) anerkannte die Bankenaufsicht, dass die typische Besonderheit der Arbeitsteilung in Finanzverbünden bei der Gestaltung und Umsetzung der Auslagerungsvorgaben berücksichtigt werden muss. So nahm schon das BAKred die Einschaltung anderer Institute, welche die Dienstleistung als sog. »Zentralbankfunktion« erbringen, von der Anwendung des § 25a Abs. 2 KWG aus. Was unter Zentralbankfunktion zu verstehen war, wurde lediglich abstrakt beschrieben. 133

FORMEN DES OUTSOURCING

> **Zentralbankfunktion nach BAKred-Rundschreiben 11/2001 Tz. 47**
> Einschaltung anderer Institute aufgrund der besonderen Struktur und notwendigen Arbeitsteilung eines Finanzverbundes

134 Dieselbe Grundhaltung findet auch Fortsetzung bei der Fassung der MaRisk (BaFin-Rundschreiben 5/2007). Dort sind Leistungen, die als Zentralbankfunktionen erbracht werden, nicht in den Begriff »Auslagerung« (AT 9 Tz. 1 MaRisk) einbezogen. Diese unterliegen damit nicht den in AT 9 der MaRisk aufgestellten speziellen Anforderungen an die Geschäftsorganisation für ausgelagerte Aktivitäten und Prozesse nach § 25a Abs. 2 KWG.

> **Zentralbankfunktion nach MaRisk (BaFin-Rundschreiben 5/2007)**
> Leistungen innerhalb von Finanzverbünden, die typischerweise von einem beaufsichtigten Unternehmen bezogen und aufgrund tatsächlicher Gegebenheiten oder rechtlicher Vorgaben regelmäßig weder zum Zeitpunkt des Fremdbezuges noch in der Zukunft vom Institut selbst erbracht werden können

135 Bei den hievon erfassten Finanzverbünden handelt es sich in der Bundesrepublik Deutschland um den genossenschaftlichen »FinanzVerbund« der Volksbanken und Raiffeisenbanken und den öffentlich-rechtlichen Finanzverbund der Sparkassen-Finanzgruppe. Die Zentralbankfunktionsleistungen werden dabei von der DZ BANK und der WGZ BANK für die Genossenschaftsbanken und von den Landesbanken für die Sparkassen zur Verfügung gestellt.

136 Wie schon im BAKred-Rundschreiben 11/2001 wurde die sog. »Zentralbankfunktion« auch in den MaRisk nur abstrakt umschrieben. Aufgrund der unterschiedlichen Zuweisung von Aufgaben an die jeweiligen Zentral- bzw. Spitzeninstitute war eine konkrete Benennung bzw. abschließende Aufzählung auch nicht möglich. Dies würde insbesondere der regelmäßigen Entwicklung des Bankgeschäftes bzw. der Finanzdienstleistungen und der damit sich stetig verändernden Aktivitäten und Prozesse der Institute nicht gerecht. Typischerweise unterscheiden sich die Zentralbankfunktionen von andern Auslagerungsleistungen (auch denen von Mehrmandantendienstleistern; vgl. oben unter II.) darin, dass diese als Aufgabe bzw. Teil des Geschäftsgegenstandes dem Zentral- oder Spitzeninstitut – sei es jeweils konkret oder abstrakt – durch Gesetz oder durch Beschlüsse von Entscheidungsorganen des jeweiligen Verbundes zugewiesen werden oder aus den allgemeinen Umständen für

das auslagernde Institut die Notwendigkeit zum Fremdbezug beim Zentral- bzw. Spitzeninstitut besteht, und dass daher die grundsätzliche Entscheidung des Angebotes der Leistung nicht ausschließlich im Ermessen des Dienstleisters liegt. Dabei steht es dem Zentral- bzw. Spitzeninstitut dennoch frei, diese Leistung ganz oder teilweise an Dritte (ggf. Mehrmandantendienstleister) auszulagern, ohne dass hierdurch die Leistungsbeziehung im Verhältnis zwischen dem Zentral- und Spitzeninstitut die Charakteristik als Zentralbankfunktion verlieren würde.

Innerhalb der deutschen Finanzverbünde werden beispielhaft folgende Zentralbankfunktionen genutzt: 137

Beispiele für Zentralbankfunktionen:

- Aktivitäten und Prozesse im Rahmen der Abwicklung des Wertpapiergeschäfts
- Aktivitäten und Prozesse im Rahmen der Depotverwaltung
- Aktivitäten und Prozesse im Rahmen des Zahlungsverkehrs
- Aktivitäten und Prozesse im Rahmen des Kreditkartengeschäftes
- Aktivitäten und Prozesse zur Durchführung des Auslandsgeschäftes

– jeweils von einem Zentral- oder Spitzeninstitut erbracht –

2. Aufsichtsrechtliche Konsequenzen bei »Zentralbankfunktionen«

Dienstleistungen, die für ein Institut erbracht werden und in die Reihe der »Zentralbankfunktionen« eingeordnet werden können, unterfallen nicht dem Begriff der »Auslagerung«. In diesen Fällen hält es die Aufsicht für entbehrlich, die speziellen Auslagerungsregelungen des § 25a Abs. 2 KWG anzuwenden; auch die Vorgaben des »AT 9 Outsourcing« der MaRisk können außer Acht gelassen werden. 138

Es bleibt aber dabei, dass das auslagernde Institut die generelle Pflicht zur ordnungsgemäßen Geschäftsorganisation hat, so dass auch die Zentralbankfunktionsleistungsbeziehungen bzw. deren Ausgestaltung der Erwartungshaltung des § 25a Abs. 1 KWG gerecht werden müssen. Daher erscheint es z. B. unangemessen, wenn die zu erbringende Leistung keiner Prüfung eines von dem Zentral- bzw. Spitzeninstitut unabhängigen Prüfers (z. B. Wirtschaftsprüfer) unterliegen und dem auslagernden Institut keinerlei Berichte über die Prüfungsergebnisse zukommen würden. 139

> **Zentralbankfunktionen**
> sind **nicht als Auslagerung** im Sinne der MaRisk **zu qualifizieren** und auch die Anwendung der Regelungen des § 25a Abs. 2 KWG ist nicht geboten. Die Anforderungen des § 25a Abs. 1 KWG sind allerdings zu beachten.

IV. Sonstiger Fremdbezug

1. Definition »Sonstiger Fremdbezug«

140 Im Outsourcing-Rundschreiben 11/2001 (s. Kapitel A., I., 1.) grenzte die Aufsicht den Begriff Auslagerung u. a. nach dem Zeitraum ab, in dem die Fremdleistung bezogen wird. So handelte es sich nach damaliger Sichtweise nur dann um eine Auslagerung im Sinne des § 25a Abs. 2 KWG, wenn die Dienstleistung auf Dauer oder zumindest für längere Zeit erbracht wurde. Es hatte sich ein Verständnis dahingehend herausgebildet, dass die zeitliche Schwelle, ab der man von »längere Zeit« in vorgenanntem Zusammenhang sprach, bei etwa 12 Monaten lag. Dienstleistungen, die für einen kürzeren Zeitraum bezogen wurden, kamen nicht als Auslagerung im Sinne der bankaufsichtsrechtlichen Auslagerungsregelungen in Betracht.

141 Mit der Übernahme der Outsourcing-Vorgaben in die MaRisk gab die BaFin die starre Abgrenzung nach Laufzeit der Dienstleistung auf. **Auch kurzfristig angelegte Fremdleistungen können daher grundsätzlich Auslagerungen im Sinne der MaRisk**, insbesondere nach AT 9 Tz. 1, **sein**. Die Kurzfristigkeit ist allerdings ein Aspekt, der in die Wesentlichkeitsanalyse nach AT 9 Tz. 2 (s. hierzu näher in Kapitel D.) einbezogen werden und zur Verneinung der Wesentlichkeit führen kann. Nach der Neupositionierung der BaFin findet der Zeitraum der Leistungsbeziehung allerdings auch noch nach der MaRisk bei der Frage Berücksichtigung, ob überhaupt begrifflich eine Auslagerung vorliegt, indem die BaFin **zumindest den einmaligen oder gelegentlichen Fremdbezug** von Dienstleistungen schon per se **nicht als Auslagerung einordnen** will. Dabei sollte man nicht auf den Gedanken kommen, dass die mehrfache Hintereinanderreihung von »Einzelaufträgen« eine Dienstleistung vom Anwendungsbereich des § 25a Abs. 2 KWG fern hält. Vielmehr entspricht es dem Sinn der Regelungen, dass mit Blick auf das auslagernde Institut beurteilt werden muss, ob dieses die Leistung grundsätzlich selbst erbringt und nur hin und wieder (z. B. zum Spitzenausgleich bei besonderem Arbeitsanfall) auf die Leistungen Dritter zurückgreift – dann läge keine Auslagerung im Sinne § 25a Abs. 2 KWG und der MaRisk AT 9 Tz. 1 vor – oder ob das

Institut die relevanten Aktivitäten und Prozesse selbst nicht mehr durchführt und immer dann, wenn diese notwendig sind, auf einen oder wechselnde Dienstleister zurückgreift – dann ist grundsätzlich Auslagerung im Anwendungsbereich des § 25a Abs. 2 KWG denkbar.

> **Sonstiger Fremdbezug von Leistungen:**
> - *Kein dauerhafter Fremdbezug*: Einmaliger oder gelegentlicher Fremdbezug von Gütern und Dienstleistungen bzw.
> - *Typischer Fremdbezug*: Leistungen, die typischerweise von einem beaufsichtigten Unternehmen bezogen und aufgrund tatsächlicher Gegebenheiten oder rechtlichen Vorgaben regelmäßig weder zum Zeitpunkt des Fremdbezuges noch in der Zukunft vom Institut selbst erbracht werden können

Zu den vom Begriff der Auslagerung ausgenommenen fremdbezogenen Leistungen zählen nach Ansicht der BaFin auch solche, die typischerweise von einem beaufsichtigten Unternehmen bezogen und aufgrund tatsächlicher Gegebenheiten oder rechtlichen Vorgaben regelmäßig weder zum Zeitpunkt des Fremdbezuges noch in der Zukunft vom Institut selbst erbracht werden können. Damit setzt die Aufsicht im Kern ihre Auffassung fort, die sie schon mit dem Outsourcing-Rundschreiben 11/2001 vertreten hat. Vor allem sollen damit Fremdleistungen, die dem jeweiligen Bankgeschäft oder der Finanzdienstleistung prozess- oder produktimmanent sind, nicht den Auslagerungs-Sonderregelungen unterworfen werden. 142

> **Beispiele für typischen Fremdbezug (gemäß BaFin zu MaRisk AT 9 Tz. 1):**
> - Nutzung von Zentralbankfunktionen (s. o. III.)
> - Leistungen von Clearingstellen im Rahmen des Zahlungsverkehrs und der Wertpapierabwicklung
> - Leistungen aufgrund der Einschaltung von Korrespondenzbanken
> - Verwaltung von Vermögensgegenständen nach dem Depotgesetz

143 Die aktuelle Auflistung der BaFin zum typischen Fremdbezug ist nur beispielhaft und nicht abschließend. Gleiches galt für die Aufzählung im Outsourcing-Rundschreiben 11/2001, die allerdings noch umfangreicher war. Es spricht nichts dagegen, sich nach wie vor – auch nach Aufhebung des vorgenannten Rundschreibens – an dieser seinerzeitigen Abgrenzung zu orientieren.

Beispiele für typischen Fremdbezug (gemäß BAKred-Rundschreiben 11/2001Tz. 47):

- Tätigkeiten der Clearingstellen im Rahmen des Zahlungsverkehrs und der Wertpapierabwicklung
- Nutzung von Wertpapierhandelssystemen durch die Institute
- Leistungen der Autorisierungszentralen für electronic-cash-Transaktionen
- Aktivitäten der Evidenzzentralen für »GeldKarte«-Transaktionen
- Zentralbankfunktionen innerhalb eines Finanzverbundes
- Einschaltung von Lead Managern, Arangern oder Agents bei internationalen Konsortialkrediten
- vergleichbare Fallgestaltungen

---

144 Es ist kein Grund ersichtlich, die vorgenannte Aufzählung zum Anlass zu nehmen, Konsortialführer- oder ähnliche zentrale Funktionen nur bei internationalen Konsortialkrediten vom Normanwendungsbereich auszunehmen. Zum einen enthielt schon die damalige Auflistung des BAKred den ausdrücklichen Hinweis, dass auch bei »vergleichbaren Fallgestaltungen« eine Ausnahme von den aufsichtsbehördlichen Outsourcingvorgaben gerechtfertigt ist. Zum anderen gehören auch bei rein innerstaatlichen Konsortien Bündelungsfunktionen zur Typik des Geschäftes und eine Einbeziehung in den Outsourcingregelungskreis erscheint nicht angemessen.

145 Weniger wegen der Typik eines Geschäftes oder Prozessablaufes, jedoch aufgrund der typischen Einbindung in den institutsinternen Ablauf- und Weisungsprozess kommt es in Betracht, auch die **Überlassung von Leiharbeitnehmern** vom Anwendungsbereich des § 25a Abs. 2 KWG auszunehmen. Dies ist dann gerechtfertigt, wenn Leiharbeitnehmer für die Dauer ihrer Tätigkeit vollumfänglich in die Betriebs- und Ablauforganisation des Instituts eingegliedert sind. Zwar hat die BaFin die diesbezügliche Äußerung

aus dem BAKred-Rundschreiben 11/2001 (dort unter Tz. 48) nicht wiederholt. Die nicht abschließende Umschreibung des Ausnahmetatbestandes »Sonstiger Fremdbezug« in den MaRisk (Erläuterung der BaFin zu AT 9 Tz. 1 MaRisk) erlaubt es aber, auch solche Konstellationen hier hinzuzuzählen. Insbesondere ist es dem Institut bzw. den Führungskräften wie bei jedem nicht ausgelagerten Prozessschritt auch hinsichtlich der Tätigkeit von voll eingegliederten Leiharbeitnehmern möglich, deren Tätigkeit durch unmittelbare innerbetriebliche Weisung zu steuern. Auch kann deren Arbeit in den allgemeinen institutsinternen Kontrollprozess einbezogen werden, ohne dass es der Mitwirkung externer Personen (z. B. die Geschäftsführung eines Auslagerungsunternehmens) oder externe Einheiten (z. B. die Interne Revision eines Auslagerungsunternehmens) bedarf. Daher handelt es sich bei diesen Leistungen zwar formalvertraglich um Tätigkeiten von »Externen«. Mit dem Begriff der Auslagerung lässt sich eine solch integrierte Arbeitsleistung aber nicht vereinen. Bleibt allerdings – wie bei allen Ausnahmen zu § 25a Abs. 2 KWG –, dass auch die bankaufsichtsrechtliche Vertretbarkeit von Leiharbeitnehmereinsatz (insbesondere der diesbezügliche Umfang und die Dauer) entsprechend der Maßgaben des § 25a Abs. 1 KWG beurteilt werden muss.

Sonstige Beispiele für »Sonstigen Fremdbezug«:

- Einsatz von vollumfänglich in die Betriebs- und Ablauforganisation integrierte Leiharbeitnehmern
- Gelegentliche Beauftragung von Dritten zur Erstellung von Wertgutachten
- Steuer- oder Rechtsberatung – jeweils nach Einzelauftrag
- Innerstaatliche Finanzierungskonsortien

2. Aufsichtsrechtliche Konsequenzen bei »Sonstigem Fremdbezug«

Jeder Fall des sog. »Sonstigen Fremdbezuges« fällt nicht unter den Begriff »Auslagerung«. Die logische Konsequenz ist, dass weder § 25a Abs. 2 KWG noch die auslagerungsspezifischen Vorgaben der MaRisk (insbesondere AT 9 Tzn. 1 – 9) Anwendung finden. Die BaFin begründet dies damit, dass die Anwendung der einschlägigen Regelungen angesichts der besonderen mit solchen Konstellationen einhergehenden (eher geringen) Risiken regelmäßig nicht angemessen ist (Erläuterung der BaFin zu AT 9 Tz. 1 der MaRisk). Über diese risikoorientierte Abgrenzung hinaus entsprechen einige der typischen

146

zum »Sonstigen Fremdbezug« zu zählenden Leistungen bereits nicht dem allgemeinen Bild einer Auslagerung, bei der es regelmäßig der individuellen und freien Entscheidung des Instituts unterliegt, ob es diese Auslagerung vornimmt oder die Tätigkeit selbst durchführt.

147 Es sollte selbstverständlich sein, dass diese Fremdleistungen dennoch nicht völlig unbeachtet bleiben können. Vielmehr gilt auch für diese die generelle Pflicht des Instituts bzw. dessen Geschäftsleitung, für ordnungsgemäße Organisation und hinreichende Qualität zu sorgen. Die diesbezüglichen Überwachungs- und Steuerungspflichten ergeben sich zum einen aus den jeweiligen für die konkrete Tätigkeit geltenden Regeln (z. B. die bei jedem Konsorten bestehende Verantwortlichkeit, dass die Anforderungen Offenlegung wirtschaftlicher Verhältnisse nach § 18 KWG erfüllt werden, auch wenn die diesbezügliche Einschaltung eines Konsortialführers grundsätzlich nicht als Auslagerung anzusehen ist). Zum anderen ist die allgemeine Organisation dieses Fremdbezuges und dessen Verknüpfung mit den internen Aktivitäten und Prozessen an den Maßstäben des § 25a Abs. 1 KWG zu messen.

Aufsichtsrechtliche Konsequenzen bei »Sonstigem Fremdbezug«:

- Keine Geltung von § 25a Abs. 2 KWG

- Keine Anwendung der auslagerungsspezifischen BaFin-Anforderungen nach MaRisk (insbes. AT 9)

- Fortbestehende Pflicht zur Beachtung der für die konkrete Fremdleistung geltenden Normen

- Allgemeine Ordnungsmäßigkeit der Fremdleistung (nebst Verknüpfung mit den institutsinternen Aktivitäten und Prozesse) nach Maßgabe § 25a Abs. 1 KWG muss gewährleistet sein

---

V. Gruppen-/konzerninterne Auslagerungen

148 Beauftragt ein Institut ein Unternehmen, das demselben Konzern angehört wie das beauftragende Institut, mit der Erbringung einer Leistung, kann formal betrachtet eine Auslagerung im Sinne § 25a Abs. 2 KWG vorliegen. Bei dem Dienstleister handelt es sich gesellschaftsrechtlich um ein anderes Unternehmen. Wenn dieses Leistungen für den institutsgeschäftsspezifischen Geschäftsbetrieb des auftraggebenden Instituts erbringt, die nicht unter »Sonstigen Fremdbezug« (s. o. IV.) eingeordnet werden kann, entsteht bzw. bleibt grundsätzlich der Bedarf zur besonderen Handhabung dieser Leistungsbezie-

hungen im Sinne der Outsourcingregelungen. Allerdings finden diese Leistungsbeziehungen nicht selten unter besonderen Rahmenbedingungen statt, die über das konkrete Auslagerungsverhältnis in organisatorischer oder vertraglicher Sicht oder aufgrund allgemein konzernmäßiger Unterordnung hinausgehen. Solche besonderen Umstände sollten bei der Beurteilung der Auslagerungsmaßnahme nicht unberücksichtigt bleiben. Insbesondere durch ein gegebenenfalls bestehendes **konzernweites Risikomanagement** (z. B. im Zusammenhang mit § 25 Abs. 1 KWG) **oder Durchgriffsrechte** (z. B. im Zusammenhang mit einem Beherrschungsvertrages nach § 291 AktG) können hinreichende Vorkehrungen geschaffen sein, **die bereits dem Sinn und Zweck der einschlägigen Outsourcingregelungen und BaFin-Vorgaben gerecht werden.** Diese Gesamtbetrachtung kann das Urteil rechtfertigen, dass es nicht angemessen erscheint, hier dennoch bzw. zusätzlich die auslagerungsspezifischen Vorkehrungen nach MaRisk zu treffen.

Da das KWG zur Regelung der aufsichtsrechtlichen Verantwortlichkeiten auf den Begriff »Gruppe« anstelle auf den gesellschaftsrechtlichen Konzernbegriff abstellt, spricht auch die BaFin in diesem Zusammenhang von »gruppeninternen Auslagerungen« (Erläuterungen der BaFin zu AT 9 Tz. 2 MaRisk). Mag die »Gruppe« nach KWG in vielen Fällen mit dem »Konzern« nach HGB identisch sein. Im Ergebnis können die Begriffsunterschiede aber auch für die verbleibenden Fälle, in denen keine Übereinstimmung besteht, keinen Unterschied im Zusammenhang mit einer ordnungsgemäßen Organisation einer Auslagerung machen. Denn im Rahmen von § 25a Abs. 2 KWG (nebst MaRisk) ist nicht die Zuordnung zu einem handels- oder aufsichtsrechtlichen Konsolidierungskreis entscheidend. Vielmehr ist grundsätzlich jede Art von gesellschaftsrechtlicher Beziehung geeignet, Rahmenbedingungen zu schaffen, die den nötigen Vorkehrungen bei Auslagerungen ganz oder teilweise gleichzustellen sind. 149

Konzern- bzw. gruppeninterne Leistungsbeziehungen sind somit nicht per se aus dem Auslagerungsbegriff ausgrenzbar. Die Konsequenz bei konzern- bzw. gruppeninternen Auslagerungen ist vielmehr, dass bei diesen die o. g. anderweitigen (sich außerhalb des Auslagerungsverhältnisses ergebenden) **konzern- bzw. gruppenspezifischen Rahmenbedingungen** jeweils daraufhin überprüft werden sollten, ob bzw. inwieweit diese als wirksame Vorkehrungen im Sinne § 25a Abs. 2 KWG angesehen werden können. Dieses Prüfungsergebnis kann sodann **im Rahmen der Risikoanalyse nach AT 9 Tz. 2** (s. hierzu näher Kapitel D.) **berücksichtigt** werden und sich risikomindernd auswirken. Sollte das Ergebnis dieser Analyse sein, dass die konkrete Maßnahmen aus 150

Risikogesichtpunkten keine wesentliche Auslagerung darstellt, entfallen dennoch die aufsichtsrechtlichen Pflichten nicht vollständig; das auslagernde Institut hat in diesem Fall zumindest dem § 25a Abs. 1 KWG gerecht zu werden.

> **Aufsichtsrechtliche Konsequenzen bei konzern- bzw. gruppeninternen Auslagerungen:**
>
> - Grundsätzlich Geltung von § 25a Abs. 2 KWG
> - Keine generelle Ausgrenzung vom Auslagerungsbegriff nach AT 9 Tz. 1 MaRisk
> - Wirksame konzern- bzw. gruppenspezifische Vorkehrungen können im Rahmen der Risikoanalyse nach AT 9 Tz. 2 MaRisk risikomindernd berücksichtigt werden
> - Konzern- bzw. gruppeninterne Auslagerungen, die aus Risikogesichtspunkten als »nicht wesentliche Auslagerungen« eingestuft werden, sind zumindest bezüglich der allgemeinen Ordnungsmäßigkeit der Fremdleistung (nebst Verknüpfung mit den institutsinternen Aktivitäten und Prozesse) am Maßstab § 25a Abs. 1 KWG auszurichten

VI. Varianten von Auslagerungsverhältnissen und Kombinationsmodelle der Formen des Outsourcings

151 Auslagerungen sind in vielfältiger Form denkbar und in der Praxis anzutreffen. So ist nicht selten eine Kombination von Standard- oder Sonderkonstellationen vorzufinden, die eine andere aufsichtsrechtliche Einordnung zur Folge hat oder aus praktischen Gründen eine differenzierte Vorgehensweise ratsam erscheinen lassen.

152 Eine **Ausgründung** als solche gibt noch keinen Anlass, zwingend von der Anwendbarkeit der aufsichtsrechtlichen Outsourcingregelungen auszugehen. Betreibt das übernehmende neue Unternehmen die Tätigkeiten nur für sich selbst (z. B. unter Übernahme oder dem Aufbau der Bankkundenbeziehungen direkt zum neuen Unternehmen), liegt keine Auslagerung im Sinne § 25a Abs. 2 KWG vor, da das ausgründende Unternehmen keine Fremdleistungen bezieht. Erst durch die **Nutzung der ausgegründeten Tätigkeit** jedoch kann die Ausgründung zum aufsichtsrechtlich relevanten Outsourcing mit dem Begriffsverständnis »**Out**side **Re**source **U**sing« (Kombination von Ausgliederung & Fremdbezug) werden.

Aber auch bei **Fremdbezug ohne gleichzeitige Ausgründung** ist »**Out**side 153
Resource U**sing**« gegeben. Diese könnte zunächst als bloße (ggf. dienstvertragliche) Kooperation einzuordnen sein. Ob darüber hinaus Relevanz für das Aufsichtsrecht besteht, insbesondere für § 25a Abs. 2 KWG, beurteilt sich vor allem nach der Art der Leistung (s. u. a. Kapitel A., III., 2. und III., 3.).

Betrifft die jeweilige Ausgründung oder Ausgliederung eine standardisierte 154
Dienstleistung im Massengeschäft, ist das die Tätigkeit auf- bzw. übernehmende Unternehmen als **Mehrmandantendienstleister** einzuordnen (vgl. II., 1.). Diese Beurteilung kann unabhängig davon getroffen werden, ob der Dienstleister bereits mehrere oder mit dem ausgründenden Unternehmen erst einen Mandanten hat, wenn die Leistungen dieses Unternehmens wenigstens das Massengeschäftskritierum erfüllen.

Eher seltner wird eine Ausgründung oder Ausgliederung in Kombination mit 155
einer **Zentralbankfunktion** vorliegen. Denn diese charakterisieren sich im Regelfall dadurch, dass sie aufgrund der Rahmenbedingungen nicht – und damit auch nicht vor der Begründung des Auslagerungsverhältnisses – von dem auslagernden Institut erbracht werden können. Völlig ausgeschlossen ist dies jedoch nicht, da eine Veränderung der Rahmenbedingungen (z. B. durch Erweiterung der gesetzlichen Pflichten des auslagernden Institut oder durch Veränderung der gesetzlichen oder vergleichbaren Zuweisungen von Tätigkeiten zu dem Zentral- bzw. Spitzeninstitut) auch nachträglich dazu führen kann, dass die Aktivität oder der Prozess zumindest ab dem Zeitpunkt des Fremdbezuges vom auslagernden Institut nicht mehr selbst erbracht werden kann.

Da die Dienstleister oft mehrere Leistungen anbieten, ist auch denkbar, dass 156
hier ein **Nebeneinander von Zentralbankfunktionen, Mehrmandanten- und/oder sonstigen Dienstleistungen** vorliegt. Insbesondere schließt die Rolle als Zentral- oder Spitzeninstitut nicht aus, dass dieses Institut den ihm angeschlossenen Verbundinstituten auch Mehrmandantendienstleistungen anbietet. Will man die aufsichtsrechtlich möglichen Erleichterungen, wie sie z. B. von der BaFin für Zentralbankfunktionen eingeräumt werden (s. o. III.) nutzen, ist es erforderlich, bei dem vorgenannten Nebeneinander getrennte (Rahmen-) Verträge für die unterschiedlich einzuordnenden Leistungen zu verwenden. Andernfalls bestimmt die am wenigsten mit Erleichterungsmöglichkeiten ausgestattete Leistung den vertraglichen Mindeststandard (zu Auslagerungsverträgen s. Kapitel E.). Letzteres gilt auch bei der Kombination von Mehrmandanten- und sonstigen nach § 25a Abs. 2 KWG relevanten Dienst-

leistungen oder wenn mehrere Dienstleistungen kombiniert werden, die teils dem Anwendungsbereich des § 25a Abs. 2 KWG und teils diesem nicht unterfallen.

157 Nicht selten liegt bei einer **Ausgründung** die **Kombination mit konzern- bzw. gruppeninterner Auslagerung** vor. Die Konzern- bzw. Gruppenbeziehung kann allerdings auch in der Folgezeit aufgelöst werden, wenn der Dienstleister z. B. in Folge der Erweiterung seines Auftraggeberkreises neue Anteilseigner gewinnt und sodann z. B. kein Tochterunternehmen des ursprünglich ausgründenden Unternehmens mehr ist. In diesem Fall ist zwingend die ehemalige Risikoanalyse, bei der die konzern- bzw. gruppenspezifischen Rahmenbedingungen risikomindernd berücksichtigt wurden, zu überdenken.

158 Sofern eine **konzern- bzw. gruppeninterne Auslagerung** nicht bereits im Rahmen der Risikoanalyse als »nicht wesentlich« einzuordnen ist, kann dennoch die Möglichkeit der Nutzung der Erleichterungen für **Mehrmandantendienstleistungen** bleiben, wenn die Leistung zum standardisierten Massengeschäft zählt.

159 Letztlich können Leistungen, die (aus anderen Gründen als die bereits oben besprochene Einordnung als Zentralbankfunktion) als »**Sonstiger Fremdbezug**« schon begrifflich nicht als Auslagerung gelten, **parallel zu anderen nach § 25a Abs. 2 KWG relevanten Leistungen** (z. B. Mehrmandantendienstleistungen, konzern- bzw. gruppeninternen Dienstleistungen oder Leistungen, für die die BaFin keine Erleichterungen eingeräumt hat) zu erbringen sein. Wenn man hier bezüglich dem »Sonstigen Fremdbezug« die BaFin-Vorgaben zum Outsourcing außer Acht lassen will, bedarf es – wie schon zu Kombination der Zentralbankfunktion mit anderen Leistungen erörtert – der vertraglichen Trennung dieser Leistungen.

160 Um eine »Leistung«, die keine Auslagerung im Sinne § 25a Abs. 2 KWG darstellt, handelt es sich auch, wenn **Leistungen mehrerer Institute typischerweise hintereinander geschaltet** sind, um einen Kundenauftrag vollends zum Abschluss zu bringen. Beispiele hierfür sind die Weiterleitung eines Zahlungsauftrages, die Einschaltung eines anderen Institutes als Kommissionär zur Ausführung eines Wertpapierumsatzes oder als Korrespondenzbank im Auslandsgeschäft sowie die Rolle eines anderen Institutes als Inkassostelle. Hier endet jeweils die Verantwortlichkeit des zunächst vom Kunden beauftragten »Institut A« mit der Weitergabe des Auftrages an das nächste »Institut B«; die Tätigkeit des innerhalb der Abwicklungskette eingeschalteten »Institut B« ist alleine funktional dem Geschäftsbetrieb des »Institut B« zuzuordnen.

Diese Abgrenzung wird sich nicht immer leicht vornehmen lassen. Dabei ist aber oft die Verkehrsanschauung[28] oder der Inhalt des Kundenauftrages (beinhaltet dieser z. B. nur die ordnungsgemäße Auswahl und Einschaltung eines anderen Institutes, ist der Auftrag damit erfüllt) hilfreich. In diesen nicht dem § 25a Abs. 2 KWG unterzuordnenden Fällen kann daher von typischen **Interbankenbeziehungen** gesprochen werden. Falls eine solche regelmäßig oder häufig zwischen denselben Instituten genutzt wird, kann sich ein Rahmenvertrag empfehlen (oder es bestehen z. B. bereits produkt- oder prozessbezogene »Interbankenabkommen«), der die jeweilige Beziehung aber dennoch nicht zur Auslagerungsbeziehung macht. Unterstützt »Institut B« in o. g. Beispiel allerdings das »Institut A« auch bei den operativen Tätigkeiten betreffend den ersten, dem Betrieb des »Instituts A« zuzuordnenden »Geschäftsabschnitt«, das heißt betreffend die unmittelbare Beziehung zwischen »Institut A« und dessen Kunden (z. B. Verbuchung des Wertpapiergeschäftes auf Konten bzw. im Depot des Kunden), läge zusätzlich eine Auslagerung im Sinne § 25a Abs. 2 KWG vor und es kann sich eine vertragliche Trennung der »Leistungspakete« empfehlen.

---

28 *Braun* in Boos/Fischer/Schulte-Mattler, § 25a KWG Rd. 601.

D.

Festlegung des auszulagernden Bereichs einschließlich der Risikoanalyse

D. Festlegung des auszulagernden Bereichs einschließlich der Risikoanalyse

I. Wesentlichkeitskonzeption

1. Gegenstand

Mit den neugefassten MaRisk wurden die zuvor im Rundschreiben 11/2001 dargestellten Regelungen zum Outsourcing in die MaRisk überführt (AT 9). Ziel der BaFin ist es, im Bereich Outsourcing mehr Flexibilität und Freiräume für die Institute zu schaffen. So sind grundsätzlich alle Aktivitäten und Prozesse (auf einen Externen) auslagerbar, solange dadurch nicht die Ordnungsmäßigkeit der Geschäftsorganisation gemäß § 25a Abs. 1 KWG beeinträchtigt wird. Durch die neuen Regelungen wird die Eigenverantwortung der Institute in den Vordergrund gestellt. Hierdurch haben Institute im Rahmen einer Selbsteinschätzung zu evaluieren, in welchen Bereichen des Bankgeschäftes eine Auslagerung vorliegt, und soweit zutreffend zu beurteilen, ob diese als wesentlich oder als nicht-wesentlich zu qualifizieren ist. Ein Institut hat eine institutsspezifische Risikoanalyse vorzuhalten (AT 9 Tz. 2), anhand derer diese Wesentlichkeitseinschätzung vorgenommen werden kann. Zugleich sollte die Risikoanalyse als Basis für eine Auslagerungsentscheidung dienen.

161

Auszug AT 9 Tz. 2

Das Institut muss auf der Grundlage einer Risikoanalyse eigenverantwortlich festlegen, welche Auslagerungen von Aktivitäten und Prozessen unter Risikogesichtspunkten wesentlich sind (wesentliche Auslagerungen).

Der Begriff »Wesentlichkeit«

Nach den MaRisk ist die Wesentlichkeit einer Auslagerung unter »Risikogesichtspunkten« zu bestimmen. So ist ein risikoorientiertes Vorgehen zur Identifizierung und Bewertung der Risiken einer Auslagerung durch ein Institut festzulegen, um so die Wesentlichkeit der Auslagerung (also das Gesamtrisikos) ableiten zu können.

162

Ein Institut hat auf Grundlage dieser spezifischen Risikoeinschätzung angemessene Regelungen zur Steuerung und Überwachung zu treffen, um so eine Einbettung der ausgelagerten Aktivitäten und Prozesse in eine »Sourcing-

163

Governance« sicherzustellen. Die institutsspezifische Selbsteinschätzung stellt folglich einen zentralen Baustein der Outsourcing-Regelungen dar. So werden in dem vorliegenden Kapitel die regulatorischen Anforderungen in einen übergreifenden Auslagerungsprozess überführt und ein systematisches Vorgehen zur Durchführung der Risikoanalyse aufgezeigt. Im Abschnitt II werden hierauf aufbauend Alternativen zur Ausgestaltung der Risikoanalyse dargestellt.

164 Die nachfolgenden Ausführungen stellen einen Interpretationsleitfaden zur Umsetzung der aufsichtsrechtlichen Anforderungen dar. Die einzelfallbezogene Ausgestaltung der dargestellten Prozesse ist durch Institute zu beachten und jeweils institutsindividuell sicherzustellen.

2. Einrichtung eines institutsspezifischen Auslagerungsprozesses und die Ableitung der Auslagerungsentscheidung

165 Zur Systematisierung der regulatorischen Anforderungen, können Institute einen übergreifenden Auslagerungsprozess definieren. Dieser sollte für die wesentlichen Phasen einer Auslagerung – beispielsweise für die Auslagerungsentscheidung, die Einleitung der Auslagerung, die Steuerung und Überwachung sowie die Beendigung – entsprechende Teilprozesse definieren.

Auslagerungs-Entscheidung

- Bestimmung des auszulagernden Bereichs
- Vorauswahl und Analyse der Insourcer / des Insourcers
- Risikoanalyseprozess insbesondere:
  • Bestimmung der Wesentlichkeit
  • Einbindung in das Risikomanagement
- Ableitung der Auslagerungsentscheidung
- [...]

Einleitung der Auslagerung

- Abstimmung des Dienstleistungsvertrags / der Leistungsvereinbarung
- Definition der Verantwortlichkeiten
- Einrichtung von wirksamen Kontrollprozessen
- Regelungen hinsichtlich Weiterverlagerungen / vorzeitiger Beendigung
- [...]

Laufende Steuerung und Überwachung der Auslagerung

- Einbindung der Auslagerung in die bestehenden Risikomanagementprozesse
- Prozessabhängige und prozessunabhängige Steuerung und Überwachung von (insbesondere wesentlichen) Auslagerungen
- Dokumentation und Reporting der Steuerungs- und Überwachungstätigkeiten
- [...]

Beendigung der Auslagerung

- Auflösung des Dienstleistungsvertrags / der Leistungsvereinbarung
- Re-Integration der ausgelagerten Prozesse / Weiterverlagerung usw.
- [...]

Dokumentation des institutsspezifischen Auslagerungsprozesses / der vom Institut identifizierten Einzelprozesse

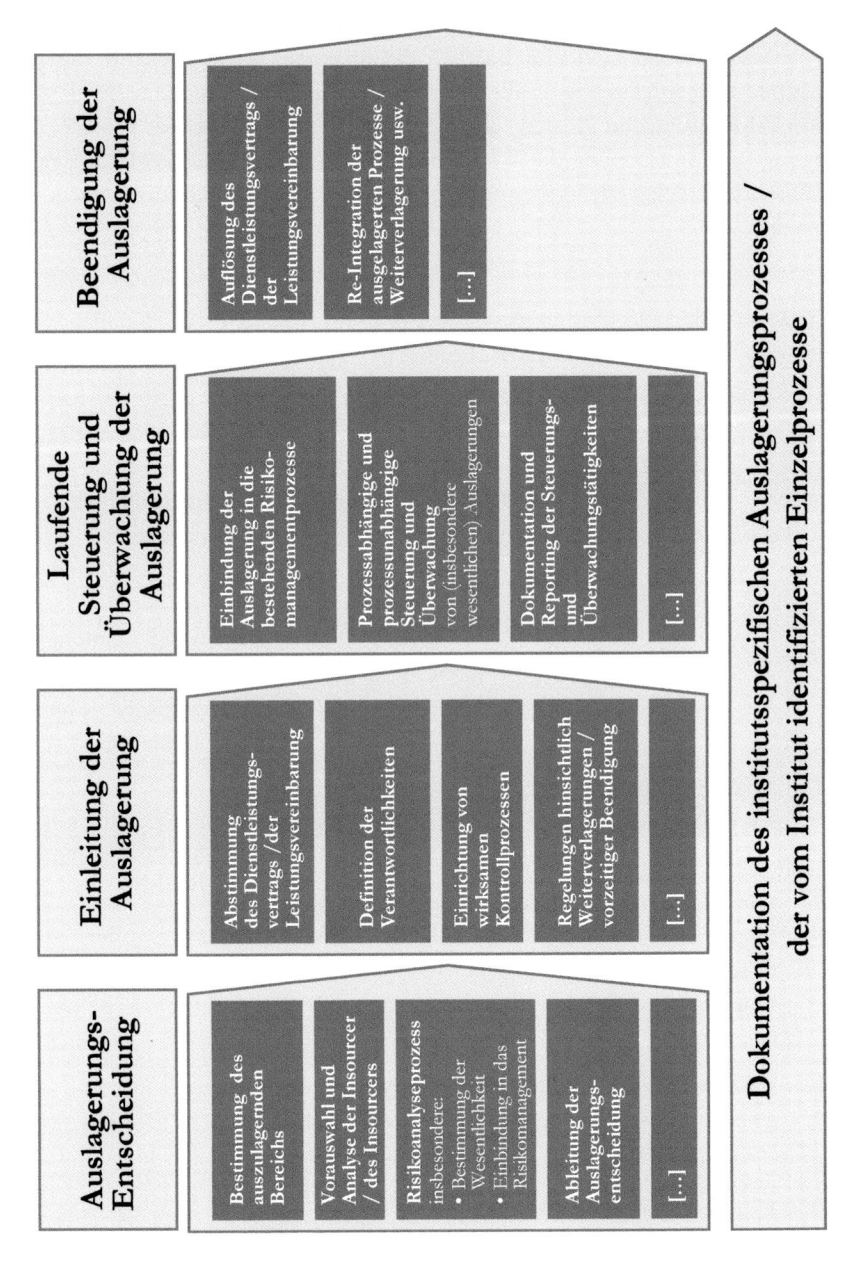

Abb. 1: Beispielhafte Prozesse für den institutsspezifischen Auslagerungsprozess

FESTLEGUNG DES AUSZULAGERNDEN BEREICHS

166 Der nachfolgende Abschnitt befasst sich mit der Phase der Auslagerungsentscheidung. Hierbei sind grundsätzlich die folgenden Prozessschritte durch Institute zu berücksichtigen: die Bestimmung des auszulagernden Bereichs, eine Vorauswahl und Analyse der möglichen Insourcer, der Risikoanalyseprozess zur Bestimmung der Wesentlichkeit und die Ableitung der Auslagerungsentscheidung. Weitere institutsspezifische Prozessschritte sind daneben denkbar.

Bestimmung des auszulagernden Bereichs und die Vorauswahl sowie Analyse der Insourcer

167 Zunächst sollte ein Institut eine Identifizierung der in Frage kommenden Bereiche bzw. Prozesse berücksichtigen.

168 Hierbei können strategische Vorgaben – soweit vorhanden – durch das Institut herangezogen werden. Insoweit keine auslagerungsspezifischen Grundsätze bestehen, empfiehlt es sich zunächst, eine Auslagerungs-Strategie zu formulieren, welche die strategische Ausrichtung des Instituts in Bezug auf das Thema Outsourcing festlegt und die Menge an Auslagerung spezifiziert.

Beispiele für strategische Vorgaben im Rahmen der Outsourcing-Strategie	Bereich/Aktivität erfüllt strategische Anforderung
1. Auslagerungen sollen als Mittel zur Konzentration auf Kernkompetenzen dienen; die Kernkompetenzen des Instituts sind nicht auslagerbar.	
2. Durch Auslagerungen soll keine Abhängigkeit vom Insourcer entstehen, d. h. auch keine hohen Kosten beim Wechsel des Insourcers oder Wiedereingliederung der ausgelagerten Prozesse in das eigene Unternehmen.	
3. Unterstützungsfunktionen sollen so weit wie möglich im Konzernverbund zusammengefasst werden, um so von Synergieeffekten profitieren zu können. Eine Auslagerung an Dritte ist somit bei Unterstützungsfunktionen nur unter Angabe von entsprechenden Gründen möglich.	

4.	Eine Senkung der operativen Kosten (insbesondere einschließlich Qualitätskosten) und eine Kostenflexibilisierung soll durch Auslagerungen geschaffen werden
5.	Die ausgelagerten Bereiche sollen weiterhin mindestens den Leistungs- und Qualitätsstandards des eigenen Instituts genügen.
6.	[...]

Das Institut kann aus den institutsspezifischen strategischen Vorgaben einen individuellen Entscheidungsbaum erstellen, welcher die Grundsätze systematisch darstellt. Abb. 2 zeigt eine beispielhafte Vorgehensweise auf.

Beispiel Entscheidungsbaum

- Handelt es sich bei dem auszulagernden Prozess um eine Kernkompetenz? — Ja → Auslagerung des Bereichs / der Prozesse nicht möglich
- Unterliegt der auszulagernde Bereich wesentlichen regulatorischen Anforderungen? — Ja → Auslagerung sollte nur im Konzernverbund erfolgen
- Wird durch den auszulagernden Prozess ein Wettbewerbsvorteil erzielt? — Ja → Auslagerung grundsätzlich nur im Konzernverbund möglich
- [...] — Ja → [...]

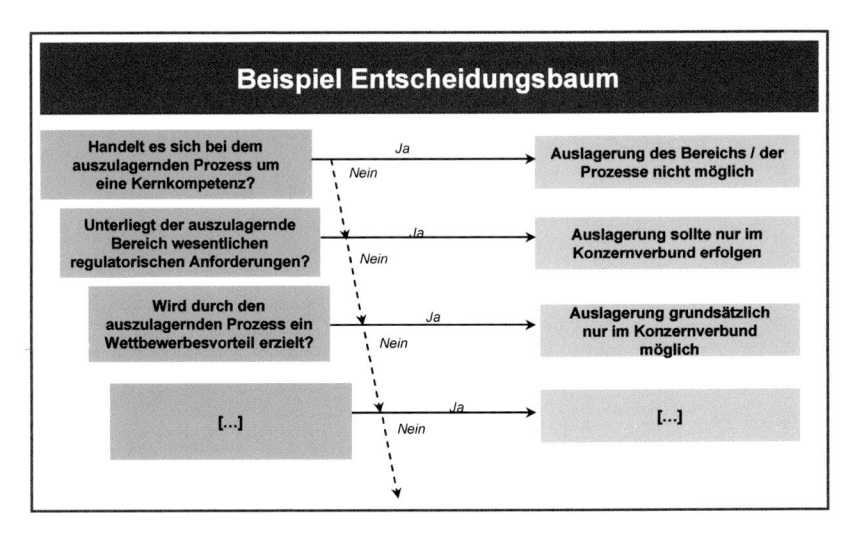

Abb. 2: Beispielhafter Entscheidungsbaum zur Identifizierung der in Frage kommenden Bereiche bzw. Prozesse auf Grundlage der strategischen Grundsätze

Neben einer strategischen Betrachtung kann auch eine ökonomische Sichtweise durch das Institut berücksichtigt werden, um eine Identifizierung und Priorisierung der in Frage kommenden Prozesse vorzunehmen, bspw. anhand einer Kosten-Nutzen-Analyse. Die nachfolgende Checkliste fasst beispielhafte Kriterien für eine Kosten-Nutzen-Analyse zusammen:

FESTLEGUNG DES AUSZULAGERNDEN BEREICHS

	Kosten-Nutzen-Analyse	Bewertung des Kriteriums
1.	Inwieweit hat eine mögliche Auslagerung des Bereichs/des Prozesses Einfluss auf **finanzielle Aspekte**, bspw.: • Sind wesentliche Transaktionskosten (Kosten im direkten Zusammenhang mit der Auslagerung) zu erwarten? • In welchem Umfang ist eine Steigerung der Rentabilität zu erwarten? • Im welchen Umfang könnten finanzielle Synergieeffekte erzielt werden? Welche Einsparungen könnten erzielt werden?	
2.	Beurteilung der **technischen Komplexität**, bspw.: • Welche Anforderungen stellen IT-Systeme und IT-Infrastruktur an einen möglichen Insourcer? • Ist eine Harmonisierung der IT-Systeme zwischen Insourcer und Outsourcer möglich?	
3.	Inwieweit hat eine Auslagerung des Bereichs/des Prozesses Einfluss auf **personalwirtschaftliche Aspekte**, bspw.: • Wie ist die Anzahl der betroffene Mitarbeiter? Entstehen hieraus wesentliche Kosten, bspw. für Abfindungen?	
4.	Inwieweit hat eine Auslagerung des Bereichs/des Prozesses Einfluss auf **Managementaspekte**, bspw.: • Wie hoch stellt sich der mögliche Aufwand für die Steuerung und Überwachung dar?	
5.	[…]	

171 Durch dieses Vorgehen – bzw. weitere institutsindividuelle Verfahren – lassen sich so zunächst die auslagerungsfähigen Bereiche bzw. Prozesse identifizieren. Hierauf aufbauend hat ein Institut auf Grundlage einer institutspezifischen Analyse eine Vorauswahl von möglichen Dienstleistungsunternehmen zu treffen.

Risikoanalyseprozess

Ist eine Auslagerung eines auslagerungsfähigen Bereichs bzw. Prozesses angedacht, ist im Rahmen eines Risikoanalyseprozesses – welcher einen weiteren Teilprozess darstellt – eine institutsspezifische Wesentlichkeitseinschätzung durchzuführen. Eine mögliche Ausgestaltung des Risikoanalyseprozesses wird in den nachfolgenden Kapiteln dargestellt.

Ableitung der Auslagerungsentscheidung

Auf Grundlage der vorhergegangen Prozessschritte erfolgt die Entscheidung für oder gegen die Auslagerung. Diese Auslagerungsentscheidung sollte grundsätzlich durch die Geschäftsführung bzw. den Vorstand des Instituts getroffen und das Ergebnis anschließend dokumentiert werden.

Erst nach einer positiven Auslagerungsentscheidung sollte die Auslagerung eingeleitet werden, bspw. die Einrichtung von Kontrollprozessen oder von Verantwortlichkeiten. Dies vor dem Hintergrund, dass die einzurichtenden Prozesse maßgeblich davon abhängig sind, ob es sich um eine wesentliche oder nicht-wesentliche Auslagerung handelt. Nach Vollzug der Auslagerung hat das auslagernde Institut einen angemessenen Steuerungs- und Überwachungsprozess einzurichten. Ggf. ist die Auslagerung zu einem späteren Zeitpunkt ordnungsgemäß zu beenden. Auch für diese Phasen des institutsspezifischen Auslagerungsprozesses – insbesondere für die laufende Steuerung und Überwachung der eingerichteten Kontrollprozese – sollten durch das Institut entsprechende Teilprozesse definiert werden. Diese sind angemessen zu dokumentieren.

✓ **Praxistipp zur Dokumentation des Auslagerungsprozesses**

Das Institut sollte den institutsspezifischen Risikoanalyseprozess dokumentieren und den entsprechenden Mitarbeitern zur Verfügung stellen. Eine eigenständige Outsourcing-Organisationsrichtlinie sollte erstellt werden, welche die Umsetzung der Outsourcing-Anforderungen (und somit des Risikoanalyseprozesses) für das Institut spezifiziert. Neben der Outsourcing-Organisationsrichtlinie kann eine Outsourcing-Strategie formuliert werden. Diese sollte sich aus der Geschäftsstrategie ableiten. Organisationsrichtlinie und Strategie sind in die Dokumentationshierarchie des jeweiligen Instituts zu integrieren.

Strategisches Rahmenwerk
- Geschäftsstrategie
- Outsourcing-Strategie

Organisatorisches Rahmenwerk
- Outsourcing-Organisationsrichtlinie
- Auslagerungsspezifische Arbeitsanweisungen
- [...]

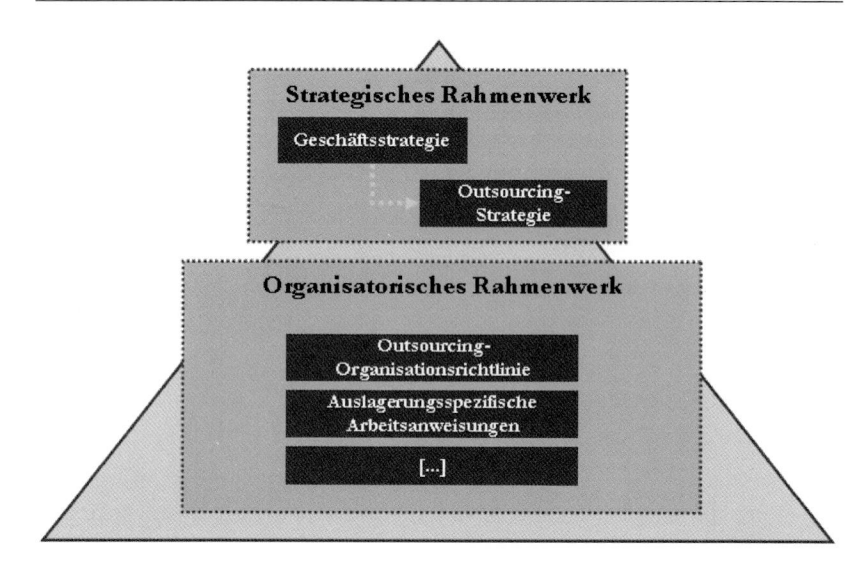

Abb. 3: Beispiel für die Einbindung der Outsourcing-Organisationsrichtlinie und der Outsourcing-Strategie in Dokumentationshierarchie

3. Einrichtung eines Risikoanalyseprozesses

175 Um die Anforderungen der MaRisk AT 9 systematisch abarbeiten zu können, sollte von den Instituten ein Prozess definiert werden, welcher die Durchführung der Risikoanalyse spezifiziert. Dieser Prozess sollte zudem die wesentlichen vor- und nachgelagerten Prozesse zur Risikoanalyse berücksichtigen. Vor diesem Hintergrund wird im Folgenden ein umfassender Risikoanalyseprozess abgeleitet, der sich neben der eigentlichen Risikoanalyse im engeren Sinne (nach AT 9 Tz. 2) auch auf weitere Prozessschritte stützt.

176 Dieser – aus den aufsichtsrechtlichen Anforderungen abgeleitete – übergreifende Risikoanalyseprozess wird in der folgenden Abbildung beispielhaft dargestellt:

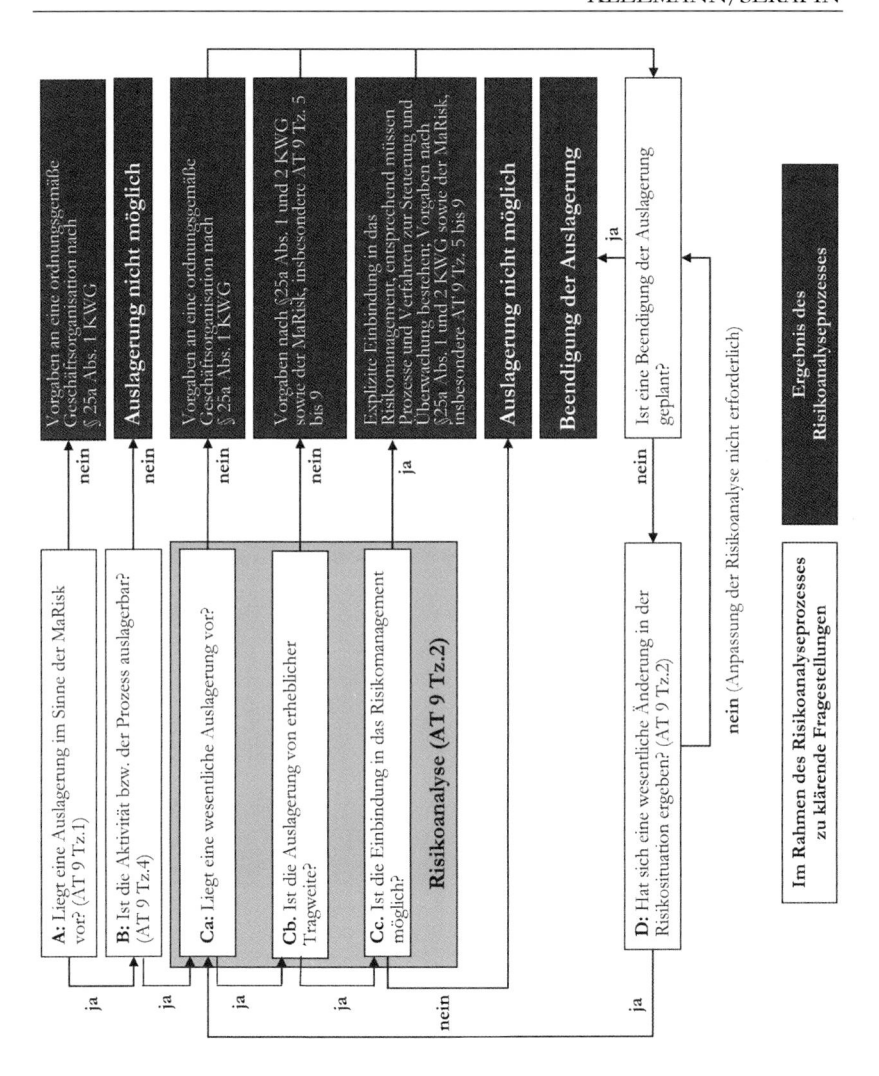

Abb. 4: Standardisierter Risikoanalyseprozess

Die Abbildung verdeutlicht, dass zunächst durch das Institut zu beurteilen ist, ob eine Auslagerung im Sinne der MaRisk vorliegt. Ist dies der Fall, hat das Institut in einem zweiten Schritt festzulegen ob die jeweilige Aktivität bzw. der Prozess auslagerbar ist. Erst wenn das Institut im Rahmen der Selbsteinschätzung bei beiden Fragestellungen zu einem positiven Ergebnis kommt, sollte die nach AT 9 Tz. 2 geforderte Risikoanalyse durchführt werden. Neben der Wesentlichkeitseinschätzung hat das Institut festzustellen, ob eine Auslagerung von erheblicher Tragweite vorliegt und ob eine Einbindung in das Risikomanagement sichergestellt werden kann. In diesem Zusammenhang ist auch anzugeben, ob eine gruppeninterne Auslagerung vorliegt und ob hierfür Erleichterungen in Anspruch genommen werden können.

178 Neben der prozessabhängigen und -unabhängigen Steuerung und Überwachung ist eine Änderung der Risikosituation und u. U. infolgedessen eine Aktualisierung der Risikoanalyse zu berücksichtigen. Erst bei einer Beendigung der Auslagerung, beispielsweise bei einer Re-Integration der Auslagerung oder strategische Neuausrichtung bei der beschlossen wird, dass die Funktion bzw. der Bereich nicht fortgeführt wird, schließt der Gesamtprozess.

179 Eine Spezifizierung der einzelnen Entscheidungsschritte wird in den folgenden Abschnitten vorgenommen.

3.1. Vorliegen einer Auslagerung

180 Im Rahmen des Risikoanalyseprozesses hat ein Institut zunächst eigenverantwortlich festzulegen, inwieweit sich ein Outsourcing Sachverhalt aus institutsspezifischer Sicht begründet. Hierbei ist die Begriffsdefinition nach AT 9 Tz. 1 maßgeblich.

> **AT 9 Tz. 1**
>
> Eine Auslagerung liegt vor, wenn ein anderes Unternehmen mit der Wahrnehmung solcher Aktivitäten und Prozesse im Zusammenhang mit der Durchführung von Bankgeschäften, Finanzdienstleistungen oder sonstigen institutstypischen Dienstleistungen beauftragt wird, die ansonsten vom Institut selbst erbracht würden.

181 Der Begriff sonstige institutstypische Dienstleistungen (§ 2 Abs. 3 WpHG) bezieht sich auf Auslagerungen betrieblicher Aufgaben, die für die kontinuierliche und ordnungsgemäße Erbringung und Ausübung von Dienstleistungen für Kunden und Anlagetätigkeiten wichtig sind; hierzu zählen insbesondere Nebendienstleistungen (bspw. bestimmte Beratungsdienstleistungen oder die Wertpapier- und Finanzanalyse) aber auch Eigengeschäfte.

182 Die MaRisk (AT 9 Tz. 1 Erläuterungen) nennen auch Tatbestände, die nicht unter den Auslagerungssachverhalt fallen. Diese werden unter dem Begriff »sonstiger ==Fremdbezug von Leistungen==« zusammengefasst. Hierzu zählt zu-

nächst der einmalige oder gelegentliche Fremdbezug von Gütern und Dienstleistungen. Es ist jedoch zu empfehlen, dass die Institute hierbei den Einzelfall prüfen und das Ergebnis entsprechend dokumentieren. Des Weiteren werden Leistungen ausgenommen, die typischerweise von einem beaufsichtigtem Unternehmen bezogen und aufgrund tatsächlicher Gegebenheiten oder rechtlicher Vorgaben regelmäßig weder zum Zeitpunkt des Fremdbezugs noch in der Zukunft vom Institut selbst erbracht werden können. Hierunter fällt bspw.:

- Die Nutzung von Zentralbankfunktionen innerhalb von Finanzverbünden,
- Die Nutzung von Clearingstellen im Rahmen des Zahlungsverkehrs und der Wertpapierabwicklung, die Einschaltung von Korrespondenzbanken oder die Verwahrung von Vermögensgegenständen von Kunden nach dem Depotgesetz.

Die neugefaßten MaRisk stellen eine risikoorientierte Behandlung der Auslagerung in den Vordergrund. So erscheint es sinnvoll, dass nach Art, Umfang, Komplexität und Risikogehalt der Einfluss von Prozessen auf die Risikosituation identifiziert werden, auch wenn der Prozess bzw. der Bereich nicht im engeren Sinne unter die Begriffsdefinition der MaRisk AT 9 Tz. 1 fällt. Denn erst eine risikoorientierte Betrachtung erlaubt, angemessene Maßnahmen abzuleiten und einzurichten (Kontrollen, Steuerung und Überwachung). So sollten auch diese Prozesse – soweit unter Risikogesichtspunkten erforderlich – im Rahmen des Risikoanalyseprozesses berücksichtigt werden.

183

✓ **Praxistipp »Vorliegen einer Auslagerung«**

Personalmanagement

Zum einen stellen die MaRisk explizite Anforderungen an die Ressource Personal (AT 7.1 Personal). So müssen bspw. Mitarbeiter sowie deren Vertreter (abhängig von ihren Aufgaben, Kompetenzen und Verantwortlichkeiten) über die erforderlichen Kenntnisse verfügen; die Ausgestaltung der Vergütungs- und Anreizsysteme darf den in den Strategien niedergelegten Zielen nicht widersprechen. Die Einhaltung dieser Anforderungen ist durch das auslagernde Institut sicherzustellen.

Zum anderen verantwortet der Bereich Personalmanagement Personalprozesse, die die Einhaltung der bankbetrieblichen Leistungserstellungsprozesse sicherstellen.

> Vor diesem Hintergrund stellt der Bereich Personalmanagement unter Risikogesichtspunkten grundsätzlich einen risikobehafteter Prozess dar. Somit empfiehlt es sich, das Personalmanagement einer Risikoanalyse zu unterziehen, um geeignete Maßnahmen abzuleiten.
>
> **Service- und Unterstützungsdienstleistungen**
> Grundsätzlich können allgemeine Service- und Unterstützungsdienstleistungen und die Nutzung von Infrastruktureinrichtungen (z. B. Postzustellung, Kantine oder Wachschutz) – nach sorgfältiger Abwägung durch das auslagernde Institut – nicht als Auslagerung i. S. d. MaRisk behandelt werden. Die allgemeinen Service- und Unterstützungsdienstleistungen und die Nutzung von Infrastruktureinrichtungen können grundsätzlich als nicht risikobehaftete Prozesse qualifiziert werden, wonach diese nicht unter den Auslagerungsbegriff der MaRisk fallen.

184 Begründet sich aus Sicht des Instituts kein Auslagerungssachverhalt, sind angemessene Regelungen vorzuhalten, die eine ordnungsgemäße Geschäftsorganisation nach § 25 a Abs. 1 sicherstellen. Hierbei sollte insbesondere eine sorgfältige Auswahl des Dienstleisters und die Einbindung in das Risikomanagement berücksichtigt werden.

185 Stellt das Institut einen Auslagerungssachverhalt fest, ist ein einem nächsten Schritt die Auslagerbarkeit festzustellen.

Checkliste »Vorliegens einer Auslagerung«

	Fragestellung »Vorliegen einer Auslagerung«	Erfüllt
	Wurde durch das Institut eine Einschätzung vorgenommen, ob sich ein Auslagerungstatbestand begründet?	
1.	Wurde erörtert, ob ein »sonstiger Fremdbezug von Leistungen« vorliegt (einmalige oder gelegentliche Fremdbezug von Gütern und Dienstleistungen, Leistungen, die typischerweise von einem beaufsichtigten Unternehmen bezogen werden)	
2.	Ist sichergestellt, dass unter Risikogesichtspunkten risikobehaftete Prozesse einer Risikoanalyse unterzogen werden?	

3.	Wird bei Prozessen, die keinen Auslagerungssachverhalt darstellen, eine ordnungsgemäße Geschäftsorganisation nach § 25 a Abs. 1 sichergestellt? Ist dieses hinreichend dokumentiert?	
	[...]	

3.2. Auslagerbarkeit

Die MaRisk definieren explizit im AT 9 Tz. 4 den Begriff der Auslagerbarkeit. In diesem Zusammenhang werden auch grundsätzliche Einschränkungen genannt, unter welchen Umständen ein Institut eine Aktivität bzw. einen Prozess nicht auslagern darf: 186

Auszug AT 9 Tz. 4

Grundsätzlich sind alle Aktivitäten und Prozesse auslagerbar, solange dadurch die Ordnungsmäßigkeit der Geschäftsorganisation gemäß § 25a Abs. 1 KWG nicht beeinträchtigt wird. Die Auslagerung darf nicht zu einer Delegation der Verantwortung der Geschäftsleitung an das Auslagerungsunternehmen führen. Die Leitungsaufgaben der Geschäftsleitung sind nicht auslagerbar.

Im Gegensatz zum regelbasierten Rundschreiben 11/2001 sind durch die neugefaßten MaRisk grundsätzlich alle Auslagerungen i. S. d. MaRisk AT 9 Tz. 1 zulässig, solange hierdurch nicht die Ordnungsmäßigkeit der Geschäftsorganisation beeinträchtigt wird. Hierunter ist i. S. d. § 25a Abs. 1 KWG insbesondere ein angemessenes und wirksames Risikomanagement zu verstehen, welches die Einrichtung von Kontrollverfahren und die Sicherstellung der personellen und technisch-organisatorischen Ausstattung und angemessener Notfallkonzepte vorsieht. 187

Gleichwohl definieren die MaRisk Grenzen, die die Zulässigkeit möglicher Auslagerungen einschränken. So darf eine Auslagerung einer Aktivität bzw. eines Prozesses *zum Ersten* nicht zu einer Delegation der Verantwortung der Geschäftsleitung an das Auslagerungsunternehmen führen. So werden Mängel hinsichtlich der Ordnungsmäßigkeit der Geschäftsorganisation weiterhin der Geschäftsleitung des auslagernden Instituts zugerechnet; die damit verbundenen Aufgaben verbleiben somit beim Outsourcer. In diesem Zusammenhang ist auch die Steuerung und Überwachung der ausgelagerten Prozesse und Aktivitäten nicht auslagerbar; grundsätzlich auch nicht zwischen Tochtergesellschaften, die rechtlich unabhängig sind. 188

FESTLEGUNG DES AUSZULAGERNDEN BEREICHS

189 *Zum Zweiten* fallen lt. den MaRisk Leitungsaufgaben unter den Ausnahmetatbestand, also die Aufgaben, die aufgrund gesellschaftsrechtlicher oder bankaufsichtsrechtlicher Vorgaben der Geschäftsleitung vorbehalten bleiben müssen Hierzu zählen die Unternehmensplanung, -koordination, -kontrolle und die Besetzung der Führungskräfte. Auch Aufgaben, die der Geschäftsleitung durch den Gesetzgeber oder durch sonstige Regelungen explizit zugewiesen werden, z. B. die Entscheidung über Großkredite oder die Festlegung von Strategien, stellen nicht auslagerbare Leitungsaufgaben dar. Hierbei ist jedoch zu beachten, dass sich die MaRisk Leitungsaufgaben von Funktionen oder Organisationseinheiten, deren sich die Geschäftsleitung bei der Ausübung ihrer Leitungsaufgaben bedient, abgrenzen. Derartige Prozesse können nach außen delegiert werden (MaRisk, AT 9 Tz. 4 Erläuterungen).

190 *Zum Dritten* fordern die MaRisk, dass Institute spezialgesetzliche Regelungen berücksichtigen.

Auszug AT 9 Tz. 4

Besondere Maßstäbe für Auslagerungsmaßnahmen können sich ferner aus spezialgesetzlichen Regelungen ergeben, wie z. B. bei Bausparkassen hinsichtlich der Kollektivsteuerung.

---

191 Liegt ein solcher Ausnahmetatbestand vor, ist eine Auslagerung des entsprechenden Prozesses bzw. der Aktivität grundsätzlich nicht möglich. Vor diesem Hintergrund empfiehlt es sich, dass Institute den dargestellten Prozessschritt im Rahmen der Risikoanalyse dokumentieren. Eine kurze Begründung des Ergebnisses erscheint hierbei jedoch ausreichend.

Fragestellung »Auslagerbarkeit«		Erfüllt
Wurde geprüft, ob die geplante Auslagerung auslagerbar ist?		
1.	Wurde evaluiert, ob die Ordnungsmäßigkeit der Geschäftsorganisation beeinträchtigt wird?	
2.	Liegt eine Delegation der Verantwortung der Geschäftsleitung an das Auslagerungsunternehmen vor?	
3.	Handelt es sich bei den ausgelagerten Aktivitäten bzw. Prozessen um Leitungsaufgaben?	

4.	Sind durch ein Institut spezialgesetzliche Regelungen zu berücksichtigen, welche die Auslagerung bestimmter Aktivitäten bzw. Prozessen nicht erlauben?	
5.	Wurde eine entsprechende Begründung für oder gegen einen Auslagerungstatbestand dokumentiert?	
	[…]	

3.3. Risikoanalyse

Im Folgenden werden die einzelnen Komponenten der Risikoanalyse dargestellt. Durch ein systematisches Vorgehen soll festgestellt werden, ob es sich aus institutsspezifischer Sicht um eine wesentliche oder nicht wesentliche Auslagerung handelt. Des Weiteren werden die besonderen Anforderungen an Auslagerungen von erheblicher Tragweite und die Einbindung in das Risikomanagement erörtert.

3.3.1. Wesentlichkeitseinschätzung

Institute haben zur Feststellung der Wesentlichkeit einer Auslagerung eine Risikoanalyse vorzuhalten. Vor dem Hintergrund der durch die MaRisk geforderten Eigenverantwortung wird hinsichtlich der Ausgestaltung der Risikoanalyse im AT 9 lediglich ein allgemeingültiger Rahmen vorgegeben:

Auszug AT 9 Tz. 2

Das Institut muss auf der Grundlage einer Risikoanalyse eigenverantwortlich festlegen, welche Auslagerungen von Aktivitäten und Prozessen unter Risikogesichtspunkten wesentlich sind (wesentliche Auslagerungen). Die maßgeblichen Organisationseinheiten sind bei der Erstellung der Risikoanalyse einzubeziehen. Im Rahmen ihrer Aufgaben ist auch die Interne Revision zu beteiligen.

Die MaRisk fordern, dass bei der Risikoanalyse alle für das Institut relevanten Aspekte im Zusammenhang mit der Auslagerung zu berücksichtigen sind, die für eine angemessene Einbindung der ausgelagerten Aktivitäten und Prozesse in das Risikomanagement maßgeblich sind. In diesem Zusammenhang stehen nach den MaRisk insbesondere die *Risiken der Auslagerung* und die *Eignung des Auslagerungsunternehmens* im Fokus.

FESTLEGUNG DES AUSZULAGERNDEN BEREICHS

Risiken der Auslagerung

195 Hinsichtlich der Risiken der Auslagerung stellt sich inbesondere die Frage, welche Bedeutung der auszulagernde Bereich bzw. Prozess für ein Institut hat; in anderen Worten, ob dieser wesentlich für das Institut ist oder nicht. Zur Identifizierung der jeweiligen Risiken können die folgenden Fragestellungen in einem ersten Schritt herangezogen werden:

	Fragestellung zur Identifizierung von Risiken	JA	NEIN
1.	Handelt es sich bei der Auslagerung um eine Vollauslagerung und nicht um eine Teilauslagerung (einzelne Prozesse eines bestimmten Bereichs)?		
2.	Handelt es sich um einen Kernbankfunktion und somit nicht um eine Unterstützungsfunktion?		
3.	Bestehen wesentliche Risiken i. S. d. AT 2.2 im Zusammenhang mit dem auszulagernden Bereich/Prozess. Hierzu zählen in der Regel: • Adressenausfallrisiken, • Marktpreisrisiken und • Liquiditätsrisiken. Insoweit wesentliche Risiken nach dem AT 2.2. für das Institut bestehen, sind diese im Rahmen der Risikoanalyse zu spezifizieren.		
4.	Begründet der Auslagerungstatbestand ein operationelles Risiko, bspw. ein: • Personalrisiko, • EDV-Risiko oder • Prozessrisiko.		
5.	Sind wesentliche Konsequenzen bei einem Ausfall des Auslagerungsunternehmens zu erwarten (Ausfallrisiko)?		
6.	Begründet der Auslagerungstatbestand ein strategisches Risiko, bspw.:		

	▪ Reputationsverlust, ▪ Risiko aus Verlust der organisatorischen Kompetenz oder ▪ Abhängigkeit vom Insourcer.		
7.	Begründet der Auslagerungstatbestand betriebswirtschaftliches Risiko?		
8.	[...]		

Für die (Risiko-)Bereiche, welche von dem Institut mit »Ja« beantwortet wurden, können dann in einem zweiten Schritt institutsspezifische Einzelrisiken (hinsichtlich Risiken der Auslagerung) abgeleitet und spezifiziert werden, bspw.:

Risikobereich	**Beispielhafte Einzelrisiken**
Es begründet sich ein EDV-Risiko aus der Auslagerung	▪ Risiken aufgrund von Geschäftsunterbrechungen und Systemausfällen ▪ Risiken aufgrund einer mangelhaften technischen Ausstattung des Outsourcers ▪ Risiken aufgrund einer notwendigen Harmonisierung der Systemlandschaft beim Insourcer und Outsourcer

Eine Übersicht über mögliche Einzelrisiken der Risikobereiche gibt Abschnitt II., 1., 1.1.).

Eignung des Auslagerungsunternehmens

In der Praxis besteht die Diskussion, inwieweit die Eignung des Auslagerungsunternehmens Grundlage für die Einschätzung der Wesentlichkeit bilden soll. So besteht die Auffassung, dass die Risiken aus der Eignung des Auslagerungsunternehmens separat zur eigentlichen Risikoanalyse zu prüfen sind.

Eine Empfehlung wäre, dass eine Vorauswahl und eine detaillierte Analyse des Auslagerungsunternehmens nicht im Rahmen des Risikoanalyseprozesses erfolgen sollte, sondern in einem eigenständigen Prozessschritt (»Vorauswahl und Analyse der Insourcer/des Insourcers« – siehe hierzu Abb. 1). Im Rahmen der Risikoanalyse sind jedoch jene Risiken aufzunehmen, die einen Einfluss auf die Wesentlichkeit der spezifischen Auslagerung haben können. Hierzu können auch grundsätzlich Risiken aus der Eignung eines Auslagerungsunternehmens zählen, bspw. Risiken aus der technischen oder personellen Ausstattung. Aus diesem Grund sollten derartige Risiken auch im Rahmen der Risikoanalyse bewertet und dokumentiert werden, insoweit diese durch das Institut als schlagend identifiziert werden. Es ist jedoch zu beachten, dass auch hier ein institutsspezifisches Vorgehen gefunden und dokumentiert werden muss.

200 Die folgende Checkliste zeigt mögliche Risiken hinsichtlich der Eignung des Auslagerungsunternehmens auf:

	Fragestellung zur Identifizierung von Risiken	JA	NEIN
1.	Sind grundsätzliche Risiken hinsichtlich der technisch-organisatorischen und personellen Ausstattung des Insourcers erkennbar?		
2.	Bestehen grundsätzliche Risken aufgrund fehlenden Know-How des Insourcers?		
3.	Sind grundsätzliche Risiken aus der Kompetenz und der Flexibilität des Insourcers erkennbar?		
4.	Sind grundsätzliche Risiken aus der finanziellen Ausstattung des Insourcers erkennbar?		
5.	Bestehen grundsätzliche Risiken aus der Außenwirkung des Insourcers?		
6.	Bestehen grundsätzliche Risiken aus der Aufbau- und Ablauforganisation des Insourcers?		
7.	[...]		

201 In einem dritten Schritt kann das Institut die identifizierten Einzelrisiken in der Risikoanalyse zusammenfassen und die Wesentlichkeitseinschätzung vornehmen. Diese kann entweder qualitativ und/oder quantitativ erfolgen. Hierbei sollte vom Institut festgelegt werden, ob die Beurteilung der Eignung des Auslagerungsunternehmens in das Gesamtergebnis der Wesentlichkeitseinschätzung einfließt, oder ob dieses separat behandelt werden soll. Des Weiteren hat ein Institut bei der Erstellung der Risikoanalyse nach dem AT 9 Tz. 2 die maßgeblichen Organisationseinheiten einzubeziehen, insbesondere die Interne Revision im Rahmen ihrer Aufgaben. Es empfiehlt sich die Einbindung der Internen Revision in der Risikoanalyse zu dokumentieren.

> ✓ **Praxistipp zur Ausgestaltung der »Risikoanalyse«**
> Die Ermittlung der grundsätzlichen institutsspezifischen Einzelrisiken, wie in diesem Abschnitt dargestellt, sollte im Rahmen eines Projekts erfolgen (Ermittlung einer Standard-Risikoanalyse). Im Rahmen einer Auslagerung ist diese ermittelte Standard-Risikoanalyse um auslagerungs-spezifische Risikoarten bzw. Einzelrisiken durch den jeweiligen auslagernden Fachbereich zu ergänzen.

Erleichterungen

Die BaFin schließt gruppeninterne Auslagerungen nicht pauschal von der Anwendung der Outsourcing-Anforderungen aus, jedoch sieht der AT 9 Tz. 2 (MaRisk) Erleichterungen bei Vorliegen geeigneter Vorkehrungen vor. Insbesondere ein Risikomanagement auf Gruppenebene sowie Durchgriffsrechte können bei der Erstellung und Anpassung der Risikoanalyse risikomindernd berücksichtigt werden. Institute sollten diesen Aspekt in der Risikoanalyse berücksichtigen, um so eine realistische Einschätzung der Risikosituation zu erhalten. 202

Eine weitere Erleichterung, die durch die Institute berücksichtigt werden kann, wird in den Erläuterungen zu dem AT 9 Tz. 2 dargestellt. Hiernach sollte die Intensität der Analyse von Art (bspw. Joint Venture; Near- oder Offshoring), Umfang (bspw. Teil- oder Vollauslagerung), Komplexität (bspw. hinsichtlich des auszulagernden Prozesses oder des Auslagerungscontrollings) und Risikogehalt (bspw. Risikopotential im Hinblick auf die Einhaltung des IKS oder die Marktstellung) der ausgelagerten Aktivitäten und Prozesse abhängig sein. So empfiehlt es sich, nicht für alle Auslagerungen den umfangreichen Risikoanalyseprozess durchzuführen. Vielmehr erscheint es sinnvoll, ein zweistufiges Verfahren zu definieren. Abschnitt II.3. stellt eine mögliche Ausgestaltung dar. 203

Wesentlichkeitsbeurteilung

Aus dem Ergebnis der Wesentlichkeitsbeurteilung sind wiederum die entsprechenden MaRisk- beziehungsweise KWG- Anforderungen abzuleiten. Wird anhand der institutsspezifischen Risikoanalyse eine wesentliche Auslagerung festgestellt sind insbesondere § 25a Abs. 2 KWG sowie die MaRisk AT 9 – im besonderen Tz. 5 bis 9 – maßgeblich. Bei nicht wesentlichen Auslagerungen sind mindestens die Anforderungen an eine ordnungsgemäße Geschäftsorganisation nach § 25a Abs. 1 KWG zu berücksichtigen. 204

> **AT 9 Tz. 3**
>
> Bei unter Risikogesichtspunkten nicht wesentlichen Auslagerungen sind die allgemeinen Anforderungen an die Ordnungsmäßigkeit der Geschäftsorganisation gemäß § 25a Abs. 1 KWG zu beachten.

205 Nach AT 6 Tz. 2 der MaRisk sind wesentliche Handlungen und Festlegungen nachvollziehbar zu dokumentieren. So empfiehlt es sich auch die Ergebnisse der Risikoanalyse und die Gründe, die zum Ergebnis geführt haben, zu dokumentieren.

Wesentliche Auslagerung

MaRisk, insbesondere Tz. 5 bis 9

Tz. 5	Tz. 6	Tz. 7	Tz. 8	Tz. 9
Einrichtung von Vorkehrungen bei Beendigung der Auslagerung	Anforderungen an den Auslagerungsvertrag	Angemessene Steuerung und Überwachung von Risiken	Anforderungen bei Auslagerung der Internen Revision	Anforderungen bei Weiterverlagerung

§25 a Abs. 2 KWG

Ein Institut muss abhängig von Art, Umfang, Komplexität und Risikogehalt einer Auslagerung von Aktivitäten und Prozessen auf ein anderes Unternehmen, die für die Durchführung von Bankgeschäften, Finanzdienstleistungen oder sonstigen institutstypischen Dienstleistungen **wesentlich** sind, angemessene Vorkehrungen treffen, um übermäßige zusätzliche Risiken zu vermeiden [...]

Nicht-wesentliche Auslagerung

Ordnungsgemäße Geschäftsorganisation nach §25 a Abs. 1 KWG

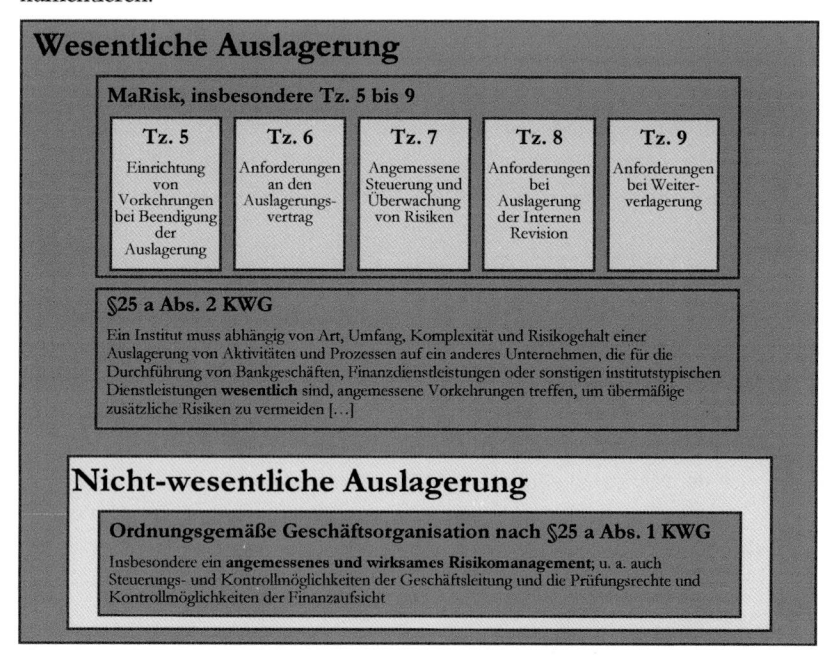

Insbesondere ein **angemessenes und wirksames Risikomanagement**; u. a. auch Steuerungs- und Kontrollmöglichkeiten der Geschäftsleitung und die Prüfungsrechte und Kontrollmöglichkeiten der Finanzaufsicht

Abb. 5: Anforderungen an wesentliche und nicht-wesentliche Auslagerungen

206 Diese allgemeingültigen Anforderungen verdeutlichen, dass eine Ausgestaltung der Risikoanalyse grundsätzlich institutsspezifisch zu erfolgen hat. Die folgende Checkliste fasst die aufgezeigten Anforderungen zusammen:

Fragestellung	Erfüllt
Wurde eine institutsspezifische Risikoanalyse erstellt?	
1. Berücksichtigt die institutsspezifische Risikoanalyse zumindest die Risiken der Auslagerung und die Eignung des Auslagerungsunternehmens?	
2. Ist sichergestellt, dass die maßgeblichen Organisationseinheiten bei der Risikoanalyse einbezogen werden?	
3. Werden in der Risikoanalyse wirksame Vorkehrungen bei gruppeninternen Auslagerungen risikomindernd berücksichtigt?	
4. Ist die Intensität der Risikoanalyse von Art, Umfang, Komplexität und Risikogehalt der ausgelagerten Aktivitäten/Prozesse abhängig?	
5. Werden die Ergebnisse der Risikoanalyse dokumentiert?	
[...]	

3.3.2. Auslagerung von erheblicher Tragweite

Die Erläuterungen zum AT 9 Tz. 2 der MaRisk fordern, dass das auslagernde Institut zu beurteilen hat, ob als **wesentlich** klassifizierte Aktivitäten und Prozesse von **erheblicher Tragweite** sind oder nicht.

Auszug AT 9 Tz. 2 Erläuterungen

Bei Auslagerungen von erheblicher Tragweite, wie z. B. der Vollauslagerung der Internen Revision bei einem größeren Institut, ist entsprechend intensiv zu prüfen, ob und wie eine Einbeziehung der ausgelagerten Aktivitäten und Prozesse in das Risikomanagement sichergestellt werden kann.

Die Aufsicht hat vor dem Hintergrund der geforderten Eigenverantwortung keine konkreten Kriterien festgelegt, die eine eindeutige Differenzierung zwischen »wesentlich« und »erheblicher Tragweite« ermöglichen würde. Vielmehr nennen die MaRisk das Beispiel der Vollauslagerung der Internen Revision bei einem größeren Institut – hierbei handelt es sich grundsätzlich nach Meinung der Aufsicht um eine Auslagerung von erheblicher Tragweite. Weitere Beispiele können in diesem Zusammenhang die (Voll-)Auslagerung der Kreditentscheidung oder des Treasury auf einen Dritten darstellen. Dies ist jeweils einzelfallbezogen zu bewerten.

209 Um anstelle einer Einzelfallbetrachtung ein systematisches Vorgehen einzurichten, empfiehlt es sich jedoch, dass ein Institut entsprechende institutsindividuelle Kriterien in der Risikoanalyse oder in einer Auslagerungsstrategie bzw. Organisationsrichtlinie definiert. Diese ermöglichen dann eine Abgrenzung von wesentlichen Auslagerungen zu Auslagerungen von erheblicher Tragweite. Dabei erscheint es sinnvoll, für das Institut relevante Kriterien miteinander zu verknüpfen (komplementäre oder kumulative Bedingungen). Die folgende Checkliste zeigt beispielhafte Kriterien auf:

	Kriterium zur Abgrenzung »wesentlich« und »erhebliche Tragweite«	Festgelegter Grenzwert
1.	Auslagerung (Aktivität bzw. Prozess) stellt eine der Kernkompetenzen des Institutes dar	»Ja«
2.	Anzahl der betroffenen Mitarbeiter	Anzahl > X % zur Gesamtbelegschaft
3.	Auslagerung kann wesentlichen Einfluss auf die Eigenmittelausstattung haben	Geschätzter Einfluss > X %
4.	Ausgelagerter Prozess wird in Risikostrategie (und den MaRisk) als risikorelevant eingestuft.	»Ja«
5.	Schadenspotenzial durch Auslagerung	Schadenspotenzial > X %
6.	Ausgelagertes Auftragsvolumen	Auftragsvolumen > X Mio. €
7.	[…]	

3.3.3. Einbindung in das Risikomanagement

Auslagerungen von erheblicher Tragweite

210 Klassifiziert das Institut eine wesentliche Auslagerung als Auslagerung von erheblicher Tragweite, ist auf der Basis der Risikoanalyse zu beurteilen, ob eine Einbindung der ausgelagerten Aktivitäten und Prozesse in das Risikoma-

nagement überhaupt sichergestellt werden kann. Ist dies der Fall, sollten spezifische Schritte durch das Institut definiert werden, die eine Einbindung in das Risikomanagement gewährleisten. Es empfiehlt sich, das Ergebnis der Betrachtung und die Vorgehensweise explizit in der Risikoanalyse aufzunehmen und zu dokumentieren. Daneben sind für Auslagerungen von erheblicher Tragweite auch die Anforderungen an wesentliche Auslagerungen heranzuziehen. Sollte das Institut zu dem Ergebnis kommen, dass eine Einbindung in das Risikomanagement nicht realisierbar ist, erscheint eine Auslagerung grundsätzlich nicht zulässig.

Nicht-wesentliche/wesentliche Auslagerungen

Institute haben die ausgelagerten Bereiche bzw. Prozesse, ob *wesentlich* oder *nicht-wesentlich*, in das Risikomanagement einzubinden, um so eine ordnungsgemäße Geschäftsorganisation sicherzustellen. So sollte insbesondere i. S. d. § 25a Abs. 1 KWG die Einrichtung interner Kontrollverfahren zur Verhinderung eines Kontrollverlusts berücksichtigt werden und – soweit relevant – sind die Anforderungen an die personelle bzw. technisch-organisatorische Ausstattung sowie an die Notfallkonzepte festzuschreiben. Die Einbindung in das bestehende Risikomanagementsystem sollte durch das Institut in der Risikoanalyse dargestellt werden; hierdurch wird das Ergebnis gleichzeitig dokumentiert. Daneben empfiehlt es sich, Grundsätze für den Umgang mit den Anforderungen nach § 25a Abs. 1 KWG zu formulieren, um so einen institutsweiten Standard zu schaffen – bspw. in einer Organisationsrichtlinie für Auslagerungen. Die geplante und durch die MaRisk geforderte laufende Überwachung der Auslagerungsmaßnahmen sollte jedoch nicht risikomindernd im Rahmen der Wesentlichkeitsbeurteilung berücksichtigt werden. Hierdurch wird verhindert, dass eine »wesentliche Auslagerungsmaßnahme« fälschlich als »nicht wesentlich« eingestuft wird. Es wäre nämlich nicht richtig eine Auslagerungsmaßnahme nur dann als wesentlich einzustufen, wenn zusätzlich das Risiko einer mangelhaften Einbindung in das Risikomanagement als hoch angesehen wird. So sollte die Darstellung der Einbindung in das Risikomanagement für derartige Auslagerungen grundsätzlich »nach« der Wesentlichkeitseinschätzung erfolgen. Weiterhin ist zu beachten, dass die Geschäftsleitung des auslagernden Instituts auch nach Auslagerung für die ordnungsgemäße Geschäftsorganisation der ausgelagerten Geschäftsbereiche bzw. Geschäftsprozesse verantwortlich ist.

212 Hinsichtlich *wesentlichen Auslagerungen* bestehen nach AT 9 Tz. 5 bis Tz. 9 i. V. m. § 25a Abs. 2 KWG zusätzliche Anforderungen. So wird beispielsweise gefordert, dass ein Institut die mit wesentlichen Auslagerungen verbundenen Risiken angemessen zu steuern und die Ausführung der ausgelagerten Aktivitäten und Prozesse ordnungsgemäß zu überwachen hat. Diese Überwachung der ausgelagerten Aktivitäten bzw. Prozesse erfordert die Einbindung der Auslagerungen in das vorhandene Risikomanagementsystem des Instituts (MaRisk AT 4.3.2, Tz. 2 i. V. m. § 25a Absatz 2 KWG). So sollte die Einbindung der Steuerungs- und Überwachungsprozesse in das bestehende Risikomanagementsystem im Rahmen der Risikoanalyse spezifiziert werden. Auch weitere Aspekte, wie der Umgang mit Weiterverlagerungen von Aktivitäten oder Prozessen oder die vorzeitige Beendigung einer Auslagerung, können in diesem Rahmen aufgenommen werden. Des Weiteren empfiehlt es sich auch hierfür Grundsätze in entsprechenden Organisationsrichtlinien (MaRisk AT 5, Tz. 3) zu formulieren.

3.4. Änderung der Risikosituation

213 Da die Einschätzung der Wesentlichkeit lediglich die derzeitige – bei der Risikoanalyse vorliegende – Risikosituation darstellt, fordert AT 9 Tz. 2 der MaRisk, dass soweit sich wesentliche Änderungen der Risikosituation ergeben, die Risikoanalyse anzupassen ist.

Auszug AT 9 Tz. 2

Soweit sich wesentliche Änderungen der Risikosituation ergeben, ist die Risikoanalyse anzupassen.

214 So haben Institute einen entsprechenden Prozess zu implementieren, der diese laufende Anpassung sicherstellt. Hierbei kann zwischen zwei unterschiedlichen Vorgehensweisen differenziert werden. Zum einen ist eine Überprüfung nach einem vom Institut festgelegten Turnus denkbar, bspw. jährlich. Wird der festgelegte Stichtag erreicht, ist der institutsspezifische Überprüfungsprozess anzustoßen, bspw. eine Abfrage an die mit der Auslagerung betrauten Fachbereiche. Hierdurch wird der Status quo im Hinblick auf die Risikosituation identifiziert. Insoweit eine Änderung festgestellt wird, ist die Risikoanalyse anzupassen bzw. neu zu erstellen. Hierbei ist es auch u. U. möglich, dass sich der Status der Auslagerung (wesentlich; nicht-wesentlich) ändern kann. Wird keine Änderung der Risikosituation festgestellt, wird erst zum nächsten Stichtag eine erneute Überprüfung fällig.

Zum anderen ist eine anlassbezogene Überprüfung möglich. Hierfür sind 215 institutsspezifische Indikatoren zu definieren, die den Überprüfungsprozess der Risikoanalyse anstoßen. Hierbei können zwischen Insourcer- und Outsourcer-Indikatoren unterschieden werden. In der folgenden Checkliste werden Beispiele für diese Indikatoren aufgezeigt:

	Indikatoren beim Insourcer	Indikatoren beim Outsourcer
1.	Verkauf des Insourcers	Wesentliche Ergebnisse aus der Steuerungs- und Überwachungstätigkeit, bspw. wesentliche Beanstandungen durch Interne Revision hinsichtlich der Prüfungsergebnisse; Nicht-Einhaltung der regulatorischen Vorschriften oder eine kontinuierlich hohe Fehlerquote
2.	Weiterverlagerung der ausgelagerten Aktivität/Prozess	Wesentliche Änderung der prozessualen Abläufe/der Kontrollen/des Risikomanagements
3.	Wesentliche Änderung der prozessualen Abläufe/der Kontrollen/des Risikomanagements	Strategische Neuausrichtung (Änderung der Strategie; Änderung der Bedeutung der ausgelagerten Funktion)
4.	Kontinuierliche negative Berichterstattung/Änderung der Reputation des Auslagerungsunternehmens	Austritt aus dem Unternehmensverbund
5.	Wesentliche Verschlechterung der finanziellen (bspw. Insolvenzgefahr, finanzielle Stabilität etc.) technischen/personellen Ausstattung (Rückgang Mitarbeiterzahlen, IT- Infrastruktur)	Ausweitung des Auslagerungsauftrags
6.	[...]	[...]

216 Es ist zu empfehlen, dass die vom Institut festgelegten Kriterien für eine anlassbezogene Überprüfung und der institutsspezifische Überprüfungsprozess dokumentiert werden, bspw. in der Organisationsrichtlinie für Auslagerungen.

II. Ausgestaltung der Risikoanalyse zur Bestimmung der Wesentlichkeit

217 Die mögliche Ausgestaltung der Risikoanalyse wird im folgenden Kapitel beispielhaft aufgezeigt. Hierbei kann grundsätzlich zwischen einer qualitativen Herangehensweise und einem quantitativen Ansatz unterschieden werden. Beide Ansätze werden im Folgenden detailliert erläutert. Darüber hinaus wird den Instituten durch einen zweistufigen Ansatz eine Möglichkeit aufgezeigt, die Intensität der Analyse von Art, Umfang, Komplexität und Risikogehalt der ausgelagerten Aktivitäten und Prozesse abhängig zu machen.

1. Ableitung einer Risikoanalyse: Qualitative Bestimmung der Wesentlichkeit

1.1. Gegenstand

Identifizierung der Risikobereiche

218 Ein Institut sollte zur Ermittlung der Wesentlichkeit zunächst die institutsspezifischen Risikobereiche identifizieren, um eine realistische Aussage über die Wesentlichkeit treffen zu können. Hierauf aufbauend sind entsprechende Einzelrisiken durch das Institut abzuleiten. Nachfolgend wird eine Übersicht über mögliche Risikobereiche aufgezeigt, die durch Institute berücksichtigt werden können. Hierbei handelt es sich nicht um eine abschließende Aufzählung. Vielmehr hat ein Institut institutsspezifisch festzulegen, welche Risikobereiche und entsprechende Einzelrisiken von Relevanz sind. Ggf. sind weitere auslagerungsspezifische Risiken in der Risikoanalyse mit aufzunehmen.

Risiken der Auslagerung

219 In der folgenden Checkliste werden exemplarische Risikobereiche für die Risiken der Auslagerung aufgezeigt:

Risikoart	Risiko-Bereich	Einzelrisiken
Operationelle Risiken	EDV-Risiken	▪ Risiken aufgrund von Geschäftsunterbrechungen und Systemausfällen, bspw. aufgrund einer hohen Abhängigkeit bzw. IT-intensiven Prozessen ▪ Risiken aufgrund einer notwendigen Harmonisierung der Systemlandschaft beim Insourcer und Outsourcer
	Personal-Risiken	▪ Risiken aufgrund des Abgangs von Leistungsträgern oder Motivationsverlust von Mitarbeitern ▪ Erforderliches Know-How bzw. Spezialwissen der Mitarbeiter ▪ Risiken aufgrund fehlender Personalmanagementprozesse
	Prozess-Risiken	▪ Risiken aus dem Verlust der Prozesseffizienz ▪ Komplexität des Auslagerungstatbestands bzw. der mit dem Auslagerungstatbestand verbunden Prozesse ▪ Risiken aus zeitkritischen Prozessen
	Ausfall-Risiko	▪ Zu Erwartende Effekte bei einem Ausfall des Auslagerungsunternehmens ▪ Ausfallwahrscheinlichkeit
	Rechts-Risiken	▪ Risiko der Verletzung vertraglicher Regelungen ▪ (Aufsichtsrechtliche) Regulierung des auszulagernden Bereichs ▪ Anforderungen an den Datenschutz
	Externe Ereignisse	▪ Risiken aus kriminellen Handlungen oder Katastrophen auf die Wertschöpfung
Adressenausfall-, Markt- und		▪ Beurteilung inwieweit sich neue oder erhöhte Risiken in Hinblick auf die für das Institut wesentliche Risikoarten (Adressenausfall-, Markt- und Liquidi-

FESTLEGUNG DES AUSZULAGERNDEN BEREICHS

Risikoart	Risiko-Bereich	Einzelrisiken
Liquiditäts-risiken		tätsrisiken) durch die Auslagerung begründen (bspw. erhöhte Marktpreisrisiken bei Offshoring-Auslagerungen, Liquiditätsrisiko durch hohen Refinanzierungsbedarf durch zu leistende Zahlungen, Bonität des Auslagerungsunternehmens usw.)
Strategische Risiken	Organisatorische Kompetenz	▪ Risiken aus dem Verlust von Knowhow ▪ Risiken aus dem Verlust der Innovationskraft oder Prozesseffizienz ▪ Risiken aus unerwünschtem Einblick in Geschäftsprozesse
	Abhängigkeit vom Insourcer	▪ Fehlende Ersatzkandidaten ▪ Evaluierung des Konzentrationsrisikos
	Reputation	▪ Ausmaß einer möglichen negativen Berichterstattung bei Personalentscheidungen ▪ Einfluss auf die Reputation bei Verschlechterung der Leistungsqualität ▪ Einfluss auf Ratings/Bonität
Betriebswirtschaftliche Risiken	Auslagerungskosten	▪ Risiken aus unerwarteten Übergangs- und Managementkosten ▪ Risiken aus hohen Wechselkosten ▪ Risiken aus steigenden bzw. versteckten Servicekosten
	Überwachungs- und Steuerungsrisiko	▪ Risiken aufgrund eines Kontroll- und Informationsverlusts oder auch Kommunikationsschwierigkeiten ▪ Risiken aus fehlerhaftem Steuerungs- und Überwachungsprozess, bspw. Nicht-Erfüllung der regulatorischen Anforderungen oder Steuerungsprobleme
[...]		

Eignung des Auslagerungsunternehmens

In der folgenden Tabelle werden exemplarische Risikobereiche für die Eignung des Auslagerungsunternehmens aufgezeigt. Diese – neben weiteren institutsspezifischen Risiken – können von Instituten im Rahmen der Risikoanalyse herangezogen werden.

Risiko-Bereich	Einzelrisiken
Risiken aus der Kompetenz/ Flexibilität	▪ Risiken aus mangelnder Erfahrung bzw. Kompetenz des Insourcer hinsichtlich der Ausführung des ausgelagerten Bereichs/der ausgelagerten Prozessen ▪ Risiken aus mangelnder Flexibilität des Insourcer
Risiken aus der technischen/ personellen Ausstattung	▪ Risiken aus einer nicht hinreichenden technischen Ausstattung des Insourcers ▪ Risiken aus einer nicht hinreichenden personellen Ausstattung des Insourcers
Risiken aus der finanziellen Ausstattung	▪ Risiken aus einer nicht hinreichenden technischen Ausstattung des Insourcers, bspw. um Erweiterungsinvestitionen zu tätigen ▪ Insolvenzgefahr des Insourcers ▪ Durchsetzbarkeit von Informationspflichten (bspw. hinsichtlich der wirtschaftlichen Situation)
Risiken aus der Außenwirkung	▪ Reputation/Image des Insourcers
[...]	

Qualitative Einschätzung der Wesentlichkeit

In einem nächsten Schritt ist für die jeweiligen identifizierten Risikobereiche/Einzelrisiken die Wesentlichkeit abzuleiten. Soweit unter Risikogesichtspunkten angemessen, ist ein qualitativer Ansatz zur Wesentlichkeitseinschätzung denkbar, bspw. wenn insbesondere gruppeninterne Auslagerungen beim

FESTLEGUNG DES AUSZULAGERNDEN BEREICHS

Institut vorliegen. Hierbei basiert das Ergebnis der Wesentlichkeitseinschätzung des auszulagernden Bereichs bzw. Prozesses auf einer subjektiven Einschätzung, und nicht – wie bei einem quantitativen Verfahren – auf Grundlage eines Verfahrens, welches bspw. anhand eines Punktwertes die Wesentlichkeit bestimmt. Hierdurch ist dem Institut ein entsprechender Spielraum gegeben, wobei die Einschätzung hinreichend zu begründen ist. So empfiehlt es sich, eine qualitative Wesentlichkeitsbeurteilung im Rahmen eines entsprechenden Workshops zu ermitteln, bei welchem die maßgeblichen Organisationseinheiten – insbesondere der auslagernde Fachbereich sowie die Interne Revision im Rahmen ihrer Aufgaben – eingebunden sind.

222 Bei der qualitativen Ermittlung der Wesentlichkeit kann grundsätzlich zwischen zwei Verfahren unterschieden werden. Beim ersten Verfahren basiert die Ermittlung der Wesentlichkeit sowohl für die Risikobereiche als auch für die Risikoanalyse im Gesamten auf einer qualitativen – also subjektiven – Einschätzung. Abb. 6 verdeutlicht dieses Vorgehen.

Ergebnis für den jeweiligen Risikobereich	Gruppeninterne Auslagerungen	Gesamtergebnis Risikoanalyse
▸ **Qualitative Einschätzung** der Wesentlichkeit des jeweiligen Risikobereichs auf Grundlage der entsprechenden identifizierten Einzelrisiken	▸ Insoweit eine gruppeninterne Auslagerung vorliegt: Berücksichtigung von gruppeninternen Vorkehrungen, insbesondere ein Risikomanagement auf Gruppenebene oder entsprechende Durchgriffsrechte	▸ **Qualitative Einschätzung** der Wesentlichkeit anhand der Ergebnisse der jeweiligen Risikobereiche und ggf. Erleichterungen bei gruppeninternen Auslagerungen

Abb. 6: Ermittlung der Wesentlichkeit anhand qualitativer Faktoren

223 In einem zweiten möglichen Verfahren begründet sich die Wesentlichkeitseinschätzung der einzelnen Risikobereiche anhand vorher festgelegter und allgemeingültiger Indikatoren bzw. Grenzwerte, insoweit dies für die einzelnen identifizierten Risikobereiche möglich ist. Die Festlegung von Indikatoren bzw. Limiten hat institutsindividuell zu erfolgen. Abb. 7 verdeutlicht dieses Vorgehen.

Identifizierte Einzelrisiken / Indikatoren		Ergebnis für jeweiligen Risikobereich	Gesamtergebnis Risikoanalyse
Abhängigkeit vom Insourcer — Es gibt nicht mehr als **X** Anbieter, die den ausgelagerten Bereich bzw. Prozesse im Rahmen einer Weiterverlagerung übernehmen könnten	X	Auslagerung ist nicht-wesentlich hinsichtlich der Abhängigkeit vom Insourcer	Qualitative Beurteilung des Gesamtergebnis (ggf. unter Beachtung von Erleichterungen bei gruppeninternen Auslagerungen)
oder			
[...]			
EDV-Risiko — Geschätzte Kosten für eine Harmonisierung der Systemlandschaft > **X TEUR**	✓	Auslagerung ist wesentlich hinsichtlich der EDV-Risiken	
oder			
Komplexität des EDV-Prozesse und Systemlandschaft kann als wesentlich eingeschätzt werden	X		
oder			
[...]			
[...] — [...]		[...]	

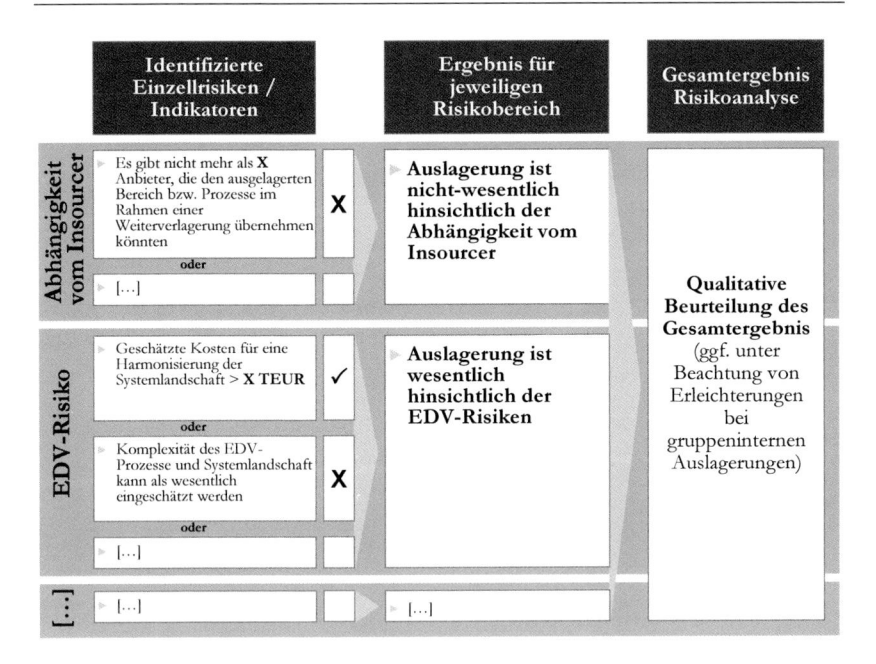

Abb. 7: Qualitative Beurteilung der Wesentlichkeit mithilfe Indikatoren/Limiten

Das Gesamtergebnis der Risikoanalyse basiert wie beim ersten Verfahren auf einerqualitativen Einschätzung. Gleichwohl sind auch hier Ausgestaltungsmöglichkeiten denkbar, bspw. die Festlegung eines Zielwertes – ab einer bestimmten Anzahl an wesentlichen Risikobereichen ist die Auslagerung ebenso als wesentlich einzustufen. Ein derartiges Vorgehen erscheint jedoch »ungenau« und u. U. angreifbar.

Berücksichtigung risikomindernder Aspekte

Wie bereits im Abschnitt »Einbindung in das Risikomanagement« dargestellt, sollten risikomindernde Aspekte – also Maßnahmen zur Minderung des Risikos eines bestimmten Bereichs wie bspw. eingerichtete Kontrollprozesse – nicht risikomindernd bei der Bewertung der Wesentlichkeit berücksichtigt werden. Dies vor dem Hintergrund, dass die hierdurch existente Risikosituation nicht angemessen wiedergegeben wird und somit eine wesentliche Auslagerung als nicht wesentlich eingestuft werden könnte.

1.2. Beispielhafte Ausgestaltung der qualitativen Risikoanalyse

226 Das Vorgehen zur Ermittlung der Wesentlichkeit einer institutsspezifischen Auslagerung sowie die Einbindung in das Risikomanagement und die Steuerung und Überwachung wesentlicher Auslagerungen sind grundsätzlich Gegenstand der Abschlussprüfung. Vor diesem Hintergrund sollte sowohl das institutspezifische Vorgehen (bspw. im Rahmen einer Auslagerungs-Strategie und bzw. oder einer Organisationsrichtlinie) als auch die Ergebnisse für den Abschlussprüfer nachvollziehbar dokumentiert werden. Hierfür empfiehlt es sich, dass ein Institut eine entsprechende Dokumentationsvorlage vorhält, die diesen Anforderungen Rechnung tragen kann.

227 Abb. 8 zeigt eine beispielhafte Dokumentationsvorlage auf, die dem systematischen Risikoanalyseprozess folgt.

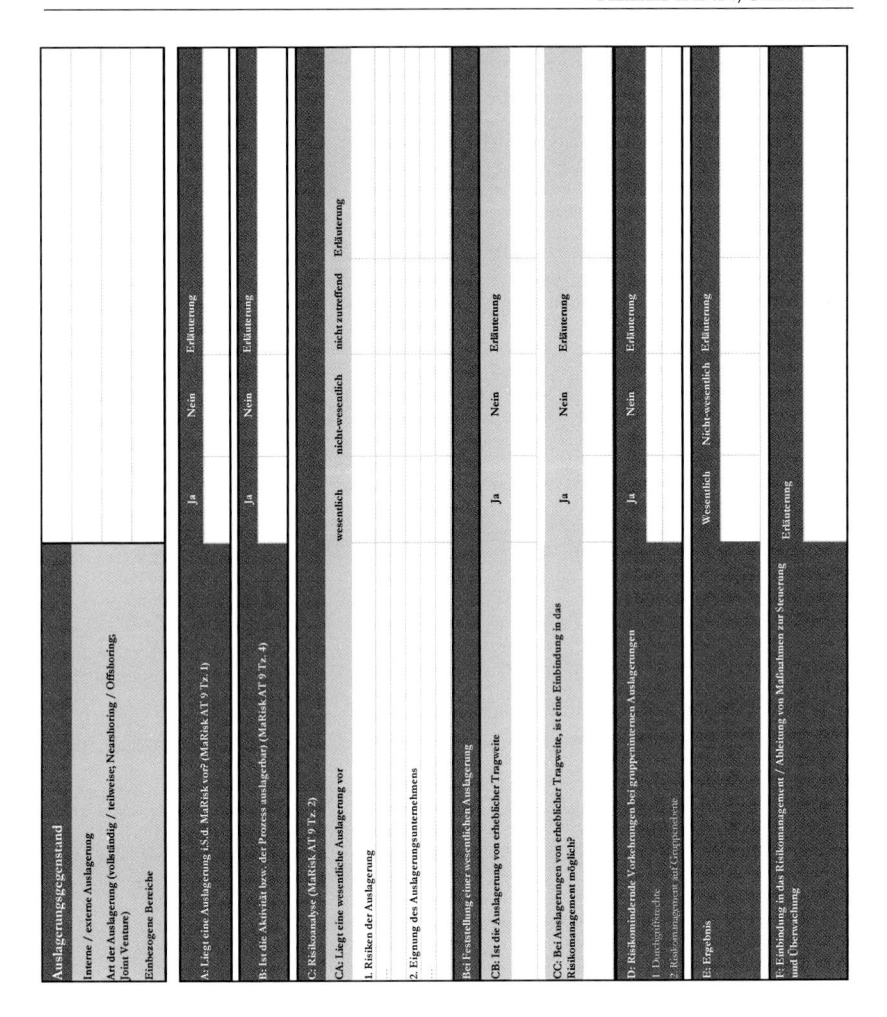

*Abb. 8: Beispielhafte Dokumentationsvorlage für den Risikoanalyseprozess
(qualitative Ermittlung der Wesentlichkeit)*

So wäre zunächst zu evaluieren, inwieweit eine Auslagerung i. S. d. MaRisk 228
vorliegt und ob der Bereich bzw. die Aktivität auslagerbar ist (Teil A und B
der Risikoanalyse). Im Anschluss folgt die institutsspezifische Risikoanalyse
(Teil C). Entsprechende Risikobereiche sind durch das jeweilige Institut zu
ergänzen. Ggf. können hier entsprechende Indikatoren bzw. Limite einbezogen werden (Teil CA). Nach Durchführung der Risikoanalyse (und Bestimmung der Wesentlichkeit) ist für wesentliche Auslagerungen in der Dokumen-

tationsvorlage darzustellen, inwieweit eine Auslagerung von erheblicher Tragweite vorliegt und – insoweit eine derartige Auslagerung besteht – ob eine Einbindung in das Risikomanagement überhaupt möglich ist (Abschnitt CB und CC).

229 Bei Vorliegen einer gruppeninternen Auslagerung können in Teil D risikomindernde Faktoren berücksichtigt und dokumentiert werden. Aus den Ergebnissen der Teile CA und ggf. D wird dann das Ergebnis der Wesentlichkeitsbeurteilung qualitativ abgeleitetet (Teil E). Im Anschluss empfiehlt es sich, die Einbindung in das Risikomanagement für den Abschlussprüfer sowie entsprechende Maßnahmen zur Steuerung und Überwachung der Auslagerung zu dokumentieren (Teil F). Weitere Aspekte, wie bspw. die Zustimmung (für die entsprechende Auslagerung) durch den Vorstand bzw. den Geschäftsführer oder die detaillierte Auswahl und Beurteilung des Auslagerungsunternehmens, können der Risikoanalyse bzw. dem Risikoanalyseprozess beigefügt werden.

2. Risikoanalyse: Quantitative Bestimmung der Wesentlichkeit

230 Das im Folgenden aufgezeigte Verfahren stellt beispielhaft ein System zur quantitativen Ermittlung der Wesentlichkeit auf. Andere Verfahren bzw. eine institutsspezifische Ausgestaltung des hier aufgezeigten Verfahrens sind daneben denkbar.

2.1. Gegenstand

231 Der quantitativen Ermittlung der Wesentlichkeit geht – gleichwohl der qualitativen Bestimmung – die Identifizierung der institutsspezifischen Risikobereiche und Einzelrisiken voraus. Die Wesentlichkeit einer Auslagerung wird jedoch anhand eines Punktwertes ermittelt. Hierbei sind grundsätzlich die folgenden Schritte und Fragestellungen zu beachten (Abb. 9):

Risiken der Risikobereiche	Bedeutung je Risikobereich	Bestimmung der Wesentlichkeit
Identifizierung der Risikobereiche	Bestimmung der Gewichtung der jeweiligen Risikobereiche	Herleitung eines Scorewerts aus Risiko und Gewichtung je Risikobereich bzw. Risikoart
Identifizierung der entsprechenden Einzelrisiken		Ableitung einer Gesamtscore; Prüfung, ob diese Gesamtscore ein festgelegtes Limit übersteigt
Identifizierung des Risikos je Risikobereich auf Grundlage der entsprechenden Einzelrisiken		
Wie kann das Risiko eines Risikobereichs quantifiziert werden?	Anhand welcher Maßstäbe ist die Gewichtung zu bestimmen?	Wie kann aus dem Gesamtsore eine Einschätzung der Wesentlichkeit vorgenommen werden?

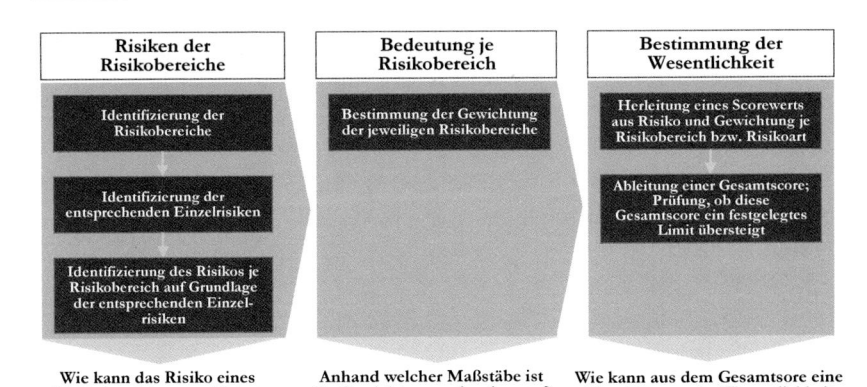

Abb. 9: Schritte und Fragestellung bei einer quantitativen Wesentlichkeitseinschätzung

Festlegung einer Skala zur Beurteilung des Risikos

Nach der Identifizierung der Risikobereiche und der Einzelrisiken ist das jeweilige Risiko durch das Institut festzulegen. Um später die Wesentlichkeit quantitativ ermitteln zu können, hat ein Institut dieses Risiko wertmäßig zu erfassen. Hierfür kann eine institutsspezifische Bewertungsskala herangezogen werden. Hierbei empfiehlt es sich die Systematik der »Wesentlichkeit« aus dem Risikoanalyseprozess aufzugreifen.

So kann die folgende Klassifizierung gewählt werden:

- Kein Risiko
- Nicht-wesentliches Risiko
- Wesentliches Risiko
- Ggf. Risiko von erheblicher Tragweite

Für die vom Institut festgelegten Ausprägungen der Bewertungsskala ist dann ein entsprechender Wert festzulegen, bspw.:

- Kein Risiko für einen jeweiligen Risikobereich entspricht einem Wert von »1«
- Ein nicht-wesentliches Risiko für einen jeweiligen Risikobereich entspricht einem Wert von »2«
- Ein wesentliches Risiko für einen jeweiligen Risikobereich entspricht einem Wert von »3«
- Ein Risiko von erheblicher Tragweite für einen jeweiligen Risikobereich entspricht einem Wert von »4«

FESTLEGUNG DES AUSZULAGERNDEN BEREICHS

235 Die vom Institut identifizierten Risikobereiche sind anschließend der Bewertungsskala zuzuordnen, bspw. das EDV-Risiko wird als wesentlich eingestuft – also erhält dieser Risikobereich nach der oben dargestellten Systematik einen Wert von »3«. Zu Ermittlung des Risikos – und somit zur Klassifizierung des Risikos in die institutspezifische Bewertungsskala – können verschiedene Verfahren verwendet werden. Die folgende Tabelle zeigt eine beispielhafte Übersicht auf:

	Einordnung der identifizierten Risikobereiche
1.	**Qualitative Einordnung** ▪ Die Einordnung der identifizierten Risikobereiche in die Bewertungsskala erfolgt auf Grundlage einer subjektiven Einschätzung durch das Institut
2.	**Einordnung auf Grundlage festgelegter Kriterien** ▪ Die Einordnung der identifizierten Risikobereiche in die Bewertungsskala erfolgt auf Grundlage von Kriterien, die aus den jeweiligen Einzelrisiken abgeleitet werden ▪ Beispiel: Prozessrisiken werden als wesentlich eingestuft, da die ausgelagerten Prozesse stark mit anderen Bereichen verbunden sind und es sich um zeitkritische Prozesse handelt
3.	**Einordnung auf Grundlage festgelegter Limite** ▪ Die Einordnung der identifizierten Risikobereiche in die Bewertungsskala erfolgt auf Grundlage von quantitativen Limiten, die aus den jeweiligen Einzelrisiken abgeleitet werden ▪ Beispiel: Prozessrisiken werden als wesentlich eingestuft, da der Anpassungsbedarf mit einem Personalaufwand $> X$ Tage verbunden ist und ein Ausfall der Prozesse von max. $< X$ Tage bewältigt werden kann
4.	[...]

236 Auch können für die Risikobereiche, die von dem Institut identifiziert wurden, verschiedene Verfahren – wie oben dargestellt – gewählt werden. Es empfiehlt sich, das vom Institut gewählte Vorgehen für den Abschlussprüfer zu dokumentieren.

Festlegung der Gewichtung

In einem zweiten Schritt können Institute die einzelnen identifizierten Risikobereiche gewichten. Diese Gewichtung hat das Institut selbst im Rahmen der Erstellung der Standard-Risikoanalyse festzulegen und ggf. im Rahmen der Wesentlichkeitseinschätzung einer bestimmten Auslagerung kritisch zu hinterfragen. Dies vor dem Hintergrund, dass die festgelegte Gewichtung der Risikosituation des Instituts zu entsprechen hat. So kann bspw. eine Auslagerung des Risikocontrollings ein höheres Adressenausfallrisiko begründen als eine Auslagerung der EDV-Aufgaben. Somit sollten diese erhöhten Adressenausfallrisikopositionen auch eine stärkere Gewichtung erhalten, um der Risikosituation des Instituts gerecht zu werden. Im Falle der Auslagerung der EDV-Aufgaben wären bspw. die operationellen Risiken sicherlich stärker zu gewichten. 237

Die Ermittlung der Gewichtung sollte im Rahmen eines Top-Down-Ansatzes erfolgen. Insgesamt haben sich die festgelegten Gewichte der einzelnen Risikobereiche auf »1« zu summieren. Dieses Gesamtrisikogewicht ist dann systematisch auf die einzelnen Risikobereiche herunterzubrechen. Hierbei empfiehlt es sich, im Rahmen der Erstellung einer Standard-Risikoanalyse die Festlegung hinreichend zu begründen. Gleiches sollte bei Änderungen der Gewichtung im Rahmen der Wesentlichkeitseinschätzung einer bestimmten Auslagerung Anwendung finden. Hierdurch kann ein Institut seine Vorgehensweise nachweisen, bspw. im Falle einer Prüfung der Outsourcing-Aktivitäten durch den Jahresabschlussprüfer. Abb. 10 veranschaulicht diesen Top-Down-Ansatz: 238

FESTLEGUNG DES AUSZULAGERNDEN BEREICHS

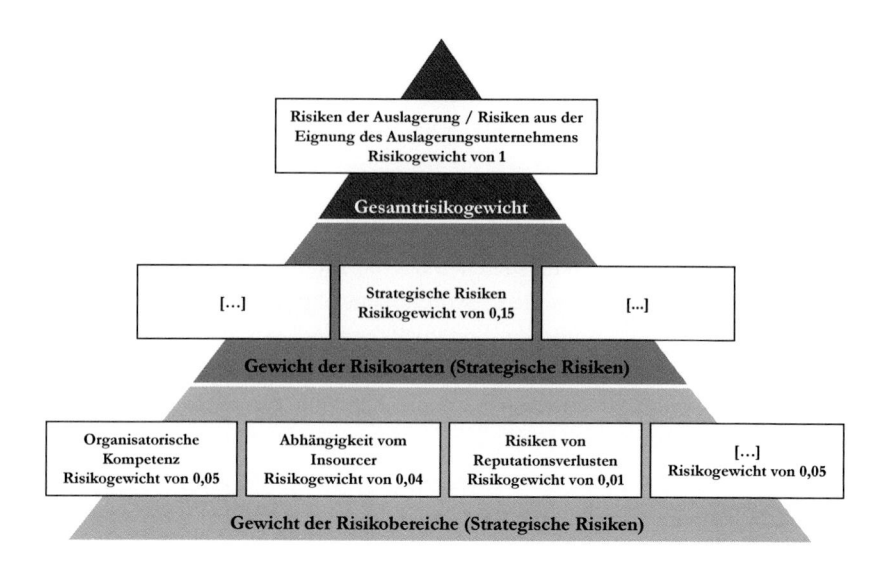

```
                    ▲
          Risiken der Auslagerung / Risiken aus der
          Eignung des Auslagerungsunternehmens
                  Risikogewicht von 1

                Gesamtrisikogewicht

    [...]    Strategische Risiken       [...]
             Risikogewicht von 0,15

        Gewicht der Risikoarten (Strategische Risiken)

  Organisatorische   Abhängigkeit vom   Risiken von
  Kompetenz          Insourcer          Reputationsverlusten    [...]
  Risikogewicht      Risikogewicht      Risikogewicht           Risikogewicht
  von 0,05           von 0,04           von 0,01                von 0,05

       Gewicht der Risikobereiche (Strategische Risiken)
```

Abb. 10: Beispielhafter Top-Down-Ansatz zur Ermittlung der Risikogewichte für die strategischen Risiken

Ermittlung der Wesentlichkeit anhand eines Scorewerts

239 Anhand der aus der Bewertungsskala abgeleiteten Risikowerte und den dazugehörenden Gewichtungsfaktoren lässt sich ein Gesamtscore ermitteln, indem die einzelnen risikogewichteten Ergebnisse summiert werden. Anhand der Gesamtscore lässt sich die Wesentlichkeit einer Auslagerung jedoch nicht bestimmen. Vielmehr hat ein Institut ein Limit festzulegen. Es empfiehlt sich hierbei, anhand der Standard-Risikoanalyse verschiedene Szenarien abzuleiten und diese (Szenarien) zu evaluieren. Unter Berücksichtigung u. a. der Risikoneigung oder der institutsspezifischen Risikosituation sollte hieraus ein entsprechendes institutsspezifisches Limit festgelegt werden.

240 Wird dieses Limit überschritten, ist die Auslagerung als wesentlich zu klassifizieren – wird das Limit nicht erreicht, handelt es um eine nicht-wesentliche Auslagerung. Kritisch ist ein solches Vorgehen bei Fällen, die das festgelegte Limit knapp unter- oder überschreiten. So sollte vielmehr ein Wertebereich festgelegt werden, der ein gesondertes Verfahren anstößt.

241 Im Folgenden wird ein Beispiel aufgezeigt, bei welchem der Wert von »5« als Limit festgelegt wurde:

- Scorewert einer Auslagerung von 0 bis 4: nicht-wesentliche Auslagerungen
- Scorewert einer Auslagerung zwischen 4 und 6: eine Einschätzung der Wesentlichkeit erfolgt nicht alleinig anhand der Gesamtscore. Das Institut hat vielmehr qualitativ zu evaluieren und begründen, inwieweit es sich um eine wesentliche oder eine nicht-wesentliche Auslagerung handelt
- Scorewert > 6: wesentliche Auslagerung

Ggf. lässt sich eine derartige Systematik auch um »Auslagerungen erheblicher Tragweite« ergänzen.

Insbesondere bei Einführung einer derartigen Systematik zur Ermittlung der Wesentlichkeit sollte ein entsprechender weiter Wertebereich definiert werden, bei dem eine gesonderte Betrachtung erforderlich wird. Anhand der gewonnen Erfahrungen kann die Systematik anschließend verfeinert werden; der Wertebereich für »Grenzfälle« kann somit verkleinert werden. Wie auch bei der Ermittlung der Gewichtung empfiehlt es sich, die Festlegung des Limits zu begründen und zu dokumentieren.

Die folgende Checkliste fasst die grundsätzlichen Anforderungen zusammen:

	Fragestellung	Erfüllt
1.	**Festlegung des Risikos der einzelnen Risikobereiche**	
1.1.	Wurden alle für das Institut wesentlichen Risiken identifiziert (Risikoarten/Risikobereiche)?	
1.2.	Wurde eine institutspezifische Bewertungsskala definiert?	
1.3.	Wurden nachvollziehbare Werte für die jeweiligen Ausprägungen der Bewertungsskala festgelegt?	
1.4.	Wurde ein nachvollziehbares Verfahren zur Klassifizierung des Risikos (Risikobereiche) in die institutspezifische Bewertungsskala festgelegt?	
1.5.	Wird das institutsindividuelle Verfahren zur Festlegung des Risikos hinreichend dokumentiert?	
2.	**Gewichtung**	
2.1.	Wurde eine Gewichtung der einzelnen Risikobereiche durchgeführt, um die Risikosituation entsprechend abbilden zu können?	

FESTLEGUNG DES AUSZULAGERNDEN BEREICHS

2.2.	Wir die festgelegte Gewichtung bei einer spezifischen Auslagerung plausibilisiert?	
2.3.	Wurde die festgelegte Gewichtung bzw. eine Aktualisierung bei einer spezifischen Auslagerung hinreichend durch das Institut begründet?	
3.	**Bestimmung der Wesentlichkeit**	
3.1.	Wurde ein institutspezifisches Limit zur Abgrenzung von wesentlichen und nicht-wesentlichen Auslagerungen definiert?	
3.2.	Wurde die Herangehensweise zur Ermittlung eines entsprechenden Limits hinreichend begründet?	
3.3.	Wurde eine Systematik berücksichtigt, wie mit Grenzfällen (hinsichtlich der Einschätzung der Wesentlichkeit anhand des Limits) umzugehen ist?	
3.4.	Wurde das Verfahren hinreichend dokumentiert?	

2.2. Beispielhafte Ausgestaltung der quantitativen Risikoanalyse

245 Das institutsspezifische Vorgehen der quantitativen Wesentlichkeitseinschätzung sollte angemessen dokumentiert werden. Im Gegensatz zu der in Abschnitt II., 1., 1.2. dargestellten Dokumentationsvorlage ist die Risikoanalyse um die Anforderungen an eine quantitative Wesentlichkeitseinschätzung zu ergänzen – inbesondere um die spezifische Bewertungsskala und um die Festlegung der Gewichtung. Abb. 11 stellt einen möglichen Ausschnitt der Dokumentationsvorlage zur Wesentlichkeitseinschätzung der operationellen und strategischen Risiken dar.

246 So erfolgt im ersten Tabellenbereich (»Beurteilung des Risikos«) zunächst eine qualitative Einschätzung der einzelnen Risikobereiche für die operationellen und strategischen Risiken in wesentliche Risiken (Wert »3«), nicht-wesentliche Risken (Wert »2«) und kein Risiko (Wert »1«). Eine Erläuterung bzw. Begründung für die Wesentlichkeitseinschätzung sollte hierzu angegeben werden. Im zweiten Tabellenbereich wird der institutspezifische Gewichtungsfaktor festgelegt; in einem dritten Bereich wird das Ergebnis je Risikobereich dargestellt (Risiko multipliziert mit dem jeweiligen Gewichtungsfaktor). Hieraus lässt sich dann das Ergebnis je Risikoart ableiten, bspw. für die operationellen Risiken der Wert 0,35. Die Summe aller Risikoarten (ggf. inklusive der Risiken aus der

Eignung des Auslagerungsunternehmens) ergibt das Gesamtergebnis bzw. den Gesamtscore. Dieser ist dann mit dem vom Institut festgelegten Limit abzugleichen – in dem vorliegenden Beispiel ein Gesamtscore von 3.

C: Risikoanalyse (MaRisk AT 9 Tz. 2)						
CA: Liegt eine wesentliche Auslagerung vor						
	Beurteilung des Risikos			Gewichtungsfaktor	Ergebnis	Erläuterung
	kein Risiko	nicht-wesentliches Risiko	wesentliches Risiko			
1. Risiken der Auslagerung				1	[...]	
1.1. Operationelle Risiken				0,35	0,9	
1.1.1. Personal-Risiken		X		0,1	0,2	
1.1.2. Rechtsrisiken		X		0,05	0,1	
1.1.3. Prozessrisiken			X	0,2	0,6	
1.2. Strategische Risiken				0,3	0,5	
1.2.1. Abhängigkeit vom Insourcer	X			0,1	0,1	
1.2.2. Organisatorische Kompetenz		X		0,2	0,4	
[...]						
E: Ergebnis	Punktwert		Wesentlichkeitseinschätzung			
	[...]		[...]			

Agenda
kein Risiko: 1; nicht wesentliches Risiko: 2; wesentliches Risiko: 3
Wesentliche Auslagerungen bei Score > 3,0

Abb. 11: Dokumentationsvorlage zur quantitativen Ermittlung der Wesentlichkeit einer Auslagerung – Beispiel 1

Eine Verfeinerung dieses Vorgehens kann bspw. dadurch erreicht werden, dass die Einordnung der identifizierten Risikobereiche in die Bewertungsskala nicht qualitativ erfolgt sondern auf Grundlage von Kriterien, die aus den jeweiligen Einzelrisiken abgeleitet werden, bspw. für Personal-Risiken:

- Kein Risiko: keine Risiken aufgrund des Abgangs von Leistungsträgern oder Motivationsverlust von Mitarbeitern bestehen; kein Spezialwissen der Mitarbeiter erforderlich
- Nicht-wesentliches Risiko: nicht-wesentliche Risiken aufgrund des Abgangs von Leistungsträgern oder Motivationsverlust von Mitarbeitern; geringes Spezialwissen der Mitarbeiter erforderlich
- Wesentliches Risiko: wesentliche Risiken aufgrund des Abgangs von Leistungsträgern oder Motivationsverlust von Mitarbeitern; wesentliches Spezialwissen der Mitarbeiter erforderlich

FESTLEGUNG DES AUSZULAGERNDEN BEREICHS

3. Zweistufige Risikoanalyse

248 Vor dem Hintergrund der begrenzten Ressourcen eines Instituts erscheint es sinnvoll einen zweistufigen Ansatz zur Ermittlung der Wesentlichkeit einzurichten. Hierbei erfolgt in einem ersten Schritt ein Risiko-Quick-Check. Anhand festgelegter Verfahren bzw. Kriterien wird bei diesem Risiko-Quick-Check evaluiert, ob in einem zweiten Schritt eine detaillierte Risikoanalyse durchzuführen ist – also eine entsprechende vollumfängliche (quantitative oder qualitative) Risikoanalyse zur Wesentlichkeitseinschätzung. Einem derartigen Verfahren steht eine Vielzahl von Instituten aufgeschlossen gegenüber. Dies vor dem Hintergrund, dass nach den Erläuterungen des AT 9 Tz. 2 MaRisk die Intensität der Risikoanalyse von Art, Umfang, Komplexität und Risikogehalt der ausgelagerten Aktivitäten und Prozesse abhängig sein sollte. Das institutsspezifische Vorgehen ist angemessen zu dokumentieren.

Beispiele für Risiko-Quick-Check-Verfahren

249 Für den Risiko-Quick-Check können verschiedene Verfahren bzw. Kriterien herangezogen werden. Diese werden im Folgenden aufgezeigt, wobei weitere institutsindividuelle Verfahren denkbar sind:

Risikoorientiertes Verfahren	
Gegenstand	▪ Bei dem risikoorientiertem Verfahren werden die institutsspezifischen Kernrisiken identifiziert und im Rahmen des Risiko-Quick-Check evaluiert (»Kurz-Risikoanalyse«) ▪ Bei den Kernrisiken handelt es sich um die maßgeblichsten Risiken (Risikoart; Risikobereich) aus der vollumfänglichen qualitativen bzw. quantitativen Risikoanalyse für ein spezifisches Institut
Ergebnis Risiko-Quick-Check	▪ Feststellung von wesentlichen Risiken aus Risiko-Quick-Check: Durchführung einer detaillierten Risikoanalyse notwendig ▪ Auslagerungen, bei welchen aus dem Risiko-Quick-Check keine (oder nur eine institutsspezifische Anzahl) wesentlichen Risiken identifiziert wurden, sollten grundsätzlich als nicht-wesentlich klassifiziert werden

Risikoorientiertes Verfahren	
Praxisbeispiel	• Festlegung auf Grundlage des institutspezifischen Gewichtungsfaktor: Die Risiken, die im Rahmen der Standard-Risikoanalyse den höchsten Gewichtungsfaktor zugewiesen bekommen haben, werden im Rahmen des Risiko-Quick-Check betrachtet (bspw. alle Risikobereiche mit Gewichtungsfaktor > 0,05) • Ermittlung der Kernrisiken anhand eines »Risk Assessments«: die Eintrittswahrscheinlichkeit und die Schadenshöhe von Risiken wird ermittelt und gegenübergestellt. Definition des Abschnitts, der im Risiko-Quick-Check betrachtet werden soll (bspw. Schadenshöhe hoch/Eintrittswahrscheinlichkeit mittel und hoch)

	Kein Risiko	Nicht-wesentliches Risiko	Wesentliches Risiko	Erläuterung
Wesentliches Risiko A	X			[...]
Wesentliches Risiko B		X		[...]
Wesentliches Risiko C		X		[...]
[...]				
Gesamteinschätzung Risiko-Quick-Check	nicht-wesentliche Auslagerung; keine detaillierte Risikoanalyse notwendig			

Verfahren: Art, Umfang, Komplexität und Risikogehalt der Auslagerung	
Gegenstand	• Festlegung von quantitativen und qualitativen Kriterien hinsichtlich Art, Umfang, Komplexität und Risikogehalt der Auslagerung • Sollte Auslagerung einen/mehrere Schwellenwerte überschreiten (bspw. Vollsauslagerung; hoher Risikogehalt hinsichtlich Geschäftsmodell) ist eine vollumfängliche Risikoanalyse durchzuführen
Praxisbeispiel	• Hohes Risikopotential im Hinblick auf das Geschäftsmodell, da es sich bei der Auslagerung um eine Kernkompetenz des Instituts handelt • Hohes Risikopotential im Hinblick auf die Ertragslage, da der ausgelagerte Prozess/die Aktivität 10 % des Gesamtertrages erwirtschaftet

FESTLEGUNG DES AUSZULAGERNDEN BEREICHS

Verfahren: Art, Umfang, Komplexität und Risikogehalt der Auslagerung	
	▪ Niedrige Komplexität der Auslagerungsaktivität im Hinblick auf die notwendige Einbindung der Prozesse in das Risikomanagementsystem (Schnittstellen), bspw. Auslagerung des Vertriebs

Verfahren: Festlegung von nicht wesentlichen Bereichen	
Gegenstand	▪ Institutsspezifische risikoorientierte Festlegung von möglichen Auslagerungsbereichen, für welche keine vollumfängliche Risikoanalyse durchgeführt werden muss ▪ Es sollten hierbei also Auslagerungen spezifiziert werden, die aus institutsspezifischer Sicht von vornherein als nicht wesentlich eingeschätzt werden ▪ Die Ergebnisse sollten hinreichend dokumentiert und begründet werden
Ergebnis Risiko-Quick-Check	▪ Wird ein Bereich ausgelagert der in der institutsspezifischen Checkliste als nicht-wesentlich klassifiziert wurde, ist keine vollumfängliche Risikoanalyse durchzuführen
Praxisbeispiel	▪ Service- und Unterstützungsdienstleistungen, die durch ein Institut als Auslagerung behandelt werden; nicht regulierte Bereiche [...]

III. Fazit und Empfehlung zur Bestimmung der Risikoanalyse

250   Der Abschnitt »Festlegung des auszulagernden Bereichs einschließlich der Risikoanalyse« hat verschiedene Beispiele zur Bestimmung des auszulagernden Bereichs, zur Ausgestaltung des Risikoanalyseprozesses und zur Bestimmung der Wesentlichkeit aufgezeigt. Die Darstellungen stützen sich auf Erfahrungen aus der Praxis und sollen Instituten eine Hilfestellung bieten, eigene institutsspezifische Prozesse zu implementieren.

Institutspezifische Standard-Risikoanalyse

Es hat sich in der Praxis gezeigt, dass insbesondere die Identifizierung eines geeigneten Verfahrens zur Bestimmung der Wesentlichkeit Institute vor Herausforderungen stellt. So sollten sich Umfang und Komplexität der institutsspezifischen Standard-Risikoanalyse – welche im Einzelfall bei der Wesentlichkeitseinschätzung einer bestimmten Auslagerung kritisch zu hinterfragen ist – insbesondere an der institutsspezifischen Risikosituation orientieren. Die folgende Checkliste verdeutlicht beispielhafte Kriterien (inbesondere in Hinblick auf Outsourcing) zur Evaluierung der jeweiligen Risikosituation und leitet entsprechende Empfehlungen ab.

251

Beispielhafte Kriterien	Institutsspezifische Risikoeinschätzung
Produktspektrum/Geschäftsfeld des Instituts	
Größe des Instituts	
Komplexität der grundsätzlichen bankinternen Prozesse (insbesondere der Kernprozesse)	
Fertigungstiefe des Instituts	
Grundsätzliche Auslagerungsart (intern/extern)	
Existenz von auslagerungsspezifischen Rahmenbedingungen (Strategie, Organisationsrichtlinien für Auslagerungen)	
Existenz von zentralen Auslagerungs-Kontrollstellen (Retained Organisation/zentraler oder dezentraler Auslagerungsbeauftragter)	
[…]	

FESTLEGUNG DES AUSZULAGERNDEN BEREICHS

Abgeleitete Risikosituation des Instituts	
Hoch	**Niedrig**
Empfehlung: • Quantitative Risikoanalyse (ggf. mit Risiko-Quick-Check) • Einordnung der identifizierten Risikobereiche in die Bewertungsskala auf Grundlage von Kriterien • Gewichtung der institutsspezifischen Risiken (Risikoarten/Risikobereiche) • Detaillierte Begründung der Einzelergebnisse und des Gesamtergebnisses • Ggf. Berücksichtung weiterer institutspezifischer Komponenten	*Empfehlung:* • Qualitative Risikoanalyse (ggf. mit Risiko-Quick-Check) • Risikoanalyse sollte hinsichtlich Komplexität und Umfang der »niedrigen« Risikosituation entsprechen

252 Daneben können weitere – hinsichtlich Umfang und Komplexität differente – Verfahren Anwendung finden, insoweit die institutsspezifische Risikosituation zwischen den beiden dargestellten Ergebnissen (»hoch«; »niedrig«) liegt. Hierbei sind grundsätzlich auch Verknüpfungen der aufzeigten Verfahren denkbar, bspw. des quantitativen und qualitativen Verfahrens zur Wesentlichkeitseinschätzung.

253 Bei Änderung der Risikosituation eines Instituts ist ggf. auch die Standard-Risikoanalyse anzupassen bzw. ein anderes Verfahren zu wählen. Aus diesem Grund empfiehlt es sich, einen entsprechenden turnusmäßigen bzw. anlassbezogen Prozess einzurichten, der eine erneute Analyse der Risikosituation eines Instituts anstößt.

Weitergehender Handlungsbedarf

254 Neben der Bestimmung des auszulagernden Prozesses, dem Risikoanalyseprozess und der Risikoanalyse im engeren Sinne hat ein Institut weitere Handlungsfelder nach Maßgabe der MaRisk AT 9 zu berücksichtigen, bspw. die Einrichtung eines Steuerungs- und Überwachungsprozesses und von Vorkeh-

rungen bei Weiterverlagerungen bzw. Beendigung einer Auslagerung. So empfehlt es sich eine umfassende Bestandsaufnahme durchzuführen, um hieraus den institutsspezifischen Handlungsbedarf zur Abarbeitung der MaRisk-Anforderungen hinsichtlich des Outsourcings abzuleiten.

✓ **Praxistipp »SAS 70 Report«**

Zur Steuerung bzw. Vermeidung einer ggf. vorhandenen Informationsasymetrie (in Form von unzureichenden Informationen über Prozesse, Kontrollen und erkannten Schwachstellen beim Insourcer) zwischen Insourcer und Outsourcer empfiehlt sich eine SAS 70 orientierte Prüfung (IDW Prüfungsstandard 951). Hierbei lässt der Insourcer das dienstleistungsbezogene interne Kontrollsystem prüfen, um so einen Nachweis für dessen Angemessenheit und ggf. Wirksamkeit zu erbringen. Insbesondere Mehrmandantendienstleister, die ihr eingerichtetes Kontrollsystem den verschiedenen Abschlussprüfen der Leitungsempfänger darlegen müssen, können hierdurch die mit der Prüfung verbundenen Aktivitäten bündeln und somit den Aufwand verringern. Gleichzeitig wird auch dem auslagernden Institut hierdurch ein Prüfungsnachweis geliefert, den diese zur Steuerung und Überwachung der ausgelagerten Prozesse verwerten können.

E.

Vertragliche Dokumentation des Outsourcing

E. Vertragliche Dokumentation des Outsourcing

I. Vorüberlegungen bei der Gestaltung von Outsourcing-Verträgen

1. Allgemeine Überlegungen und Regelungsgehalt

Die vertragliche Dokumentation des Outsourcing markiert ein wichtiges **Etappenziel** eines jeden Outsourcing-Projektes. Institutsintern wurde die Entscheidung zur Auslagerung getroffen und ein Dienstleister ausgewählt. Die kommerziellen Verhandlungen zwischen dem outsourcenden Institut und dem Dienstleister sind (weitestgehend) abgeschlossen. Die Auslagerung hat Gestalt angenommen und soll nunmehr umgesetzt werden. Vor der tatsächlichen Umsetzung muss der Outsourcing-Vertrag geschlossen werden (§ 25a Abs. 2 KWG).

255

Der Outsourcing-Vertrag soll das Ergebnis der Verhandlungen zwischen den Parteien festschreiben, insbesondere den Umfang der Pflichten des Dienstleisters fixieren sowie – im Regelfall detailliert – Prozessabläufe beschreiben. Vereinfacht lässt sich formulieren, dass in den Outsourcing-Vertrag die Ergebnisse aller bisher angestellten Überlegungen und Verhandlungen einfließen müssen, soweit sie nicht lediglich intern auf einer der beiden Seiten angestellt worden sind.

256

Die vertragliche Dokumentation von Outsourcing-Projekten stellt grundsätzlich eine **abschließende Regelung der Rechte und Pflichten** der Parteien dar. Findet das Outsourcing auf einen unabhängigen Dritten statt, der gesellschaftsrechtlich mit dem outsourcenden Institut nicht verbunden ist (**schuldrechtliche Lösung** – vgl. Kapitel C., II.), ist der Outsourcing-Vertrag häufig die **einzige rechtliche Verbindung** zwischen dem outsourcenden Institut und dem Dienstleister.

257

Selbst im Falle des Outsourcing auf eine Gesellschaft, an der das outsourcende Institut beteiligt ist (**gesellschaftsrechtliche Lösung** – vgl. Kapitel C., I.) und gegebenenfalls durch Ausübung von Gesellschafterrechten den Dienstleister beeinflussen kann, ist ein Outsourcing-Vertrag – aufsichtsrechtlich wie aber auch tatsächlich – erforderlich und stellt die mit Abstand wichtigste Quelle von Rechten und Pflichten im Zusammenhang mit dem Outsourcing dar. Einen – gegebenenfalls komplizierten – Prozess allein durch Ausüben von gesellschaftsrechtlich vermittelten Weisungsrechten zu steuern,

258

ist theoretisch denkbar, tatsächlich aber so gut wie unmöglich (ganz abgesehen von der aufsichtsrechtlichen Unzulässigkeit einer Auslagerung ohne vertragliche Grundlage).

259 Grundsätzlich gilt: Aspekte, die im Vertrag nicht geregelt sind, stehen auf einer rechtlich unsicheren Grundlage. Ist der Outsourcing-Vertrag abgeschlossen, sind Anpassungen oder Änderungen nicht mehr ohne Weiteres möglich und müssen im ungünstigen Fall – je nach Verhandlungsposition – teuer erkauft werden. Eine für eine Partei ungünstige vertragliche Regelung wird sie im Zweifel bis zum Ende des Vertrages begleiten. Für **vorhersehbare zukünftige Probleme** müssen im Vertrag soweit möglich **Lösungen** angelegt werden.

2. Spannungsverhältnis wegen langer Laufzeit

260 Der Outsourcing-Vertrag wird regelmäßig mit einer Laufzeit von mehreren Jahren abgeschlossen. Problematisch ist, dass zwar zu einem gegenwärtigen Zeitpunkt (Vertragsschluss) Rechte und Pflichten klar erfasst und abgebildet werden können. Innerhalb der Laufzeit des Outsourcing-Vertrages können (und häufig werden) sich aber rechtliche, insbesondere aufsichtsrechtliche, und organisatorische Rahmenbedingungen ändern, ohne deren Beachtung und Einbindung in den Outsourcing-Vertrag das Outsourcing in Frage gestellt oder sogar unzulässig werden kann.

261 Während aus Sicht des outsourcenden Instituts Änderungen der Rahmenbedingungen selbstverständlich im Outsourcing-Vertrag vollständig umzusetzen sind, wird der Dienstleister seine Preiskalkulation in Gefahr sehen. Er hat seine Kalkulation auf Basis eines (endverhandelten) Pflichtenkataloges gemacht. Sollen die Pflichten des Dienstleisters erweitert werden, stellt sich aus seiner Sicht die Vergütungsfrage erneut. Sollen seine Pflichten reduziert werden, wird das auslagernde Institut zudem die Vergütung reduzieren wollen. Es besteht ein **Spannungsverhältnis zwischen Rechtsklarheit und Flexibilität**.

262 Praktisch wird es – außer im Falle des Outsourcing auf eine Tochtergesellschaft – nicht vorkommen, dass ein Dienstleister sich verpflichtet, jedwede Änderung rechtlicher und organisatorischer Art umzusetzen. Im Regelfall wird der Dienstleister verlangen, dass seine Vergütung im Falle der Vermehrung seiner Pflichten erhöht wird. Die Diskussion über die Vergütung wird häufig nach Abschluss des Outsourcing-Vertrages in einem Umfeld geführt, in dem das auslagernde Institut nicht ernsthaft damit drohen kann, die gesam-

te Outsourcing-Maßnahme rückgängig zu machen. Tendenziell ist die Verhandlungssituation für den Dienstleister günstig. In einer solchen Situation ist es günstig, wenn der Outsourcing-Vertrag der Verhandlungsmacht des Dienstleisters wenigstens einige Grenzen setzt (siehe unter 2.2.3.2.).

3. Umsatzsteuerbefreiung (teilweise) möglich?

Eine Frage, die in den vergangenen Jahren, nicht zuletzt durch die Anhebung des Umsatzsteuersatzes zu Beginn des Jahres 2006, an Bedeutung gewonnen hat, ist die Frage, ob und inwieweit vom Dienstleister zu erbringende Leistungen mit **Umsatzsteuer** zu belegen sind. Aufgrund des bei Banken im Regelfall allenfalls **sehr eingeschränkt möglichen Vorsteuerabzugs** ist die Umsatzsteuer auf vom Institut bezogene Eingangsleistungen ein **echter Kostenfaktor**. 263

Bei Outsourcing-Projekten, bei denen eine vom Institut bislang selbst erledigte Aufgabe auf einen Dienstleister übertragen wird, wird die Umsatzsteuerfrage nicht selten über die Sinnhaftigkeit des Outsourcing entscheiden. Unterstellt man, dass der Materialaufwand bei institutsinterner Erledigung einer Leistung und Leistungserbringung durch einen Dritten gleich ist, beschränkt sich die Umsatzsteuerthematik im Wesentlichen auf die Belegung der Arbeitsleistung mit Umsatzsteuer. Bei institutsinterner Leistungserbringung fällt auf die Arbeitsleistung keine Umsatzsteuer an. Erbringt ein Dritter die Leistung, verteuert sich die Arbeitsleistung praktisch um die Höhe des Umsatzsteuersatzes (plus Gewinnmarge des Dienstleisters). Wiegen mit der Einbindung eines externen Dienstleisters verbundene Vorteile die Verteuerung der Arbeitsleistungen nicht auf, wird sich die Frage stellen, ob das Outsourcing wirtschaftlich Sinn macht. 264

3.1. Umsatzsteuerorganschaft

In einigen Fällen lässt sich die Umsatzsteuerthematik durch Errichtung einer **Umsatzsteuerorganschaft** (§ 2 Absatz 2 Nr. 2 UStG) zwischen auslagerndem Institut (Organträger) und Dienstleister (Organgesellschaft) gänzlich vermeiden. Umsätze (d. h. Leistungen) zwischen Organträger und Organgesellschaft gelten als Leistungen innerhalb ein und desselben Unternehmensträgers und werden nicht mit Umsatzsteuer belegt. Voraussetzung für eine Umsatzsteuerorganschaft ist die **finanzielle, wirtschaftliche und organisatorische Eingliederung** der Organgesellschaft in den Organträger. 265

VERTRAGLICHE DOKUMENTATION DES OUTSOURCING

266 Unter der **finanziellen Eingliederung** ist der Besitz der entscheidenden Anteilsmehrheit an der Organgesellschaft zu verstehen, die es ermöglicht, Beschlüsse in der Organgesellschaft durchzusetzen. Entsprechen die Beteiligungsverhältnisse den Stimmrechtsverhältnissen, ist die finanzielle Eingliederung regelmäßig gegeben, wenn die Beteiligung mehr als 50 Prozent beträgt. **Wirtschaftliche Eingliederung** bedeutet, dass die Organgesellschaft gemäß dem Willen des Unternehmers (Organträgers) im Rahmen des Gesamtunternehmens, und zwar in engem wirtschaftlichen Zusammenhang mit diesem, wirtschaftlich tätig ist. Die **organisatorische Eingliederung** liegt vor, wenn der Organträger durch organisatorische Maßnahmen sicherstellt, dass in der Organgesellschaft sein Wille auch tatsächlich ausgeführt wird (z. B. durch Personalunion bei den Mitgliedern der Geschäftsführungsorgane des auslagernden Instituts und des Dienstleisters). Festzuhalten ist, dass bei Outsourcing auf einen **unabhängigen Dritten keine Umsatzsteuerorganschaft möglich ist**. Ihr Anwendungsbereich ist daher auf Mutter-Tochter-Konstellationen beschränkt.

3.2. Umsatzsteuerbefreiungsvorschriften

267 Außerhalb von Mutter-Tochter-Konstellationen stellt sich die Frage, ob die von dem Dienstleister zu erbringenden Leistungen den **Umsatzsteuerbefreiungsvorschriften in § 4 Nr. 8 UStG** unterfallen. In diesem Bereich ist derzeit noch vieles im Fluss. Während die deutschen Finanzbehörden und Finanzgerichte mit Blick auf die Sicherung des Steueraufkommens diese Vorschriften zunächst sehr restriktiv ausgelegt haben, ist Mitte der 90er Jahre die Diskussion durch ein erstes Urteil des Europäischen Gerichtshofes (EuGH) angestoßen worden und noch nicht zum Abschluss gekommen. Die groben Leitlinien sowie einzelne Aspekte im Umfeld des § 4 Nr. 8 UStG können heute als geklärt betrachtet werden. Es gibt dennoch eine ganze Reihe von Zweifelsfragen und Unklarheiten. Im Lichte der Rechtsprechung des EuGH wird man annehmen müssen, dass die bislang restriktive Sicht der Finanzverwaltung wie der Finanzgerichte auf Dauer in dieser Form keinen Bestand haben wird. **Es ist wert, sich mit der Umsatzsteuerthematik bei der Vertragsgestaltung auseinanderzusetzen.** Selbstverständlich richtet sich die steuerliche Behandlung immer nach den tatsächlichen Verhältnissen; vertraglichen Regelungen kommt Indizwirkung bei der steuerlichen Würdigung zu. Schließt bereits der Outsourcing-Vertrag nach seiner Gestaltung die Anwendung der Umsatzsteuerbefreiungsvorschriften aus, wird der Weg in die Befreiungsvorschrift praktisch verbaut sein. Es dürfte nahezu unmöglich sein,

die Finanzverwaltung davon zu überzeugen, dass etwas anderes gewollt war als im Outsourcing-Vertrag zum Ausdruck gekommen ist. Eine vertragliche Regelung, die für sich genommen die Voraussetzungen der Befreiungsvorschrift erfüllt, und in dieser Form auch gelebt wird, sollte der Finanzverwaltung bei der Außenprüfung den richtigen Weg weisen.

In der Praxis stellt die **einheitliche Bepreisung an sich unabhängiger Leistungspakte** ein Problem dar. Nicht selten kommt es bei umfangreicheren Outsourcing-Projekten vor, dass – bei Lichte betrachtet – einzelne, von einander unabhängige Leistungspakete ausgeschrieben und einheitlich bepreist werden. Die einheitliche Bepreisung verleitet dazu anzunehmen, dass es sich um eine einheitliche Leistung handelt. Nicht selten wird es jedenfalls einzelne Elemente innerhalb dieser Leistung geben, für die die Umsatzsteuerbefreiungsvorschriften – mehr oder weniger – klar nicht greifen. In diesem Fall besteht das Risiko, dass die übrigen, unter Umständen umsatzsteuerbefreiten Leistungen infiziert und insgesamt mit Umsatzsteuer belastet werden. Es kann Sinn machen, bei der Vertragsgestaltung einzelne Leistungspakete klar von einander anzugrenzen. 268

4. Vorüberlegungen zur Zusammenstellung des Verhandlungsteams

Gestaltung und Verhandlung des Outsourcing-Vertrages sollten in einem **interdisziplinären Team** erfolgen. Auch wenn es sich bei der vertraglichen Dokumentation des Outsourcing-Projektes im Wesentlichen um die Gestaltung eines Vertrages, also eines rechtlich bedeutsamen Dokumentes, handelt, **obliegt es nicht allein dem Juristen**, den Outsourcing-Vertrag zu gestalten und zu verhandeln. Vielmehr sind **alle Abteilungen, die im Tagesgeschäft mit dem Dienstleister zu tun haben,** aufgerufen, ihren Beitrag beizusteuern. Daneben werden häufig die Bereiche **Steuern** und insbesondere **IT** frühzeitig einzubinden sein. 269

Die **Aufgabe des Juristen** besteht vornehmlich darin, den Willen der Parteien (d. h. der Fachabteilungen) in klaren rechtlichen Regelungen niederzulegen, die im Zweifel der Überprüfung durch ein Gericht oder Aufsichtsbehörden standhalten. Im günstigen Fall ist für den Juristen die Befassung mit dem Outsourcing-Vertrag mit dessen Unterzeichnung beendet. Die eingebundenen Abteilungen hingegen müssen oft über mehrere Jahre mit dem Outsourcing-Vertrag arbeiten. Nicht zuletzt dieser Umstand sollte Ansporn genug sein, sich intensiv in den Prozess einzubringen und seine Rolle in einem interdisziplinären Team wahrzunehmen. 270

> ✓ **Praxistipp zur Steuerung des Teams:**
>
> Insbesondere bei größeren Outsourcing-Projekten, bei denen verschiedene Abteilungen involviert sind, sollte das Team einen verantwortlichen Koordinator haben. Er hat dafür zu sorgen, dass Aufgaben (klar) verteilt und rechtzeitig abgearbeitet werden. Bei allen wesentlichen Gesprächen, auch wenn sie nicht in erster Linie seinen eigenen Fachbereich betreffen, sollte er anwesend sein. Ob sich regelmäßige Besprechungen des gesamten Teams (wöchentlich oder zweiwöchentlich) anbieten, ist Frage des Einzelfalls. Ein Forum zu schaffen, in dem sich die Teammitglieder untereinander austauschen können, ist mehr als sinnvoll.

II. Bearbeitungsliste für den jeweiligen Fachbereich

271 **Outsourcing-Projekte sind einzigartig.** Nur selten wird es vorkommen, dass ein Institut mehrfach mit der Auslagerung desselben Gegenstandes befasst ist. Zwar werden die meisten Institute bereits verschiedene Tätigkeiten ausgelagert haben und weitere in Zukunft auslagern. Ein Instituts-Standard im Sinne eines definierten Prozessablaufes für Outsourcing-Projekte, in den insbesondere bereits gemachte positive wie negative Erfahrungen Eingang finden, ist wünschenswert, in der Praxis aber (noch) selten. Gibt es einen solchen Standard muss darauf geachtet werden, dass er nicht davon befreien kann, die Besonderheiten eines jeden Outsourcing-Projektes sorgfältig abzuwägen. Sätze wie »Das haben wir beim letzten Mal auch so gemacht.« sollten als Signal fungieren, Althergebrachtes zu überdenken und sich zu fragen, ob es doch noch besser geht.

1. Einleitung und allgemeine Hinweise

1.1. Einzubeziehende Fachbereiche

272 Welche Fachbereiche einzubinden sind, hängt vom Gegenstand des Outsourcing-Projektes ab. Neben **internen oder externen Juristen** (Rechtsanwälten) werden in jedem Fall zumindest Mitarbeiter aus dem **Bereich allgemeine Organisation** einzubeziehen sein. Darüber hinaus sind Mitarbeiter aus den Bereichen einzubinden, die bislang oder zukünftig mit dem auszulagernden Bereich befasst sind.

Outsourcing-Projekte können – je nach Art der auslagernden Tätigkeit – eine 273
hohe Komplexität besitzen. Werden zum Beispiel Abteilungen des auslagernden Instituts auf den Dienstleister übertragen, stellen sich insbesondere Fragen aus den Bereichen **Arbeitsrecht** (Stichwort: Betriebsänderung und Betriebsübergang – siehe 4.5.) und dem **Recht des Unternehmenskaufes** (Stichwort: Gewährleistung, Garantien und Schadensersatz). Je komplexer ein Outsourcing-Projekt ist, desto dringlicher wird sich die Frage stellen, ob ein auslagerndes Institut alle Fragen adäquat mit eigenen Mitteln bewältigen kann, oder ob die **Hinzuziehung externen Know-hows** (Wirtschaftsprüfer, Rechtsanwälte) sinnvoll oder sogar erforderlich ist. Ein Geschäftsleiter, der die Fertigkeiten und Leistungsfähigkeit des eigenen Unternehmens schuldhaft überschätzt, wird sich unter Umständen für eine fehlgeschlagene Auslagerungsmaßnahme rechtfertigen und für etwaige Schäden haften müssen. Er wird sich nicht dadurch exkulpieren können, dass er erforderliches externes Know-How mit Blick auf die Kosten nicht eingebunden hat. Ist ihm der Verweis auf qualifizierte externe Berater verschlossen, wird er sich selbst verantworten müssen.

1.2. Rechtliche Vorgaben für die Vertragsgestaltung

Zwingende Vorgaben für den Inhalt eines Outsourcing-Vertrages finden sich 274
im Wesentlichen nur in aufsichtsrechtlicher Hinsicht. Sie decken lediglich einen verhältnismäßig kleinen Teil der vorzusehenden Regelungen im Sinne eines **Mindestinhaltes in aufsichtsrechtlicher Hinsicht** ab. § 25a Absatz 2 letzter Satz KWG lässt sich entnehmen, dass der Outsourcing-Vertrag schriftlich abzufassen ist. Die BaFin hat ihre Vorstellungen vom aufsichtsrechtlich geforderten Mindestinhalt eines Outsourcing-Vertrages (§ 25a Absatz 2 KWG) zumindest für »wesentliche Auslagerungen« in AT 9 Teilziffer 6 der MaRisk zum Ausdruck gebracht (vgl. Kapitel A., II., 1.). Es versteht sich von selbst, dass jeder Outsourcing-Vertrag den aufsichtsrechtlich vorgegebenen Mindestinhalt abbilden muss.

Über die Vorgaben in aufsichtsrechtlicher Hinsicht hinaus besteht grundsätzlich **Vertragsfreiheit**. Die Parteien können den Inhalt des Outsourcing-Vertrages im Wesentlichen frei vereinbaren. **Grenzen** bestehen dort, wo insbesondere Datenschutz, Bankgeheimnis oder Arbeitnehmerschutz (z. B. bei einem Betriebsübergang – vgl. unten II.4.) zwingende Regelungen zum Schutz Dritter vorsehen.

1.3. Rechtsnatur von Outsourcing-Verträgen

276 **Outsourcing-Verträge unterfallen keinem gesetzlich geregelten Typus.** Sie vereinigen regelmäßig Elemente des Werkvertrags- wie des Dienstvertragsrechtes in sich. Bei näherer Betrachtung stellt sich heraus, dass keiner der beiden Vertragstypen die Interessenlage bei einem typischen Outsourcing-Projekt angemessen abbildet. Der Outsourcing-Vertrag wird daher insbesondere zu den Themen Vergütung, Schlechtleistung und Beendigung **eigenständige Regelungen** treffen müssen.

1.3.1. Werkvertragsrecht

277 Der Dienstleister schuldet regelmäßig einen im Outsourcing-Vertrag festgelegten Erfolg – ein Kennzeichen des **Werkvertrags im Sinne der §§ 631 ff. BGB**. Der gesetzliche Typus »Werkvertrag« ist nicht als Dauerschuldverhältnis angelegt. Die Pflichten des Werkunternehmers erschöpfen sich in der Erstellung des Werkes.

278 Zwar verkennt das Werkvertragsrecht nicht, dass die Erstellung eines Werkes nach Vertragsschluss einige Zeit in Anspruch nehmen kann, und räumt dem Besteller des Werkes ein **Kündigungsrecht vor Vollendung des Werkes** ein, aber um den Preis der Zahlung der vollen Vergütung abzüglich ersparter Aufwendungen (§ 649 BGB). Die **Gewinnspanne des Werkunternehmers** ist mithin gesichert, was bei Kündigung eines Outsourcing-Vertrages nur in Ausnahmefällen interessengerecht sein wird.

279 Erstellt der Werkunternehmer das **Werk mangelhaft**, hat er die Möglichkeit nachzubessern. Erst wenn die **Nachbesserung** mehrfach fehlschlägt oder verweigert wird, kann der Besteller vom Vertrag zurücktreten. Wenngleich die Pflicht zur Nachbesserung insoweit dem Interesse des auslagernden Instituts entspricht, als das eine bestimmte Aufgabe erledigt werden muss (z. B. ein Beleg bearbeitet werden muss), spiegelt sie die Interessenlage nicht wider, wenn es darum geht, dass der Dienstleister mehrfach, insbesondere dauerhaft, schlecht leistet. In diesem Fall muss die Zusammenarbeit möglichst kurzfristig beendet werden können. Selbst wenn man annimmt, dass der Dienstleister ein »Gesamtwerk« schuldet und das auslagernde Institut den Vertrag vor Vollendung des Gesamtwerkes kündigen kann, wäre die Kündigung nur um einen hohen Preis möglich. Die vertraglich vereinbarte Vergütung ist (lediglich) abzüglich ersparter Aufwendung zu zahlen. Schuldet der Dienstleister ein

Gesamtwerk würde seine Vergütung nach dem Gesetz erst fällig, wenn der Besteller (outsourcendes Institut) das Werk abgenommen hat – eine Regelung, die offensichtlich nicht den Interessen der Parteien entspricht.

1.3.2. Dienstvertragsrecht

Dem **Dienstvertragsrecht in §§ 611 ff. BGB** ist die **Dauerschuldkomponente** immanent. Der Dienstberechtigte schuldet jedoch **keinen Erfolg**. Er erfüllt seine Pflichten bereits, wenn er überhaupt tätig wird. Damit wäre dem auslagernden Institut wenig geholfen. Es geht aus seiner Sicht vielmehr darum, bestimmte Aufgaben vollständig abarbeiten zu lassen. 280

Zudem adressiert das Dienstvertragsrecht die **Schlechtleistung** nicht besonders. Jede Schlechtleistung ist eine Vertragsverletzung, die gegebenenfalls Schadensersatzansprüche des Dienstberechtigten auslöst. Die eigentliche Aufgabe ist damit nicht erledigt. 281

Ein wesentliches Element des Dienstvertragsrechts ist allerdings die **Kündigung aus wichtigem Grund** auch während einer fest vereinbarten Laufzeit. Ist einer Partei das Festhalten am Vertrag bis zur nächsten ordentlichen Beendigungsmöglichkeit nicht (mehr) zuzumuten, kann sich diese Partei entschädigungslos vom Vertrag lossagen. Der Regelfall ist eine dauernde Schlechtleistung oder sonstige gravierende Pflichtverletzung der anderen Partei. Die entschädigungslose Kündigung aus wichtigem Grund liegt daher durchaus im Interesse des auslagernden Instituts, wenn es darum geht, die Zusammenarbeit mit einem unzuverlässigen Dienstleister ohne Entschädigung zu beenden. 282

1.3.3. Praktische Auswirkungen auf die Gestaltung von Outsourcing-Verträgen

Angesichts der Gemengelage zwischen Werk- und Dienstvertragsrecht ist die vertragliche Regelung der Vergütung sowie der Rechtsfolgen von Pflichtverletzungen, insbesondere der Schlechtleistung durch den Dienstleister erforderlich. **Das Gesetz bietet für Outsourcing-Projekte keinen angemessenen typisierten Rahmen.** Weder das Werkvertrags- noch das Dienstvertragsrecht enthalten zwingende Regelungen. Das outsourcende Institut und der Dienstleister sind frei, interessengerechte Regelungen zu treffen. Welche Regelungen interessengerecht sind, ist Frage des Einzelfalls. 283

1.4. Vertragsstruktur

284 Wie ein Outsourcing-Vertrag zu strukturieren, d. h. regelungstechnisch aufzubauen ist, ist **Frage des Einzelfalls**. Outsourcing-Projekte sind zu unterschiedlich, als dass es ein Patentrezept für alle Fälle geben würde. In dem einen Fall mag es sich anbieten, alle Regelungen in ein Dokument aufzunehmen, während es in einem anderen Fall Sinn machen kann, allgemeine Regelungen in einen **Rahmenvertrag** aufzunehmen und für zu erbringende Leistungen das Leistungssoll in Anlagen (**Service Level Agreements**) festzuschreiben.

> ✓ **Praxistipp zu Service Level Agreements:**
>
> Service Level Agreements bieten den Vorteil, dass bei Änderungen von Prozessen, Zuständigkeiten und Abläufen häufig nur das betreffende Service Level Agreement angepasst werden muss. Der Rahmenvertrag und sonstige Service Level Agreements müssen häufig nicht geändert werden. Aus Gründen der Rechtsklarheit wird das betreffende Service Level Agreement vollständig ausgetauscht; es bietet sich an, auf dem Deckblatt des Service Level Agreements das Datum und seine aktuelle Versionsnummer zu vermerken sowie eine kurze Übersicht aufzunehmen, welche Versionen in welchen Zeiträumen zuvor galten. Service Level Agreements sollten stets vollständig ausgetauscht werden. Wer mit Flickwerk in Nachträgen zu Service Level Agreements ohne konsolidierte Fassungen arbeitet, wird schnell feststellen, dass die Gesamtdokumentation des Service Level Agreements, die sich dann über mehrere Urkunden erstreckt, (wenn überhaupt) nur noch mühsam beherrscht werden kann.

285 Die von ihrer Art komplexesten Outsourcing-Projekte beinhalten neben einer Dienstleistungskomponente den **Verkauf von Gegenständen** und zumindest die **Übertragung eines Mitarbeiterstamms**. Neben die Dienstleistungskomponente mit Dauerschuldcharakter treten Komponenten, die sich in Einmaleffekten erschöpfen: Mit Zahlung des Kaufpreis geht etwa regelmäßig das Eigentum an veräußerten Gegenständen auf den Dienstleister über. Damit ist der Kaufvertrag erfüllt.

286 Ein Outsourcing-Vertrag mit Dauerschuldcharakter sollte nicht mit Regelungen belastet sein, die mit der eigentlichen Leistung des Dienstleisters wenig zu tun haben (z. B. Kauf-, Übertragungs-, Miet- oder weitere Verträge). Für sie sollten separate Verträge erstellt werden. Inhaltlich müssen alle Verträge auf-

einander abgestimmt sein. Insbesondere sollte sorgfältig überlegt werden, ob und inwieweit Anfangs- und Beendigungstatbestände unterschiedlicher Verträge aufeinander abgestimmt werden. Möchte das Institut etwa nach Beendigung des Outsourcing-Vertrags die Leistung wieder in eigener Regie erbringen, sollten etwaig an den Dienstleister vermietete, vom Institut nach Beendigung des Outsourcing-Vertrages benötigte Räumlichkeiten wieder zur Verfügung stehen. Die Laufzeit des Mietvertrages sollte daher an die Laufzeit des Outsourcing-Vertrages geknüpft sein. Der Verkauf von Infrastruktur an den Dienstleister im Zusammenhang mit der Umsetzung des Outsourcing-Projektes wird zum Beispiel regelmäßig nur dann stattfinden sollen, wenn der Outsourcing-Vertrag auch tatsächlich beginnt. Verkauf und Übereignung sollten daher unter entsprechende aufschiebende Bedingungen gestellt werden.

Je nach Komplexität des Outsourcing-Projektes gelten folgende Daumenregeln: 287

Daumenregeln zur Vertragsstruktur	
Geringe Komplexität des Gegenstandes:	Erschöpft sich das Outsourcing-Projekt im Wesentlichen im Einkauf einer Dienstleistung, bei der zudem nach Vertragsschluss keine besonderen Änderungen erwartet werden, bietet es sich an, alle **Regelungen in einem Dokument** zu treffen.
Hohe Komplexität der Dienstleistung:	Ist das Outsourcing-Projekt komplexer, umfasst es insbesondere mehrere Prozesse, für die es jeweils eine Beschreibung gibt, bietet es sich an, einen **Rahmenvertrag und Service Level Agreements** zu entwerfen, die das Leistungssoll der einzelnen Prozesse und Leistungen umfassen.
Dienstleistung und weitere Elemente:	▪ Treten neben den Einkauf einer Dienstleistung weitere Aspekte, wie etwa Übertragung einer Abteilung, Verkauf von Infrastruktur oder Mietverträge, sollten **verschiedene Verträge** aufgesetzt werden. ▪ Es sollte sorgfältig überlegt werden, ob und inwieweit Anfangs- und Beendigungstatbestände verschiedener Verträge aufeinander abgestimmt werden müssen.

2. Rahmenvertrag

2.1. Formalien

288 Die Darstellung in diesem Kapitel geht vom Regelfall des Outsourcing-Vertrages aus: Wegen der Komplexität der auszulagernden Leistung gibt es einen **Rahmenvertrag und verschiedene Service Level Agreements**. Für den Vertrag insgesamt gelten Formalien:

2.1.1. Schriftform

289 § 25a Absatz 2 KWG fordert eine schriftliche Vereinbarung. Gemäß § 126 Absatz 2 BGB ist die Schriftform gewahrt, wenn **eine Urkunde** über den Outsourcing-Vertrag errichtet und **von beiden Parteien unterschrieben** wird. Werden **mehrere gleichlautende Urkunden** über den Outsourcing-Vertrag errichtet, reicht es aus, wenn **jede Partei die für die andere Partei bestimmte Urkunde unterzeichnet**. Zulässig dürfte auch sein, den Vertrag in der elektronischen Form der §§ 126 Absatz 3 iVm. 126a BGB zu schließen; die **elektronische Form** setzt voraus, dass beide Parteien über eine **qualifizierte elektronische Signatur** nach dem Signaturgesetz verfügen.

290 Im Regelfall wird es sich anbieten, mehrere Urkunden über den Vertrag zu erstellen und jeweils von beiden Parteien unterzeichnen zu lassen. Auf diesem Wege lässt sich der Vertragsschluss sehr einfach dokumentieren. Es sollte darauf geachtet werden, dass beide Parteien innerhalb eines relativ kurzen Zeitfensters von maximal ca. zwei bis drei Wochen unterzeichnen. Andernfalls könnten Zweifel daran bestehen, ob zum Zeitpunkt der Unterzeichnung durch die zuletzt unterzeichnende Partei das in der Unterzeichnung liegende Angebot der zuerst unterzeichnenden Partei noch Gültigkeit besitzt.

291 Über die Schriftform hinausgehende Formerfordernisse (etwa **notarielle Beurkundung**) werden sich nur sehr selten stellen. Nur dann, wenn im Zusammenhang mit dem Abschluss des Outsourcing-Vertrages ein Rechtsgeschäft mit strengerer Form vorgenommen werden soll (z. B. die Übertragung eines Grundstückes, Übertragung von Geschäftsanteilen an einer GmbH), wird die strengere Form den Outsourcing-Vertrag infizieren.

2.1.2. Klare Bezeichnung der Parteien

292 Die Vertragsparteien sind klar zu bezeichnen. Im Zweifelsfall muss vor einem Gericht dargelegt werden können, mit wem der Vertrag geschlossen wurde.

Ist der **Vertragspartner im Handelsregister eingetragen**, sollten die eingetragene Firma sowie die Details der Registereintragung wiedergegeben werden. Die Vertretungsberechtigung der für eine Gesellschaft unterzeichnenden Personen sollte durch einen Abgleich mit dem (elektronischen) Handelsregister überprüft werden (www.handelsregister.de). Das outsourcende Institut kann sich auf die Richtigkeit der Eintragungen im Handelsregister verlassen (§ 15 HGB), selbst wenn zwischenzeitlich Änderungen eingetreten, aber noch nicht eingetragen sein sollten (z. B. Geschäftsführer oder Prokurist wurde abberufen), es sei denn, das outsourcende Institut kennt die nicht eingetragene Tatsache.

293

✓ **Praxistipp zur Angabe der Details einer im Handelsregister eingetragenen Gesellschaft:**

XY GmbH, eingetragen im Handelsregister des Amtsgerichts Frankfurt am Main unter HRB 12345

Bei **natürlichen Personen, die im Handelsregister eingetragen sind**, sollten zusätzlich der bürgerliche Name, das Geburtsdatum sowie der Geburtsort angegeben werden.

294

✓ **Praxistipp zur Angabe der Details einer im Handelsregister eingetragenen natürlichen Person:**

Herr XY, geboren am 01.01.1950 in Frankfurt am Main, handelnd unter der Firma XY Services, eingetragen im Handelsregister des Amtsgerichts Frankfurt am Main unter HRA 12345

Ist der **Vertragspartner eine natürliche Person, die nicht im Handelsregister eingetragen ist**, sollten sein bürgerlicher Name, sein Geburtsdatum und -ort gegebenenfalls neben der von ihm im Geschäftsverkehr benutzten Bezeichnung wiedergegeben werden.

295

✓ **Praxistipp zur Angabe der Details einer nicht im Handelsregister eingetragenen natürlichen Person:**

Herr XY, geboren am 01.01.1950 in Frankfurt am Main, handelnd unter der nicht im Handelsregister eingetragenen Geschäftsbezeichnung XY Services

296 Bei einer **Gesellschaft bürgerlichen Rechts** sollten neben der von der Gesellschaft im Geschäftsverkehr geführten Bezeichnung auch die Namen, Geburtsdaten und -orte ihrer Gesellschafter angegeben werden. Gesellschaften bürgerlichen Rechts werden grundsätzlich von allen Gesellschaftern gemeinschaftlich vertreten. Verträge sind daher grundsätzlich **von allen Gesellschaftern zu unterzeichnen.** Unterzeichnen nur einzelne Gesellschafter sollten sie ihre (Einzel-)Vertretungsberechtigung durch Vorlage von Vollmachten, Gesellschafterbeschlüssen oder des Gesellschaftsvertrages nachweisen.

> ✓ **Praxistipp zur Angabe der Details einer Gesellschaft bürgerlichen Rechts:**
>
> XY GbR, bestehend aus Herrn X, geboren am 01.01.1950 in Frankfurt am Main, und Herrn Y, geboren am 01.01.1950 in Frankfurt am Main

297 Die **Angabe der Anschrift** des Vertragspartners, die für Mitteilungen und Zustellungen unter dem Outsourcing-Vertrag (z. B. Mängelanzeigen, Abmahnungen oder Kündigung) relevant sein soll, erfolgt nicht im Kopf des Vertrages, sondern **in einer eigenen Regelung am Ende des Vertrages** (vgl. unten 2.7.2.).

2.1.3. Besonderheiten bei Vertragspartnern mit Sitz im Ausland

298 Bei **Vertragspartnern mit Sitz im Ausland** fällt es zum Teil schwer nachzuvollziehen, welche Personen die Gesellschaft vertreten dürfen und den Outsourcing-Vertrag unterzeichnen müssen. Alle europäischen Länder haben ein Register, das dem deutschen Handelsregister mehr oder weniger ähnlich ist. Im Regelfall wird allerdings der gute Glaube an die Richtigkeit des Registers (in Deutschland § 15 HGB für das Handelsregister) nicht geschützt, so dass die Eintragung im Register allenfalls ein Indiz, aber kein hinreichender Beweis für die Vertretungsberechtigung sein kann.

299 Eine notarielle Vertretungsbescheinigung (entsprechend dem § 21 des deutschen Beurkundungsgesetzes) gibt es zumeist nicht. Notare im Ausland haben zumeist eine andere Funktion und Stellung als in Deutschland. Teilweise haben sie keine juristische Ausbildung. Eine gesetzliche Regelung, die das Vertrauen des outsourcenden Instituts auf die Richtigkeit einer von einem ausländischen Notar ausgestellten Vertretungsbescheinigung schützen würde, ist nicht ersichtlich.

> ✓ **Praxistipp bei Vertragspartnern mit Sitz im Ausland:**
>
> Im internationalen Rechtsverkehr ist bei größeren Transaktionen mittlerweile üblich, dass der ausländische Vertragspartner eine sogenannte Legal Opinion über seine Existenz (*existence*), seine grundsätzliche Fähigkeit, Verträge eines bestimmten Typs abschließen zu können (*capacity*) und die Durchsetzbarkeit der im Outsourcing-Vertrag getroffenen Regelungen (*enforceability*) beibringt. Die Legal Opinion wird von einer renommierten Anwaltskanzlei auf Kosten des Vertragspartners, der sie beibringt, ausgestellt und an das outsourcende Institut adressiert. Sind die Ausführungen in der Legal Opinion unzutreffend, soll die Anwaltskanzlei aus ihr auf Schadensersatz in Anspruch genommen werden.

Checkliste Formalien des Rahmenvertrags	
Schriftform gemäß § 25a Absatz 2 KWG eingehalten?	

Parteien klar bezeichnet?
▪ bei im Handelsregister eingetragenen Vertragspartnern:
   – eingetragene Firma
   – bei natürlichen Personen zusätzlich Namen, Geburtsdatum und -ort
   – Details der Registereintragung (Amtsgericht und Nummer)
▪ bei natürlichen Personen ohne Eintragung im Handelsregister:
   – bürgerlicher Name
   – Geburtsdatum und -ort
   – gegebenenfalls im Geschäftsverkehr benutzte Bezeichnung
▪ bei Gesellschaften bürgerlichen Rechts:
   – im Geschäftsverkehr benutzte Bezeichnung
   – bürgerliche Namen jedes Gesellschafters
   – Geburtsdatum und -ort jedes Gesellschafters	

Vertragspartner mit Sitz im Ausland ▪ Auszug aus ausländischem Register, in dem der Vertragspartner eingetragen ist (Pendant zum Handelsregister) ▪ gegebenenfalls Legal Opinion einer renommierten Anwaltskanzlei	

2.2. Beschreibung der vom Auslagerungsunternehmen geschuldeten Leistung

2.2.1. Umschreibung des Gegenstandes der Auslagerung im Rahmenvertrag

300 Der auszulagernde Bereich sollte im Rahmenvertrag allgemein und in gebotener Kürze beschrieben werden. Handlungspflichten des Dienstleisters und Prozessabläufe werden im Regelfall in Service Level Agreements beschrieben. Der auszulagernde Bereich sollte zunächst **positiv beschrieben** werden (Was wird konkret ausgelagert?). Nicht allgemein bekannte Abkürzungen sollten soweit wie möglich vermieden werden. Im Zweifel muss der Vertrag für einen Richter verständlich sein. Er wird Fachtermini aus der Finanzbranche nicht zwingend kennen. (Beispiel: *Das Institut lagert auf den Dienstleister die Nachbearbeitung und Archivierung von Belegen im Überweisungs-, Lastschrift- und Scheckverkehr aus. Die Auslagerung umfasst insbesondere ...*)

301 Bei Gemengelage des auszulagernden Bereichs mit anderen Bereichen bietet es sich an, den auszulagernden Bereich zusätzlich durch eine **negative Abgrenzung** zu definieren. Es würden benachbarte Bereiche aufgeführt, die nicht ausgelagert werden sollen (Beispiel: *Von der Auslagerung sind nicht umfasst ...*).

2.2.2. Verweis auf Service Level Agreement und Klarstellung des Geltungsrangs

302 Wegen der Einzelheiten der geschuldeten Leistungen wird im Vertrag auf die **Service Level Agreements** verwiesen, die insbesondere die Prozessabläufe im Detail beschreiben. Die Service Level Agreements sollten in dem Verweis einzeln bezeichnet werden. Ist die Anzahl der Service Level Agreements so groß, dass ihre Anführung in dem Verweis unzweckmäßig erscheint, insbesondere die Vertragsklausel unübersichtlich macht, bietet es sich an, die Service Level Agreements in einer eigenen Anlage aufzulisten. Der Verweis würde dann auf alle in der Anlage aufgeführten Service Level Agreements lauten.

Bei der Beschreibung des auszulagernden Bereichs und der Erstellung der Service Level Agreements kann es theoretisch zu **Diskrepanzen zwischen den Regelungen im Rahmenvertrag und den Beschreibungen in den Service Level Agreements** kommen. Um Rechtssicherheit zu erlangen, sollte klargestellt werden, welcher Regelung (Beschreibung im Rahmenvertrag oder Beschreibung im Service Level Agreement) Vorrang zukommen soll. Im Regelfall werden die Service Level Agreements von den einzelnen Fachbereichen zusammengestellt und abgestimmt. Sie weisen einen höheren Detaillierungsgrad als die mehr oder weniger allgemeine und zusammenfassende Beschreibung im Rahmenvertrag auf. Aus diesem Grund sollte bei Diskrepanzen den Regelungen in den **Service Level Agreements der Vorrang** zukommen, was durch eine entsprechende vertragliche Regelung klarzustellen ist.

303

Checkliste Beschreibung des auszulagernden Bereichs	
Beschreibung des auszulagernden Bereichs	• positive Beschreibung: Was wird ausgelagert? • bei Gemengelage negative Abgrenzung: Was wird nicht ausgelagert?
Verweis auf Service Level Agreements	• Verweis auf Service Level Agreements (einzeln bezeichnen) • zu große Anzahl von Service Level Agreements: Auflistung aller Service Level Agreements in einer Anlage und Verweis auf alle Service Level Agreements in der Anlage
Klarstellung des Geltungsrangs	Geltungsvorrang des Inhalts der Service Level Agreements gegenüber der Beschreibung des auszulagernden Bereichs im Rahmenvertrag klarstellen

2.2.3. Regelungen zur Dienstleistung und ihrer konkreten Ausgestaltung

2.2.3.1. Detaillierte Leistungsbeschreibung und Weisungsrechte

Motiviert durch die Formulierung des alten Outsourcing-Rundschreibens (vgl. Kapitel A., I., 1.) enthielten Outsourcing-Verträge bis zur Veröffentlichung der MaRisk im Regelfall weitreichende Weisungsrechte zu Gunsten des outsourcenden Instituts. Für den Dienstleister stellten diese Weisungsrechte meist ein Problem dar: Wie sollte er eine Leistung bepreisen und welche Prozesse sollte er aufsetzen, wenn sie sich jederzeit durch Weisung des outsourcenden Instituts ändern können? Die MaRisk haben dieses Problem aufgegriffen.

304

305 Ein umfassendes Weisungsrecht bezüglich der Ausführung der Dienstleistung ist nur noch dann erforderlich, wenn dem Dienstleister keine hinreichend detaillierten Vorgaben für die Leistungserbringung gemacht werden. Ist ein Prozessablauf hinreichend detailliert beschrieben, ist ein allgemeines Weisungsrecht entbehrlich. Erforderlich bleibt das Weisungsrecht in Bereichen, die nicht von detaillierten Prozessabläufen erfasst sind. Darüber hinaus muss es eine **Verpflichtung des Dienstleisters** geben, **später etwaig erforderlich werdenden Änderungen der Prozessabläufe zuzustimmen**. Die hier vertretene Auslegung des § 25a KWG geht insofern über die vom Verfasser als zu kurz gegriffen empfundenen Ausführungen der BaFin in den Erläuterungen der MaRisk hinaus. Für den Fall, dass der Dienstleister seiner Pflicht nicht nachkommt, sollte der Outsourcing-Vertrag eine **Kündigungsmöglichkeit für das outsourcende Institut** vorsehen.

> ✓ **Praxistipp bei der Gestaltung des Inhalts von Service Level Agreements:**
>
> Bevor umfangreiche Arbeiten zur inhaltlichen Ausgestaltung von Service Level Agreements aufgenommen werden, sollte geprüft werden, ob nicht bei dem outsourcenden Institut bestehende Arbeits- und Prozessanweisungen vorhanden sind, die Grundlage für Service Level Agreements sein können.

2.2.3.2. Spätere Änderung der Leistungsbeschreibung wegen Änderungen des Aufsichtsrechts

306 Aus Sicht des outsourcenden Instituts werden einmal definierte Prozessabläufe nur solange Bestand haben können, bis **Änderungen der rechtlichen, insbesondere aufsichtsrechtlichen, Vorgaben** eintreten. Treten solche Änderungen ein, müssen auch die Prozessabläufe angepasst werden können. Im Outsourcing-Vertrag ist daher entweder (1) **zusätzlich** zu den detailliert beschriebenen Prozessabläufen ein **Weisungsrecht** zu Gunsten des Instituts aufzunehmen oder (2) eine **Verpflichtung des Dienstleisters** festzuschreiben, **(aufsichts)-rechtlich geforderten Anpassungen des vereinbarten Dienstleistungsumfangs zuzustimmen**. Der Dienstleister wird sich im Regelfall auf eine solche Pflicht nur einlassen, wenn er eine Vergütung für Mehraufwand erhält. Wie hoch der Mehraufwand sein kann, wird sich bei Vertragsschluss schwer oder gar nicht abschätzen lassen. Über Sprechklauseln, die Vergütung »angemessen im Falle von Änderungen des Dienstleistungsumfangs anzupassen«, wird man selten hinaus kommen.

Um unrealistischen und von vermeintlicher stärkerer Verhandlungsmacht getriebenen Forderungen des Dienstleisters Grenzen zu setzen, sollte versucht werden, die Bestimmung der Höhe der Anpassung der Vergütung im Streitfalle gemäß § 317 BGB in das Ermessen eines **unabhängigen Wirtschaftsprüfers** zu stellen. Der Outsourcing-Vertrag sollte in einem solchen Fall auch Regelungen über die Auswahl des Wirtschaftsprüfers (im Zweifel Bestellung durch den Präsidenten des Instituts der Wirtschaftsprüfer in Deutschland e. V. – IdW) und zur Kostentragung (häufig analog §§ 91 ff. ZPO) enthalten. Die Bestimmung durch den unabhängigen Wirtschaftsprüfer kann als endgültig ausgestaltet werden; ein Gerichtsverfahren über die Höhe der Anpassung kann in einem solchen Fall nicht mehr angestrengt werden.

Für den Fall, dass der Dienstleister einem berechtigten Verlangen des outsourcenden Instituts zur (aufsichts)-rechtlich geforderten Anpassung des Dienstleistungsumfanges nicht innerhalb einer zu vereinbarenden, angemessen kurzen Frist nachkommt, sollte der Outsourcing-Vertrag für das outsourcende Institut eine **Kündigungsmöglichkeit** vorsehen. Die Kündigung sollte **fristlos** möglich sein. Ob sie sich auf den Outsourcing-Vertrag insgesamt oder – wenn mehrere Dienstleistungen geschuldet sind – nur auf die streitbefangene Dienstleistung (Teilkündigung) beziehen soll, ist Frage des Einzelfalls.

2.2.3.3. Weiterverlagerung

Des Weiteren muss der Outsourcing-Vertrag Regelungen zur **Weiterverlagerung** treffen. Weiterverlagerung bedeutet, dass der Dienstleister seine Pflichten aus dem Outsourcing-Vertrag nicht selbst (d. h. durch Mitglieder seines Vertretungsorgans oder seine Arbeitnehmer) erbringt, sondern Dritte (z. B. freie Mitarbeiter oder gänzlich unabhängige Subunternehmer) in die Leistungserbringung einbindet.

Während sich unter dem alten Outsourcing-Rundschreiben (vgl. Kapitel A., I., 1.) das outsourcende Institut für jede Weiterverlagerung generell die Zustimmung zur Weiterverlagerung vorbehalten musste, ist die Situation unter Geltung der MaRisk auf den ersten Blick weniger starr geregelt. Der Outsourcing-Vertrag muss lediglich »Regelungen über die Möglichkeit und über die Modalitäten einer Weiterverlagerung [treffen], die sicherstellen, dass das Institut die bankaufsichtsrechtlichen Anforderungen weiterhin einhält« (MaRisk AT 9 Tz. 6 Buchstabe g). Aus regelungstechnischer Sicht stellen sich zwei Möglichkeiten: Entweder werden relativ detaillierte Regelungen getroffen, unter denen dem Dienstleister die Weiterverlagerung gestattet wird, oder die Weiterverlagerung wird – wie unter Geltung des alten Outsourcing-Rundschreibens –

unter den Vorbehalt der Zustimmung des outsourcenden Instituts gestellt. Aus Gründen der Vereinfachung bietet es sich an, den Zustimmungsvorbehalt aufzunehmen. Das outsourcende Institut kann dann im Einzelfall entscheiden, ob es einer Weiterverlagerung zustimmt. Gegebenenfalls kann, um dem Dienstleister entgegenzukommen, eine Zustimmungspflicht aufgenommen werden, wenn der Dienstleister nachweist, dass alle aufsichtsrechtlichen Vorgaben bei der Weiterverlagerung beachtet und auch weiterhin beachtet werden.

✓ **Praxistipp im Zusammenhang mit der Haftung bei Weiterverlagerung:**

Die Weiterverlagerung durch Einbindung eines Sub-Unternehmers berührt die Leistungspflicht des Dienstleisters grundsätzlich nicht. Er bleibt weiterhin aus dem Outsourcing-Vertrag verpflichtet; ein etwaig von ihm eingeschalteter Sub-Unternehmer ist Erfüllungsgehilfe im Sinne von § 278 BGB. Für ein Verschulden des Sub-Unternehmers muss der Dienstleister einstehen. Bei dieser gesetzlich vorgesehenen Haftungszuweisung sollte es bleiben. Aus Sicht des outsourcenden Instituts ist daher darauf zu achten, dass der Outsourcing-Vertrag keine Haftungserleichterungen oder -ausschlüsse zu Gunsten des Dienstleisters im Zusammenhang mit der Weiterverlagerung vorsieht.

Checkliste zur Vereinbarung von Weisungsrechten	
keine detaillierte Prozessbeschreibung	(allgemeines) Weisungsrecht erforderlich
detaillierte Prozessbeschreibung vorhanden	▪ kein allgemeines Weisungsrecht erforderlich ▪ Weisungsrechte nur für nicht von Prozessbeschreibung erfasste Bereiche erforderlich ▪ Verpflichtung des Dienstleisters, (aufsichts)-rechtlich erforderlich werdenden Änderungen des Dienstleistungsumfangs zuzustimmen ▪ Möglichkeit der Kündigung des Outsourcing-Vertrages (vollständig oder teilweise) im Falle der Nichtanpassung
Regelungen zur Vergütung von Mehraufwand	▪ wenigstens Sprechklausel aufnehmen, dass Vergütung (nicht frei, sondern) angemessen angepasst wird

Checkliste zur Vereinbarung von Weisungsrechten	
	• wenn möglich, für den Streitfall vereinbaren, dass die Höhe der Anpassung der Vergütung durch einen unabhängigen Wirtschaftsprüfer erfolgt – Entscheidung des unabhängigen Wirtschaftsprüfers endgültig) – Regelung zur Kostentragung? – Pflicht beider Parteien, dem Wirtschaftsprüfer Informationen zu erteilen?
Regelungen zur Weiterverlagerung	Weiterverlagerung durch den Dienstleister auf einen Dritten entweder nur unter detailliert im Outsourcing-Vertrag aufzuführenden Voraussetzungen möglich oder – was einfacher ist – nur mit Zustimmung des outsourcenden Instituts

2.3. Vergütungsregelungen

Ein wesentlicher Bestandteil eines Outsourcing-Vertrages sind die Regelungen zur Vergütung.

2.3.1. Brutto-/Netto-Preis für Gruppen von oder für einzelne Service Level Agreements

Zunächst ist festzulegen, ob die vom outsourcenden Institut zu zahlende Vergütung eine **Brutto- oder Netto-Vergütung** ist. Brutto-Vergütung bedeutet, dass etwaig zu zahlende Umsatzsteuer bereits inbegriffen ist, während sie bei der Netto-Vergütung hinzugerechnet werden muss. Wird nichts vereinbart (d. h. der Zusatz zuzüglich Umsatzsteuer fehlt), ist die vereinbarte Vergütung grundsätzlich eine Brutto-Vergütung, d. h. Umsatzsteuer ist grundsätzlich nicht geschuldet. Muss der Dienstleister gleichwohl Umsatzsteuer abführen, geht die Umsatzsteuer zu seinen Lasten.

Nicht selten wird – jedenfalls für einzelne Teil-Leistungen des Dienstleisters – nicht restlos klar sein, ob sie mit **Umsatzsteuer** belegt werden müssen (vgl. oben I., 3.). In der Praxis bieten sich in solchen Fällen zwei Möglichkeiten an: Entweder wird die Leistung ohne Umsatzsteuer abgerechnet. Der Dienstleister wird in einer solchen Situation regelmäßig verlangen, dass er freigestellt wird, wenn die Finanzverwaltung später feststellt, dass Umsatzsteuer hätte gezahlt werden müssen. Oder – was seltener ist – die Leistung wird mit Umsatzsteuer abgerechnet. In einem solchen Fall wird das outsourcende Institut regelmäßig verlangen, dass an und für sich nicht zu zahlende Umsatzsteuer zurückerstattet werden muss, wenn die Finanzverwaltung später die Anwendbarkeit von Umsatzsteuerbefreiungsvorschriften feststellt.

2.3.2. Vergütungsstruktur

314 Aus rechtlicher Sicht sind der Gestaltung der Vergütungsstruktur (nahezu) keine Grenzen gesetzt. Die wenigen zwingenden Regelungen, die es in diesem Bereich gibt (etwa das Verbot sittenwidriger oder wucherischer Rechtsgeschäfte, § 138 BGB) spielen praktisch keine Rolle. Im Outsourcing-Vertrag muss jedenfalls klar abgebildet sein, welche Vergütung wann in welcher Höhe zu zahlen ist.

315 In der Praxis begegnen unterschiedlichste Modelle: Angefangen von einer **Vergütung für jeden vom Dienstleister bearbeiteten Vorgang** kommen Modelle bis hin zur **pauschalen Vergütung** vor. Häufig werden auch Mischformen vereinbart, bei denen entweder einzelne Teile der Dienstleistung pauschal, andere hingegen je Vorgang vergütet werden. Teilweise soll die Vergütung grundsätzlich je Vorgang erfolgen, wobei eine Mindestzahl von Vorgängen garantiert wird; letztlich eine Verbindung von pauschaler und fallabhängiger Vergütung.

316 Die **Fälligkeit der Vergütung** ist klar zu bestimmen. Aufgrund des Mischcharakters aus Werk- und Dienstvertrag enthält das Gesetz nicht *per se* eine adäquate Regelung. Die Vergütung erst nach Fertigstellung des (Gesamt-)Werkes und nach dessen Abnahme zu zahlen (§ 641 BGB) wird selten interessengerecht sein. Der Dienstleister wird dauernd für das outsourcende Institut tätig. Interessengerechter ist die Vergütung nach Zeitabschnitten (§ 614 BGB, z. B. Zahlung monatlich oder quartalsweise).

317 Soll eine **Teil-Kündigung des Outsourcing-Vertrags**, d. h. Kündigung einzelner Elemente der Dienstleistung, möglich sein (zur Teil-Kündigung siehe 2.6.2.), sollte die Vergütungsregelung klar zum Ausdruck bringen, dass und inwieweit sich eine vom outsourcenden Institut zu zahlende **pauschale Vergütung** verringert. Ist eine **fallbezogene Vergütung** vereinbart, mag eine gesonderte Regelung entbehrlich sein.

318 Häufig wird es sich anbieten, im **Rahmenvertrag** lediglich allgemeine Regelungen zur Vergütung zu treffen (z. B. Fälligkeit, unbare Zahlung). In den **Service Level Agreements** würde dann für jede selbständige Leistung die

Festlegung der Höhe der Vergütung erfolgen. In einem solchen Fall sollte der Rahmenvertrag einen (weiteren) Verweis auf die Service Level Agreements enthalten.

Checkliste zur Regelung der Vergütung	
Brutto- oder Nettovergütung	▪ Regelung, ob Umsatzsteuer zusätzlich zum vereinbarten Preis zu zahlen ist (Netto-Vergütung) oder im Preis enthalten ist (Brutto-Vergütung) empfehlenswert ▪ wird keine Regelung getroffen, liegt grundsätzlich eine Brutto-Vergütung vor; Dienstleister hat keinen Anspruch auf zusätzliche Umsatzsteuer
Vergütungsstruktur	▪ fallbezogene Vergütung? ▪ pauschale Vergütung? ▪ Verbindung fallbezogener und pauschaler Vergütungselemente?
Regelungen zur Fälligkeit	▪ Gesetz bietet keine klare Regelung ▪ im Regelfall: Zahlung nach Zeitabschnitten (§ 614 BGB)

2.4. Spezifisch aufsichtsrechtliche und sonstige gesetzlich geforderte Regelungen

2.4.1. Auskunfts-, Einsichts-, Prüfungs- und Kontrollrechte

Der Outsourcing-Vertrag muss darüber hinaus auch Regelungen zu Auskunfts-, Einsichts-, Prüfungs- und Kontrollrechten zu Gunsten der BaFin, von ihr eingesetzter Prüfer, des outsourcenden Instituts (insbesondere Innenrevision) sowie Prüfern beinhalten, die das outsourcende Institut einsetzt. Großen Regelungsspielraum haben die Vertragsparteien nicht. Im Regelfall findet man in Outsourcing-Verträgen standardmäßige Klauseln. Häufig wird auf die von der BaFin ausgegebene Standardformulierung aus dem Merkblatt vom 10. Juni 2005 zurückgegriffen (Geschäftszeichen: BA 13 – GS 5481 – 1/2005).

319

VERTRAGLICHE DOKUMENTATION DES OUTSOURCING

> ✓ **Praxistipp für eine Standard-Formulierung für Auskunfts-, Einsichts-, Prüfungs- und Zutrittsrechte:**
>
> »Der Dienstleister wird auf Verlangen während der Laufzeit des Outsourcing-Vertrages und für die Dauer von zwei Jahren nach dem Ende des Jahres, in dem der Outsourcing-Vertrag endet, dem outsourcenden Institut, der internen Revision des outsourcenden Instituts, den Prüfern, die bei dem outsourcenden Institut aufgrund gesetzlicher Vorschriften tätig werden, der BaFin sowie den von der BaFin mit einer Prüfung beauftragten Stellen (zusammen »berechtigte Stellen«) jeweils Auskunft erteilen, Einsicht und Zutritt gewähren und Prüfungen in Bezug auf alle Dokumente und Daten zulassen soweit aufsichtsrechtlich erforderlich. Insbesondere wird der Dienstleister in diesem Zusammenhang auf Verlangen einer berechtigten Stelle Zugang zu allen relevanten Dokumenten, Datenträgern und Systemen gewähren und Auskünfte erteilen. Die berechtigten Stellen dürfen Kopien von Daten und Dokumenten anfertigen. Der Dienstleister wird Dritte, die er in die Leistungserbringung eingeschaltet hat, insbesondere zur Überwachung seiner Leistungen, sowie etwaige Abschlussprüfer und sonstige Prüfer, von etwaigen Verschwiegenheitsverpflichtungen auf Verlangen gegenüber der betreffenden berechtigten Stelle entbinden. Relevante Daten und Dokumente wird der Dienstleister nicht vor Ablauf von zwei Jahren nach dem Ende des Jahres vernichten, in dem der Outsourcing-Vertrag endet.«

2.4.2. Regelungen zum Notfallkonzept

320 Bei der Auslagerung **zeitkritischer Aktivitäten** (AT 7.3 Tz. 1 MaRisk) muss der Outsourcing-Vertrag Regelungen zu einem Notfallkonzept enthalten. Die Ausgestaltung des Notfallkonzeptes ist Sache des konkreten Einzelfalls. **Änderungen des Notfallkonzeptes** sollten **nur mit Zustimmung des outsourcenden Instituts** vorgenommen werden (Vertragsänderungen bedürfen grundsätzlich der Zustimmung beider Vertragspartner). Auf diese Weise ist das outsourcende Institut vor nachteiligen Änderungen des Notfallkonzeptes geschützt.

321 Um dem Dienstleister nicht jeden Handlungsspielraum zu nehmen, kann der Outsourcing-Vertrag vorsehen, dass **geringfügige Änderungen** des Notfallkonzeptes durch den Dienstleister ohne Weiteres möglich sind. Diese Ermächtigung sollte mit der Pflicht des Dienstleisters verknüpft werden, jede Änderung des Notfallkonzeptes dem outsourcenden Institut anzuzeigen. Das outsourcende Institut sollte sich vorbehalten, Änderungen prüfen und ihre

Rückgängigmachung in begründeten Fällen verlangen zu können. Für **nachhaltigere Änderungen** des Notfallkonzeptes sollte es bei dem Erfordernis der **vorherigen Zustimmung** durch das outsourcende Institut verbleiben.

> ✓ **Praxistipp bei geringfügigen Änderungen des Notfallkonzeptes**
> Um Rechtssicherheit zu erlangen und dem Dienstleister entgegenzukommen, wird mit Blick auf angezeigte Änderungen des Notfallkonzeptes häufig eine Zustimmungsfiktion im Vertrag vorgesehen. Lehnt das outsourcende Institut innerhalb einer bestimmten Frist die geringfügige Änderung des Notfallkonzeptes nicht ab, gilt die Änderung als genehmigt. Das outsourcende Institut kann nach Eintritt der Wirkung der Genehmigungsfiktion nicht mehr verlangen, dass die Änderung rückgängig gemacht wird. Sie ist mit einem Rechtsverzicht verbunden, dessen sich das outsourcende Institut bewusst sein muss. Intern sind daher Vorkehrungen zu treffen, dass die Wirkung der Genehmigungsfiktion wegen Abwesenheit des zuständigen Bearbeiters nicht ungewollt eintritt.

2.4.3. Datenschutz, Bankgeheimnis, Geschäftsgeheimnisse

Der Dienstleister ist im Outsourcing-Vertrag auch zur Beachtung des **Datenschutzes** zu verpflichten. Darüber hinaus ist zu beachten, dass nicht jede Auslagerung ohne Weiteres datenschutzrechtlich zulässig ist. Im Einzelnen ist vieles noch nicht abschließend geklärt. Die Praxis behilft sich häufig mit einer weiten Auslegung der **Auftragsdatenverarbeitung**. Im Outsourcing-Vertrag finden sich in vielen Fällen daher relativ umfangreiche Klauseln zum Datenschutz (entweder im Rahmenvertrag selbst oder sogar in einem separaten Vertrag). Immer dann, wenn Daten natürlicher Personen an den Dienstleister weitergegeben oder ihm zugänglich gemacht werden sollen, sollte im Vorfeld eine Prüfung der datenschutzrechtlichen Zulässigkeit erfolgen. In einzelnen Fällen kann eine Anonymisierung erforderlich sein; die Stammdaten des Kunden (Name, Geburtsdatum, Anschrift etc.) werden durch eine Vorgangsnummer ersetzt. Dem Dienstleister wird der Vorgang unter der Nummer (ohne die Stammdaten des Kunden) zur Bearbeitung vorgelegt. Erst im outsourcenden Institut werden Vorgangsnummer und Stammdaten wieder zusammengeführt.

Obwohl anders als nach dem alten Outsourcing-Rundschreiben aufsichtsrechtlich dem Dienstleister nur noch die Beachtung des Datenschutzes vorgeschrieben ist, sollte der Dienstleister auch zur **Beachtung des Bankgeheim-**

VERTRAGLICHE DOKUMENTATION DES OUTSOURCING

nisses sowie zur **allgemeinen Vertraulichkeit** verpflichtet werden. Das Bankgeheimnis ist eine vertraglich vereinbarte Verschwiegenheitspflicht, die Banken gegenüber ihren Kunden in ihren Allgemeinen Geschäftsbedingungen regelmäßig übernehmen. Es bietet sich an, das Bankgeheimnis in den Allgemeinen Geschäftsbedingungen mit Blick auf Outsourcing einzuschränken; die Weitergabe von Kundendaten an den Dienstleister sollte von der Klauseln in den Allgemeinen Geschäftsbedingungen gedeckt sein.

324 Zuletzt sollte der Dienstleister insgesamt zur **Vertraulichkeit** verpflichtet werden. Er wird im Regelfall Zugang zu **Betriebs- und Geschäftsgeheimnissen** haben.

> ✓ **Praxistipp bei der Regelung von Geheimhaltungsvereinbarungen:**
>
> Die Verletzung von Geheimhaltungsvereinbarungen begründet grundsätzlich (1) Unterlassungsansprüche und (2) Schadenersatzansprüche. Schadenersatzansprüche können nur dann durchgesetzt werden, wenn dem outsourcenden Institut der Nachweis dieses konkreten Schadens gelingt. Im Falle der Verletzung von Geheimhaltungsvereinbarungen fällt der Nachweis eines Schadens häufig sehr schwer, wenn er nicht sogar unmöglich ist. Nur theoretisch vorhandener Schadenersatz ist keine wirksame Abschreckung. Zur Absicherung der Geheimhaltungsvereinbarung werden häufig Vertragsstrafen vereinbart. Wird die Geheimhaltungsvereinbarung verletzt, muss die Vertragsstrafe – unabhängig vom Eintritt oder Nachweis eines Schadens – gezahlt werden. Zu regeln ist in diesem Zusammenhang, (1) ob die Vertragsstrafe auf einen etwaigen Schaden angerechnet wird, (2) ob Dauerverstöße je angefangenem oder vollendetem Zeitabschnitt (Woche, Monat) als einzelne Verstöße (Strafe fällt mehrfach an) behandelt werden.

2.4.4. Checkliste zu aufsichtsrechtlich geforderten Regelungen

Checkliste zu aufsichtsrechtlich geforderten Regelungen	
Klausel zu Auskunfts-, Einsichts-, Prüfungs- und Kontrollrechten	
Klausel zu Notfallkonzept bei zeitkritischen Auslagerungen	
Zustimmungsfiktion für geringfügige Änderungen, wenn nicht innerhalb bestimmter Frist widersprochen wird	
Outsourcing-Projekt datenschutzrechtlich zulässig?	

Checkliste zu aufsichtsrechtlich geforderten Regelungen	
▪ Fall der Auftragsdatenverarbeitung?	
▪ Zustimmung der Kunden erteilt?	
Klausel zur Beachtung des Datenschutzes	

2.5. Schlechtleistung, Eskalationsmechanismus, außerordentliche Kündigung

Die Regelung der Rechtsfolgen von **Schlechtleistungen** in Outsourcing-Verträgen ist häufig eine anspruchsvolle Aufgabe. Für Outsourcing-Verträge als Verträge mit dienst- und werkvertraglichen Elementen bietet das Gesetz für Fälle der fehlerhaften Leistungserbringung (Schlechtleistung) keine adäquaten Regelungen. Dem Dienstvertragsrecht ist ein Gewährleistungsrecht fremd; allenfalls kommt bei einer Schlechtleistung Schadensersatz in Betracht (vorausgesetzt es entsteht tatsächlich ein Schaden). Das Werkvertragsrecht bietet in § 635 BGB für einzelne schlecht beziehungsweise falsch bearbeitete Vorgänge einen adäquaten Rahmen: Der Werkunternehmer muss nachbessern und das Werk fehlerfrei erstellen. Für Fälle der gehäuft auftretenden fehlerhaften Bearbeitung bietet das Werkvertragsrecht keinen adäquaten Schutz.

325

2.5.1. Gestaltung der Rechtsfolgen von Schlechtleistung, außerordentliche Kündigung als ultima ratio

Allzu pauschale Aussagen zur Ausgestaltung der Rechtsfolgen bei Schlechtleistung durch den Dienstleister verbieten sich. In jedem konkreten Einzelfall muss eine **sachgerechte Lösung** gefunden werden. Häufig wird es sich anbieten, eine Zweiteilung der Rechtsfolgen vorzusehen: Der Dienstleister muss zunächst jeden von ihm fehlerhaft bearbeiteten Fall nacharbeiten (Nachbesserung); treten zu viele Fehler auf, sollte das outsourcende Institut den Outsourcing-Vertrag fristlos kündigen können. Obgleich diese grundsätzliche Regelung auf den ersten Blick einfach und klar sein mag, ist sie in der Praxis mit Blick auf ihren zweiten Teil (fristlose Kündigung) häufig nur schwer umzusetzen.

326

Die Problematik in der massenhaften Bearbeitung von Vorgängen durch den Dienstleister liegt darin, eine Grenze (**Materialitätsschwelle**) zu definieren, bei deren Überschreitung das outsourcende Institut berechtigt sein soll, den Outsourcing-Vertrag fristlos zu kündigen. Es liegt nahe, auf einen bestimmten Prozentsatz von schlecht bearbeiteten Vorgängen abzustellen. Andererseits

327

mag eine besonders schwerwiegende Schlechtleistung in einem einzelnen Fall gleichwohl die Kündigung zu rechtfertigen. Darüber hinaus ist es häufig nicht sachgerecht, jede Form der Schlechtleistung, denselben Regeln zu unterwerfen. Hält der Dienstleister vereinbarte Bearbeitungsfristen nicht ein, ist je nach Art der ausgelagerten Tätigkeit unter Umständen eine andere Behandlung angezeigt, als wenn der Dienstleister Sachverhalte inhaltlich falsch, insbesondere unvollständig oder gar nicht bearbeitet oder die Nachbesserung verweigert. Offensichtlich sollten sich unterschiedliche Konsequenzen ergeben, wenn der Dienstleister unter Verletzung der im Outsourcing-Vertrag festgelegten Bearbeitungszeiten verspätet den Darlehensnehmer an die Stellung von Sicherheiten vor Auszahlung des Darlehens erinnert oder der Dienstleister dem outsourcenden Institut fälschlicherweise mitteilt, dass alle Auszahlungsvoraussetzungen eingetragen sind. Während im ersten Fall die Auswirkungen der Schlechtleistung im Einzelfall nicht messbar sein mögen, können sie im zuletzt genannten Fall erheblich sein. Praktisch bietet es sich an, für unterschiedliche Arten der Schlechtleistung jeweils eigene prozentuale Materialitätsschwellen zu definieren.

328 Eng verbunden mit der Frage, welche Schwelle für eine fristlose Kündigung durch das outsourcende Institut bestehen soll, ist häufig die Frage, wie die **Leistung des Dienstleisters messbar** gemacht werden kann. Gerade im Bereich des Massengeschäfts werden viele Fehler unentdeckt bleiben. Hat eine vom Dienstleister erbrachte Leistung Außenwirkung, d. h. kommt ein Kunde mit der Leistung in Kontakt, mag es sein, dass der Kunde sich beschwert; es mag aber auch sein, dass der Kunde sich nicht beschwert und das outsourcende Institut von dem Fehler überhaupt nichts erfährt.

329 Einiges lässt sich im Regelfall durch die vom outsourcende Institut zu leistende Überprüfung und Beaufsichtigung des Dienstleisters bewerkstelligen – bei weitem aber nicht alles. In vielen Fällen lässt sich einem vom outsourcenden Institut als zu gering empfundenen Leistungsniveau des Dienstleisters nur dadurch begegnen, dass dem outsourcenden Institut die Möglichkeit der **ordentlichen Kündigung mit kurzer Frist** vereinbart wird. Eine solche Vereinbarung bedingt praktisch regelmäßig, dass das outsourcende Institut eine Art Reuegeld oder Entschädigung an den Dienstleister zahlen muss. Im Einzelfall ist die notwendige Flexibilität teuer erkauft.

2.5.2. Eskalationsmechanismus

Wenngleich die Kündigung des Outsourcing-Vertrags möglich sein muss, sollte sie grundsätzlich das letzte Mittel (*ultima ratio*) sein. Vor ihrem Ausspruch sollte – mit Ausnahme ganz schwerwiegender Fälle – versucht worden sein, eine Lösung zu finden.

330

In der Praxis hat sich – insbesondere bei komplexen Auslagerungen – bewährt, **Eskalationsmechanismen** vorzusehen. Diese Mechanismen beruhen auf der Annahme, dass Personen mit zunehmender Entfernung vom Tagesgeschäft und dem eigentlichen Problem unbelasteter verhandeln und eine Lösung suchen können, wo hingegen in das Tagesgeschäft und das Problem direkt eingebundene Personen häufig aufgrund emotionaler Vorbelastung nicht (mehr) zu einer Einigung gelangen können. Im Vertrag würde ein Mechanismus dergestalt abgebildet werden können, dass – mit Ausnahme ganz gravierender Fälle – vor einer außerordentlichen Kündigung des Vertrages wegen Schlechtleistung der Sachverhalt auf die auf beiden Seiten (outsourcendes Institut und Dienstleister) organisatorisch nächst höhere Ebene getragen wird. Können sich die Mitarbeiter auf dieser Ebene nicht einigen, kann geregelt werden, dass es noch (eine) weitere Eskalationsstufe(n) gibt. Erst wenn die Eskalation erfolglos abgeschlossen ist, sollte die Kündigung möglich sein. Selbstverständlich müssen die für die einzelnen Eskalationsstufen vorgesehenen Fristen, innerhalb derer eine Verständigung versucht worden sein muss, sehr kurz gehalten werden. Es muss vermieden werden, dass über die Eskalation ein an und für sich auf Dauer nicht tragbarer Zustand perpetuiert wird.

331

Checkliste zur Schlechtleistung	
Regelung zu Schlechtleistung	<ul><li>für einzelne Vorgänge Pflicht zur Nachbesserung innerhalb kurzer Frist vorsehen</li><li>wenn die Leistung des Dienstleisters messbar ist, sollte eine Materialitätsschwelle definiert werden, bei deren Überschreitung gegebenenfalls der Outsourcing-Vertrag gekündigt werden kann</li><li>wenn die Leistung des Dienstleisters nicht messbar ist, sollte das outsourcende Institut eine generelle kurze Kündigungsfrist vereinbaren</li></ul>

VERTRAGLICHE DOKUMENTATION DES OUTSOURCING

Checkliste zur Schlechtleistung	
Eskalationsmechanimus?	▪ Stufe: in das ausgelagerte Tagesgeschäft nicht eingebundene Mitarbeiter bestimmen ▪ Stufe: Mitarbeiter der nächst höheren Stufe benennen ▪ Anzahl von persönlichen Zusammenkünften innerhalb kurzer Frist vereinbaren mit Ergebnisprotokoll über Verhandlungen

2.6. Kündigungsregelung

332 Der Outsourcing-Vertrag muss angemessene Kündigungsregelungen enthalten (AT 9 Ziffer 6 Buchstabe f MaRisk). Zu unterscheiden ist zwischen der ordentlichen (fristgebundenen) und der außerordentlichen (fristlosen) Kündigung. Zur außerordentlichen Kündigung im Falle der Schlechtleistung finden sich Ausführungen unter Ziffer 2.5.1.

2.6.1. Ordentliche Kündigung

333 Bei der ordentlichen Kündigung ist darauf zu achten, dass das outsourcende Institut sich nicht zu lange an den Dienstleister bindet. Der Dienstleister wird im Regelfall eine lange Mindestvertragslaufzeit anstreben. Von ihm etwaig zu tätigende Investitionen werden sich regelmäßig nur über die Laufzeit des Vertrages amortisieren. Das outsourcende Institut wird nach größtmöglicher Flexibilität und Freiheit streben und insofern eine kurze Mindestvertragslaufzeit und kurze Kündigungsfristen für sich anstreben.

334 Für die **ordentliche Kündigung durch den Dienstleister** ist vorzusehen, dass sie nur mit einer Kündigungsfrist erfolgen kann, die es dem outsourcenden Institut ermöglicht, **angemessene Vorkehrung für den Fall der Beendigung des Outsourcing-Vertrages zu treffen**. Dem outsourcenden Institut muss möglich sein, innerhalb der Kündigungsfrist sämtliche organisatorischen Vorkehrungen zu treffen, die erforderlich sind, die Auslagerung auf einen anderen Dienstleister vorzunehmen oder die ausgelagerten Leistungen wieder selbst zu erbringen. Wenngleich sich eine pauschale Aussage zur angemessenen Kündigungsfrist aufgrund der Unterschiedlichkeit von Outsourcing-Projekten im Einzelfall verbietet, wird es im Regelfall nicht möglich sein, dem Dienstleister die Kündigung mit einer Frist von nur einem Monat zu gestatten. Ausnahmen wird man lediglich dann zulassen können, wenn die

ausgelagerte Leistung unproblematisch und ohne Weiteres entweder vom outsourcenden Institut selbst wahrgenommen oder kurzfristig auf einen anderen Dienstleister ausgelagert werden kann.

Insbesondere wenn unüberwindbare Probleme bei der Definition der Materialitätsschwelle oder der Messbarkeit der Qualität der Leistung des Dienstleisters bestehen (vgl. 2.5.1.), sollte das outsourcende Institut darauf drängen, statt eines nur schwer handhabbaren Mechanismus zur fristlosen Kündigung im Fall der Schlechtleistung eine möglichst kurze Frist für die ordentliche Kündigung festzulegen. 335

2.6.2. Teil-Kündigung des Outsourcing-Vertrages

Im Falle von Outsourcing-Projekten, die **mehrere voneinander selbständige oder zumindest abtrennbare Dienstleistungen** umfassen, bietet es sich häufig an, **Regelungen zur teilweisen Kündigung des Outsourcing-Vertrages** zu treffen. Dem Gesetz (BGB) ist die Teil-Kündigung eines Vertrages im Grundsatz fremd. Das Gesetz geht davon aus, dass Verträge nur ganz oder gar nicht gekündigt werden können. In der Praxis kommt es nicht selten vor, dass nur ein Teil einer bezogenen Dienstleistung nicht mehr benötigt oder preisgünstiger beschafft werden kann. In diesen Fällen bietet es sich an, wenn das outsourcende Institut einzelne, unabhängig voneinander bestehende oder zumindest voneinander trennbare Elemente der Dienstleistung kündigen kann. Bei einer eigenständigen Bepreisung der Elemente der Dienstleistung ergibt sich mit Blick auf die Folgen für die Vergütung kein Problem; ein Vergütungselement entfällt. Gibt es allerdings eine **einheitliche Bepreisung** (Gesamtpreis), muss neben der Möglichkeit zur Teil-Kündigung auch die **Folge auf den vom outsourcenden Institut zu zahlenden Preis definiert** werden. 336

Ob auch der Dienstleister zur Teil-Kündigung des Outsourcing-Vertrages berechtigt sein soll, ist zweifelhaft. Es mag Fälle geben, in denen eine Teil-Kündigung durch den Dienstleister das outsourcende Institut nicht vor große Probleme stellt. Aus Sicht des outsourcenden Instituts kann eine Teil-Kündigung durch den Dienstleister nur dann akzeptabel sein, wenn das outsourcende Institut die Leistung entweder nicht mehr benötigt oder selbst erbringt. Liegen diese Ausnahmetatbestände nicht vor, sollte eine Teil-Kündigung durch den Dienstleister nicht zulässig sein. 337

2.6.3. Außerordentliche Kündigung aus wichtigem Grund

338 Dass jede Partei eines Dauerschuldverhältnisses das Dauerschuldverhältnis aus wichtigem Grund ohne Einhaltung einer Kündigungsfrist kündigen kann, ist zwingendes Recht (§ 314 BGB). Ein wichtiger Grund liegt vor, wenn dem kündigenden Teil unter Berücksichtigung aller Umstände des Einzelfalls und unter Abwägung der beiderseitigen Interessen die Fortsetzung des Vertragsverhältnisses bis zur vereinbarten Beendigung oder bis zum Ablauf einer Kündigungsfrist nicht zugemutet werden kann. Typische Fälle eines solchen wichtigen Grundes sind sehr gravierende Vertragsverletzungen.

339 Über die Fälle, die bereits nach dem Gesetz klar als wichtiger Grund zu qualifizieren sind, steht es den Parteien in weitem Umfang frei, Gründe für die außerordentliche (fristlose) Kündigung im Outsourcing-Vertrag zu definieren. Die fristlose Kündigung wegen Schlechtleistung (vgl. 2.5.1.) kann einer dieser Gründe sein. Darüber hinaus bietet es sich an, Gründe wie etwa

- die Stellung eines Antrages auf Eröffnung eines Insolvenzverfahrens über das Vermögen des Dienstleisters,
- den Vermögensverfall des Dienstleisters,
- das Einschreiten der Finanzdienstleistungsaufsicht sowie
- der Wegfall seitens des Dienstleisters erforderlicher Genehmigungen.

340 Wenn eine bestimmte **Gesellschafterstruktur auf Seiten des Dienstleisters** für die Entscheidung, diesen Dienstleister mit der Dienstleistung zu betrauen, für das outsourcende Institut sehr wichtig ist, sollte versucht werden, eine sogenannte **Change-of-Control-Regelung** zu vereinbaren. Sie würde es dem outsourcenden Institut ermöglichen, den Outsourcing-Vertrag zu kündigen, wenn sich der Gesellschafterbestand ändert. Eine Change-of-Control-Regelung sollte insbesondere dann vereinbart werden, wenn es sich bei dem Dienstleister um ein Unternehmen handelt, das maßgeblich durch den Arbeitseinsatz seiner Gesellschafter geprägt wird. Wirtschaftlich betrachtet wird nicht das Unternehmen um seinetwillen beauftragt, sondern die hinter ihm stehenden, maßgeblich mitarbeitenden Gesellschafter. Ändert sich der Gesellschafterbestand, mag es sein, dass das outsourcende Institut, hätte es nach Änderung der Gesellschafterstruktur die Outsourcing-Entscheidung zu treffen, den Dienstleister nicht beauftragt hätte.

2.6.4. Abmahnung und Eskalationsmechanismus

Das Gesetz sieht in § 314 Abs. 2 BGB vor, dass eine Kündigung aus wichtigem Grund, die auf die Verletzung vertraglicher Verpflichtungen gegründet wird, erst nach erfolglosem **Ablauf einer zur Abhilfe bestimmten Frist** oder nach **erfolgloser Abmahnung** zulässig sein soll. Nur in Ausnahmefällen (so z. B. im Falle der ernsthaften und endgültigen Verweigerung der Pflichten des Dienstleisters) ist eine solche Fristsetzung oder Abmahnung entbehrlich. Wird ein Eskalationsverfahren (vgl. oben 2.5.2.). vereinbart, muss sichergestellt sein, dass **nicht zusätzlich zum Eskalationsverfahren** die Abhilfefrist oder die Abmahnung zu beachten ist. Es sollte klarstellend geregelt werden, dass das Eskalationsverfahren praktisch den § 314 Abs. 2 BGB ersetzt.

341

2.6.5. Kündigungsfolgeregelungen

Mit Beendigung des Outsourcing-Vertrages enden grundsätzlich auch alle gegenseitigen Pflichten aus dem Outsourcing-Vertrag. Das outsourcende Institut schuldet – abgesehen von bereits entstandenen und noch nicht erfüllten Ansprüchen – dem Dienstleister nichts mehr. Gleiches gilt umgekehrt für den Dienstleister. Die Auslagerung von Leistungen auf einen Dienstleister bedarf **häufig umfangreicher Vorkehrungen und Maßnahmen**. Sie ist selten einfach zu bewerkstelligen. Insbesondere werden im Vorfeld durchzuführende Maßnahmen häufig viel Zeit in Anspruch nehmen. Gleiches gilt spiegelbildlich für den Fall, dass eine ausgelagerte Leistung nunmehr auf einen anderen Dienstleister übertragen oder vom Institut wieder selbst vorgenommen werden muss. Der Outsourcing-Vertrag sollte dieses Problem adressieren. Der Dienstleister sollte verpflichtet sein, innerhalb eines angemessenen Zeitraums nach Vertragsbeendigung das outsourcende Institut dabei zu unterstützen, die ausgelagerten Leistungen auf einen anderen Dienstleister zu übertragen oder wieder selbst vorzunehmen. Fehlt eine solche Regelung im Outsourcing-Vertrag, ist sehr zweifelhaft, ob man sie aus nachwirkenden Nebenpflichten des Dienstleisters konstruieren kann. Die Frist, innerhalb derer der Dienstleister das outsourcende Institut unterstützen muss, sollte so gewählt sein, dass das outsourcende Institut realistischer Weise einen Ersatz für den Dienstleister finden und die eigene Leistungsbereitschaft herstellen kann.

342

2.6.6. Checkliste zu Kündigungsregelungen

Checkliste zu Kündigungsregelungen	
Frist für ordentliche Kündigung durch Dienstleister, die dem outsourcenden Institut ermöglicht, Vorkehrungen für die Übertragung auf anderen Dienstleister oder sich selbst zu treffen	
Ordentliche Teil-Kündigung durch outsourcendes Institut	
Definition von Gründen für außerordentliche Kündigung	
Change-of-Control-Regelung?	
Pflicht des Dienstleisters, bei Übertragung der Funktion nach Kündigung auf Dritten oder outsourcendes Institut unterstützen zu müssen	
Bei Vereinbarung eines Eskalationsmechanismus: Klarstellung zum Abhilfe-/Abmahnerfordernis des § 314 BGB	

2.7. Schlussbestimmungen

343 Der Rahmenvertrag sollte zur Abrundung einige Schlussbestimmungen enthalten.

2.7.1. Verschwiegenheitsverpflichtung

344 Zunächst sollte der Outsourcing-Vertrag den Dienstleister zur Verschwiegenheit über den Vertragsinhalt und das Outsourcing-Projekt als solches verpflichten, auch soweit nicht bereits die Regelung zur Beachtung von Datenschutz, Bankgeheimnis, Betriebs- und Geschäftsgeheimnissen betroffen sind. Will der Dienstleister das Outsourcing-Projekt als **Referenz** angeben oder in einer **Pressemitteilung** erwähnen, sollte geregelt sein, dass solche Veröffentlichungen nur mit der vorherigen Zustimmung des outsourcenden Instituts zulässig sind.

2.7.2. Mitteilungen und Erklärungen unter dem Rahmenvertrag

345 Der Rahmenvertrag sollte darüber hinaus auch eine Regelung enthalten, wie Mitteilungen und Erklärungen unter dem Rahmenvertrag abzugeben sind. Eine solche Regelung betrifft zum einen die Festlegung der zulässigen Kommunikationsmittel (Einschreiben, Brief, Telefax, E-Mail) sowie der Anschrift, unter der Mitteilungen zugehen sollen.

Aus Gründen der Rechtssicherheit sollten wichtige Mitteilungen weder per 346
E-Mail noch mündlich oder fernmündlich zulässig sein. Es bietet sich stattdessen an, zu regeln, dass **wenigstens Übersendung per Fax** (gegebenenfalls flankierend per E-Mail) geschuldet ist. Anderenfalls fällt eine Dokumentation im Falle eines Gerichtsverfahrens schwer.

Bei der Vertragsgestaltung sollte auch bedacht werden, ob es sinnvoll ist, 347
Zugangsfiktionen zu begründen. Erklärungen und Mitteilungen können grundsätzlich der anderen Vertragspartei nur dann zugehen, wenn sie an dem Ort, an dem die Erklärung oder Mitteilung eingeht, eine Zugangsmöglichkeit unterhält. Zugangsmöglichkeit bedeutet, dass die Mitteilung oder Erklärung so in den Herrschaftsbereich der anderen Vertragsparteien gelangt, dass man unter gewöhnlichen Umständen mit ihrer Kenntnisnahme rechnen kann. Verlegt z. B. der Dienstleister seine Geschäftsräume an einen anderen Ort als den, an dem er bei Vertragsschluss seine Geschäftsräume hatte, können Mitteilungen und Erklärungen grundsätzlich nur noch unter der neuen Adresse zugehen. Das outsourcende Institut wäre mit dem Risiko belastet, dass der Dienstleister seine Geschäftsräume verlegt und dem outsourcenden Institut keine Nachricht darüber gibt. In Verträgen mit Dauerschuldcharakter wird häufig vereinbart, dass Mitteilungen und Erklärungen unter einer bestimmten Adresse zugehen können, unabhängig davon, ob der Vertragspartner unter der Anschrift weiterhin eine Zugangsmöglichkeit unterhält. Die betreffende Vertragspartei ist dann nicht mit dem Risiko belastet, dass sich unerkannterweise die Geschäftsräume des Vertragspartners ändern. Es muss allerdings auch bedacht werden, dass die Anschrift so lange gilt, bis eine neue, geänderte Anschrift mitgeteilt wird. Aus Sicht des outsourcenden Instituts muss daher organisatorisch sichergestellt sein, dass, wenn das outsourcende Institut seine Zugangsmöglichkeit (z. B. Geschäftsräume) verlegt, diese Verlegung dem Dienstleister mitgeteilt wird. Würde sie nicht mitgeteilt werden, könnte der Dienstleister Mitteilungen und Erklärungen an die alte, mitgeteilte Anschrift senden. Sie würden wegen der Zugangsfiktion wirksam werden.

2.7.3.   Gerichtsstand bzw. Schiedsvereinbarung

Der Outsourcing-Vertrag sollte auch eine Regelung zum Gerichtsstand bzw. 348
zur Ersetzung der staatlichen Gerichtsbarkeit durch ein **Schiedsgericht** enthalten. Das schiedsgerichtliche Verfahren ist insbesondere bei geringeren Streitwerten gegenüber dem staatlichen Gerichtsverfahren erheblich teurer. Es hat zwar den Vorzug der Vertraulichkeit (Verhandlungen finden nicht öffentlich statt) und der Auswahl der Schiedsrichter durch die Parteien (Schiedsrichter mit

bankrechtlichem Hintergrund können bestellt werden), aber diese Vorteile werden häufig um den Preis höherer Kosten erkauft. Aus diesem Grund finden Schiedsvereinbarungen nur selten Eingang in übliche Outsourcing-Verträge.

349 Stattdessen bietet es sich an, einen **Gerichtsstand festzulegen.** Die Parteien können innerhalb Deutschlands die Zuständigkeit eines jeden Gerichtes der sogenannten ordentlichen Gerichtsbarkeit (Zivilgerichte) bestimmen. Nach dem Gesetz sind für bürgerliche Rechtsstreitigkeiten mit einem Wert des Streitgegenstandes bis zu EUR 5.000 (einschließlich) die Amtsgerichte zuständig. Es bietet sich an, wenigstens die Zuständigkeit eines Landgerichts unabhängig von dem Wert des Streitgegenstandes zu bestimmen.

2.7.4. Salvatorische Klausel

350 Der Outsourcing-Vertrag sollte darüber hinaus eine sogenannte salvatorische Klausel enthalten. Sie besteht aus zwei Teilen: Der erste Bestandteil läuft auf den Versuch der Abbedingung des § 139 BGB hinaus; der zweite Bestandteil auf eine Pflicht der Vertragsparteien, im Falle der Unwirksamkeit einer Regelung oder einer Vertragslücke eine adäquate Regelung zu finden.

351 § 139 BGB sieht vor, dass im Falle der Unwirksamkeit einer Klausel eines Vertrages im Zweifel der gesamte Vertrag unwirksam ist. § 139 BGB ist lediglich eine Auslegungsregel. Sie kann nicht vollständig abbedungen werden. Allerdings kann die Regelung insoweit modifiziert werden, als dass durch eine vertragliche Vereinbarung die Auslegungsregel in ihr Gegenteil umgekehrt werden kann. Im Falle der Unwirksamkeit einzelner Regelungen würde der Vertrag grundsätzlich als solcher fortbestehen. Eine solche Umkehrung der Auslegungsregel stößt an ihre Grenzen, wo der an und für sich wirksame Teil des Vertrages allein betrachtet keinen Sinn mehr macht. In diesem Fall ist der Vertrag insgesamt unwirksam.

352 Das zweite Element der salvatorischen Klausel geht dahin, die Parteien zu verpflichten, eine später als unwirksam erkannte Regelung durch eine wirksame zu ersetzen. In der Praxis kommen unterschiedliche Spielarten vor. Nach einer Variante wird lediglich die Verpflichtung der Parteien begründet, sich auf eine Neuregelung zu einigen. Bei der Einigung soll das ursprüngliche kommerzielle Verständnis der Parteien zugrunde gelegt werden. Nach einer weiteren Spielart soll eine automatische Ersetzung stattfinden. Im Zweifel bedeutet dies, dass ein Gericht im Streitfalle sich selbst eine Meinung darüber bilden muss, welche Regelung die Parteien getroffen hätten, wenn sie bei Vertragsschluss erkannt hätten, dass die Regelung unwirksam ist. Beide Rege-

lungen sind nicht absolut rechtssicher. Insbesondere die Festlegung des Vertragsinhaltes wird einem Gericht schwerfallen, wenn es die ursprünglichen kommerziellen Überlegungen der Parteien nicht kennt. Gleichwohl sollte auf eine solche salvatorische Klausel nicht verzichtet werden.

2.7.5. Schriftformklausel

Der Outsourcing-Vertrag bedarf der Schriftform (§ 25 a Abs. 2 KWG). Gleiches gilt auch für Änderungen. Der Outsourcing-Vertrag sollte dieses Erfordernis klarstellend erwähnen. 353

2.7.6. Rechtswahlklausel

Bei dem Vertragsschluss mit einem außerhalb Deutschlands ansässigen Dienstleister ist eine Rechtswahl zu treffen. Nach dem anwendbaren deutschen internationalen Privatrecht (Artikel 27 ff. EGBGB) würde, wenn keine Rechtswahl getroffen wird, das Recht des Staates Anwendung finden, in dem der Dienstleister sitzt. 354

Bei der Gestaltung der Rechtswahlklausel sollte Berücksichtigung finden, dass das deutsche internationale Privatrecht zum Teil auf **ausländisches Recht zurückverweist**. Eine Klausel »Es gilt deutsches Recht.« reicht daher nicht immer aus, um tatsächlich die Geltung deutschen Sachrechts zu vereinbaren. Die Klausel muss daher die Rückverweisung ausschließen. In der Praxis werden – wenngleich nicht vollständig einwandfrei – häufig Klauseln wie »Es gilt deutsches materielles Recht unter Ausschluss der Bestimmungen des deutschen internationalen Privatrechts verwendet.« 355

2.7.7. Checkliste zu Schlussbestimmungen

Checkliste zu Schlussbestimmungen	
Bestimmung über die Verschwiegenheit (über Datenschutz, Bankgeheimnis, Betriebs- und Geschäftsgeheimnisse hinaus)	
Bestimmung zu Mitteilungen (insbesondere Zugangsfiktionen und Form von Mitteilungen)	
Bestimmung von Gerichtsstand oder Schiedsgerichtsbarkeit	
Salvatorische Klausel	
Bestimmung zur Beachtung der Schriftform für jede Änderung des Outsourcing-Vertrages	

VERTRAGLICHE DOKUMENTATION DES OUTSOURCING

Checkliste zu Schlussbestimmungen	
Rechtswahlklausel bei Vertragsschluss mit Dienstleister mit Sitz außerhalb Deutschlands	

3. Service Level Agreements

356 Neben dem Rahmenvertrag wird die Dienstleistungsverpflichtung häufig detailliert in Service Level Agreements geregelt.

3.1. Bezugnahme auf den Rahmenvertrag

357 Jedes Service Level Agreement sollte bereits auf der ersten Seite eine deutliche Bezugnahme auf den Rahmenvertrag haben. Der Rahmenvertrag ist als solcher zu bezeichnen und durch die Angabe der Parteien und des Abschlussdatums näher zu kennzeichnen.

3.2. Sonstige Angaben

358 Es bietet sich an, in jedem Service Level Agreement bereits auf der ersten Seite das Datum seiner Unterzeichnung sowie die Versionsnummer anzugeben. Nicht selten kommt es in der Praxis vor, dass Service Level Agreements im Laufe der Zeit geändert werden. Anpassungen sollten nicht in Gestalt von Flickwerk, sondern stets durch Austausch des gesamten und mit einem konsolidierten Text versehenen Service Level Agreement erfolgen. Werden (mehrfach) nachträglich jeweils nur einzelne Regelungen dergestalt geändert, dass einzelnen Bestimmungen ein neuer Wortlaut beigelegt wird, wird das Regelwerk schnell unübersichtlich und in der Praxis unmöglich zu handhaben. Um klarzustellen, welches Service Level Agreement tatsächlich gilt, bietet es sich an, **Datum der Unterzeichnung sowie die Versionsnummer** aufzunehmen. Darüber hinaus sollte ebenfalls auf der ersten Seite in Form einer Übersicht aufgenommen werden, welche Vorversionen in welchen Zeiträumen galten.

3.3. Beschreibung des Leistungssolls des Dienstleisters

3.3.1. Festlegung des Leistungsumfanges

359 Während der Rahmenvertrag lediglich eine allgemeine Umschreibung des ausgelagerten Bereichs umfassen sollte, werden in den Service Level Agreements die vom Dienstleister **zu erbringenden Leistungen detailliert und**

konkret beschrieben. Es wird sich häufig anbieten, dass das outsourcende Institut der Beschreibung des Leistungsumfanges des Dienstleisters in den Service Level Agreements bei ihm bereits bestehende Prozess- und Arbeitsanweisungen zugrunde legt.

3.3.2. Festlegung des einzuhaltenden Leistungsniveaus, Definition von Schnittstellen

Im Service Level Agreement sollte auch das Leistungsniveau beschrieben werden. Zum einen bieten sich Regelungen zu Bearbeitungsfristen, innerhalb derer Vorgänge bearbeitet worden sein müssen und zum anderen die zeitliche Verfügbarkeit des Dienstleisters (wochentäglich oder jeden Tag) an. Insbesondere sollte klar geregelt sein, wann und innerhalb welcher Fristen kritische Probleme beseitigt sein müssen. 360

Des Weiteren müssen auf beiden Seiten Schnittstellen definiert und verantwortliche **Ansprechpartner nebst Stellvertretern** benannt werden. Sie sollten mit vollständigen »Kontaktdetails« im Service Level Agreement angegeben werden. 361

Wird ein **Eskalationsmechanismus** vereinbart (vgl. 2.5.2.), könnten die Ansprechpartner der einzelnen Eskalationsstufen bezeichnet werden. 362

4. Gegebenenfalls Kauf- und/oder Übertragungsvertrag

4.1. Einleitung

Teilweise umfassen Outsourcing-Projekte auch den Verkauf und die Übertragung von Vermögensgegenständen oder Unternehmensteilen (Abteilungen) auf den Dienstleister. In diesem Fall ist ein separater Kauf- und Übertragungsvertrag zu schließen. Er folgt im Regelfall der Regelungstechnik, die im Bereich des Unternehmenskaufs etabliert ist. Es würde den Rahmen dieser Darstellung sprengen, wenn der Kauf- und Übertragungsvertrag im Detail beschrieben würde. Auf die folgenden Aspekte sollte besonderes Augenmerk gerichtet werden, weil sie in der Praxis häufig Fehlerquellen sind: 363

4.2. Definition der vom Auslagerungsunternehmen zu übernehmenden Vermögensgegenstände

364 Die Übereignung von Gegenständen erfolgt nach §§ 929 ff. BGB. Die zu übertragenden Gegenstände sind bestimmt zu bezeichnen (**sachenrechtlicher Bestimmtheitsgrundsatz**). Praktisch werden die zu übertragenden Gegenstände im Regelfall in einer Liste einzeln und so konkret bezeichnet, dass ihre Identifizierung einem Dritten möglich ist. Wird der Bestimmtheitsgrundsatz nicht beachtet, ist die Übereignung unwirksam.

4.3. Übernahme von Verträgen

365 Sollen auch Verträge auf den Dienstleister übertragen werden (etwa Wartungsverträge, Mietverträge), ist zu beachten, dass die Übertragung eines Vertrages der **Zustimmung des Vertragspartners** gemäß § 415 BGB bedarf. Die Vertragsübertragung führt zum Austausch des outsourcenden Instituts durch den Dienstleister. Ohne die Zustimmung des Vertragspartners ist die Übertragung nicht möglich. Die Zustimmung kann im Rahmen eines **dreiseitigen Vertrages** (outsourcendes Institut, Dienstleister und Vertragspartner) **oder durch außervertragliche Zustimmung** des Vertragspartners zu einer zwischen dem outsourcenden Institut und dem Dienstleister vereinbarten Vertragsübernahme erteilt werden. Sie kann **vor oder nach** der Vereinbarung über die Vertragsübernahme erfolgen. Erfolgt sie nachher, wird die Vertragsübernahme erst mit Zugang der Genehmigung wirksam.

366 Praktisch wird man die Übertragung von Verträgen von einer Bank auf einen Dienstleister nicht in allen Fällen erreichen können. Für diese Fälle wird häufig geregelt, das sich outsourcendes Institut und Dienstleister so stellen, wie sie nach erfolgter Vertragsübernahme stehen würden. Gegenüber dem Vertragspartner bleibt das outsourcende Institut berechtigt und verpflichtet; insbesondere haftet das outsourcende Institut gegenüber dem Vertragspartner.

4.4. Kaufpreis und Umsatzsteuer

367 Grundsätzlich ist der Kauf von einzelnen Vermögensgegenständen umsatzsteuerpflichtig. Das outsourcende Institut sollte mithin die **Umsatzsteuer** in die Vergütung einrechnen beziehungsweise eine Netto-Vergütung zuzüglich Umsatzsteuer vereinbaren. Lediglich wenn die zu übertragenden Vermögensgegenstände einen (Teil-)Betrieb im Sinne des Umsatzsteuerrechts darstellen (was regelmäßig nicht der Fall ist), ist der Vorgang nicht umsatzsteuerpflichtig.

Bei unklarer Rechtslage empfiehlt es sich, eine Regelung für den Fall zu treffen, dass die Behandlung im Vertrag nicht richtig ist.

4.5. Betriebsübergang

Bei der Übertragung von ganzen Funktionen kann es zu einem **Betriebsübergang** im Sinne des § 613a BGB kommen. Zwingende gesetzliche Rechtsfolge des Betriebsübergangs ist, dass die Arbeitsverhältnisse der Mitarbeiter, die sich bislang um diese Funktion gekümmert haben, auf den erwerbenden Dienstleister übergehen. Es findet gesetzlich angeordnet ein Wechsel des Arbeitgebers und Vertragspartners des Arbeitnehmers statt. **Die Mitarbeiter können dem Übergang ihrer Arbeitsverhältnisse widersprechen.** Widersprechen sie, verbleiben die Arbeitsverhältnisse beim outsourcenden Institut, das unter Umständen keine Arbeitsplätze mehr für die betreffenden Mitarbeiter hat.

368

4.5.1. Einbindung des Betriebsrates

Bei der Übertragung von Abteilungen ist zu prüfen, ob der **Betriebsrat gemäß § 111 Betriebsverfassungsgesetz einzubinden** ist. Ob der Betriebsrat eine Auslagerung verhindern kann, rechtlich gesprochen einen Unterlassungsanspruch hat, wird von den Landesarbeitsgerichten unterschiedlich beantwortet. Aufgrund der Relevanz sollte diese Frage in jedem Fall geklärt werden. Gegebenenfalls muss die Auslagerung anders strukturiert werden.

369

4.5.2. Unterrichtung der Mitarbeiter

Die vom Betriebsübergang betroffenen Mitarbeiter sind schriftlich gemäß § 613a Abs. 5 BGB über den bevorstehenden Betriebsübergang zu unterrichten. In der Rechtsprechung ist noch nicht abschließend geklärt, welche Informationen in welcher Detailtiefe anzugeben sind. Jeder Mitarbeiter kann dem Übergang seines Arbeitsverhältnisses auf den Dienstleister **innerhalb eines Monats nach der Unterrichtung widersprechen.** Ist die Unterrichtung über den Betriebsübergang nicht richtig erfolgt oder vollständig unterblieben, läuft keine Frist. Der Mitarbeiter kann noch – vorbehaltlich Verwirkung – nach längerer Zeit dem Übergang des Arbeitsverhältnisses widersprechen.

370

4.5.3. Weitere Regelungen, insbesondere Ausgleichspflichten

371 Teilweise sind Betriebe nicht klar abgegrenzt. Es mag dann passieren, dass mehr oder weniger Arbeitsverhältnisse als erwartet auf den Dienstleister übergehen. In der Praxis bilden sich outsourcendes Institut und Dienstleister vor dem Betriebsübergang eine Meinung, welche Arbeitsverhältnisse übergehen werden. Für den Fall, dass mehr Arbeitsverhältnisse als geplant auf den Dienstleister übergehen, wird der Dienstleister einen finanziellen Ausgleich vereinbaren wollen. Aus Sicht des outsourcenden Instituts ist wichtig, dass diese Ausgleichsverpflichtungen nicht unbegrenzt sind. Eine Deckelung ist vertraglich festzuschreiben.

III. Checkliste für den Prüfer

1. Einleitung und allgemeine Hinweise

372 Während bei der Vertragsgestaltung viele Punkte zu berücksichtigen und eine Reihe von Zweckmäßigkeitserwägungen anzustellen sind, ist aus Sicht des Prüfers, der einen Outsourcing-Vertrag aus dem Blickwinkel des Aufsichtsrechts betrachtet, ungleich weniger zu beachten. Im Wesentlichen geht es um die Prüfung des Outsourcing-Vertrages anhand des Kataloges aus AT 9 Ziffer 6 der MaRisK.

2. Prüfungsleitfaden

Checkliste aus dem Blickwinkel des Aufsichtsrechts	
Schriftform eingehalten (§ 25a Absatz 2 KWG)?	
Klare Beschreibung der vom Dienstleister zu erbringenden Leistungen?	
Sind über die Leistungsbeschreibung hinausgehende Weisungsrechte erforderlich und – wenn ja – vorgesehen?	
Sind die Auskunfts-, Einsichts-, Prüfungs- und Kontrollrechte zu Gunsten der BaFin und von ihr eingesetzter Prüfer vereinbart und auch für den Fall der Weiterverlagerung (Einbindung von Sub-Unternehmern) sichergestellt?	
Sind Regelungen zu Auskunfts-, Einsichts-, Prüfungs- und Kontrollrechten zu Gunsten des auslagernden Instituts (insbesondere gegebenenfalls interne Revision) und seiner Prüfer vereinbart?	

Checkliste aus dem Blickwinkel des Aufsichtsrechts	
Ist eine Verpflichtung des Dienstleisters, die Leistungserbringung in eigene interne Kontrollprozesse einzubinden und über Ergebnisse, insbesondere Auffälligkeiten und Probleme, unverzüglich an das Kreditinstitut zu berichten vereinbart?	
Sind Regelungen zu einem Notfallkonzept vereinbart?	
Sind Verpflichtungen des Dienstleisters zur Einhaltung datenschutzrechtlicher Bestimmungen vereinbart?	
Sind angemessene Kündigungsregelungen vereinbart?	
Ist eine Kündigungsfolgeregelung vereinbart?	

F.

Umsetzung des Outsourcing-Projektes

F. Umsetzung des Outsourcing-Projektes

I. Anpassung der Prozesse

1. Welche internen Prozesse sind durch die Auslagerung betroffen?

Wenn der Auslagerungsumfang und die Leistungen mit dem Dienstleister vertraglich abgestimmt sind, dann müssen die internen Prozesse daraufhin ebenfalls angepasst werden. Da ist zunächst die Frage zu klären, welche Prozesse überhaupt von der Auslagerung betroffen sind. Das Prozessmanagement wird die Prozesslandkarte des Instituts überprüfen und die zu verändernden Prozesse festlegen. Wichtig ist auch, dass die Beschreibung der Auslagerung in Form z. B. von Leistungsscheinen **alle** Aufgaben aus den internen Prozesse aufnimmt. Es darf keine Aufgabe vergessen werden. Sind die Leistungsscheine erst einmal final abgestimmt, wird der Dienstleister die »vergessenen« Aufgaben nicht ohne einen preislichen Aufschlag in sein Leistungsspektrum aufnehmen. 373

Werden bei der Auslagerung viele Produkte und Prozesse betroffen sein, dann sollte der Prozessabgleich projekthaft organisiert werden. 374

Bei der Dokumentation der neuen Prozesse ist institutsindividuell zu klären, inwieweit die ausgelagerten Prozessteile überhaupt noch intern beschrieben werden müssen. Denkbar ist auch, dass hier nur auf einen Leistungsschein verwiesen wird, die Tätigkeit als solche aber als »Black-Box« dokumentiert wird. 375

Sind alle Prozesse, Produkte, aber auch Anwendungen und Vordrucke gefunden, die die Auslagerung betreffen, dann muss als nächstes festgelegt werden, ob die prozessuale Anpassung der internen Prozesse **vor** oder **nach** dem Leistungsübergang erfolgen soll. 376

2. Anpassung vor Leistungsübergang

Sind die Verhandlungen über den zukünftigen Leistungsumfang schon fortgeschritten, so kann auch parallel mit der Anpassung der betroffenen Prozesse begonnen werden. Ziel ist es, mit dem Start der Auslagerung die neuen Prozesse im Institut zu veröffentlichen und gültig zu machen. Diese Vorgehensweise ist besonders wichtig bei Auslagerungen an externe Unternehmen, bei der also keine kapitalmäßige oder personelle Verflechtungen wie bei einem Tochterunternehmen, stattfinden. Denn bei Auslagerungen an Tochterunternehmen, verbunden mit dem Übergang von eigenen Mitarbeitern, werden die 377 bewährten Prozesse eine gewisse Zeitdauer weiter gelebt. Bei einem externen Dienstleister muss die Prozessdokumentation vom ersten Tag der Auslagerung aktuell und getestet sein.

378 Empfehlenswert ist es auch, dass der Personenkreis, der mit der Leistungsscheinerstellung betroffen ist, auch in die Prozessneugestaltung eingebunden ist.

3. Anpassung nach Leistungsübergang

379 Grundsätzlich sollte die Anpassung der Prozesse immer vor dem Leistungsübergang stattfinden. Eine Anpassung aber nach dem Leistungsübergang ist nur im Falle einer Ausgründung in ein Tochterunternehmen sinnvoll. Nach dem Leistungsübergang bietet sich hier für den Dienstleister die Möglichkeit der **eigenständigen** Prozessoptimierung.

4. Neue Tätigkeiten für den Dienstleister

380 Im Laufe der Zusammenarbeit ist es natürlich möglich, dass der Dienstleister auch weitere Tätigkeiten aus dem Institut übernimmt. Hier gilt dann das gleiche Prozedere wie bei einer neuen Auslagerung. Die Aufgabe muss beschrieben werden und in einen neuen Leistungsschein übernommen werden.

5. Optimierung und Rückbau von internen Prozessen nach Auslagerung

381 Die Auslagerung von Prozessteilen an einen Dienstleister kann dazu führen, dass Prozessoptimierungen nicht nur dem Dienstleister nutzen, sondern auch wichtige Impulse an das Institut zurückgegeben werden. Wenn durch die Umsetzung die Prozesskosten für den Dienstleister sinken, kann dies zu Preisreduzierungen führen. Ebenso sollte die Chance genutzt werden, die verbleibenden internen Prozesse zu optimieren bzw. zurückzubauen.

II. Test

1. Pilotierung, Verprobung

382 Vor der Entscheidung für einen Leistungserbringer und Dienstleister muss klar sein, ob die Leistungen in der gewünschten Qualität erbracht werden können. Hierbei sollten vorab Überlegungen erfolgen, wie die zukünftige Qualität vorab mit relativ hoher Sicherheit bewertet werden kann.

Kann der Dienstleister die Leistungen erbringen?	
Outsourcing des Eigenbetriebes	Es muss davon ausgegangen werden, dass im gleichen Umfang und in der gleichen Qualität wie bisher Leistungen erbracht werden, da die handelnden Personen gleich bleiben.
Outsourcing an Dienstleister	Möglichkeiten der Qualitätsmessung Beibringung von Referenzen anderer Kunden Erfahrungseinholung bei Referenzkunden Umfang der Leistungen[29] Servicelevel[30] Servicelevel-Einhaltung Erbringung von Referenzarbeiten Darlegung der Qualifikation der Mitarbeiter durch Zertifikate etc. Zusicherung, dass diese qualifizierten Mitarbeiter auch eingesetzt werden, und nicht nur als »Vorzeige-Experten« in der Ausschreibung dienen

2. Servicelevel und Qualitätstest

Müssen mit der Übergabe an einen Dienstleister sofort die Servicelevel zu 100 % erfüllt werden, um wirtschaftliche oder geschäftspolitische Nachteile zu vermeiden, (z. B. Einhaltung von Bearbeitungszeiten für Kundenaufträge, Einhaltung von Wiederherstellungszeiten, Einhaltung von System-Verfügbarkeiten) sollten Leistungen getestet werden, um die Leistungsverlagerung abzusichern. Hierbei sind zu unterscheiden:

---

29 Welches sind Standardleistungen? Welche Leistungen werden als Sonderleistung erbracht?
30 Als Servicelevel sollten mindestens bekannt sein und abgefragt werden: Servicezeit (zu welcher Zeit werden Leistungen erbracht?), Reaktionszeit (wann wird mit der Erledigung begonnen?), Erledigungszeit (wann ist die Leistung fertig gestellt?).

Prozesse	Sind Kommunikations- und Transportprozesse beschrieben? Sind die Verantwortlichkeiten klar definiert? (Die Prozesskette ist so stark, wie das schwächste Glied)
	Können diese Prozesse für sich allein getestet werden?
	Sind alle beteiligten Stellen bekannt; sind sie über die Prozesse informiert? (In vielen Fällen resultieren SLA-Verfehlungen aus fehlender Kenntnis der neuen Prozesse bei den ausführenden Mitarbeitern)
	Sind Eskalationsstellen benannt (auch namentlich) und Eskalationsprozesse definiert? (Konflikte werden, speziell im Leistungsübergang, nicht ausreichend oder zu spät bemerkt)
Leistungen	Können bestimmte Leistungen »zur Probe« erbracht werden?
	Können diese Leistungen in der Qualität beurteilt werden?
	Können Ausfallszenarien simuliert werden, um Kommunikationswege, Technikerbereitstellung, Ersatzteilbereitstellung, Wiederherstellung, Dokumentation zu testen[31]?
	Existieren bereits zum Leistungsübergang Rückversicherungsverträge mit Herstellern, Lieferanten oder alternativen Dienstleistern (Subdienstleister), die die Einhaltung der

---

[31] Die Erfahrung lehrt, dass trotz vertraglicher Zusicherung Ersatzteile nicht verfügbar sind oder »nicht gefunden werden«, oder Techniker nicht in der notwendigen Qualität verfügbar sind. Speziell in einer 7x24 Stunden-Servicesituation können zu unterschiedlichen Zeiten unterschiedliche Qualitäten geliefert werden.

	Servicelevel gewährleisten? Werden die Servicelevel an den Subdienstleister vollständig weitergegeben?
	Kann oder soll der Dienstleister vorhandene Verträge des Auftraggebers mit anderen Dienstleistern übernehmen? Werden die geänderten Schnittstellen bedient? Muss der Auftraggeber in die Schnittsstellengestaltung eingreifen?

Werden Tests durchgeführt, sollten Standardverfahren genutzt werden. 384

- Testfälle müssen beschrieben sein, die ein breites Spektrum der Leistungen abdecken.
- Testdaten müssen für jeden Testfall definiert werden. Diese sollten die erwarteten Ergebnisse beinhalten.

Würdigung der Ergebnisse

Die Ergebnisse der Prozess- und Leistungstests sollten schriftlich dokumentiert werden, um daraus folgende Handlungen zu legitimieren. »Management-Attention« ist erforderlich. Sind Leistungen nicht SLA-konform erbracht worden, ist im Einzelfall zu prüfen: 385

- Sind die Gründe für Fehlleistungen erkennbar; kann bis zum Leistungsübergang eine Verbesserung erfolgen?
- Können Maßnahmen zur Verbesserung eingeleitet werden?
- Sind die Verstöße so schwerwiegend, dass ein termingerechter Leistungsübergang nicht möglich ist?

3. Backup

Nach zunächst erfolgreichem Outsourcing können Umstände eintreten, die die Rückführung in den Eigenbetrieb erforderlich machen können. Gründe hierfür können sein: 386

- Die Leistungserbringung ist ungenügend; Eine Verbesserung ist trotz vertraglicher Druckmittel (Pönalen, Vertragsstrafen) nicht zu erwarten.

UMSETZUNG DES OUTSOURCING-PROJEKTES

- Der Dienstleister kann aus wirtschaftlichen oder anderen Gründen[32] keine Leistungen mehr erbringen.
- In diesen Fällen muss Vorsorge getroffen werden, die Leistungen weiter zu erbringen.

Rückführung in den Eigenbetrieb	Sind die Prozessbeschreibungen vorhanden?
	Haben die eigenen Mitarbeiter die fachliche Kompetenz und die Arbeitsmittel zur Leistungserbringung?
	Sind die Ressourcen noch vorhanden?
Rückführung an bisherige Dienstleister	Sind bei der Beendigung des alten Vertrages Regelungen zur Weitererbringung von Leistungen getroffen worden?
Einbindung anderer Dienstleister	Kann direkt auf Subunternehmer des Dienstleisters zugegriffen werden?
	Kann direkt auf Mitarbeiter des Dienstleisters zugegriffen werden? Dies ist im Falle von wirtschaftlichen Schwierigkeiten interessant?
	Gab es bei der Vergabe des Outsourcings weitere Bewerber? Ist einer von diesen in der Lage, die Leistungen kurzfristig zu erbringen? Ist/War es möglich, diese Leistungen im gewissen Umfang zu sichern?

---

[32] Beispiele für andere Gründe: Wesentliche Subdienstleister erbringen ihre Leistung nicht mehr, durch Eigentümerwechsel bekommen Konkurrenten Einfluss auf den Dienstleister.

III. Überführung (zeitlicher Ablauf)

1. Aufbau einer Dienstleistersteuerung (DLS)

Sind die Rahmenbedingungen einer Auslagerung geklärt und die Prozesse und Aktivitäten auf den Dienstleister übergegangen, gilt die Auslagerung oft als abgeschlossen. Mit der Betriebsphase einer Auslagerung beginnt aber die längste Phase der künftigen Dienstleisterbeziehung. Ob eine Auslagerung für ein Institut zum Erfolg wird, hängt von dieser Phase ab. Im Rahmen ihrer operativen Aufgaben hat die Dienstleistersteuerung einen maßgeblichen Einfluss auf den Erfolg dieser Phase.

387

Die Dienstleistersteuerung sollte so früh wie möglich in die Vorbereitung einer Auslagerung eingebunden sein. Gerade bei der Auswahl eines Dienstleisters und beim Übergang ist es sinnvoll, dass erste Kontakte für den Dienstleistersteuerer entstehen. Bei der Ausgestaltung der Servicevereinbarungen und deren Messbarkeit wird der DLS mit gestalten, denn hier wird sein zukünftiges Aufgabengebiet beschrieben. Die Überwachung der erbrachten Leistungen durch den Dienstleister. Erfahrungsgemäß wird aus dem Auslagerungsprojekt schon häufiger ein beteiligter Mitarbeiter zukünftig mit der Aufgabe betraut werden. Diese Mitarbeiter sollten idealer weise auch eine ausreichende Fachkenntnis über das ausgelagerte Aufgabengebiet haben. Damit sollte der Mitarbeiter aus dem Auslagerungsbereich oder aus dem im Institut verbleibendem »Rest« rekrutiert werden.

388

Auch bei der Beendigung bzw. der Neuvergabe spielt der Dienstleistersteuerer eine entscheidende Rolle.

389

2. Kommunikationsmodell

Die Kommunikation zwischen Institut und dem Dienstleister wird idealer weise nur über die Schnittstelle Dienstleistersteuerung/Dienstleister gesteuert. Damit ist sichergestellt, dass der Dienstleistersteuerer (DLS) immer über alle Aktivitäten informiert ist und er seiner Aufgabe gerecht werden kann. Werden weiterhin, wie vor einem Outsourcing, die diversen bestehenden Kommunikationskanäle von und zum Dienstleister vorhanden sein, werden viele wichtige Informationen den DLS kaum oder gar nicht erreichen.

390

UMSETZUNG DES OUTSOURCING-PROJEKTES

391 Auch wenn es am Anfang eine hohe Disziplin aller internen Bereiche erfordert, können die Informationen und Anweisungen nur über die Schnittstelle DLS geleitet werden, ansonsten kann der DLS seine Steuerungsaufgabe nicht gerecht werden.

392 Der Erfolg der Dienstleistersteuerung hängt auch wesentlich davon ab, wie deren Akzeptanz im Institut gegeben ist. Die Geschäftsführung muss von Beginn an deutlich machen, dass hier eine Steuerung zur Erfüllung einer gesetzlichen Anforderung erfolgt, die daneben auch wirtschaftliche Aspekte verfolgt.

393 Die einzelnen Bereiche müssen die DLS als den einzigen Ansprechpartner in Richtung des Dienstleisters akzeptieren. Auch der Dienstleister muss dafür sorgen, dass die Kommunikation zum Institut auch nur gebündelt über die DLS des Instituts erfolgt. Ebenfalls müssen die Gesprächspartner, die vor dem Outsourcing regelmäßig in Abstimmung standen, dazu angehalten werden.

Abb. 1 Darstellung der Kommunikation in der Sparkasse Hannover 1

394 Die Darstellung Abb. 1 zeigt die beiden möglichen Varianten der Kommunikation zwischen dem Dienstleistersteuerer und den internen Interessengruppen auf.

... und übernimmt die Abstimmung mit dem Dienstleister

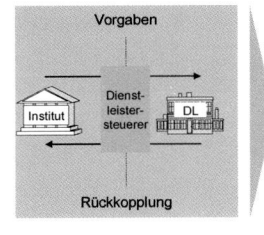

- Die Dienstleistersteuerung bündelt die Kommunikation nach außen
- Dienstleisterseitig sind klare Ansprechpartner („Counterpart") zu benennen
- Im Regelfall erfolgt eine direkte Kommunikation mit dem Dienstleister
- Im Idealfall ist ein regelmäßiger Abstimmungsturnus zu vereinbaren
- ...

▶ Die Kommunikation mit dem Dienstleister zu Grundsatzfragen der Leistungsbeziehung erfolgt ausschließlich über die Dienstleistersteuerung

S Sparkasse Hannover

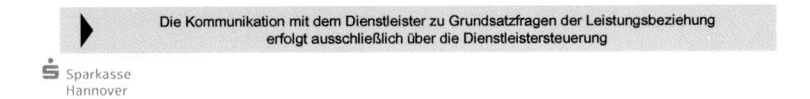

Abb. 2 Darstellung der Kommunikation in der Sparkasse Hannover 2

Die Abbildung 2 zeigt die Schnittstelle Dienstleistersteuerung, wie sie bei der Sparkasse Hannover mit allen Dienstleistern gelebt wird.

3. Phasen des Übergangs und des Betriebes

Der Leistungsübergang gliedert sich gewöhnlich in verschiedene Phasen. Es wird dabei aber davon ausgegangen, dass der Vertrag oder ein LOI[33] bereits als Basis vorhanden ist.

Vorbereitung – »Due Dilligence«	
Auftraggeber	Leistungsübergang Auftraggeber an Dienstleister ▪ Der avisierte Übergang der Leistungen wird vorbereitet.
	Leistungsübergang »Dienstleister Alt« an »Dienstleister Neu«

---

33   LOI = Letter of Intent.

UMSETZUNG DES OUTSOURCING-PROJEKTES

Dienstleister	- Abschlussgespräche mit alten Dienstleister erfolgen, um den Übergang zu organisieren oder die vereinbarte Beendigungsunterstützung[34] einzufordern. Weiterhin muss dafür gesorgt werden, dass Prozessbeschreibungen, Handbücher etc. übergeben werden, sofern sie nicht beim Auftraggeber vorhanden sind[35]. - Prozesse der Leistungserbringung werden vorbereitet. - Internes und externes Personal wird für die Servicesituation rekrutiert und ausgebildet. - Die elektronischen und sonstigen Schnittstellen[36] zwischen Dienstleister und Auftraggeber werden aufgebaut. - Vorhandene Verfahrensdokumentationen werden geprüft und ggf. ergänzt.
Übergang	
»Big Bang« Kompletter Leistungsübergang zum Stichtag	Ist zu empfehlen, wenn: - Kurz bis mittelfristig Leistungseinbußen und Verzögerungen akzeptabel sind oder anderweitig aufgefangen werden können. - Verantwortlichkeiten nicht getrennt werden können.

---

34 Üblicherweise wird für die Zeit von 6 Monaten nach Vertragsende der alte Dienstleister verpflichtet, ggf. die Leistungen weiter zu erbringen oder den neuen Dienstleister in seiner Arbeit zu unterstützen.

35 Generell ist es bei der Gestaltung von neuen Verträgen wichtig, sich das Eigentum und den Besitz an allen Verfahrensdokumentationen zu sichern. Dies ist eine wichtige Grundlage für den möglichen späteren Übergang auf einen anderen Dienstleister. Andersherum ist ein Wechsel kaum möglich, wenn diese Dokumentationen neu erstellt und entwickelt werden müssten.

36 Dies können z. B. Regelungen zum Postversand, Kurierdienste, gegenseitige Zugangs- und Zutrittsberechtigungen sein. Darüber hinaus können gemeinsame Datenlaufwerke oder Notes-Datenbanken, die zwischen Auftraggeber und Dienstleister repliziert werden, sinnvoll sein.

	• Zusatzkosten für Übergangsregelungen und »überlappende« nicht getragen werden sollen. • Aus einem Eigentrieb ein Tochterbetrieb mit kompletten Mitarbeiterübergang wird. • Der Komplexitätsgrad der Leistung überschaubar ist.
Zeitliche Staffelung Volumenabhängig erfolgt die Übergabe in verschiedenen Stufen bis zu vollständigen Übergabe.[37]	Ist zu empfehlen, wenn: • Mit dem Leistungsübergang die Ausbildung noch nicht vollständig abgeschlossen ist oder das Personal noch nicht vollständig ist. • Der Übergang nur zu geringen Leistungseinbußen führen darf. Der Zeitraum des Übergangs sollte vorab bestimmt werden, um nicht in eine »Endlos«-Übergabe zu geraten, Gründe für Verzögerungen finden sich immer.
Fachliche Staffelung Die Übergabe erfolgt in fachlich getrennten Teilbereichen vollständig.[38]	Ist zu empfehlen, wenn: • Das Personal des Dienstleister noch nicht vollständig ist. • Bestimmte Ereignisse den Übergang erschweren (z. B. Jahreswechsel) • Die Komplexität der Teilbereich unterschiedlich ist.

---

[37] Beispiel: Zunächst wird die Leistung für die SB-Geräte in der Region übernommen, zum späteren Zeitpunkt die Geräte in der Stadt. Die Tätigkeit ist gleich, aber der Umfang geringer.

[38] Beispiel: Zunächst wird die Sachbearbeitung für das gewerbliche Kreditgeschäft übergeben, danach die Sachbearbeitung für das Firmengeschäft. Hierbei unterscheiden sich die Tätigkeiten.

Stabilisierungsphase	
Auftraggeber	• Der Dienstleistersteuerer übernimmt immer vollständiger seine Aufgaben und etabliert die Kommunikationsprozesse. • Die Einhaltung der Servicelevel anhand des Reportings ist ein wichtiger Indikator für den erfolgreichen Übergang.
Dienstleister	• Der Dienstleister muss möglichst schnell die Einhaltung der vereinbarten Servicelevel gewährleisten. • Die vollständige Übernahme aller Teilbereiche und Leistungsscheine erfolgt.
Normalbetrieb	• Alle Servicelevel werden erfüllt, bzw. die Nichterfüllung wird nicht mehr durch Übergangsprobleme verursacht. • Im Vorgrund stehen die Optimierung der Leistungen und ggf. Erweiterungen und Veränderungen. • Sofern möglich, sollten regelmäßig die Leistungen und Preise überprüft oder einem Benchmarking unterzogen werden.

397 Der Übergang kann vielfältig gestaltet werden. Hier einige Beispiele aus der Sparkasse Hannover:

Wechsel des Dienstleister für den SB-Geräteservice

398 Ausgehend vom offiziellen Leistungsbeginn am 1.9. wurde vereinbart, die Leistungsübernahme über der Monate gleichmäßig zu strecken. Dabei wurde nach Gerätegruppen unterschieden.

Die Geldausgabeautomaten wurden förmlich standortweise übergeben, um den aktuellen Wartungs- und Softwarestand zu dokumentieren. Die Übergabe erfolgte jeweils mit Vertretern des alten und neuen Dienstleisters. Damit wurde eine klarer Verantwortungs- und Prozessübergang definiert, der die Kundenverfügbarkeit nicht beeinträchtigte. Alle sonstigen Beteiligten wie »User Help Desk« und Geldversorger hatten immer aktuelle Informationen über den Wartungspartner des speziellen Gerätes. Die Übergabe der Geldautomaten erfolgte abschließend bis zum Ende des Novembers um die erhöhte Inanspruchnahme in der Vorweihnachtszeit nicht zu gefährden.

Die anderen SB-Geräte wurden per Stichtag 1. Januar ohne eine formelle Übergabe zum neuen Dienstleister überführt. Es wurde aber für den Zeitraum bis zum 1.4. vereinbart, das der neue Dienstleister fehlerhafte oder nicht korrekte Teile reklamieren konnte. Basis für den Erfolg war:

- Die definierten Prozesse zur Übergabe
- Die Ausbildung der Techniker des neuen Dienstleister
- Das professionelle Verhalten des alten Dienstleisters während der Beendigungsunterstützung

Übergabe der Desktopbetreuung an zentralen und dezentralen Standorten aus dem Eigenbetrieb an einen Dienstleister

Die Desktopbetreuung umfasst die Entstörung von Hard- und Software an »Fat« und »Thin«-Clients in zentralen Hauptstandorten und allen Filialen und Centern. Zum Übergabetermin am 1. September übernahm der Dienstleister alle Standorte. Durchschnittlich fielen 10 Störungen am Tag an. Basis für den Erfolg waren:

- Die definierten und vorab getesteten Prozesse zur Störungsweiterleitung und Störungserledigung
- Die Ausbildung der Techniker und deren Kenntnisse über Sparkasse und Technik
- Die Bereitschaft der bisherigen internen Mitarbeiter zur Unterstützung mindestens telefonisch
- Ein vereinbarter Testbetrieb[39] im beschränkten Umfang

---

39 Die Einschränkung bestand in der Verfügbarkeit der benötigten Technikeranzahl. Der Test war auch notwendig geworden, da vor dem Stichtag der Leistungsübernahme interne Mitarbeiter bereits andere Aufgaben übernommen haben.

Preisüberprüfung in der Betriebsphase

402 Wird das Outsourcing in einem Bereich durchgeführt, der ständig sowohl dem fachlichen Wandel, größeren Preisänderungen oder auch Konkurrenz auf der Dienstleisterseite unterworfen ist, empfiehlt sich in regelmäßigen Abständen eine Preisevaluierung, um Transparenz über die Kosten zu bekommen. Dieses Verfahren sollte bereits in der Vertragsgestaltung vereinbart werden. In der Sparkasse Hannover wurde dieses Verfahren folgendermaßen eingeführt.

- Einmal jährlich wird jeder Leistungsschein durch den Dienstleister und den Dienstleistersteuerer untersucht. Dabei werden sowohl die Einzelpreise als auch die zugrunde liegenden Parameter[40] betrachtet. Ergeben sich daraus Veränderungen, so wird der Preis für den Leistungsschein durch den Dienstleister neu kalkuliert.

- Gibt es keine Einigung, so kann ein förmliches Eskalationsverfahren[41] eingeleitet werden.

- Wird auch im Eskalationsverfahren keine Einigung erzielt, so kann jeder Partner ein Benchmarking durch einen unabhängigen Dienstleister beauftragen.

- Weicht der im Benchmarking ermittelte Preis um mindestens 7,5 % von tatsächlichen Preis ab, werden Dienstleister und Auftraggeber über eine Preisanpassung verhandeln.

- Ist diese Verhandlung erfolglos, besteht ein Sonderkündigungsrecht für beide Partner.

- Als Vorstufe zum Benchmarking ist der Auftraggeber berechtigt, eine eigene Preisanfrage zu starten, um ein Preisprüfung vorzunehmen. Ergibt sich hierbei ein Preis, der um mehr als 7,5 % günstiger ist, wird über eine Preisanpassung verhandelt. Ist diese erfolglos, so ist als nächster Schritt das bereits beschriebene Benchmarking einzuleiten.

4. Servicelevel im Leistungsübergang

403 Zum Leistungsübergang gehört die Betrachtung der Servicelevel. Die pauschale Aussage, dass alle Servicelevel erst zu einem späteren Zeitpunkt gelten, ist nicht akzeptabel. Andererseits kann die zu frühe »Scharfschaltung« aller Servicelevel zu unnötigen Eskalationen führen.

---

40 Beispiel: In der grundlegenden Kalkulation ist der Dienstleister von einem Störungsaufkommen von 1000 im Jahr ausgegangen. Unterscheidet sich dieser Wert signifikant vom tatsächlichen Volumen, ist dies der Ansatz für eine Preisverhandlung.

41 Beschreibung in Kapitel G. II., 1.6.

Diverse Servicelevel müssen und können von Anfang an erfüllt werden:

Die Auftragsannahmezeit

Die Zeit oder der Zeitraum in der Aufträge – oder im technischen Umfeld Störungen – angenommen werden ist definiert und kann eingehalten werden. Durch die Übermittlung mittels E-Mail ist die Übergabe von Aufträgen rund um die Uhr möglich; wichtig ist, wann die Annahme erfolgt.

Die Servicezeit

Die Zeit, in der Aufträge abgearbeitet werden oder Störungen gelöst werden. Die Definition einer Servicezeit ist dann wichtig, wenn persönliche Interaktionen zwischen Dienstleister und Auftraggeber zur Erledigung erfolgen müssen.

Die Reaktionszeit

Die Zeit, in der mit der Auftragsbearbeitung begonnen wird. Ein früher Beginn deutet in der Regel auch auf eine frühe Beendigung hin.

Bei verschiedenen anderen Servicelevels sollten über eine stufenweise Einführung oder Verschärfung Verhandlungen erfolgen, um einerseits auf mögliche Einführungsschwierigkeiten des Dienstleister Rücksicht zu nehmen andererseits aber die bestmögliche Leistung zu erhalten.

Die Erledigungszeit

Die Zeit, zu der das Arbeitsergebnis fertig ist und/oder an den Auftraggeber zurückgegeben wird. Hier könnte zu Beginn eines Outsourcing-Verhältnisses eine längere Zeitvorgabe erfolgen. Im Normalfall ist eine vereinbarte Erledigungszeit die maximale Dauer der Auftragbearbeitung, d. h. im Durchschnitt liegt die tatsächliche Zeit mehr oder weniger deutlich darunter. An dieser Stelle kann angesetzt werden, um über die anfängliche Tolerierung einer höheren durchschnittlichen Erledigungszeit und einer gestatteten, evtl. prozentual begrenzten, »Überziehung« der Erledigungszeit den Leistungsbeginn einfacher zu gestalten.

Die Verfügbarkeit

Die Verfügbarkeit von Systemen ist ein Standard-Servicelevel im IT-Umfeld. Aufgrund der Abhängigkeit aller Bereiche einer Bank von IT Systemen kann hier nicht leichtfertig verzichtet werden. Bei der Leistungsübernahme von vorhandenen Systemen sollten die Verfügbarkeit nicht gefährdet werden.

Die Qualität

411 Wenn in der Sachbearbeitung bestimmte, vorab definierte, Qualitätsmerkmale erfüllt werden müssen, so könnte in einer Übergangszeit über den Verzicht verhandelt werden. Diese Qualität könnte durch Kontrollen beim Auftraggeber erfolgen, deren Ergebnisse qualitätssteigernd an den Dienstleister zurückgegeben werden.

412 Insgesamt muss natürlich verhandelt werden, ob der Verzicht auf die Einhaltung bestimmter Servicelevel nicht finanzielle Vorteile für den Auftraggeber haben kann.

5. Kontinuierlicher Verbesserungsprozess – Optimierung

413 Jeder Dienstleister wird im Laufe der Vertragsdauer seine Leistungserbringung optimieren. Während in der ersten Phase der Vertragslaufzeit die SLA-Erreichung und -erfüllung im Vordergrund steht, werden im weiteren Verlauf andere Dinge im Vordergrund stehen, z. B. die Steigerung der Effizienz und damit verbundene Kostensenkungen. An diesen Vorteilen sollte der Auftraggeber partizipieren. Je nach Intention kann dies in Verbesserungen der Servicelevel oder in der Weitergabe der Kostensenkungen münden.

414 Von vornherein sollte der Vertrag beide Möglichkeiten vorsehen, z. B. durch sinkende Preise.

415 Dazu sollten Prozesse zum gemeinsamen Umgang mit Vertragsänderungen erstellt werden, um hier Konflikten aus dem Weg zu gehen.

G.

Steuerung, Überwachung und Kontrolle des Outsourcing

G. Steuerung, Überwachung und Kontrolle des Outsourcing

I. Einbindung in das Risiko-Management

1. Dienstleistersteuerung

1.1. Legitimation aus § 25 a (2) KWG und der AT 9 der MaRisk

Die Vorgaben aus dem KWG und aus den MaRisk sind die Risiken aus wesentlichen bzw. nicht wesentlichen Auslagerungen bei der Steuerung und Überwachung der Ausführung ausgelagerter Aktivitäten angemessen zu berücksichtigen. Zur Steuerung dieser Risiken wird ein Vorgehen in 4 Schritten empfohlen:

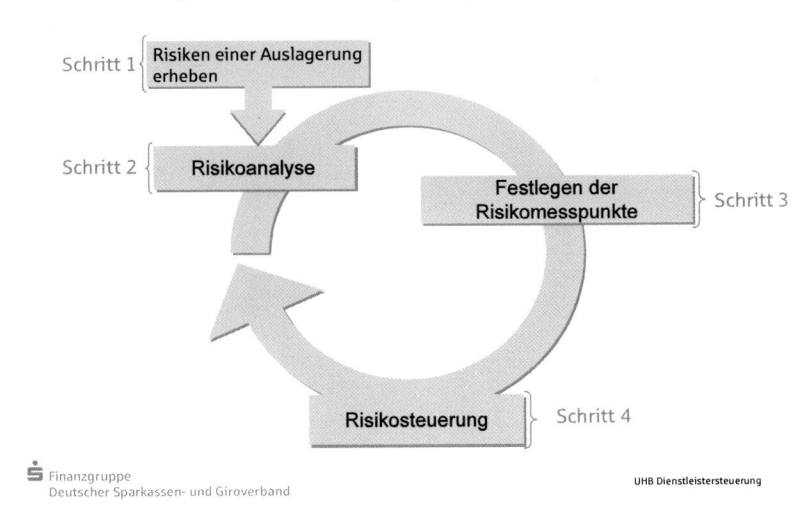

Abb. 1: Regelkreis eines Risikomanagements
(Quelle: Umsetzungshandbuch Dienstleistersteuerung DSGV)

Schritt 1: Erhebung der zu berücksichtigenden Risiken aus der Risikoerhebung zur Auslagerung

418 Schritt 2: Bestimmung der Wesentlichkeit nach MaRisk durch eine Risikoanalyse

419 Schritt 3: Festlegung von Risikomesspunkten im Rahmen des SLA-Managements

420 Schritt 4: Überwachung der Messergebnisse durch die Risikosteuerung (Anzahl und Detailierungsgrad hängen von Grad des Risikos und vom Umfang der Auslagerung ab)

421 Die Risikoanalyse wird immer zur Auslagerungsentscheidung durchgeführt werden. Ist die Auslagerung erfolgt, so erfolgt eine erneute Risikoanalyse immer dann, wenn sich in Art und Umfang der Dienstleistung etwas ändert, oder wenn sich im Umfeld des Dienstleisters grundsätzlich Veränderungen ergeben.

1.2. Aufbau einer Dienstleistersteuerung modellhaft und in der Praxis

422 Für die modellhafte Aufstellung einer Dienstleistersteuerung sind 3 Formen denkbar:

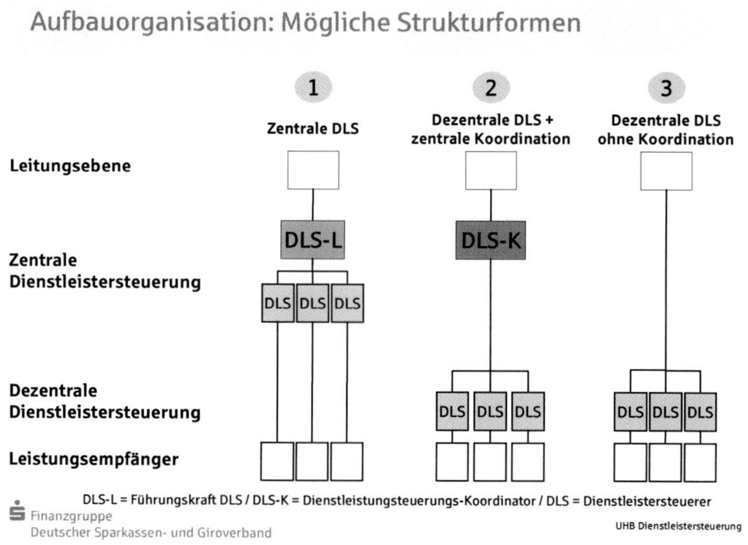

Aufbauorganisation: Mögliche Strukturformen

	1 Zentrale DLS	2 Dezentrale DLS + zentrale Koordination	3 Dezentrale DLS ohne Koordination
Leitungsebene	□	□	□
Zentrale Dienstleistersteuerung	DLS-L	DLS-K	
Dezentrale Dienstleistersteuerung	DLS DLS DLS	DLS DLS DLS	DLS DLS DLS
Leistungsempfänger	□ □ □	□ □ □	□ □ □

DLS-L = Führungskraft DLS / DLS-K = Dienstleistungsteuerungs-Koordinator / DLS = Dienstleistersteuerer

Finanzgruppe
Deutscher Sparkassen- und Giroverband

UHB Dienstleistersteuerung

Abb. 2: Strukturenformen Dienstleistersteuerung
(Quelle: Umsetzungshandbuch Dienstleistersteuerung DSGV)

Variante 1 – zentrale Dienstleistersteuerung

Bei der Variante 1 handelt es sich um eine rein zentrale Dienstleistersteuerung, d. h. dass die Aufgaben der Dienstleistersteuerung in einer Organisationseinheit zentral gebündelt sind. Im Regelfall findet diese Bündelung im Stab und dort überwiegend im Bereich »Organisation« statt.

Vorteile:

Die Anwendung einer einheitlichen Methodik ist eher sicher gestellt.

Eine kritische Distanz zum Dienstleister nach außen und zum Leistungsempfänger nach innen ist eher möglich.

Die Konzentration auf die Dienstleistersteuerung ist eher gegeben, d. h. anders als in einer eher dezentralen Struktur ist die Dienstleistersteuerung eine Hauptaufgabe und keine Nebenaufgabe.

Nachteile:

Erhöhte Anforderungen, das Fachwissen über den Auslagerungsinhalt aktuell zu halten.

Gefahr, dass es fachliche Redundanzen gibt.

Gefahr zu großer Entfernung zum leistungsbeziehenden Bereich.

Höherer Aufwand für die interne Kommunikation.

Die Variante kann in der Praxis beispielsweise eingesetzt werden, wenn:

das Institut wichtiger Mandant bei mehreren Dienstleistern ist.

eine Bündelung der Dienstleistersteuerung in einer zentralen Organisationseinheit für eine erfolgreiche Dienstleistersteuerung als wesentlich eingestuft wird.

einer oder mehrere bedeutsame Dienstleister noch nicht marktreif sind und sich feste Strukturen und Prozesse in Bezug zur Mandantenbetreuung erst noch bilden müssen.

für das Institut bei den ausgelagerten Prozessen Standardisierungspotenziale für die beim Institut verbleibenden Prozessteile vorhanden sind.

Variante 2 – Mischform

Bei der Variante 2 handelt es sich um eine Kombination aus dezentraler Dienstleistersteuerung und einer zentralen Koordination. Die dezentrale Dienstleistersteuerung ist für die operativen Aufgaben zuständig und Bestandteil eines Fachbereiches eines Instituts, z. B. Steuerung einer Kreditserviceeinheit durch einen Mitarbeiter/-in der Marktfolge Aktiv. Die zentrale Koordination übernimmt die übergreifenden Aufgaben, so z. B. die Sicherstellung der

Anwendung einer einheitlichen Methodik, gebündeltes Berichtswesen an den Vorstand, Budgetsteuerung und Eskalation. Im Regelfall ist die zentrale Koordination im Stab und dort überwiegend im Bereich »Organisation« verankert.

428 Vorteile:

Anwendung einer einheitlichen Methodik ist eher sicher gestellt.

Ein zentraler Ansprechpartner unterstützt die dezentralen Dienstleistersteuerer bei den operativen Aufgaben.

Das für die Steuerung eines Dienstleisters notwendige Fachwissen bezüglich des Auslagerungsgegenstandes (z. B. Aktivgeschäft) ist sichergestellt.

429 Nachteile:

Gefahr, dass bei der dezentralen Dienstleistersteuerung in den Fachbereichen keine kritische Distanz zum Dienstleister nach außen und zum Leistungsempfänger nach innen besteht.

Gefahr, dass die dezentrale Dienstleistersteuerung eher Nebenaufgabe ist und möglicherweise nicht im erforderlichen Umfang ausgeübt wird.

430 Die Variante kann in der Praxis beispielsweise eingesetzt werden, wenn:

das Institut wesentlicher Mandant bei mehreren Dienstleistern ist.

die Nähe zur Fachkompetenz der leistungsbeziehenden Fachbereiche für eine erfolgreiche Dienstleistersteuerung wesentlich ist.

ein Standardisierungspotenzial im Institut im Hinblick auf den Auslagerungsgegenstand vorhanden ist.

Variante 3 – dezentrale Dienstleistersteuerung

431 Bei der Variante 3 ist die Dienstleistersteuerung rein dezentral verankert. Die dezentrale Dienstleistersteuerung ist fester Bestandteil eines oder mehrerer leistungsbeziehender Fachbereiche eines Instituts, z. B. alleinige Steuerung einer Kreditserviceeinheit durch einen Mitarbeiter/-in der Marktfolge Aktiv.

432 Vorteile:

Das für die Steuerung eines Dienstleisters notwendige Fachwissen bezüglich des Auslagerungsgegenstandes (z. B. Aktivgeschäft) ist sichergestellt.

Vermeidung eines möglicherweise nicht notwendigen, zentralen »Overheads«.

433 Nachteile:

Gefahr, dass keine kritische Distanz zum Dienstleister nach außen und zum Leistungsempfänger nach innen besteht.

Gefahr, dass die dezentrale Dienstleistersteuerung Nebenaufgabe ist und möglicherweise nicht im erforderlichen Umfang ausgeübt wird.

Gefahr, dass in den jeweiligen Fachbereichen bei der Steuerung von Dienstleistern unterschiedliche Methoden eingesetzt werden.

Gefahr, dass Doppelarbeiten anfallen; insbesondere im Umgang bzgl. der aufsichtsrechtlichen Aspekte.

Die Variante kann in der Praxis beispielsweise eingesetzt werden, wenn:

das Institut kein wesentlicher Mandant bei Dienstleistern ist.

ein eher geringes Standardisierungspotenzial nach der Auslagerung vorhanden ist.

der Dienstleister marktreif ist.

neben den gängigen Auslagerungen im Wertpapiergeschäft und bei der zentralen IT keine weiteren bedeutsamen Auslagerungen existieren.

Die Sparkasse Hannover hat sich für eine Struktur mit zentraler Koordination und dezentralen Dienstleistersteuerer in den Fachabteilungen entschieden.

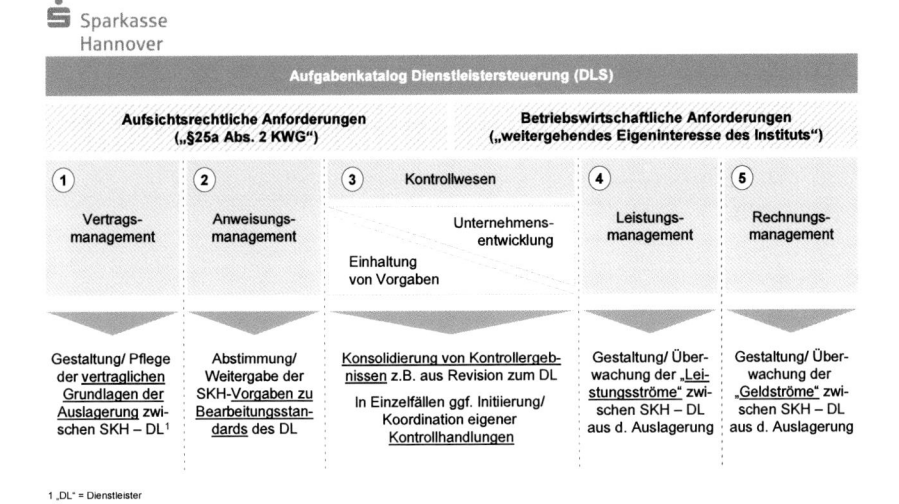

Abb. 3: Aufgabenkatalog Dienstleistersteuerung bei der Sparkasse Hannover

STEUERUNG, ÜBERWACHUNG UND KONTROLLE

436 Der umfangreiche Aufgabenkatalog für die Dienstleistersteuerung erfordert auch eine besondere Profilierung des Dienstleistersteuerers. Die persönlichen und fachlichen Anforderungen spiegeln die sehr differenzierte Aufgabenstellung wieder.

Aufgabenprofil Dienstleistersteuerung (1/2)

❶ Vertragsmanagement	Archivierung der auslagerungsrelevanten Regelungen Sparkasse Hannover-Dienstleister
	Koordination laufender vertraglicher Anpassungen gegenüber Dienstleistern
	Koordination erforderlicher Vertragsänderungen mit Dienstleistern
	Koordination Erarbeitung von Zusatzverträgen mit Dienstleistern
	Prüfung Konformität Dienstleistungsverträgen bzgl. § 25a Abs. 2 KWG, BaFin-Schreiben
	Analyse Anforderungen § 25a KWG aus Dienstleistungsverträgen
	Identifikation anzupassender Vertragsbedingungen[1] aus rechtlichen Änderungen
	...
❷ Leistungsmanagement	Konsolidierung von Anforderungen bezüglich Reports der Dienstleister
	Umsetzung Reportingsystem mit Verantwortlichen beim Dienstleister
	Auswertung Reports der Dienstleister / Durchführung Leistungscontrolling
	Erstellung SKH-interner Leistungsreports zu Dienstleistern
	Ableitung von Maßnahmen / Lösungsvorschlägen
	Koordination der Abstimmung mit Dienstleistern zum Auslagerungsumfang
	Information des Dienstleistesrs zu Sonderaktivitäten der Sparkasse Hannover (z.B. Vertriebsaktionen, neue Produkte

Abb. 4: Aufgabenprofil Dienstleistersteuerung bei der Sparkasse Hannover

Aufgabenprofil Dienstleistersteuerung (2/2)

❸	**Anweisungs-management**	Archivierung und Koordination inhaltliche Weiterentwicklung aller relevanten Vorgaben Koordination „Anpassungsprozesse" gegenüber Dienstleistern Koordination Sparkasse Hannover-interne Abstimmung zu Vorschlägen des Dienstleisters Identifikation aufsichtsrechtlicher Vorschriften hinsichtlich Vorgaben Koordination Erarbeitung neuer Vorgaben bei „New-Product-Processing" ...
❹	**Kontrollwesen**	Konsolidierung, Auswertung und Reporting an Vorstand aller verfügbaren Kontrollergebnisse Ggf. Initiierung „Eskalationsprozedere" bei Störfällen und Überwachung Notfallkonzept Ggf. Ableitung von Maßnahmen / Lösungsvorschlägen Durchführung eigener Kontrollhandlungen (in Einzelfällen) Ggf. Durchführung von Markt- / Wettbewerberanalysen (z.B. Identifikation Marktpreise) ...
❺	**Rechnungs-management**	Koordination laufende Prüfung der Rechnungen der Dienstleister Ableitung / Dokumentation Plandaten zur Kostenentwicklung aus Leistungsbeziehung Integration Plan-Ist-Kostendaten in Reporting zum Dienstleister Unterstützung Budgetplanung (z.B. der Vertriebssteuerung) Ggf. Prüfung Preismodell / Preisstellung und Koordination Preisverhandlungen mit Dienstl. ...

Abb. 5: Aufgabenprofil Dienstleistersteuerung bei der Sparkasse Hannover

Für die persönlichen und fachlichen Anforderungen wird folgendes Profil empfohlen: 437

STEUERUNG, ÜBERWACHUNG UND KONTROLLE

Anforderungsprofil Dienstleistersteuerung

① Persönliches Anforderungsprofil
- Erfahrener und akzeptierter „Vermittler" mit hoher Sozialkompetenz
- Analytisches und unternehmerisches Denken, sicherer Umgang mit Zahlen
- Überzeugendes Urteils- und Ausdrucksvermögen
- Strukturierte und konzeptionelle Arbeitsweise in Eigenverantwortung
- Gewandtes Auftreten bei hoher Argumentations- und Durchsetzungsfähigkeit
- Ausgeprägte Präsentations- und Kommunikationsstärke
- Hohes Maß an Eigeninitiative, Zuverlässigkeit und Lösungsorientierung
- ...

② Fachliches Anforderungsprofil
- Kaufmännische Ausbildung, ggf. ergänzt um betriebswirtschaftliches Studium
- Solide betriebswirtschaftliche Kenntnisse
- Mehrjährige Berufserfahrung im Kredit-Bereich, Controlling, Orga, Revision oder Einkauf
- Fundiertes finanzwirtschaftliches, bankrechtliches und betriebsorganisatorisches Know-how
- Nachgewiesene Erfahrung bei koordinativen Aufgaben zwischen verschiedenen Abteilungen
- Projektmanagementfähigkeiten
- ...

Abb. 6: Anforderungsprofil Dienstleistersteuerung bei der Sparkasse Hannover

2. Integration der Dienstleistersteuerung in bestehende Risikomanagement-Systeme

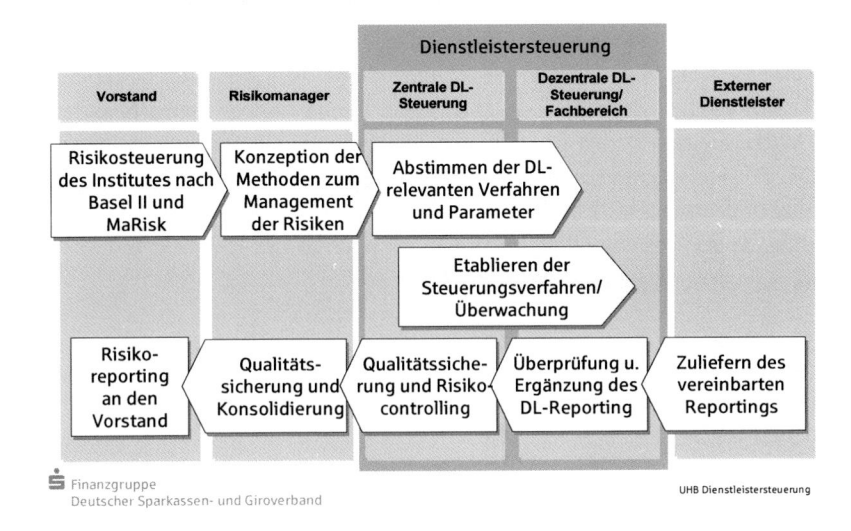

Abb. 7: Einbindung der Dienstleistersteuerung in das Risikomanagement (Quelle: Umsetzungshandbuch Dienstleistersteuerung DSGV)

Die Verantwortlichkeiten für das Risikomanagement und den Risikoanalyseprozess sind festzulegen und zu dokumentieren (vgl. MaRisk AT 4.3.1. Tz. 2). Dabei sind die damit verbundenen Aufgaben, Kompetenzen, Verantwortlichkeiten, Kontrollen sowie Kommunikationswege klar zu definieren und aufeinander abzustimmen.

Bei den Verantwortlichkeiten der Risikoanalyse ist zwischen der Verantwortung bei Durchführung einer Risikoanalyse und der Verantwortung zur Festlegung und Konzeption der Risikoanalyse zu unterscheiden.

Die Verantwortung für die **Konzeption einer Risikoanalyse** wird in der Regel bei dem Risikomanagement des Institutes liegen. So kann sichergestellt werden, dass sich die Risikokategorien der Risikoanalyse aus dem Risikomanagementsystem des Institutes ableiten. Zusätzlich stellt eine zentrale Verantwortung sicher, dass die verwendete Methode für die Risikoanalyse bei allen untersuchten Auslagerungen identisch ist. Jede durchgeführte Risikoanalyse

STEUERUNG, ÜBERWACHUNG UND KONTROLLE

muss auf demselben Konzept basieren und die gleichen Risikokategorien prüfen. Neben dem Risikomanagement ist bei der Umsetzung einer Risikoanalyse im Institut im Rahmen der Aufgaben die Interne Revision einzubinden.

441 Die **Durchführung einer Risikoanalyse** – bezogen auf einen konkreten Auslagerungsgegenstand bzw. Dienstleister – liegt in der Verantwortung der Dienstleistersteuerung. Ihre Aufgabe ist es, die einzelnen Risiken der Auslagerung im Rahmen der zentral vorgegebenen Risikokategorien zu bewerten und die abschließende Beurteilung abzugeben. Dabei sind die betroffenen Fach-/Marktbereiche, Risikomanagement und Interne Revision einzubeziehen. Die Dienstleistersteuerung trägt darüber hinaus die Verantwortung, im Rahmen ihrer laufenden Risikosteuerung die Risiken der Auslagerung zu überwachen. Treten dabei wesentliche Veränderungen in der Risikosituation auf, so ist gegebenenfalls eine wiederholte Risikoanalyse durchzuführen.

3. Kontrollsystem

442 Das interne Kontrollsystem dient der Erkennung und Minimierung der inhärenten Risiken, die aus dem operativen Betrieb des Dienstleisters resultieren. Die wesentlichen Punkte dieses Kontrollsystems sind:

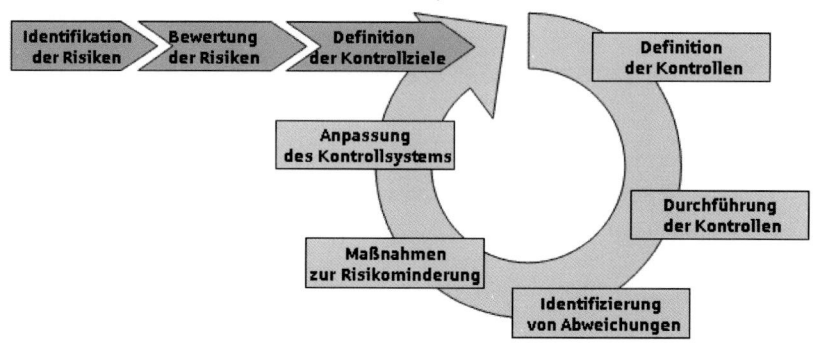

[Diagramm: Regelkreis mit folgenden Elementen – Identifikation der Risiken, Bewertung der Risiken, Definition der Kontrollziele, Definition der Kontrollen, Durchführung der Kontrollen, Identifizierung von Abweichungen, Maßnahmen zur Risikominderung, Anpassung des Kontrollsystems]

Abb. 8: Regelkreis des Kontrollsystems

3.1. Identifizierung und Bewertung von Risiken

443 Je nach potenziellem Verursacher lassen sich Risiken in verschiedene Kategorien einteilen, denen konkrete relevante Risiken zugeordnet werden können. Jedes Risiko wird durch die Erhebung einer Eintrittswahrscheinlichkeit und den potenziellen Auswirkungen und möglicherweise Schadenshöhen bewertet.

Beispiel für das Kontrollsystem gegenüber einem IT Dienstleister. 444

Risiko-Kategorie	Risiko	Beschreibung	Auswirkung/Schadenshöhe
Risiken aus externen Einflüssen			
Naturgewalten/Unfälle	Notfall beim Dienstleister	Durch eine Naturgewalt oder einen Unfall kommt es zu einem Notfall beim Dienstleister	Durch einen eingetretenen Notfall kommt es zu einem gravierenden Ausfall beim Dienstleister. Leistungen können gar nicht oder nur eingeschränkt erbracht werden. Störungen beim Auftraggeber können dadurch selbst zu Notfällen werden, da eventuell kein ausreichendes IT-Know-How oder Equipment zur Verfügung steht.
Kriminelle Handlungen	Datenspionage, -manipulation oder -zerstörung	IT Systeme werden sabotiert oder ausspioniert.	Sabotage der IT kann bis zum Produktionsstillstand und Verlust der Daten führen. Die finanziellen Schäden und auch der Imageverlust können sehr hoch sein.
Gesetze/Rechtsprechung	Nichtbeachtung von Gesetzen (z. B. KWG §25a)	Der Dienstleister hält Gesetze oder aufsichtsrechtliche Anforderungen nicht ein.	Verstöße gegen Gesetze können zu finanziellen Schäden führen. Verstöße gegen das Aufsichtsrecht können existenzgefährdend sein.

Risiken aus Verfahren			
Projekte	Verfehlung der Projektziele	Die vertraglich vereinbarten Ziele werden nicht erreicht.	Die Nichteinhaltung von Projektzielen kann zu erheblichen Imageschäden führen.
Verträge	Nichteinhaltung von Verträgen	Verträge werden nicht eingehalten	Die Nichteinhaltung von Verträgen kann zu erheblichen finanziellen Schäden bis zu Verstößen gegen Gesetze führen.
	Kosten	Kosten werden nicht vertragskonform erhoben oder entsprechen nicht den Leistungen	Die Wirtschaftlichkeit des Outsourcings kann gefährdet sein.
Mitarbeiterrisiken			
Fähigkeit und Verfügbarkeit	Nichtverfügbarkeit von qualifizierten Personal	Qualifiziertes Persona steht nicht in ausreichender Zahl zu Verfügung, um die vertraglichen Leistungen in angemessener Zeit und Qualität zu erfüllen.	Aufträge können nicht erledigt, Störungen und Probleme nicht behoben werden. Dies kann zu unnötiger Bindung eigener Mitarbeiter sowie zur Nichteinhaltung von Servicelevels führen.
Unerlaubte Handlungen	Unerlaubter Zugriff auf Daten und Systeme	Rechte, Kenntnisse oder Gelegenheiten werden unautorisiert ausgenutzt, um auf schutzbedürftige Daten oder Systeme zuzugreifen.	Die Vertraulichkeit von schützenswerten Daten ist nicht mehr gewährleistet. Dadurch kann es zu Gesetzesverstößen (z. B. BDSG) kommen. Imageschäden.

Bearbeitungsfehler	Fehlerhafte Administration	Durch fehlerhafte Administration werden Störungen von Systemen hervorgerufen.	Eine fehlerhafte Administration kann zu erheblichen Datenverlusten oder Verfügbarkeitseinschränkungen führen.
	Fehlerhafte Auftragsbearbeitung	Durch fehlerhafte Bearbeitung werden Kundenaufträge falsch bearbeitet.	Die fehlerhafte Bearbeitung führt zu finanziellen Verlusten bzw. zu Imageschäden.
Unsachgemäße Beratung	Unsachgemäße Beratung	Beratung zu Fragen der IT-Architektur ist falsch und führt zu Fehlentscheidungen.	Fehlentscheidungen, insbesondere strategischer Art, können zu erheblichen finanziellen Verlusten und zu Imageschäden führen.
Infrastrukturrisiken			
Ausfall	Ausfall der internen Infrastruktur	Durch einen Infrastrukturausfall[42] kann kein ordnungsgemäßer Geschäftsablauf mehr gewährleistet werden.	Finanzielle Verluste durch Ineffizienz und entgangenen Gewinn; Imageschäden.
	Unzureichende Störungsbearbeitungszeiten	Die vereinbarten Servicelevel werden im Störungsfall nicht eingehalten.	Unzureichende Störungsbearbeitungszeiten können zu Unzufriedenheit bei Nutzern und Kunden führen; Imageschäden.

---

42 Infrastrukturausfälle beinhalten die Gebäudeinfrastruktur (Strom, Wasser, Zugang etc.) und die technische Infrastruktur (Anwendungssysteme, Rechenzentren, Netzwerk etc.).

Sicherheit	Missachtung von Sicherheitsvorschriften	Interne Sicherheitsregeln werden nicht eingehalten.	Gefährdung der Vertraulichkeit, Verfügbarkeit und Integrität von Systemen. Mögliche Verstöße gegen gesetzliche oder aufsichtsrechtliche Anforderungen können zu entsprechenden Konsequenzen führen. Ein erheblicher Imageschaden ist möglich.
	Mangelnder Zugangsschutz	Ein Zugang von nicht autorisieren Personen zu schutzbedürftigen Systemen und Räumen ist möglich.	Gefährdung der Vertraulichkeit, Verfügbarkeit und Integrität. Imageschäden.
Haustechnik, Gebäude, Arbeitsplatzsicherheit	Nichteinhaltung der Arbeitsplatzsicherheit	Die Regeln zu Arbeitsplatzsicherheit (Zugangsschutz, Verschluss von schutzbedürftigen Daten etc.)werden nicht eingehalten.	Mögliche Verstöße gegen gesetzliche und aufsichtsrechtliche Anforderungen mit entsprechenden Konsequenzen.

3.2. Kontrollziele

445 Ausgehend von den Risiken werden individuell Kontrollziele entwickelt. Daraus werden spezifische Kontrollen abgeleitet, die nach Art und Häufigkeit definiert werden.

Risiko	Kontrollziel	Art und Häufigkeit der Kontrolle
Ausfall der Internen Infrastruktur	Sind die Systeme angemessen verfügbar?	Bei kritischen Systemen permanente und vollständige Überwachung, weniger kritische Systeme über monatliche Berichte oder Stichproben.
Unzureichende Störungsbearbeitungszeiten	Werden die gemeldeten Störungen gemäß der vertraglichen Regelung gelöst?	Anlassbezogen (z. B. häufige Beschwerden) sowie über monatliche Reports.
Missachtung von Sicherheitsvorschriften	Werden die einschlägigen Anforderungen an die IT Sicherheit eingehalten (Vertraulichkeit, Verfügbarkeit, Integrität)?	Regelmäßige Durchführung von Sicherheitsaudits anlassbezogene Untersuchungen bei Verdachtsmomenten und bereits erfolgten Sicherheitsvorfällen.
Mangelnder Zugangsschutz	Haben nur berechtigte Personen Zugang zu System und IT Räumen?	Vollständige Auswertung der Zutrittsberechtigungen halbjährlich bis jährlich.[43]
Einsatz veralteter Sicherheitstechnologie	Werden aktuelle Betriebssysteme, ServicePacks und Patchlevel eingespielt? Ist die eingesetzte Hardware zeitgemäß?	Jährliche Inventur der verwendeten Geräte. Aufbau und Kontrolle eines Patch-Managements.

---

43 Besondere Würdigung verdienen die Generalbediener für Vorstände und andere Funktionsträger, die Kraft ihres Amtes Zugang zu allen Räumlichkeiten haben. Ebenso sind Regelungen für die Ausgabe der bei Sicherheitszentralen hinterlegten Generalbediener zu erstellen, damit über diese »Joker« keine Unberechtigten Zugang bekommen.

Nichteinhaltung der Arbeitsplatzsicherheit	Werden die Anforderungen an die Arbeitssicherheit eingehalten?	Regelmäßige Begehungen des Beauftragten für Arbeitssicherheit.
Nichtverfügbarkeit von qualifiziertem Personal	Sind für das Tagesgeschäft ausreichend qualifizierte Mitarbeiter vorhanden?	Nachweis des Dienstleisters über das eingesetzte Personal und deren fachliche Qualifikationen.[44]
Unerlaubter Zugriff auf Daten und Systeme	Finden im Rahmen der Aufgabenerfüllung nur autorisierte Zugriffe auf Daten und Systeme statt?	Bei kritischen Systemen permanente und vollständige Überwachung incl. Analyse von Besonderheiten; bei weniger kritischen Systemen monatliche Reports oder Stichprobenkontrollen.[45]
Fehlerhafte Administration	Kommen die Administratoren ihren Aufgaben fach- und sachgerecht nach?	Generell jährliche Prüfung der Administrationsprozesse sowie der zugrunde liegende, individuelle Fachdokumentation[46]. Anlassbezogene Prüfungen.
Unsachgemäße Beratung	War die Beratung durch die Dienstleister sachgemäß?	Nach Vorlage von Konzepten, die erhebliche Auswirkungen auf die IT-Strategie, Sicherheit oder Infrastruktur haben werden in internen Gremien oder durch externe, neutrale Partner Plausibilitätskontrollen durchgeführt.
Verfehlung der Projektziele	Werden die Projektziele erreicht?	In Form von Statusberichten wird die Erreichung von Meilensteinen regelmäßig geprüft, im Projekt-

---

[44] Diese Liste kann ebenfalls dazu dienen, bei Abrechnungen unterschiedlich bepreiste Skilllevel zu verifizieren, wenn die ausführenden Mitarbeiter des Dienstleisters bekannt sind.

[45] Der Einsatz von Protokollservern oder permanenter und vollständiger Datenverschlüsselung ist eine Alternative zu Überwachungssystemen.

[46] Damit sind Fachkonzepte, Installationsbeschreibungen sowie jegliche Art individueller Dokumentation gemeint.

		kreis (siehe Abschnitt 5.) werden diesbezüglich auch Plausibilitätskontrollen durchgeführt.
Nichteinhaltung von Verträgen	Werden die vertraglichen Regelungen eingehalten?	Kontinuierliche Einhaltung der Leistungserbringung anhand von Servicelevelreports.
Kosten	Werden Kosten vertragskonform erhoben und entsprechen den Leistungen?	Kontinuierliche Kontrolle der Rechnungen. Prozesse zur Ermittlung und Verifizierung zugrunden liegender Mengen[47].
Notfall beim Dienstleister	Hat der Dienstleister eigene Notfallpläne und führt er regelmäßig Notfallübungen durch?	Jährliche Überprüfung der durch den Dienstleister durchgeführten Notfallmaßnahmen.
Datenspionage, -manipulation und -zerstörung	Finden im Rahmen der Aufgabenerfüllung nur autorisierte Zugriffe auf Daten und Systeme statt?	Jährliche Überprüfung der generellen Prozesse zum Thema IT-Sicherheit, vollständige Überwachung sensibler Daten und Systeme, anlassbezogene Prüfungen bei Verdachtsmomenten.
Nichtbeachtung von Gesetzen (z. B. KWG §25a)	Sid die Verträge gesetzes- und aufsichtskonform? Hält der Dienstleister die Verträge ein?	Kontinuierliche Überwachung der Leistungserbringung und Einhaltung der Verträge. Die grundsätzliche Konformität mit Gesetzen wird bei der Vertragserstellung berücksichtigt. Gesetzesänderungen die bestehende Verträge betreffen, werden anlassbezogen analysiert und eingearbeitet.

---

[47] Die Ermittlung der Mengen (z. B. Anzahl PC-Systeme, Bildschirme, Server, Benutzer etc) sollte durch den Auftraggeber erfolgen bzw. autorisiert werden.

3.3. Kontrollen

446 Am Beispiel der Kontrollen zur IT Sicherheit sollen die Inhalte der Kontrollhandlungen exemplarisch verdeutlicht werden.

Organisatorische Konzepte	
Dokumentation und Inventarisierung	• Gibt es Richtlinien/Verfahrensbeschreibungen zur IT-Dokumentation? • Existieren Arbeitsanweisungen zur IT-Sicherheit? • Gibt es ein Inventarverzeichnis der Werte des Unternehmens? • Wird das Inventarverzeichnis ausreichend durch technische Maßnahmen und organisatorische Verfahren unterstützt? • Gibt es eine Schnittstelle des Inventarverzeichnisses zum Lizenzmanagement und zum IT-Controlling?
Aufbewahrung und Archivierung	• Ist durchgängig festgelegt, welche Daten wie lange archiviert werden? • Gibt es ein Archivierungskonzept für elektronische Archivierungsmedien?
IT-Audit	• Werden in regelmäßigen Abständen IT-Sicherheits-Audits durchgeführt? • Werden IT-Sicherheitsstandards eingehalten, ist das Unternehmen diesbezüglich zertifiziert oder ist eine Zertifizierung geplant?

Logisch-technische Konzepte	
Nutzerverwaltung	<ul><li>Werden Nutzer eindeutig identifiziert und authentisiert?</li><li>Gibt es Richtlinien zum sicheren Umgang mit Passwörtern?</li><li>Erfolgt die Authentisierung an sicherheitskritischen Systemen mittels starker Authentisierung?</li><li>Existiert eine Verfahrensweise zur Vergabe von Benutzer-Accounts?</li><li>Existiert eine Verfahrensweise zum Löschen bzw. Sperren von Benutzer-Accounts?</li><li>Ist bei der Nutzung von Diensten externer Anbieter ein sicherer Zugang gewährleistet?</li><li>Gibt es ein durchgängiges Rollen- bzw. Berechtigungskonzept?</li><li>Ist sichergestellt, dass jeder Nutzer nur die Rechte hat, die er für die Erledigung seiner Aufgaben benötigt?</li><li>Sind bei Mehrmandantensystemen die einzelnen Mandanten ausreichend getrennt?</li><li>Ist der Umgang mit technischen Nutzern (z. B. Authentisierung eines Anwendungssystems an Subsystemen) sicher geregelt?</li></ul>

STEUERUNG, ÜBERWACHUNG UND KONTROLLE

Virenschutz	• Existiert ein durchgängiges Konzept für den lokalen Virenschutz? • Gibt es ein zentrales Virenschutzsystem zur Prüfung von E-Mail-Anhängen und Inhalten via HTTP und FTP? • Gibt es ein Konzept und geeignete technische Maßnahmen zur Filterung von Spam? • Werden URL-Filter oder Content-Scanner eingesetzt oder der Zugriff auf bestimmte Inhalte durch organisatorische Maßnahmen verboten? • Werden angemessene technische Maßnahmen getroffen, um Angriffe durch aktive Inhalte, wie z. B. ActiveX zu vermeiden? • Gibt es Regelungen zum Umgang mit Cookies?
Protokollierung und Auswertung	• Existiert ein durchgehendes Protokollierungskonzept für alle sicherheitsrelevanten Aktivitäten? • Werden die sicherheitsrelevanten Protokollierungsdaten regelmäßig überprüft? • Werden im Protokollierungskonzept die Belange des BDSG berücksichtigt?

Physische Konzepte	
Zutrittsschutz, Überwachung	<ul><li>Werden zutrittsberechtigte Personen ausreichend identifiziert?</li><li>Ist für schutzbedürftige Gebäude(-teile) ein wirksamer Einbruchschutz bzw. ein Perimeterschutz[48] vorhanden?</li><li>Existiert ein Schlüsselmanagement, das den Sicherheitsanforderungen genügt?</li><li>Erfolgt für schutzbedürftige Räume eine Festlegung von zutrittsberechtigten Personen?</li><li>Ist das Mitbringen von tragbaren Systemen, wie z. B. Laptops, Kameras, Aufzeichnungsgeräte nur durch autorisierte Personen gestattet?</li><li>Ist in schutzbedürftigen Gebäuden ein Pförtnerdienst eingerichtet und zu welchen Zeiten ist dieser verfügbar?</li><li>Gibt es für schutzbedürftige Gebäude(-teile) Alarmierungsmechanismen?</li><li>Werden schutzbedürftige Gebäude(-teile) überwacht?</li></ul>

---

[48] Perimeterschutz (Freilandschutz): dient dem Schutz eines Objektes durch Maßnahmen in dem umgebenden freien Raum, in der Regel bis einschließlich zur Grundstücksgrenze. Er besteht aus mechanischen, elektronischen oder baulichen Maßnahmen. Beispiele: Dornenhecke, Zaun, Kameraüberwachung.

STEUERUNG, ÜBERWACHUNG UND KONTROLLE

Konzepte Notfallbehandlung	
Notfallplanung Notfallorganisation	• Ist ein Krisenstab für Notfallsituationen vorgesehen? • Ist definiert, von wem und in welchen Fällen der Notfall ausgerufen und abschließend wieder für beendet erklärt werden kann? • Existieren Alarmierungspläne? • Gibt es einheitliche und strukturierte Notfallpläne? • Enthalten die Notfallpläne alle kritischen Aspekte zu Wiederherstellung und Ausweichszenarien? • Ist die Verfügbarkeit der Notfallpläne für alle Betroffenen gewährleistet? • Werden geeignete Notfallübungen durchgeführt?
Betriebskonzepte	
Datensicherungsmanagement	• Gibt es ein durchgängiges Konzept bezüglich der Datensicherung? • Werden die gesicherten Datenbestände geeignet ausgelagert? • Wird der Datensicherungsprozess durch ein geeignetes Werkzeug unterstützt? • Existiert ein durchgängiges Konzept zur Wiederherstellung von Daten und Geräten?

Change- und Release-Management	▪ Existieren Entwicklungs-, Test- und Produktionsumgebungen und sind diese voneinander angemessen getrennt? ▪ Ist die Nachvollziehbarkeit des Change-Management-Prozesses gewährleistet? ▪ Gibt es Verfahren zur sicheren Überführung von Komponenten in den Betrieb? ▪ Gibt es geregelte Test- und Freigabeverfahren? ▪ Gibt es einen geregelten Prozess von der fachlichen Anforderung bis zur Implementierung neuer Anwendungen?

Neben den formellen Prüfungen durch die Innenrevision werden durch die Mitarbeiter, die im tägliche Umgang mit dem Dienstleister arbeiten, standardisierte Kontrollberichte[49] erstellt, die auf der Basis dieses Kontrollsystems arbeiten.

---

[49] Neben dem individuellen Nachweis für die Durchführung von Kontrolltätigkeiten kann die Erstellung von Kontrollberichten in bestehende Zielvereinbarungssysteme aufgenommen werden.

Muster eines Kontrollberichtes

Kontrollbericht 14/2009

Kontrolle durchgeführt am:	17. März 2009
Durchgeführt von:	▉▉▉▉▉▉▉▉▉
Zugehörige Risiken:	Fehlerhafte Administration Nichteinhaltung von Verträgen
Verwendeter Kontrollprozess:	Eigene Kontrollen (PL10)

Beschreibung der Kontrolle:
Prüfung des TK-Anlageneinbaus inkl. Kabelverlegung und Beschriftung des Panels, sowie Kontrolle der abgelegten Dokumentation in der Filiale Kaltenweide.

Abgrenzung:
Stichprobe in einer einzelnen Zweigstelle

Verwendete Dokumente / Grundlagen der Kontrolle:
Vor-Ort-Begehung und Sichtung der Dokumentation

Kontrollergebnis:
Der Einbau der TK-Anlage ist in Ordnung.
Die TK-Panels sind ordnungsgemäß beschriftet.
Die Dokumentation ist auf dem aktuellen Stand.

Maßnahmen:
Keine Maßnahmen erforderlich.

Kontrollbericht bitte als PDF-Datei an Postkorb „KONTROLLBERICHTE" senden

Kontrollbericht V3.0

4. Aktive Dienstleistersteuerung

Die aktive Dienstleistersteuerung beinhaltet die proaktive Behandlung und Definition aller Schnittstellen und Kommunikationsbeziehungen, die für die Leistungserbringung wichtig sind. Gelebt wird dies in standardisierten Gremien.

5. Steuerungsgremien

Neben der Funktion des offiziellen Dienstleistersteuerers empfiehlt es sich, je nach Umfang weitere Steuerungsgremien einzuführen, um sowohl operative als auch strategische Themen sachgerecht anzugehen.

Aus der Praxis der Sparkasse Hannover haben sich im Zuge des IT Outsourcings folgende Gremien etabliert und bewährt.

Beispiel:

Lenkungsausschuss	
Teilnehmer	Benannte Personen aus der Geschäftsführung von Auftraggeber und Dienstleister; Dienstleistersteuerer (Service Manager) des Auftraggebers und sein Pendant beim Dienstleister[50]
Aufgaben	Entscheidungsfindung über gemeinsame Maßnahmen und Projekte, Steuerung der Zusammenarbeit Eskalationsgremium
Tagungsrhythmus	Einmal im Quartal

---

50 Die Gesamtverantwortung beim Dienstleister gegenüber dem Auftraggeber liegt bei einem Service Manager der die Verantwortung für die Leistungserbringung hat.

Service Managementkreis	
Teilnehmer	Prozessmanager[51] von Auftraggeber und Dienstleister; Dienstleistersteuerer des Auftraggebers und sein Pendant des Dienstleisters
Aufgaben	Erörterung und Lösung von Leistungs-, Schnittstellen- und Prozessproblemen; Schnittstelle zum Lenkungsausschuss[52]
Tagungsrhythmus	Einmal im Quartal

Service Steuerung	
Teilnehmer	Dienstleistersteuerer des Auftraggebers und sein Pendant des Dienstleisters
Aufgaben	Organisation des Tagesgeschäftes, Regelung von Vertrags- und Verfahrensfragen, Leistungsabnahme, Feststellung von rechnungsrelevanten Positionen
Tagungsrhythmus	wöchentlich

---

51 Die Sparkasse Hannover ist dabei die IT Services nach dem Standard ITIL auszurichten. Die Prozessmanager für Incidents, Problems, Changes und Configuration sind beteiligt.
52 Themen für den Lenkungsausschuss werden auf fachlicher Ebene vorbereitet, bzw. vom Lenkungsausschuss in dieses Gremium zur weiteren Bearbeitung delegiert.

Projektkreis[53]	
Teilnehmer	Projektleiter von Auftraggeber und Dienstleister; Dienstleistersteuerer des Auftraggebers und sein Pendant des Dienstleisters.
Aufgaben	Informationsaustausch über gemeinsame Projekte und die Verzahnung zum Regelbetrieb. Kontrolle von Meilensteinen und Projektergebnissen.
Tagungsrhythmus	Bei Bedarf.

Fachteams	
Teilnehmer	Leistungsscheinverantwortliche[54] von Auftraggeber und Dienstleister.
Aufgaben	Abwicklung des Tagesgeschäftes, Klärung von Meinungsverschiedenheiten in der ersten Ebene.
Tagungsrhythmus	Bei Bedarf; ab wöchentlich.

6. Subunternehmer

Mit dem Rundschreiben 11/2001 hat die Bundesanstalt für Finanzaufsicht im Absatz 32 die Weiterverlagerung von Tätigkeiten mit den gleichen Bedingungen unterlegt wie die Erstverlagerung.

»Weiterverlagerungen ausgelagerter Tätigkeiten und Funktionen auf Dritte (Subunternehmer) sind wie eine Erstverlagerung anzusehen ... und nur zulässig, wenn gewährleistet ist, dass der Subunternehmer den zwischen auslagerndem Institut und Auslagerungsunternehmen bestehenden Verpflichtungen ebenfalls vollumfänglich nachkommt ... Ferner hat sich das Auslagerungsunternehmen zu verpflichten, seine vertraglichen Vereinbarungen mit dem Subunternehmer nur im Einklang mit den Regelungen des Vertrages mit dem auslagernden Institut auszugestalten ...«

---

53 Der Projektkreis wurde notwendig, weil neben den standardisierten Leistungen auch umfangreiche Projekte durchgeführt wurden, die eine enge Verzahnung zum Betrieb hatten oder in der Folge zu Standardleistungen wurden.

54 Vorausgesetzt wird, dass die Leistungen des Gesamtvertrages in einzelne klar abgegrenzte Leistungsscheine aufgeteilt sind, für die jeweils Verantwortliche benannt sind.

STEUERUNG, ÜBERWACHUNG UND KONTROLLE

Umsetzung zu Beginn des Outsourcingverhältnisses

453 Der Vertrag zwischen Auftraggeber und Dienstleister muss Regelungen zum Einsatz von Subdienstleistern enthalten. Wichtige Inhalte:

- Vorherige Zustimmung des Auftraggebers zum Einsatz eines Subdienstleisters erforderlich[55].
- Informationspflicht des Dienstleisters über fachliche Eignung sowie die sachliche, personelle und finanzielle Ausstattung des Subdienstleisters.
- Verpflichtung zur Weitergabe von Regelungen des Outsourcing-Vertrages.
- Der Dienstleister haftet weiter für die Leistungserbringung
- Regelungen zum Austausch des Subdienstleisters auf Wunsch des Auftraggebers.

454 Die Umsetzung dieser vertraglichen Regelungen sollte für alle Subdienstleister gelten, unabhängig von der Eigenschaft als »wesentlicher« Dienstleister nach §25a (2), das sie die Möglichkeiten der Steuerung und Kontrolle des Auftraggebers verbessern.

Praktische Umsetzung im laufenden Outsourcingverhältnis

Impuls	Der Dienstleister muss den Einsatz eines neuen Subdienstleisters anzeigen unter Beifügung von Informationen über: - Die fachliche Eignung - Die sachliche, personelle und finanzielle Ausstattung
Kontrollen	Der Auftraggeber prüft die Veränderung in Hinblick auf - Fachliche Auswirkungen - Wirtschaftliche und geschäftspolitische Auswirkungen - Eignung des Subdienstleisters Erbringt der Subdienstleister eine wesentliche oder unwesentliche Leistung gem. §25a (2) KWG?

---

55   Aus der Praxis: Die Zustimmung wurde in einem Fall verweigert, weil der Dienstleister die Tochter eines Konkurrenzunternehmens verpflichten wollte. Da sensible Prozesse betroffen waren (Server- und Storageadministration) erschien trotz aller Regelungen zum Datenschutz das Risiko als zu groß.

	Kriterien bei der Bewertung[56] können sein: • Kann der Ausfall des Subdienstleisters ohne Leistungsverschlechterung für den Auftraggeber kompensiert werden? Können alternative Dienstleister kurzfristig in Leistungserfüllung eintreten? Maßstab ist hier die Einhaltung der Servicelevel. • Ist der Anteil der Leistung des Subdienstleister größer als 20 %, gemessen am finanziellen Volumen? • Hat der Subdienstleister Administrationsrechte? • Werden durch den Subdienstleister zeit- oder geschäftskritische Prozesse unterstützt bzw. bearbeitet? Sind diese Prozesse bei Fehlleistungen gefährdet? • Sind Imageschäden zu erwarten?
Folgen	Verpflichtung zur Weitergabe von Regelungen des Outsourcing-Vertrages.
Beschluss	Der Einsatz des Subdienstleisters wird förmlich beschlossen und dokumentiert.
Laufende Kontrollen	Die Weitergabe der vertraglichen Regelungen an Subdienstleister kann durch die Revision des Auftraggebers kontrolliert werden. Im Vorgrund stehen hierbei die Weitergabe der Prüfungsrechte als auch der Sicherheitsvorkehrungen.

II. Laufendes Management

1. Vertragsmanagement

1.1. Wie werden neue Leistungen definiert oder Leistungen geändert?

Wenn die Dienstleistersteuerung effizient arbeiten soll, so ist es notwendig, immer einen aktuellen Überblick über die mit dem Dienstleister vorhandenen vertraglichen Vereinbarungen incl. der SLAs zu haben. Dazu sollte der DLS alle Verträge archiviert vorhalten. Wenn in einem Institut die Verträge zentral vorgehalten werden (z. B. im Zentralen Einkauf), dann sollten zumindest

---

56 Aus der Praxis der Sparkasse Hannover im Zuge des IT-Outsourcings und der Outsourcing-Risikoanalyse.

STEUERUNG, ÜBERWACHUNG UND KONTROLLE

immer aktuelle Kopien vorhanden sein. Damit ist auch die jederzeitige Auskunftsfähigkeit ggü. externen Prüfern gegeben.

456 Durch ein Vertragsmanagement werden folgende Punkte sichergestellt:

- Aktueller Status des Vertrages (Angebot, Vertrag abgeschlossen, Vertrag gekündigt, ...)
- Nutzen von Musterverträgen und speziellen AGB
- Einheitlicher Vertragsmanagementprozess
- Sicherstellung der Einhaltung der gesetzlichen und regulatorischen Vorgaben
- Schadensminimierung durch Haftungsklauseln
- Sicherstellen der Einhaltung von Kompetenzen
- Transparenz über die Laufzeit von Verträgen und Vertragsoptionen
- Archivierung der Originalverträge

457 Die Dienstleistersteuerung wird in seiner Funktion zwischen Institut und Dienstleister (DL) die erforderlichen vertraglichen Anpassungen koordinieren:

Handlungsbedarf an DL kommunizieren	
Vorgehensweise mit DL abstimmen	
Inhaltliche Bearbeitung/Gestaltung institutsintern anstoßen/koordinieren	
Inhaltliche Bearbeitung/Gestaltung vornehmen	
Ggf. rechtliche Beratung einholen	
Ggf. inhaltliche Vorabstimmung mit der Revision durchführen	
Ggf. inhaltliche Anpassung vornehmen	
Erfolgte Abstimmung/inhaltliche Abnahme dokumentieren	
Finale Abstimmung mit DL durchführen	
Vertragliche Umsetzung veranlassen	
Konkrete vertragliche Ausgestaltung vornehmen	

Konformität der Regelung mit Aufsichtsrecht prüfen	
Ggf. erforderliche Anpassungen veranlassen	
Institutsinternen Handlungsbedarf bei Vertragsabschluss/-anpassung prüfen	
Ggf. erforderliche interne Maßnahmen anstoßen	
Vertragsabschluss/-anpassung abstimmen	
Ggf. Vertragswerke prüfen	
Kompetenzgerechte Bewilligung	
Vertragliche Regelung erfassen/registrieren/historisieren	
Vertragliche Regelung ablegen/archivieren	

1.2. Wie werden aufsichtsrechtliche Anforderungen umgesetzt?

Die Vertragsvereinbarungen mit dem DL müssen permanent hinsichtlich möglicher Änderungen der aufsichtsrechtlichen Anforderungen überprüft werden. Notwendig ist es, einen institutsinternen Prozess zu etablieren, der/die DLS über die Änderungen zeitnah informiert wird. Praxisnah sollte die verantwortliche Einheit, z. B. ein Vorstandssekretariat oder eine Rechtsabteilung, der Lieferant der Informationen sein. Damit ist ressourcenschonend gewährleistet, dass alle DLS die Informationen erhalten und nicht selber in eine permanente Überwachung von aufsichtsrechtlichen Verlautbarungen einsteigen müssen.

458

Hinweis auf Änderung auslagerungsrelevanter rechtlichten Anforderungen erhalten	
Vertraglichen Handlungsbedarf aus Aufsichtsrecht identifizieren	
erforderlichen vertraglicher Anpassungen koordinieren	

STEUERUNG, ÜBERWACHUNG UND KONTROLLE

2. Anweisungs- oder Auftragsmanagement

459 Änderung von definierten Leistungen/SLAs durch Anpassungen an neue Institutsanforderungen

460 Die Leistungsbeziehungen zu den Dienstleistern sind ständigen Anpassungen unterlegen. Die Auslöser dazu sind vielfältiger Natur. Diese können sein:

- Veränderungen bedingt neue Marktanforderungen
- Impulse aus dem Institut oder durch den Dienstleister
- Prozessoptimierungen
- Vorgaben durch den NPP[57]-Prozess
- Leistungsstörungen beim Dienstleister
- Veränderung von aufsichtsrechtlichen Anforderungen

461 Die Dienstleistersteuerung wird in seiner Funktion zwischen Institut und Dienstleister die erforderlichen Anpassungen der Leistungsvereinbarungen koordinieren:

Anpassungsbedarf an Dienstleistersteuerung adressieren	
Vorgehensweise institutsintern festlegen	
Vorgehensweise mit Dienstleister abstimmen	
Inhaltliche Erarbeitung der Problemlösungen bei - Organisation (Prozesse), - Vertriebssteuerung (Produkte), - Dienstleister oder - sonstigen Abteilungen anstoßen/koordinieren	
Ggf. rechtliche Beratung einholen	
Ggf. inhaltliche Vorabstimmung mit der Revision durchführen	
Ggf. inhaltliche Anpassung vornehmen	

---

57 NPP: »New-Product-Process«.

Erfolgte Abstimmung/inhaltliche Abnahme dokumentieren	
Inhalte an Dienstleistersteuerung zuliefern	
Vorschlag für Neuregelung als Vorgabe abnehmen	
Formelle Umsetzung anstoßen (z. B. in Form eines Leistungsscheins/Servicelevelvereinbarung)	
Neuregelung Vorgabe formell korrekt dokumentieren	
Ggf. Leistungsschein anpassen	
Ggf. institutsinterne Dokumentation anpassen	
Institutsinterne Kommunikation veranlassen	
Vorgabe dem Dienstleister zur Umsetzung zuleiten	
Bestätigung des Dienstleister einholen	
Ablage/Archivierung vornehmen	

3. Budgetmanagement

Wie werden Kosten und Budgets überwacht und gesteuert? 462

Im Rahmen der Jahresplanung mit dem Dienstleister werden für das Folgejahr 463 die durchzuführenden Aufgaben mit einem Budget unterlegt. Die Planung richtet sich nach Art und Menge der Erfahrungswerte aus den Vorjahren sowie auf die institutsinterne Planung für das Folgejahr. Die Planungsgespräche sind mit den Dienstleitern zeitlich parallel zu den Etat- und Maßnahmenplanungen (z. B. die Vertriebsplanung) des Kreditinstituts zu führen, damit die Budgets für die Beauftragung des Dienstleisters im Folgejahr auch zur Verfügung gestellt werden. Neben den »Standardleistungen«, die vom Dienstleister abgefordert werden, sind auch Sonderaktionen oder Sonderleistungen einzubeziehen. Für die Planung des Dienstleister ist hierbei natürlich auch die zeitliche Dimensionierung von großer Bedeutung.

STEUERUNG, ÜBERWACHUNG UND KONTROLLE

Beispiel:

464 Plant ein Kreditinstitut eine Sonderaktion für den Absatz von bestimmten Produkten in einem bestimmten Zeitraum, so muss der Dienstleister die Kapazitäten dafür vorhalten. Wird der Dienstleister darüber aber nicht rechtzeitig informiert, so kann dies zur Nichteinhaltung von Servicelevels verbunden mit starken Störungen im Beziehungsgeflecht Dienstleister und Kreditinstitut führen. So kann das Nichteinhalten von SLAs ggf. auch zu öffentlichen Reputationsschäden führen. Um dies zu vermeiden, ist die rechtzeitige Kommunikation mit dem Dienstleister notwendig.

465 Die möglichen Tätigkeiten bei der Budgetplanung durch die Dienstleistersteuerung:

Plan-Auftragsstrukturdaten anfordern (Art, Anzahl, ...)	
Auftragsstrukturdaten für Vergangenheit (Anzahl je Kostenstelle, Kostenart, ...) zusammenstellen	
Erkenntnisse aus Ist-Situation um Planung ergänzen	
Ggf. Planung durch Szenarien untermauern	
Planauftragsdaten mit aktuellem Preismodell unterlegen	
Auftragsplanung mit Dienstleister abstimmen	
Ggf. Preisnachverhandlung	
Budgetplanung abstimmen	
Budget für Soll/Ist-Abgleich übernehmen	
Regelm. Abgleich »Soll/Ist« durchführen	

466 Neben der Budgetplanung ist die Überwachung des Budgets eine der Kernaufgaben der Dienstleistersteuerung.

Um dies zu erreichen, müssen sämtliche Rechnungen des Dienstleisters an die DLS adressiert werden. Damit wird ermöglicht, dass alle Standard- und Sonderleistungen neben der formalen Richtigkeit auch auf die inhaltliche Richtigkeit überprüft werden können. Erst danach erfolgt die Freigabe der Rechnung zur Bezahlung.

Für die inhaltliche Richtigkeit ist es umso mehr wichtig, dass die DLS über alle vertraglich vereinbarten Leistungen aktuell im Überblick hat. Über sämtliche Beauftragungen muss der DLS zumindest in Kenntnis gesetzt werden.

Ggf. sind bei der Prüfung auch noch die vereinbarten Bonus-/Malus-Regelungen zu berücksichtigen.

Abhängig von Art und Umfang der Leistungserbringung ist die inhaltliche Prüfung von Rechnungen wie folgt möglich:

- Prüfung von Einzelposten und Einzelaufträgen
- Plausibilisierung von großen Mengen von Einzelpositionen (z. B. bei Auslagerung des beleghaften Zahlungsverkehrs oder bei Rechenzentrumsleistungen)

4. Leistungsmanagement

4.1. Wie können Leistungen kontrolliert werden?

Basis für die Leitungserbringung sind die Leistungsverträge und die SLAs. Zunächst werden alle verfügbaren Leistungsberichte und Erkenntnisse konsolidiert. Diese Berichte kommen vom Dienstleister selbst als auch vom sog. Leistungsempfänger (der unmittelbare Nutzer der erbrachten Dienstleistung) und von den Fachabteilungen aus dem Institut, die unmittelbar mit dem Dienstleister zusammenarbeiten. Die internen Einschätzungen sind wichtig als möglicher Ansatzpunkt für konkrete Kontrollen.

Wenn alle Ergebnisse vorliegen, so geht der Dienstleistersteuerer zur Analyse über:

Prüfen, ob Qualitätsstandards eingehalten wurden	
Prüfen, ob Servicelevel eingehalten wurden	
Auftragsentwicklung prüfen	
Arbeitsvorlauf/Rückstandsentwicklung prüfen	

STEUERUNG, ÜBERWACHUNG UND KONTROLLE

Berichtsinhalte gegliedert nach Themengebieten in einer institutsinternen Auswertung zusammenfassen	
Prüfen, ob Abweichungen zwischen den einzelnen Berichten bestehen	
Informationen bewerten	
Ggf. Maßnahmen vorschlagen	
Ggf. Eskalation einleiten	

473 Es hat sich als hilfreich und sinnvoll erwiesen, den Leistungsempfänger die Möglichkeit anzubieten, Leistungsstörungen und besondere Erkenntnisse dem Dienstleistersteuerer (DLS) direkt mitzuteilen. Dies kann über eine besondere E-Mail-Adresse organisiert werden. Auch die Rückmeldungen bzgl. auftretender Fehler im Tagesgeschäft an den Dienstleister sollte immer auch als Kopie dem DLS zur Verfügung gestellt werden. Damit erhält der DLS wichtige Informationen aus dem Tagesbetrieb und kann dann ggf. konkrete Maßnahmen ergreifen.

474 Auch das Berichtswesen des Dienstleister für den DLS sollte so detailliert wie möglich sein. Sicherlich werden einige Dienstleister gerade bei Beginn nicht über ein solches Berichtswesen verfügen. Hier sollten dann konkrete Anforderungen schon bei Auswahl des Dienstleisters gestellt werden, so dass die notwendigen Informationen auch zeitnah zur Verfügung stehen. Große Dienstleister nutzen auch Fremd- oder Eigensoftware-Produkte, die gekoppelt an das Auftragssystem aktuelle Berichte produzieren können.

4.2. Reporting

475 Für die Auslagerungen nach § 25a KWG ist die Geschäftsführung des Kreditinstituts verantwortlich. Die Steuerung von Dienstleistern ist »Chefsache«. Demzufolge ist der Geschäftsführung über die Leistungserbringung zu berichten. Schwerpunkte sollten dabei Preis (Budget), Qualität und SLA-Einhaltung sein. Der Bericht sollte mindestens einmal jährlich erfolgen, bei Sondersituationen kann auch in kürzeren Intervallen temporär berichtet werden. Der Bericht sollte folgende Mindestinhalten vorsehen:

> Wesentlichen Ereignisse im Umgang mit dem Dienstleister seit dem letzten Reporting (z. B. Veränderung in der DL-Geschäftsleitung)

Mit dem Dienstleister durchgeführte Projekte oder Maßnahmen (z. B. Einführung einer neuen Software mit Einfluss auf die Einhaltung von SLAs)

Geplantes Auftragsvolumen und weitere Aktivitäten mit dem Dienstleister

Grundlegende Qualitätsmängel sowie mögliche Schadensfälle

Bericht über durchgeführte Notfalltests

Berichtskennzahlen wie Umsatz, Budget, Transaktionen etc.

Bewertung der Zusammenarbeit mit dem Dienstleister durch den Dienstleistersteuerer

Ziel des Reportings ist es, die Geschäftsführung über die Qualität des Dienstleisters zu informieren und über besondere Vorkommnisse zu informieren. Daher sollte der Bericht in Form einer Management-Summary erfolgen, und nicht durch eine Menge an Detailinformationen überfrachtet werden.

5. Leistungsstörungen

Wie wird mit Leistungsstörungen umgegangen bis hin zu möglichen Eskalationsverfahren?

Für jede ausgelagerte Dienstleistung sollte intern entschieden werden, ob bei der Nicht-Einhaltung von Servicelevels eher eine harte Linie oder eine flexible Linie im Umgang mit dem Dienstleister gehandhabt wird. Wird zunächst eine Klärung angestrebt oder sofort mit Malus-Zahlungen reagiert. Die Einstellung ist abhängig von der Art der Dienstleistung und von der Anzahl der Geschäftsvorgänge.

Wenn die Berichte des Dienstleisters ggü. den internen Einschätzungen zur Leistungserbringung deutliche Differenzen aufzeigen, so muss der DLS eigene Prüfungshandlungen initiieren:

Prüfungsfokus festlegen	
Stichprobenumfang festlegen	
Ggf. Prüfungsdurchführung delegieren	
Prüfungsfälle auswählen (z. B. aus Auftragsbuch)	
Vorgänge einsehen	
Qualität kontrollieren	

STEUERUNG, ÜBERWACHUNG UND KONTROLLE

Differenzen analysieren: Sind unklare Vorgaben oder ein unterschiedliches Verständnis zur Aufgabenstellung vorhanden	
Festgestellte Ergebnisse konsolidieren, bewerten und in Bericht zusammenfassen	
Ergebnisse mit DL und dem abweichend berichtenden Bereich besprechen	
Ggf. Ergebnisse in Report an Vorstand aufnehmen	

480 Werden die Differenzen bestätigt oder liegen möglicherweise sogar schon andere negative Erkenntnisse vor (z. B. Revisionsberichte), dann kann es u. U. notwendig werden, eine Ad-hoc-Meldung an die eigene Geschäftsführung zu initiieren. Dieser Prozess sollte auf jeden Fall schon bei Aufbau der Dienstleistersteuerung konzipiert werden, damit die Beteiligten und die Meldewege klar und eindeutig sind.

Erfordernis Ad-hoc-Berichterstattung prüfen und ggf. veranlassen	
Maßnahmenabstimmung vornehmen	
Falls Ursachen in unklaren Vorgaben liegen: Änderung der Vorgaben veranlassen	
Bestätigung über Beseitigung der Mängel einholen	
Überwachen, ob Mängel beseitigt wurden und nicht mehr auftreten	
Falls Mängel weiterhin auftreten: Erneut Gespräch mit betroffenen Bereichen wg. Mängelbeseitigung führen	
Falls Mängel weiterhin auftreten: Information an Vorstand	
Aufnahme in regelmäßiges Reporting zum DL prüfen	
Regelungen/Vereinbarungen archivieren	

6. Eskalation

Müssen Leistungsstörungen eskaliert werden, empfiehlt sich ein formelles Verfahren einzuführen, das die Kommunikation und die Zuständigkeiten regelt.

Beispiel aus der Sparkasse Hannover:

Definition der Eskalation	• Klärung von Meinungsverschiedenheiten zwischen Auftraggeber und Dienstleister
Definition der Voraussetzungen	• Voraussetzung für eine Eskalation ist der gescheiterte Versuch einer Einigung auf der operativen Ebene zwischen Auftraggeber und Dienstleister. • Die Meinungsverschiedenheit muss schriftlich dokumentiert sein.
Definition der Meinungsverschiedenheiten, die Bestandteil der Eskalation sind.[58]	• Differenzen in der Interpretation von Vertragsbestimmungen • Differenzen über die Art und Weise der Leistungserbringung[59] • Differenzen in der Interpretation von Mitwirkungs- und Beistellpflichten • Differenzen über Rechnungen und zugrunde liegende Faktoren • Differenzen über die Abnahmefähigkeit von Lieferungen und Leistungen

---

[58] Nicht jede Meinungsverschiedenheit zieht eine Eskalation nach sich. Um die Waffe »Eskalation« nicht abzustumpfen, empfiehlt sich eine genaue Definition.

[59] Dies kann, muss aber nicht SLA-Verstöße beinhalten. In den Fällen empfiehlt sich die Definition eines eigenen Prozesses für die Eskalation von Störungen im operativen Ablauf.

STEUERUNG, ÜBERWACHUNG UND KONTROLLE

Maßnahmen, die aus der Einleitung des förmlichen Eskalationsverfahrens folgen	• Differenzen über eingesetztes Personal • Differenzen bei der vertraglich vereinbarten Preisprüfung • Information der internen Revision • Information der Geschäftsführung • Information des Sicherheits-Managements • Information der Mitglieder des Lenkungsausschusses
Zweistufiger Prozess	Stufe 1 Versuch der Beilegung zwischen dem Dienstleistersteuerer und dem Verantwortlichen des Dienstleisters innerhalb von 5 Werktagen. Stufe 2 Der Dienstleistersteurer ruft den definierten Lenkungsausschuss innerhalb von 2 Wochen ein.
Folgemaßnahmen	Wird innerhalb von vier Wochen nach Sitzung des Lenkungsausschusses die Meinungsverschiedenheit nicht bereinigt, wird die Einleitung weiterer, evtl. gesetzlicher Schritte geprüft.[60]

7. Vertragsende, Vertragswechsel, Insourcing

483 Wenn die Qualität der Leistungen nicht mehr ausreichend ist, dann kann auch ein Wechsel des Dienstleisters angestrebt werden.

---

60 Auch die Einschaltung externer Vermittler und Schlichter kann jetzt zweckmäßig sein.

Der Impuls sollte dazu vom Dienstleistersteuerer (DLS) kommen. Bei der Suche nach einem neuen Dienstleister ist der DLS auf jeden Fall einzubinden, da die Erfahrungen mit dem bisherigen Dienstleister zur Verbesserung der eigenen Verhandlungsposition eingebracht werden sollten.

Zunächst wird man anhand einer Markt- und Wettbewerbsanalyse bewerten, ob es potenzielle Dienstleister für die ausgelagerte Dienstleistung gibt. Die Identifikation dieser mögliche Bewerber kann wie folgt durchgeführt werden:

Leistungsangebot identifizieren	
Leistungsstruktur überprüfen	
Preismodelle/Preise vergleichen	
Service Level/Qualitätsstandards	
Unternehmenskennzahlen	
Mandantenentwicklung	
Außenauftritt/Akquisitionsunterlagen	

Die laufende Mitbewerberbeobachtung gehört grundsätzlich zu einer Standardaufgabe eines Dienstleistersteuerers.

Als Quellen dafür können dienen:

- Regelmäßige Internetrecherche
- Einholen von Geschäftsberichte
- Presseclipping
- Erfahrungsaustausche/Arbeitskreise
- Auskunfteien (Creditreform)
- Einholen Leistungsangebote
- Teilnahme an Benchmarking

Ein angestrebtes Vertragsende bedarf eines längeren Vorlaufs, denn neben der Findung und der Ausschreibung für einen neuen Dienstleisters, müssen auch möglicherweise von dem Vorgänger noch bestimmte Arbeitsutensilien (z. B. Schlüssel) übernommen werden, damit ein unterbrechungsfreier Übergang zum neuen Dienstleister erfolgen kann. Auch die Unterweisung der neuen Mitarbeiter benötigt je nach Dienstleistung einen gewissen Zeitaufwand. Dann ist es aber auch wichtig, dass der gekündigte Dienstleister seine Vertragsverpflichtungen bis zum Vertragsende nachkommt. Ansonsten könnte dies unangenehme Wirkungen für das Institut haben.

489 Neben dem Wechsel eines Dienstleisters kann aber auch ein Insourcing der Leistung in Frage kommen. Möglicherweise haben sich interne Rahmenbedingungen soweit verändert, dass eine Rücknahme der Leistung wieder möglich und sinnvoll ist. Interessant wird das Vorgehen dann, wenn das Institut selber als Leistungsanbieter am Markt auftreten kann.

H.

Outsourcing als Prüfungsobjekt der Internen Revision

H. Outsourcing als Prüfungsobjekt der Internen Revision

I. Einleitung

Der Bankenmarkt in Deutschland befindet sich im stetigen Wandel. Neben der hohen Anzahl der im deutschen Markt tätigen Kreditinstitute ist die Kosteneffizienz in Deutschland im Vergleich zu einigen ausländischen Wettbewerbern niedrig.[61] Die Mehrzahl der Dienstleistungen wie Zahlungsverkehr, Marktfolgetätigkeiten im Kreditgeschäft etc. werden von den Banken noch selbst durch eigene Abteilungen/Bereiche kostenintensiv erbracht. Nach einer aktuellen Studie der PwC ist die Industrialisierung der Kreditabwicklung noch am Anfang der Entwicklung.[62] Doch der Trend zu Auslagerungen (engl. Outsourcing) von Dienstleistungen und Bankprozessen ist nicht aufzuhalten. Gegenüber den produzierenden Unternehmen hat der Finanzdienstleistungssektor noch großen Nachholbedarf beim Bezug von Dienstleistungen Dritter. Denn im Vergleich zu anderen Industriezweigen besteht im Bankenbereich eine hohe Fertigungstiefe mit einem entsprechenden Reduktionspotenzial. So werden ca. 80 % der Leistungen selbst erbracht; nur 20 % liefern Dritte Dienstleister.[63] Die derzeitige Finanzkrise und der Kosten- und Ertragsdruck der Kreditinstitute wird den Trend zu Auslagerungen und zum Bezug von preiswerten Dienstleistungen nach Auffassung des Verfassers noch in der nächsten Zeit verschärfen.[64] Nach Auffassung der Bankenaufsicht wird es durch Outsourcing-Aktivitäten ermöglicht, Kosten zu sparen und gleichzeitig die Qualität der Bearbeitungsprozesse zu verbessern. Für Banken ist dies eine attraktive Alternative im harten Kampf um Marktanteile und Margen.[65] Bis

490

---

[61] Vgl. Ernst & Young Sales Management 2008 – Optimierungspotenziale im Bankvertrieb erkennen und umsetzen, Vortrag vom 12. November 2008, S. 3.

[62] Vgl. PriceWaterhouseCoopers: Effizienz der Kreditprozesse in deutschen Kreditinstituten – Studie zum aktuellen Stand der Prozesse, Strukturen und Effizienzkennzahlen im Kreditgeschäft, Frankfurt Juni 2008, S. 9.

[63] Vgl. *Berndt M.*: Outsourcing – Umsetzung der Anforderungen der neugefassten MaRisk – Folienvortrag vom Oktober 2008, S. 6.

[64] Vgl. *Becker A./Mauer A.*: Steigende Bedeutung von Outsourcing-Prüfungen durch die Interne Revision in Kreditinstituten in: ZIR 1/2009, Berlin.

[65] Vgl. *Sanio J.*: veröffentlichte Rede anlässlich der Jahrespressekonferenz der BaFin am 10. Mai 2006 in Bonn.

vor Wegfall der Meldepflicht über Auslagerungen Ende 2007 hatte jedes von der BaFin beaufsichtigte Kreditinstitut durchschnittlich vier Auslagerungen angezeigt.[66]

491 Die BaFin hat durch die Überarbeitung der Outsourcing-Anforderungen für Kreditinstitute in den MaRisk im Oktober 2007 die Grundlage für einheitliche Standards geschaffen. Bei wesentlichen Auslagerungen von Prozessen und Dienstleitungen sind höhere Anforderungen zu erfüllen. Die Kreditinstitute haben eine regelmäßige Risikoanalyse durchzuführen, um sicherzustellen, dass die Bankprodukte und –dienstleistungen sowie wesentliche Prozesse auch tatsächlich in der erforderlichen Qualität, beständig und zuverlässig erbracht werden können.[67] Zusammenfassend hat die BaFin durch die neuen Outsourcing-Anforderungen in den MaRisk einen flexiblen Rahmen geschaffen, dass die Erfordernisse in Eigenverantwortung der Kreditinstitute umgesetzt werden können. Folgende Punkte sind der BaFin hierbei wichtig:[68]

- Schaffung von praxisnahen Anforderungen
- Möglichkeit der Nutzung von Gestaltungsspielräumen für originär betriebswirtschaftliche Erfordernisse
- Umsetzung der Änderungen durch das Finanzmarktrichtlinien-Umsetzungsgesetz (FRUG)
- Deregulierung und Beseitigung der Anwendungsschwierigkeiten des älteren Outsourcing-Rundschreibens 11/2001
- Primär risikoorientierter und prinzipienorientierter Aufsichtsansatz
- Wegfall der Fokussierung auf die formelle Anzeigenerstattung der Outsourcing-Aktivitäten

492 Im Rahmen ihrer Aufgaben ist auch die Interne Revision zu beteiligen.[69] Diese Beteiligung kann in unterschiedlicher Form ausgefüllt werden. Praktische Beispiele hierfür sind sowohl die »Ex-Ante« Begleitung in Form der Projektrevision oder alternativ »Ex-Post« die reguläre Prüfung der Betriebsabläufe und Prozesse, die mittels risikoorientierter Systemprüfung durch die Interne Revision durchgeführt wird. Der Aufsatz geht zunächst auf die Beurteilung des Outsourcings aus strategischer Sicht ein. Hierbei wird der Begriff des

---

66 Vgl. *Kokert J.*: Auslagerung von Geschäftsbereichen im Fokus der Internen Revision in: Zukunft der Internen Revision Bollmann P./Jackmuth H.-W. (Hrsg.), Stuttgart 2008, S. 153.
67 Vgl. *Becker A./Mauer A.*: Steigende Bedeutung von Outsourcing-Prüfungen durch die Interne Revision in Kreditinstituten in: ZIR 1/2009, Berlin.
68 Vgl. *Berndt M.*: Outsourcing – Umsetzung der Anforderungen der neugefassten MaRisk – Folienvortrag vom Oktober 2008, S. 5.
69 Vgl. Mindestanforderungen an das Risikomanagement (MaRisk): AT 9 – Outsourcing, Tz. 2.

Outsourcings und die Bedeutung vor dem Hintergrund der Geschäftsstrategie, Chancen und Risiken erläutert. das nächste Kapitel beschreibt die Mitwirkung und Prüfungstechnik bei Outsourcing-Prüfungen, Anforderungen an die Projektrevision (DIIR-Standard Nr. 4), die Einbindung der Internen Revision bei Outsourcing Projekten und geht auf die klassische Prüfungstechnik der Systemprüfungen ein.

Abschließend folgt der Themenbereich »Outsourcing als Prüffeld der Internen Revision«. Hierbei werden die gesetzlichen und bankaufsichtlichen Anforderungen dargestellt und erläutert. Schwerpunktthemen sind wesentliche und unwesentliche Auslagerungen, die einzelnen bankaufsichtlichen Anforderungen sowie Bestandteile der institutsspezifischen Risikoanalyse. Verschiedene Checklisten ergänzen die Ausführungen und eignen sich für den praktischen Prüfungseinsatz. 493

II. Beurteilung des Outsourcings aus strategischer Sicht

Für die Kreditinstitute spielt das Instrument der Auslagerung eine wichtige Rolle im Gesamtkontext der Kosten- und Leistungsoptimierung. Daher ist eine intensive Betrachtung aus strategischer Sicht notwendig. Da derzeit ein intensiver Verdrängungswettbewerb auf dem deutschen und auch dem internationalen Bankenmarkt statt findet, nehmen die strategischen Betrachtungen und die Einbindung der Auslagerungen im Kontext der Geschäftsstrategie der einzelnen Häuser zu. Folgende Gründe können aus strategischer Sicht wesentlich für Auslagerungsaktivitäten sein: 494

- Konzentration auf Kernkompetenzen/Trennung von nicht kernkompetenten Bereichen/Produkten/Dienstleistungen
- Steigerung der Leistungsfähigkeit des Geschäftsbereichs
- Eindeutige Kostenreduktion (bei günstigeren Vergleichsdienstleistungen)
- Erhöhung/Verbesserung der Service-Level
- Verringerung der Fertigungstiefe bei den angebotenen Produkten/Dienstleistungen
- Nutzung von komperativen Kostenvorteilen
- Nutzung von betriebswirtschaftlichen Gestaltungsspielräumen
- Generelle Verringerung der Fertigungstiefe von eigen erbrachten Bankdienstleistungen

1. Begriff des Outsourcings

495 Der *Begriff* der Auslagerung ist in den MaRisk näher definiert. Diese liegt dann vor, wenn ein anderes Unternehmen mit der Wahrnehmung solcher Aktivitäten und Prozesse im Zusammenhang mit der Durchführung von Bankgeschäften, Finanzdienstleistungen oder sonstigen institutstypischen Dienstleistungen beauftragt wird, die ansonsten vom Institut selbst erbracht würden.[70] Inhaltlich erfolgte damit eine Ausweitung der auslagerungsfähigen Aktivitäten um den Bereich der institutsspezifischen Dienstleistungen.[71] Als generell auslagerbar gelten heute auch Geschäftsprozesse der originären Wertschöpfungskette im Unternehmen, die noch vor wenigen Jahren zum Kerngeschäft gehört haben.[72]

496 Weiterhin wird zwischen wesentlichen und unwesentlichen Auslagerungen unterschieden:

Arten von Auslagerungen	Erläuterung
Wesentliche Auslagerungen	Sind Auslagerungen, die nach den institutsspezifischen Maßgeblichkeitskriterien als bedeutend oder »wesentlich« eingestuft werden. Relevante Kriterien können sowohl die Bedeutung des Bereichs/des Geschäftsfeldes, und/oder die strategische Bedeutung für das Unternehmen sein. Beispiele für wesentliche Auslagerungen – abhängig von der individuellen Risikolage/-bewertung der Institute – sind: • Interne Revision • Risikocontrolling/Gesamtbanksteuerung • Rechnungswesen • Marktfolge Kredit • Abwicklung (Handelsgeschäfte)

---

70 Vgl. Mindestanforderungen an das Risikomanagement (MaRisk): AT 9 – Outsourcing, Tz. 1.
71 Vgl. Bantleon U./Kranzbühler L./Ramke T.: Auswirkungen der überarbeiteten Mindestanforderungen an das Risikomanagement auf die Interne Revision insbesondere bei Auslagerungen in: ZIR 3/2008, S. 24.
72 *Follmann H.*: Bedeutung des Outsourcing steigt in: Bankmagazin 09/2004, Wiesbaden, S. 24.

Unwesentliche Auslagerungen	- Darunter fallen Auslagerungen, die nach den institutsspezifischen Maßgeblichkeitskriterien als nicht bedeutend oder »nicht wesentlich« eingestuft werden. Die relevanten Kriterien sind mit den wesentlichen Auslagerungen identisch; nur der Grad der Ausprägung ist in der institutsinternen Bewertung niedriger. Beispiele hierfür sind: - Einzug/Inkasso von notleidenden Forderungen - Zentrale/dezentrale Geldbefüllung - Abwicklung von Sorten- und Reiseschecks (Bedeutung seit Jahren rückläufig) - Datenschutz – bisher nur marginale Bedeutung, gewinnt aber tendenziell weiter an Gewicht

Abb. 1: Begriff der Wesentlichkeit bei Auslagerungen

Wird eine Auslagerung als »wesentlich« eingestuft, ist zudem innerhalb der Risikoanalyse zu prüfen, ob diese von erheblicher Tragweite ist. Das wäre beispielsweise bei einer Vollauslagerung der Internen Revision durch ein größeres Kreditinstitut der Fall. Dabei wäre intensiv zu prüfen, ob und wie eine Einbeziehung der ausgelagerten Aktivitäten und Prozesse in das Risikomanagement sichergestellt werden kann.[73]

Im Falle von gruppeninternen Auslagerungen, d. h. Auslagerungen innerhalb einer Institutsgruppe, können sich wirksame Vorkehrungen des Risikomanagements (auf Gruppenebene) sowie Durchgriffsrechte risikomindernd bei der Erstellung und Anpassung der Risikoanalyse auswirken. Liegen hierbei ausreichende Anforderungen vor, könnte unter Umständen die Auslagerung insgesamt als »nicht-wesentlich« eingestuft werden.[74]

---

[73] Vgl. *Berndt M.*: Outsourcing – Umsetzung der Anforderungen der neugefassten MaRisk – Folienvortrag vom Oktober 2008, S. 40.

[74] Vgl. *Berndt M.*: Outsourcing – Umsetzung der Anforderungen der neugefassten MaRisk – Folienvortrag vom Oktober 2008, S. 41.

Keine Auslagerungen im Sinne der MaRisk

499 Keine Auslagerung liegt vor, sofern weder eine wesentliche noch eine unwesentliche Auslagerungen gegeben ist. Hierunter fallen allgemeine Service- und Unterstützungsleitungen sowie die Nutzung von Infrastruktureinrichtungen, da diese regelmäßig nicht den Sachverhalt des AT 9 der MaRisk erfüllen.[75] Praktische Beispiele hierfür sind:[76]

- Betriebskantine
- Infrastrukturdienstleistungen wie Strom- und Wasserversorgung
- Reinigungsdienste
- Wachdienste
- Baudienste, Haus- und Gebäudeverwaltung
- Aus- und Weiterbildung
- Informationsdienste wie Reuters, etc.
- Betriebsarzt
- Rechts- und Steuerberatungen

500 Bei den *Arten* der Auslagerung wird zwischen der partiellen Auslagerung und der Vollauslagerung unterschieden.

---

75 Vgl. Deutscher Sparkassen- und Giroverband (DSGV): MaRisk-Leitfaden und Interpretationshilfen – MaRisk – Integration der Outsourcing-Regelungen, Berlin Januar 2008, S. 11.
76 Vgl. S. 11.

```
                    ┌─────────────────────────┐
                    │  Arten der Auslagerung  │
                    └─────────────────────────┘

        ╭─────────────────────╮           ╭─────────────────╮
        │ Partielle Auslagerung│           │  Vollauslagerung │
        ╰─────────────────────╯           ╰─────────────────╯

  • Auslagerung von einzelnen         • Auslagerung von vollständigen
    Teilleistungen wie „User Help       Betriebseinheiten/ Abteilungen
    Desk" etc.                          wie Kreditabwicklung
```

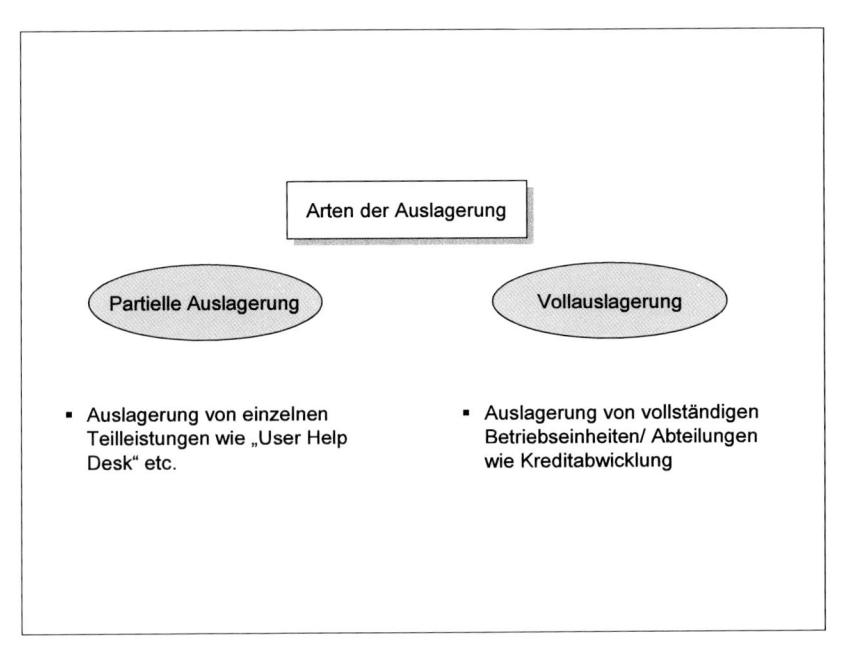

Abb. 2: Arten der Auslagerung[77]

2. Bedeutung des Outsourcings vor dem Hintergrund der Geschäftsstrategie

In der Geschäftsstrategie werden die strategischen Eckpunkte der Unternehmen festgelegt. In vielen Banken steht die Kostensenkung, aber auch die Qualitätssteigerung im Fokus der strategischen Überlegungen. Einige bekannte Adressen im Bankenmarkt haben ihre Abwicklungstätigkeiten in das Ausland übertragen. Die globale Entwicklung des Einkaufs von externen Dienstleistungen im Finanzsektor hat in den letzten Jahren an steigender Bedeutung gewonnen. Über die in der Geschäftsstrategie festgelegten Ziele und Planungen der wesentlichen Geschäftsaktivitäten hat der Gesamtvorstand die primäre Verantwortung.[78] Beispiele für mögliche strategische Aussagen innerhalb der Geschäftsstrategie sind:

---

[77] Vgl. *Bräutigam P.*: IT-Outsourcing: Eine Darstellung aus rechtlicher, technischer, wirtschaftlicher und vertraglicher Sicht, Berlin 2004, S. 62.
[78] Vgl. Mindestanforderungen an das Risikomanagement (MaRisk): AT 4.2 Strategien, Tz. 2 ff.

- Konsequenter Kostenabbau im Bereich der internen Dienstleistungen
- Nutzung von Skaleneffekten des externen Dienstleisters (z. B. bei großem Geschäftsvolumen gezielte Nutzung von Kostenvorteilen)[79]
- Konsequente Analyse der Kernkompetenzen des Unternehmens – Folge = Trennen von nicht Kernkompetenzbereichen bzw. Einkauf von externen Dienstleistungen
- Erreichung von Ertragszielen, wenn die Auslagerung zur Stabilisierung oder zum Wachstum der Erträge dient [80]
- Erhöhung der Qualität der Dienstleistungen – d. h. die Dienstleitungen des Auslagerungsunternehmens weisen eine höhere Qualität als die bisher angebotenen Dienstleistungen auf[81]
- Nutzung von standardisierten/vergleichbaren Dienstleistungen (z. B. mit ISO-Norm oder ähnlichem Qualitätssiegel versehene Dienstleistung)[82]
- Beschleunigung der Auslagerungsdienstleistung durch Standardisierung/Spezialisierung[83]
- Steigerung der Rentabilität, d. h. die Auslagerung erhöht die Rentabilität durch kostengünstigen Einkauf von Dienstleistungen[84]

3. Chancen und Risiken des Outsourcings

502 Die Auslagerungen führen in der Bankpraxis sowohl zu Chancen, bergen aber auch Risiken für das auslagernde Unternehmen. Die bekannten Chancen liegen vorwiegend in der Nutzung von Kostenvorteilen, die meist im Rahmen von Kostenoptimierungsprogrammen genutzt werden. Die Risiken liegen eindeutig in den zunehmenden Abhängigkeiten sowie Umfeldrisiken wie politischen Risiken, bankaufsichtliche oder gesetzliche Regulierung etc., denen das Auslagerungsunternehmen fortlaufend ausgesetzt ist. Ein aktuelles Beispiel für bestehende Risiken besteht in der teils global starken Abhängigkeit von

---

79 Vgl. *Tölle H.*: Outsourcing: Auslagerung von Geschäftsbereichen als Alternative zu Fusionen in: BankPraktiker 12/2007, S. 600.
80 Vgl. Deutscher Sparkassen- und Giroverband (DSGV): MaRisk-Leitfaden und Interpretationshilfen – MaRisk – Integration der Outsourcing-Regelungen, Berlin Januar 2008, S. 16.
81 Vgl. Deutscher Sparkassen- und Giroverband (DSGV): MaRisk-Leitfaden und Interpretationshilfen – MaRisk – Integration der Outsourcing-Regelungen, Berlin Januar 2008, S. 16.
82 Vgl. *Tölle H.*: Outsourcing: Auslagerung von Geschäftsbereichen als Alternative zu Fusionen in: BankPraktiker 12/2007, S. 601.
83 Vgl. *Tölle H.*: Outsourcing: Auslagerung von Geschäftsbereichen als Alternative zu Fusionen in: BankPraktiker 12/2007, S. 601.
84 Vgl. Deutscher Sparkassen- und Giroverband (DSGV): MaRisk-Leitfaden und Interpretationshilfen – MaRisk – Integration der Outsourcing-Regelungen, Berlin Januar 2008, S. 16.

Dienstleistungen. Tritt eine politisch instabile Lage ein und/oder treten wirtschaftliche Schwierigkeiten beim Dienstleiter auf, kann dies teils zu erheblichen Leistungsstörungen führen. Nachfolgend sind einige Beispiele für Chancen und Risiken[85] dargestellt, die in der Praxis häufiger vorkommen:[86]

Chancen

- Niedrigere Kosten insgesamt
- Fokus auf die Kernkompetenzen des Kreditinstituts
- Nutzung von einzelnen Kostenvorteilen
- Verbesserung der Dienstleistung/des Service-Levels
- Abbau von Personal (siehe auch Kostenvorteile)
- Erschließung günstigerer Tarifstrukturen beim Dienstleister
- Know-How Zugewinn (wenn externer Dienstleister Know-How-Träger ist)
- Erhöhung der Transparenz der angebotenen Dienstleistung
- Verbesserung des Prozessablaufs
- Preiswerte Erhöhung der Servicezeiten
- Verbesserung der Durchlaufzeiten
- Erzielung einer einheitlichen Standardisierung der Dienstleistung/des Prozesses/des Produktes
- Erschließung von Innovationspotenzialen beim Dienstleister
- Nutzung von komperativen Kostenvorteilen
- Zugriff auf aktuellste Technik/Innovation
- Kürzere Time-to-Market-Fristen

Risiken

- Politische Risiken (Krisen, Rebellion, politischer Wechsel)
- Wirtschaftliche Risiken (das Unternehmen kommt in Schwierigkeiten)
- Branchenrisiken (aktuell beispielsweise die Automobilbranche)
- Kulturelle Risiken (kulturelle Eigenheiten wirken sich negativ auf das Produkt/die Dienstleitung etc. aus)

---

85   Vgl. hierzu auch *Berndt M.*: Outsourcing – Umsetzung der Anforderungen der neugefassten MaRisk – Folienvortrag vom Oktober 2008, S. 7.
86   Die Darstellung ist exemplarisch und erhebt keinen Anspruch auf Vollständigkeit.

- Vertragliche Risiken (aufgrund unzureichender Regelungen entstehen vertragliche Lücken, die sich negativ auf die Leistungserbringung auswirken
- Operative Risiken (diese können in unterschiedlichsten Formen auftreten, z. B. die Prozessschnittstellen zu den Auslagerungsprozessen wurden unklar definiert etc.)
- Abhängigkeiten aufgrund von Monopol- oder Oligopolstrukturen (wenn nur ein oder wenige Anbieter die Dienstleistungen anbieten)
- Kontrollverlust
- Ggf. hohe Rückführungskosten
- Know-How-Verlust
- Steigende Komplexität

4. Checkliste »Strategische Aspekte« beim Outsourcing

503 Die folgende Checkliste zeigt die wesentlichen Fragen bezüglich der strategischen Aspekte bei Auslagerungen auf:

Inhalt	Prüfungsfragen
Strategische Kriterien	- Welche Zielrichtung verfolgt das Kreditinstitut mit den Auslagerungsaktivitäten? - Existiert eine schlüssige Auslagerungsstrategie? - Werden die strategischen Komponenten hinreichend begründet und erläutert? - Sind die Auslagerungsaktivitäten ausreichend in der Geschäftsstrategie eingebunden?
Strategische Inhalte	- Welche strategischen Inhalte wurden im Kreditinstitut festgelegt? - Stehen die strategischen Inhalte über Auslagerungsaktivitäten im Einklang mit den weiteren Inhalten der Geschäftsstrategie des Instituts?

	- Werden durch die Auslagerung Skaleneffekte bei der Erstellung der Dienstleitungen/der Produkte sinnvoll genutzt? - Ist sichergestellt, dass die Kosten- und Ertragsoptimierung entsprechend berücksichtigt wurde? - Sind die Bereiche klar und eindeutig benannt, die im Einzelnen ausgelagert werden sollen? - Ist das Ziel/sind die Ziele der Auslagerung klar und deutlich definiert? - Welche Anforderungen werden im Einzelnen an das Auslagerungsunternehmen gestellt?
Strategische Maßnahmen	- Verfügt das Unternehmen über ein ausreichendes Budget für die Auslagerungsaktivität? - Werden für die Auslagerungsaktivitäten entsprechende Projekte aufgesetzt? - Ist sichergestellt, dass die gesetzlichen und bankaufsichtlichen Anforderungen insbesondere aus KWG bzw. MaRisk erfüllt werden? - Verfügt das Institut über eine zentrale Stelle zur Koordination der strategischen Maßnahmen?

Abb. 3: Checkliste für strategische Aspekte bei Auslagerungen

III. Mitwirkung und Prüfungstechnik bei Outsourcing-Prüfungen

Für die Interne Revision ergeben sich verschiedene Ansatzpunkte der Prüfung bei Outsourcing-Themen. Eine sehr frühzeitige Form ist die *Projektrevision*, die das Auslagerungs-Thema bereits »Ex-Ante« bei Entstehung/Entwicklung des Auslagerungsprozesses revisionsseitig begleitet. Wurde die Auslagerungs-Maßnahme umgesetzt, ist der gesamte Prozess zu prüfen. Hierbei ist insbesondere zu klären, wer den Prüfungsauftrag für die Prüfung des ausgelagerten Prozesses bekommt. Dies kann zum einen von der Internen Revision des auslagernden Unternehmens übernommen werden. Verfügt das Unternehmen des externen Dienstleisters über eine eigene Interne Revision, kann die Prüfungstätigkeit von dieser Organisationseinheit wahrgenommen werden. Nachfolgend werden die einzelnen Formen der Prüfungstätigkeit der Internen Revision dargestellt. Detaillierte Checklisten ergänzen die Ausführungen.

1. DIIR- Standard zur Projektrevision

505 Die Grundlage für die Prüfung von Projekten hat das Deutsche Institut für Interne Revision e. V. (DIIR) am 13. Mai 2008 durch den neuen *DIIR-Prüfungsstandard* »Standard zur Prüfung von Projekten – Definitionen und Grundsätze« geschaffen. Dieser Standard soll den Internen Revisionen bei der Prüfung von Projekten eine praktische Hilfestellung geben. Der Standard ist insofern von Bedeutung, da hierbei eine einheitliche Messlatte für Projektprüfungen als Orientierungshilfe den Internen Revisoren zur Verfügung gestellt wird. Oftmals haben Projekte in Kreditinstituten auch eine strategische Bedeutung. Erfolgreiche Projekte sichern die Zukunftsfähigkeit von Unternehmen, denn diese gewährleisten, dass neue innovative Finanzprodukte am Markt platziert werden können oder die Bankprozesse durch den Einsatz neuer Technologien effizienter und kostengünstiger ausgestaltet werden können. Nach einer Studie der Deutschen Gesellschaft für Projektmanagement (GPM) geben über 50 % der befragten Unternehmen mehr als 10 % ihrer Gesamtkosten für Projekte aus. In der Bankpraxis verfehlen einige Projekte jedoch ihre Ziele; das Scheitern von Projekten ist meist auf ein unzureichendes Projektmanagement zurückzuführen.[87] Insofern ist es von zentraler Bedeutung, dass die Interne Revision im Rahmen ihres risikoorientierten Prüfungsansatzes die wesentlichen Projekte des Kreditinstituts prüft. Dabei gewinnt die Prüfung und Beurteilung des Projektmanagements an Bedeutung. Auch Bankvorstände und die beteiligten Fachabteilungen begrüßen einhellig die Projektbegleitung durch die Interne Revision.[88]

506 Der neue DIIR-Prüfungsstandard Nr. 4 unterscheidet die Prüfungstätigkeit der Internen Revision bei Projektrevisionen in drei wesentliche Gruppen:

---

87 Deutsches Institut für Interne Revision (DIIR): DIIR Prüfungsstandard Nr. 4 – Standard zur Prüfung von Projekten – Definitionen und Grundsätze, Frankfurt 2008, S. 2.

88 *Becker A.*: Die Prüfung von Frühwarnverfahren durch die Interne Revision in: Risikofrüherkennung im Kreditgeschäft – Bearbeitungs- und Prüfungsleitfäden der Internen Revision, Heidelberg 2008, S. 227.

Projekt Management Revision	Business Case Revision	Revision der fachlichen Anforderungen
Diese besteht in der Untersuchung der Organisation, der Prozesse und der Produkte des Projekt- und Portfoliomanagements	Der Prüfungsinhalt liegt in der Untersuchung der Prozesse zur Erstellung des Business Case eines Projektes oder die Beurteilung des Business Case selbst.	Diese besteht in der Prüfung von fachlichen Anforderungen des Projektes sowie deren Umsetzung im Rahmen der Projektarbeit.

Abb. 4: Unterscheidung der Projektrevisionen[89]

2. Einbindung der Internen Revision bei Outsourcing Projekten

Es ist wichtig für die Interne Revision, Prüfungserfahrungen aus der Revision in Projekten zu sammeln. Denn neben den bankaufsichtlichen Erfordernissen wird die Prüfungsdienstleitung der »Projektrevision« immer stärker nachgefragt. Für die Kreditinstitute sind in der Bankpraxis folgende *Aspekte für Projektrevisionen* relevant[90]:

- Einhaltung bankaufsichtlicher Anforderungen insbesondere der MaRisk
- Projekte dienen der Erfüllung von wesentlichen Unternehmenszielen, wie beispielsweise den betriebswirtschaftlichen oder strategischen Zielen, z. B. der Entwicklung leistungsfähiger Frühwarnverfahren
- Projekte dienen auch der Erfüllung spezieller Marktanforderungen wie
  - Kundenwünschen (Produkte, neue Finanzdienstleistungen etc.)
  - Marktbedingungen (Einhaltung von Marktusancen, Gesetzen etc.)
- Projekte binden zum Teil erhebliche Ressourcen (Mitarbeiter sowie Kapital). Dies beinhaltet auch
  - die Gefahr/das Risiko der Nichterfüllung der Projektziele
  - finanzielle Risiken/ökonomische Risiken

---

[89] Deutsches Institut für Interne Revision (DIIR): DIIR Prüfungsstandard Nr. 4 – Standard zur Prüfung von Projekten – Definitionen und Grundsätze, Frankfurt 2008, S. 7.

[90] *Becker A.*: Die Prüfung von Frühwarnverfahren durch die Interne Revision in: Risikofrüherkennung im Kreditgeschäft – Bearbeitungs- und Prüfungsleitfäden der Internen Revision, Heidelberg 2008, S. 227–228.

Ziele der Internen Revision

508 Aus der Praxis ergeben sich für die Interne Revision folgende Zielrichtungen in Projekten:

1. *Zeitnahe und unabhängige Informationen über den Projektstand*

   Die Interne Revision hat eine *prozessneutrale*, d. h. *prozessunabhängige* Funktion im Unternehmen. Projektrevisionen haben den Vorteil, dass die Interne Revision im Rahmen ihrer Prüfungen eine Plausibilisierung des Projektcontrollings vornehmen kann. Sie kann weiterhin im Rahmen ihrer Prüfungstätigkeit über bestehende Projektrisiken informieren und damit wichtige Handlungsempfehlungen an das Projektmanagement sowie weitere Berichtsadressaten geben.[91]

2. *Info über Einhaltung des Projekterfolgs*

   Das Ergebnis der Projektrevision kann Anstöße bzw. Handlungsempfehlungen für Korrekturen bei laufenden Projekten geben. Dies sind z. B.:

   - Ressourcenfragen
   - Inhalte/Zeitplanung

3. *Hinweise auf Schwächen im Internen Kontrollsystem (IKS)*

   Das Ergebnis der Projektrevision kann weiterhin Hinweise auf mögliche Systemschwächen, wie z. B. Schwächen im Internen Kontrollsystem (IKS) bei vorhandenen Schnittstellen bzgl. der ausgelagerten Prozesse liefern.

Ansätze von Projektrevisionen

509 Für die Interne Revision ergeben sich im Hinblick auf die zeitliche Komponente zwei mögliche Ansätze, den *Ex-Post-* und den *Ex-Ante-Ansatz*. Ist die Revision bereits frühzeitig, d. h. in der Entstehungsphase des Projektes mit der Projektrevision betraut, stellt dies den *Ex-Ante-Ansatz* dar. Wird die Projektrevision im Nachhinein durchgeführt, d. h. sind die Projekte bereits abgeschlossen, wenn die Projektrevision beginnt, bezeichnet man dies als *Ex-Post-Ansatz*. Die Vorteile des Ex-Ante-Ansatzes liegen klar auf der Hand. Durch die frühzeitig beginnende Projektrevision können auch frühzeitige Hinweise/Feststellungen der Internen Revision zu Korrekturmaßnahmen in dem laufenden Projekt führen. Diese Maßnahmen können wirtschaftlich positive

---

91 *Becker A.*: Die Prüfung von Frühwarnverfahren durch die Interne Revision in: Risikofrüherkennung im Kreditgeschäft – Bearbeitungs- und Prüfungsleitfäden der Internen Revision, Heidelberg 2008, S. 228.

Effekte beinhalten (Kosten/Ressourcen). Auch teure Korrekturmaßnahmen z. B. bei Nichteinhaltung von gesetzlichen/bankaufsichtlichen Erfordernissen bei Auslagerungsaktivitäten können von vorne herein vermieden werden.[92]

Arten von Projektrevisionen

Die Bankpraxis der Projektrevision zeigt verschiedene Formen der Einbindung. Zum einen informieren sich die in Projekte eingebundene Fachbereiche/Projektbeteiligte fallweise bei der Internen Revision über die Handhabung verschiedener Sachverhalte wie rechtliche oder bankaufsichtliche Behandlung. Dies kann bspw. eine Beurteilung des Outsourcing-Projektes vor dem Hintergrund der bankaufsichtlichen Anforderungen sein.

Andererseits wird oftmals von den Fachbereichen/der Projektleitung eine aktive Einbindung der Internen Revision in die Projektarbeit gewünscht. Dabei ist zu berücksichtigen, dass Aufträge für Projektrevisionen durch den Vorstand und nicht durch die Fachabteilung/Projektleitung erteilt werden. Wichtig ist auch die Beachtung der *Selbständigkeit* und *Unabhängigkeit* der Internen Revision, die nach den MaRisk zwingend erforderlich sind.[93] Daher ist die Übernahme von Leitungsfunktionen wie Projektleitung/Teilprojektleitung durch die Interne Revisoren mit der Erfordernis der »Unabhängigkeit« und »Selbständigkeit« der Internen Revision nicht vereinbar.

Als Prüfungsansatz ist eine umfassende *System- und Verfahrensprüfung* des gesamten Projektmanagements im Kreditinstitut zu empfehlen. Hierbei wird erkennbar, inwieweit das Projekt im Hause umgesetzt wird und inwieweit das Projektmanagement und –controlling funktionsfähig ist. Weiterhin kann die Interne Revision das Projektmanagement gezielt prüfen, indem Funktionstests zu einzelnen Projekten durchführt werden.

Dabei kommt den laufenden Projekten wie der Auslagerung von Marktfolgebereichen oder des Zahlungsverkehrs eine besondere Bedeutung zu.

---

92 *Becker A.*: Die Prüfung von Frühwarnverfahren durch die Interne Revision in: Risikofrüherkennung im Kreditgeschäft – Bearbeitungs- und Prüfungsleitfäden der Internen Revision, Heidelberg 2008, S. 229.
93 Vgl. MaRisk, BT 2.2 Grundsätze für die Interne Revision, Tz. 1.

Art der Projektrevision	Erläuterung
Projektbegleitung	▪ Informelle Projektbegleitung ▪ Fortlaufende Projektarbeit (z. B. Revisionsmitarbeiter ist Mitglied im Projektteam) ▪ Revisionsmitarbeiter ist Mitglied im Lenkungsausschuss des Projektes (nur beratende Funktion möglich)
Projektprüfung	▪ Prüfung spezieller Projektthemen ▪ Statusprüfung innerhalb der verschiedenen Projektphasen ▪ Klassische risikoorientierte Systemprüfung

Abb. 5: Projektbegleitung/Projektprüfung

Projektrevision – Regelungen im Revisionshandbuch

514 Externe Prüfer fordern von der Internen Revision in Kreditinstituten, dass die Art der *Projektrevision* in den einzelnen Häusern explizit definiert wird. Die hierfür relevante Regelung ist das Revisionshandbuch, welches häufig die für die Interne Revision relevanten Arbeitsanweisungen, innerbetrieblichen Abläufe sowie die Grundsätze für die Berichtseinstufung etc. regelt. Wichtig ist gerade für den externen Prüfer der Anlass der Berichtserstellung z. B. wenn ein expliziter Prüfungsauftrag an die Interne Revision erteilt wurde. Übernehmen Mitarbeiter der Internen Revision jedoch fallweise Beratungsfunktionen in Einzelfragen muss kein separater Prüfungsbericht erstellt werden. Hier reicht oftmals ein kurzer Aktenvermerk oder auch ein e-mail, welches schlüssig die revisionsseitige Antwort auf die Anfrage des Fachbereichs oder Projektleiter dokumentiert. Bei fortlaufender Projektbegleitung der Internen Revision sind regelmäßig auch alle projektrelevanten Ergebnisse/Zwischeninformationen im Rahmen der fortlaufenden Projektdokumentation enthalten. Hier muss nach Auffassung des Verfassers auch kein separater Prüfungsbericht erstellt werden. Wünscht jedoch der Vorstand eine separate Berichterstattung, obwohl die Interne Revision projektbegleitend eingebunden ist, besteht die Notwendigkeit für eine Prüfungsberichterstellung. Dies kann von

Fall zu Fall individuell abgeklärt werden. In der nachfolgenden Abbildung ist eine mögliche innerbetriebliche Regelung aus dem Revisionshandbuch exemplarisch dargestellt.[94]

Art der Projektbegleitung	Bezeichnung
Projektbegleitende Prüfung	▪ Statusprüfung, Prüfung einzelner Sachverhalte aus Basis eines konkreten Prüfungsauftrags vom Vorstand ▪ Über das Ergebnis der Prüfung ist ein Prüfungsbericht zu erstellen
Projektbegleitende Beratung	▪ Beratungen während des Projektverlaufs, Teilnahme an verschiedenen Projektsitzungen ▪ Dokumentation der Projektergebnisse im Rahmen der üblichen Sitzungsprotokolle (keine Berichterstellung notwendig)
Beratung von Einzelthemen	▪ Anlassbezogene Beratungen z. B. Einhaltung von bankaufsichtlichen Erfordernissen bei Outsourcingmaßnahmen ▪ Dokumentation der Ergebnisse in Form eines/mehrerer Vermerke

Abb. 6: Formulierung der Arten der Projektbegleitung im Revisionshandbuch

Projektmanagement – Behandlung von typischen Projektrisiken

Eine wichtige Aufgabe des erfolgreichen Projektmanagements besteht darin, entstehende oder bestehende Risiken erfolgreich zu managen und zu bewältigen. Neben den bereits bekannten klassischen bankaufsichtlichen Risikoarten (Adressenausfallrisiken, Marktpreisrisiken, operationellen Risiken und Liquiditätsrisiken) gibt es noch weitere Risikokomponenten, die bei Bankprojekten von Bedeutung sein können.

---

94 *Becker A.*: Die Prüfung von Frühwarnverfahren durch die Interne Revision in: Risikofrüherkennung im Kreditgeschäft – Bearbeitungs- und Prüfungsleitfäden der Internen Revision, Heidelberg 2008, S. 232.

Bezeichnung der möglichen Projektrisiken
▪ Fehlende/unzureichende Projektdokumentation ▪ Änderung des Projektauftrages ▪ Konflikte/Differenzen im Projektteam ▪ Fehlende/unzureichende Unterstützung durch die betroffenen Fachbereiche ▪ Projektmitarbeiter stehen nicht wie geplant zur Verfügung ▪ Arbeitsergebnisse sind qualitativ/quantitativ unzureichend ▪ Abweichungen/Nichteinhaltung des vorgegebenen Projektplanes

Abb. 7: Arten von Projektrisiken

516 Gerade beim Management in kritischen Situationen zeigt sich die Qualität und Erfahrung des Projektleiters als »Manager« vor Ort. Denn er und das Projektteam müssen mit den internen und externen Einflüssen auf das Projekt umgehen können. Letztendlich entscheidet über den Erfolg des Projektes, ob die Krisensituationen gut bewältigt werden können. Die Interne Revision hat darauf zu achten, dass die wesentlichen Projekte des Kreditinstituts auch mit entsprechend fachlich und persönlich erfahrenen Projektleitern und Mitarbeitern besetzt werden.[95]

517 Häufig haben Auslagerungsprojekte eine vergleichbare Struktur, die sich wie folgt darstellt:

Projektphasen des Auslagerungsprojektes	
Phase I	Entscheidungsfindung und Risikoanalyse
Phase II	Auswahl des externen Dienstleisters
Phase III	Entwurf eines Dienstleistungsvertrags
Phase IV	Umsetzung und Durchführung des Dienstleistungsvertrages
Phase V	Beendigung des Dienstleistungsverhältnisses

Abb. 8: Struktur eines Auslagerungsprojektes[96]

---

95 *Becker A.*: Die Prüfung von Frühwarnverfahren durch die Interne Revision in: Risikofrüherkennung im Kreditgeschäft – Bearbeitungs- und Prüfungsleitfäden der Internen Revision, Heidelberg 2008, S 234.
96 *Kokert J.*: Auslagerung von Geschäftsbereichen im Fokus der Internen Revision in: Zukunft der Internen Revision Bollmann P./Jackmuth H.-W. (Hrsg.), Stuttgart 2008, S. 165.

Ist die Interne Revision während des gesamten Projektes projektbegleitend eingebunden, erhält diese einen vollständigen Überblick über die aktuellen Zwischenergebnisse sowie die einzelnen Projektstände (Ex-Ante-Ansatz).

3. Klassische Systemprüfungen

Der Ansatz der Systemprüfung eignet sich auch bei der Prüfung von ausgelagerten Prozessen/Teilprozessen, denn die Komplexität der Geschäftsvorfälle erfordert ein Umdenken hin zu ganzheitlichen System- und Ablaufprüfungen.[97] Dabei ist zu berücksichtigen, dass die risikoorientierte Prüfungslandkarte der Internen Revision durch die Auslagerung/Teilauslagerung verändert und angepasst werden muss. Es ist insbesondere zu klären, wer künftig für die Prüfung des Prozesses verantwortlich ist. Prüfungsaufträge werden weiterhin wahrgenommen, wenn das Dienstleistungsunternehmen über keine/ausreichende Interne Revision verfügt. Sollte der Dienstleister über eine funktionsfähige Innenrevision verfügen, ist sicherzustellen, dass die Interne Revision des Auslagerungsunternehmens fortlaufend über die Prüfungstätigkeit und die Ergebnisse informiert wird (z. B. Jahresbericht, Management-Letter etc.). Die Prüfungsrechte der Internen Revision des Auslagerungsunternehmens sind nach den MaRisk vertraglich zu vereinbaren,[98] um eine kontinuierliche Prüfung der Abläufe sicherzustellen. Hierbei sind folgende Fragen zu klären:

Inhalt	Prüfungsfragen
Themen – klassische Systemprüfung	<ul><li>Handelt es sich um eine echte Auslagerung im Sinne der MaRisk (AT 9)?</li><li>Liegt eine wesentliche oder eine unwesentliche Auslagerung vor?</li><li>Werden bei der unwesentlichen und der wesentlichen Auslagerung die Anforderungen an eine ordnungsgemäße Geschäftsorganisation im Sinne von § 25a KWG erfüllt?</li></ul>

---

97 *Rosner-Niemes S.*: Risikoorientierte System- und Verfahrensprüfungen im Kreditgeschäft in: Prüfung des Kreditgeschäfts durch die Interne Revision – Becker A./Kastner A. (Hrsg.), Berlin 2007, S. 27 ff.

98 Vgl. MaRisk, AT 9 Outsourcing, Tz. 6 – Sicherstellung der Informations- und Prüfungsrechte der Internen Revision und der externen Prüfer.

- Ist sichergestellt, dass bei wesentlichen Auslagerungen die erhöhten Anforderungen der MaRisk erfüllt werden?
- Ist organisatorisch sichergestellt, dass die Interne Revision im Rahmen ihrer Aufgaben in die Erstellung der Risikoanalyse eingebunden wurde?
- Welche Prozesse incl. der Prozessschnittstellen sind von der Auslagerung betroffen?
- Liegt eine zulässige Auslagerung im Sinne der MaRisk vor (keine Leitungsaufgaben)?
- Verfügt das Institut über ein ausreichendes Auslagerungscontrolling?
- Werden die in AT 9 MaRisk vorgegebenen vertraglichen Vereinbarungen für wesentliche Auslagerungen erfüllt?
- Sind insbesondere Informations- und Prüfungsrechte sowohl für die Interne Revision als auch für externe Prüfer vereinbart worden?
- Werden die mit der wesentlichen Auslagerung verbundenen Risiken angemessen gesteuert?
- Ist gewährleistet, dass die ausgelagerten Prozesse und Aktivitäten angemessen überwacht werden?
- Hat das Kreditinstitut für die Steuerung und Überwachung klare Verantwortlichkeiten festgelegt?
- Werden die Anforderungen an die Auslagerung von Aktivitäten und Prozessen auch bei der Weiterverlagerung der ausgelagerten Dienstleistungen beachtet?

Abb. 9: Checkliste Klassische Systemprüfung

Die *Systemprüfung* beinhaltet die Prüfung von ganzheitlichen Verfahren oder Teilbereichen von Systemen, Verfahren oder Betriebsabläufen im Hinblick auf die erforderlichen gesetzlichen, bankaufsichtlichen sowie organisatorischen Regelungen. Als wesentliches Ergebnis der Systemprüfung sollte eine Beurteilung des Verfahrens/Ablaufs im Hinblick auf Aufbau- und Ablauforganisation, Funktionsfähigkeit, Wirksamkeit des Risikomanagements, der Internen Kontrollen, des Berichtswesens/der Informationssysteme, des Finanz- und Rechnungswesens sowie der Einhaltung der gesetzlichen, bankaufsichtlichen sowie internen Regelungen (z. B. Arbeits-/Organisationsanweisungen) stehen.

520

Die Prüfungsschwerpunkte sollten aus der Prüfungsstrategie abgeleitet werden und können von Prüfung zu Prüfung gewichtet werden.

521

Diese umfassen die Bestandsaufnahme der organisatorischen Regelungen und Arbeitsanweisungen im geprüften Bereich (notwendige schriftlich fixierte Prozess- und Arbeitsabläufe, Produkt- und/oder Systemhandbücher, Stellenbeschreibungen, Kompetenzen etc.). Zum einen sollte überprüft werden, ob die getroffenen Regelungen über die geplante Auslagerung gesetzes- und aufsichtskonform sind. Zum anderen ist zu prüfen, ob klar geregelte Verantwortlichkeiten und Schnittstellen zwischen dem Kreditinstitut und externen Dienstleistern sowie effiziente Prozesse vorliegen.[99] Zudem ist die personelle Ausstattung des Bereichs mit Blick auf die speziellen Qualifikationserfordernisse zu beurteilen. Letztendlich eignet sich der Ansatz der Systemprüfung ideal für die Prüfung der ausgelagerten Prozesse für die zuständige Revisionseinheit – unabhängig davon, ob der Prüfungsauftrag beim Auslagerungsunternehmen oder beim externen Dienstleistungsunternehmen liegt.

522

4. Revisionsseitige Beratung in Einzelfällen

Im Rahmen von Auslagerungsprojekten wird die Interne Revision als interner Dienstleister angesprochen, revisionsseitig zu beraten. Solche Fachanfragen werden nach dem DIIR-Standard Nr. 4 als »Revision der fachlichen Anforderungen« bezeichnet. In der Bankpraxis kommen fachliche Anfragen seitens verschiedener Projektmitglieder und/oder dem Projektleiter vor, die direkt an die Interne Revision gerichtet werden.[100] Folgende Beratungen können im Rahmen von Auslagerungen an die Interne Revision gerichtet werden, die sich

523

---

99 *Fieseler Bernd M.*, Problemkredite sind ein Geschäftsfeld mit Chancen, in: Betriebswirtschaftliche Blätter, 1/2006, Seite 44.

100 *Becker A./Mauer A.*: Steigende Bedeutung von Outsourcing-Prüfungen durch die Interne Revision in Kreditinstituten in: ZIR 1/2009, Berlin.

regelmäßig auf die Einhaltung von gesetzlichen und bankaufsichtlichen Anforderungen beziehen:

- Definition von wesentlichen und unwesentlichen Auslagerungen
- Festlegung von betriebsinternen Kriterien für wesentliche und unwesentliche Auslagerungen
- Anregungen für die Erstellung einer Risikoanalyse für Auslagerungen
- Prüfung von Kernkriterien (vgl. MaRisk AT 9 – Anforderungskatalog) für wesentliche Auslagerungen
- Fragen bezüglich der Prozessschnittstellen

5. Checkliste Prüfungstechnik Outsourcing

524 Die folgende Checkliste zeigt Prüfungsaspekte für die praktischen Projektrevisionen auf, die bei der Durchführung von Projektrevisionen zu beachten sind:

Inhalt	Prüfungsfragen
Eingangspunkte bei Projektrevisionen (Vorstrukturierung)	- Festlegung der Vorgehensweise/des Zeit- und Stufenplans - Angabe des Projektleiters (wichtig ist hierbei das Erfahrungspotenzial) - Auswahl der Projektmitarbeiter, Bestimmung des Projektleiters - Kurze verbale Erläuterung zum Projekt z. B. Kurzbeschreibung Frühwarnverfahren im Kreditgeschäft - Angabe des Mentors (bei wesentlichen Projekten z. B. der Vorstand/oder einzelne Vorstandsmitglieder bzw. Bereichsleiter etc.) - Angabe der erforderlichen Ressourcen (Projekttage, ggf. externe Kosten) - Controlling-Informationen (wie bisheriger Verbrauch an Tagen/Kosten etc.) - Übersicht über bereits laufende Projekte/geplante Projekte - Festlegung des Lenkungsausschusses - Bestimmung der Ressourcen/Kommunikationswege

Prüfung des Projektmanagements	- Wurde ein erfahrener Projektleiter für das Projekt benannt?
- Ist sichergestellt, dass für das wesentliche Projekt des Kreditinstituts ein qualifiziertes und erfahrenes Projektteam gefunden wurde?
- Wurden Projektsteuerungsgremien (wie Lenkungsausschuss) ausreichend eingerichtet und besetzt?
- Wurden ausreichende Eskalationsmechanismen eingerichtet?
- Finden regelmäßige Projektsitzungen statt?
- Wird ein ausreichendes Projektcontrolling vorgenommen?
Projektdurchführung und Abschluss	- Wurde der Projektplan eingehalten (Zeit- und Meilensteinplan)?
- Liefert das fortlaufende Projektcontrolling kurze aber prägnante Informationen über die Einhaltung des Projektes wie z. B. anhand eines Ampelsystems?
- Wurde ausgehend von den Einzelanforderungen der MaRisk zu den Frühwarnverfahren ein Abgleich mit den bestehenden Organisationshandbuch/Regelungen vorgenommen?
- Ist sichergestellt, dass der Änderungsbedarf im Organisationshandbuch hinreichend gekennzeichnet ist?
- Erfolgte die Ist-Aufnahme (Gap-Analyse) in Form eines Workshops der originären Bestandsaufnahme durch die betroffenen Fachbereiche?
- Unterliegen die Umsetzungslösungen aus den Handlungserfordernissen des Projektes einer hinreichenden Qualitätssicherung?
- Wurden alle betroffenen Fachbereiche in die Lösungsfindung mit einbezogen?

	▪ Erfolgte eine Priorisierung der Arbeitspakete nach Dringlichkeitsstufen wie hoch, mittel, niedrig? ▪ Wurden in den Prozessanforderungen mögliche Öffnungsklauseln genutzt? ▪ Hat das Institut mögliche Optimierungsvorschläge in den Arbeitsprozessen (z. B. bzgl. der Effizienz von Prozessen) mit umgesetzt? ▪ Existieren ausreichende Fach- und IT-Konzepte bzw. wurden diese qualitätsgesichert und abgenommen? ▪ Wurde ein ordnungsgemäßer Projektabschluss zzgl. Abnahme, Projektkritik durchgeführt?
Kommunikationsprozess im Projekt	Die Projektdurchführung und der Projektabschluss setzt ein funktionierendes Berichtswesen innerhalb und außerhalb des Projektes voraus. Liegt dies zwischen allen Beteiligten in ausreichendem Umfang vor? ▪ zwischen allen Projektbeteiligten? ▪ zwischen Projektleitung und Vorstand? ▪ zwischen Projektleitung und Projektmanagement? ▪ zwischen Projektleitung und Interner Revision? ▪ zwischen Projektleitung und externer Revision/Abschlussprüfer/Bankenaufsicht (z. B. Einhaltung von bankaufsichtlichen und gesetzlichen Anforderungen beim Auslagerungsprozess)?
Behandlung von Projektrisiken	▪ Werden die bankaufsichtlichen Risikokategorien im Rahmen der Projekte mit berücksichtigt? ▪ Werden auch operationelle Risiken dargestellt und bewertet – insbesondere im Zusammenhang mit der Projektorganisation und dem Projektmanagement?

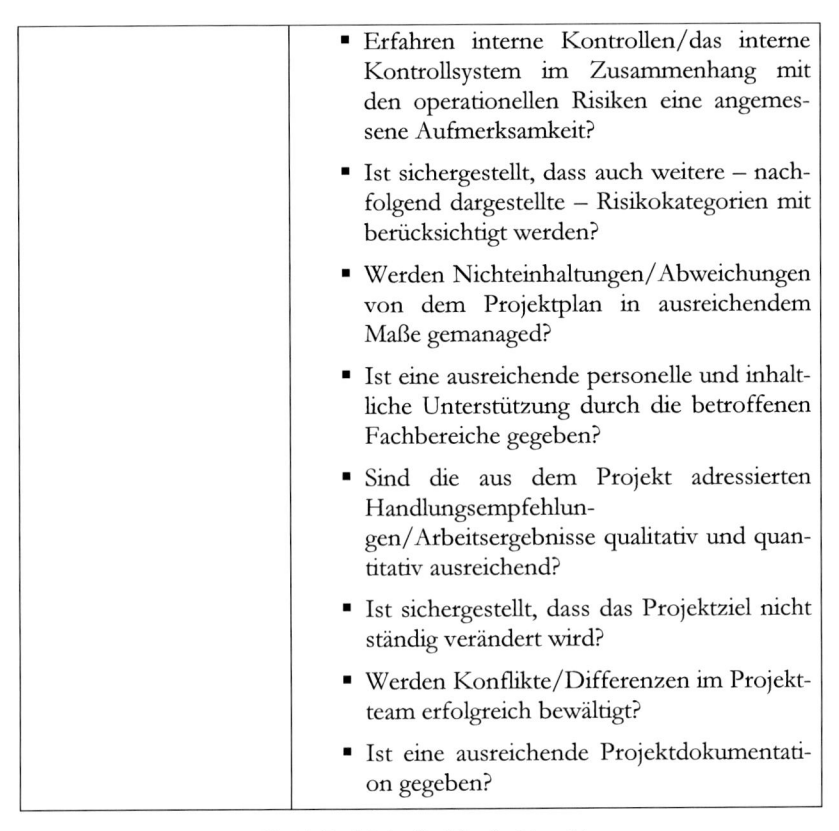

	• Erfahren interne Kontrollen/das interne Kontrollsystem im Zusammenhang mit den operationellen Risiken eine angemessene Aufmerksamkeit? • Ist sichergestellt, dass auch weitere – nachfolgend dargestellte – Risikokategorien mit berücksichtigt werden? • Werden Nichteinhaltungen/Abweichungen von dem Projektplan in ausreichendem Maße gemanaged? • Ist eine ausreichende personelle und inhaltliche Unterstützung durch die betroffenen Fachbereiche gegeben? • Sind die aus dem Projekt adressierten Handlungsempfehlungen/Arbeitsergebnisse qualitativ und quantitativ ausreichend? • Ist sichergestellt, dass das Projektziel nicht ständig verändert wird? • Werden Konflikte/Differenzen im Projektteam erfolgreich bewältigt? • Ist eine ausreichende Projektdokumentation gegeben?

Abb. 10: Praktische Checkliste Projektrevision

Nachfolgend wird eine *Checkliste* dargestellt, die sich im Wesentlichen an dem DIIR-Prüfungsstandard Nr. 4 orientiert.

Inhalt	Prüfungsfragen
Bereich Grundlagen/ Definition Projektmanagement	• Liegt eine institutseinheitliche Definition von Projekten vor? • Ist geregelt, dass das Projektziel klar und verständlich festgelegt ist? • Sind die Projekte im Einklang mit dem Geschäftsplan (business case) definiert worden? • Beinhaltet das Projektmanagement die Planung, den Einsatz und die Steuerung aller dafür notwendigen Unternehmensressourcen?

- Werden für Projekte personelle und finanzielle Ressourcen festgelegt?
- Beinhalten die Projekte folgende Kernelemente?
  - Zeitlich befristete Aufbau- und Ablauforganisation
  - Besondere Managementumgebung
  - Business Case/Projektauftrag als Basis
  - Definierte Endprodukte
  - Definierter Anfangs- und Endzeitpunkt
  - Zugewiesene Ressourcen
- Umfasst das Gesamtprojektmanagement alle Organisationen und Verfahren, die zur erfolgreichen Durchführung notwendig sind?
- Ist das Projektmanagement in die zwei wesentlichen Bereiche »direktives und operatives Projektmanagement« unterteilt?
- Wird das direktive Projektmanagement durch den Lenkungsausschuss repräsentiert?
- Enthält das direktive Projektmanagement alle Organisationen und Verfahren des Projektauftraggebers zur Entscheidungsfindung?
- Wird die Entscheidungsfindung in Projekten durch die Steuerungs- und Eskalationsfunktion des direktiven Projektmanagements wahrgenommen?
- Ist sichergestellt, dass das operative Projektmanagement die Organisationen und das Verfahren zur operativen Planung eines bestimmten Projektes auf Basis des Projektauftrags klar definiert?
- Existiert ein funktionsfähiges Projektportfoliomanagement?
- Umfasst dies alle Organisationen und Verfahren, die zur Generierung Priorisierung und/oder die methodische Unterstützung zur Durchführung mehrerer Projekte notwendig sind?

	▪ Existiert ein funktionsfähiges Projektsteuerungssystem?
	▪ Umfasst dies die in dem Kreditinstitut notwendige Koordination, d. h. Generierung, Priorisierung und Durchführung von Projekten?
	▪ Umfasst das Projektsteuerungssystem in ausreichendem Maße die Organisation, Verfahren und Prozesse im Bankbetrieb?

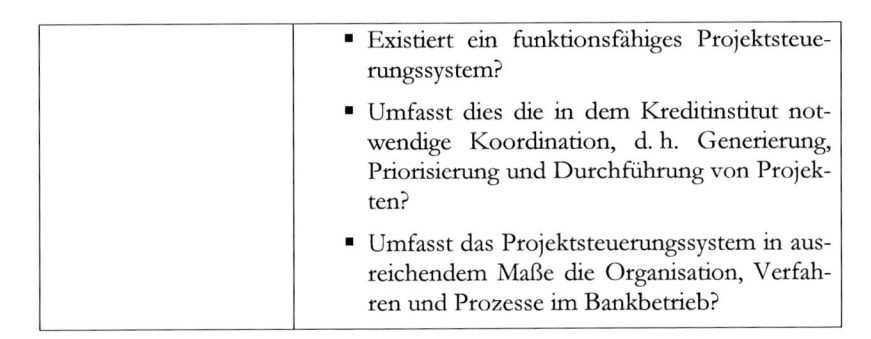

Abb. 11: Checkliste zur Prüfung von Projekten nach dem DIIR-Prüfungsstandard Nr. 4

IV. Outsourcing als Prüfungsfeld der Internen Revision

Gemessen an dem enormen Entwicklungspotenzial von auslagerungsfähigen Produkten, Dienstleistungen, Aktivitäten und Prozessen, haben Outsourcing-Aktivitäten eine große Relevanz für die Kreditinstitute. Da die Interne Revision nach den MaRisk die Aufgabe hat, grundsätzlich alle Aktivitäten und Prozesse im Kreditinstitut zu prüfen (Prüffeldlandkarte oder Prüfungsuniversum)[101], muss bei den ausgelagerten Prozessteilen eine ordnungsgemäße und risikoorientierte Interne Revision sichergestellt werden. Diese Kernbetrachtung ist bei jeder Auslagerung zu klären. Ein wesentlicher Bestandteil ist dabei die institutsspezifische Risikoanalyse, die zu klären hat, welche Risikopotenziale bei der Auslagerung gesehen und beurteilt werden. Letztlich ist auch zu klären, ob die Interne Revision des Auslagerungsunternehmens den Prüfungsauftrag für die künftige Prüfung der Prozesse erhält. Das Prüffeld »Outsourcing« rückt bei folgenden Situationen in den Blickpunkt der Internen Revision:

- Vor Beginn/während des Auslagerungprozesses (Projektphase)
- Nach Abschluss der Projektphase/der Auslagerung in Form der regulären Systemprüfung durch die Interne Revision

1. Gesetzliche und bankaufsichtliche Anforderungen

Für alle Auslagerungen gelten zunächst die Anforderungen des § 25a Abs. 1 KWG, der die ordnungsgemäße Geschäftsorganisation als »Grundnorm« regelt. Ergänzt werden die Erfordernisse durch die MaRisk, die im allgemeinen Teil (AT 9) spezielle Regelungen aufführen. Danach liegt eine Auslagerung dann vor, wenn ein anderes Unternehmen mit der Wahrnehmung von

---

101 Vgl. Mindestanforderungen an das Risikomanagement (MaRisk), AT 9 Outsourcing, Tz. 2.

Auslagerungsdienstleistungen (Aktivitäten und Prozesse) im Zusammenhang mit der Durchführung von Bankgeschäften, Finanzdienstleistungen oder sonstigen institutsspezifischen Dienstleistungen beauftragt wird. Diese Dienstleistungen werden ansonsten von dem Kreditinstitut selbst erbracht.[102] Im Grundsatz sind alle Aktivitäten und Prozesse auslagerbar, wenn dadurch nicht die Ordnungsmäßigkeit der Geschäftsorganisation gemäß § 25a Abs. 1 KWG beeinträchtigt wird. Jedoch darf die Auslagerung nicht zu einer Delegation von Verantwortung der Geschäftsleitung an das Auslagerungsunternehmen führen. Denn die originären Leitungsaufgaben der Geschäftsleitung sind nicht auslagerbar. Jedoch können besondere Maßstäbe für Auslagerungsmaßnahmen sich ferner aus spezialgesetzlichen Regelungen wie bei Bausparkassen etc. ergeben.[103]

2. Wesentliche und unwesentliche Auslagerungen

528 Hinweise auf die Unterscheidung der wesentlichen und unwesentlichen Auslagerungen finden sich in den MaRisk. Danach muss ein Kreditinstitut auf Basis einer Risikoanalyse eigenverantwortlich festlegen, welche Auslagerungen von Aktivitäten und Prozessen unter Risikogesichtspunkten wesentlich sind (= wesentliche Auslagerungen). Die Einstufung in die Wesentlichkeit obliegt danach originär jedem einzelnen Kreditinstitut. Die Grundlagen sind institutsspezifisch zu entwickeln und idealerweise in den Arbeitsanweisungen zu regeln. Bei Erstellung dieser Risikoanalyse sind die maßgeblichen Organisationseinheiten mit einzubeziehen sowie die Interne Revision im Rahmen ihrer Aufgaben zu beteiligen. Insoweit sich eine wesentliche Änderung der Risikosituation ergibt, ist die Risikoanalyse anzupassen.[104] Für wesentliche Auslagerungen sind nach den MaRisk schärfere Anforderungen zu beachten.

529 Bei den nicht wesentlichen Auslagerungen sind zumindest die allgemeinen Anforderungen an die Ordnungsmäßigkeit der Geschäftsorganisation, die sich aus dem § 25a KWG ergeben, zu beachten.[105] Die Anforderungen werden unter Abschnitt IV.2.1 im Einzelnen dargestellt.

---

102 Vgl. Mindestanforderungen an das Risikomanagement (MaRisk), AT 9 Outsourcing, Tz. 1.
103 Vgl. Mindestanforderungen an das Risikomanagement (MaRisk), AT 9 Outsourcing, Tz. 4.
104 Vgl. Mindestanforderungen an das Risikomanagement (MaRisk), AT 9 Outsourcing, Tz. 2.
105 Vgl. Mindestanforderungen an das Risikomanagement (MaRisk), AT 9 Outsourcing, Tz. 3.

2.1. Anforderungen bei unwesentlichen Auslagerungen

Bei *unwesentlichen Auslagerungen* sind die allgemeinen Erfordernisse an eine ordnungsgemäße Geschäftsorganisation nach § 25a KWG zu beachten. Das Ziel dieser Anforderungen liegt in der Einhaltung der vom Kreditinstitut zu beachtenden gesetzlichen Bestimmungen und deren betriebswirtschaftlichen Notwendigkeiten.

Unter der *betriebswirtschaftlichen Notwendigkeit* ist eine mit der Auslagerung verbundene Kosten-Nutzen-Analyse zu verstehen, die im Rahmen einer Auslagerung üblicherweise erstellt wird.[106]

Die *ordnungsgemäße Geschäftsorganisation* umfasst insbesondere ein angemessenes und wirksames *Risikomanagement* das über folgende Komponenten verfügen muss[107]:

- Die Grundlage ist ein Verfahren zur Ermittlung und Sicherstellung der Risikotragfähigkeit, die Festlegung von Strategien sowie die Einrichtung interner Kontrollverfahren mit einem internen Kontrollsystem und einer Internen Revision.

- Das interne Kontrollsystem hat sowohl aufbau- und ablauforganisatorische Regelungen mit einer klaren Abgrenzung der Verantwortungsbereiche als auch Prozesse zur Identifizierung, Beurteilung, Steuerung, Überwachung und Kommunikation der Risiken zu umfassen.

- Eine weitere Voraussetzung ist eine angemessene personelle und technisch-organisatorische Ausstattung sowie die Festlegung eines angemessenen Notfallkonzeptes, insbesondere für IT-Systeme.

Weiterhin beinhaltet die *ordnungsgemäße Geschäftsorganisation* eine angemessenes, an dem Kreditinstitut ausgerichtetes Risikomanagement, welches sich an Art, Umfang, Komplexität und Risikogehalt der Geschäfte zu orientieren hat. Dies hat folgende Punkte zu berücksichtigen:[108]

- Angemessene Regelungen, anhand deren sich die finanzielle Lage des Kreditinstituts jederzeit mit hinreichender Genauigkeit bestimmen lassen.

- Eine vollständige Geschäftsdokumentation, die eine lückenlose Überwachung durch die BaFin gewährleistet.

---

106 Kokert J.: Auslagerung von Geschäftsbereichen im Fokus der Internen Revision in: Zukunft der Internen Revision Bollmann P./Jackmuth H.-W. (Hrsg.), Stuttgart 2008, S. 155.
107 Vgl. Boos K.-H./Fischer R./Schulte-Mattler H.: Kreditwesengesetz – Kommentar zu KWG und Ausführungsvorschriften, München 2008, S 812.
108 Vgl. Boos K.-H./Fischer R./Schulte-Mattler H.: Kreditwesengesetz – Kommentar zu KWG und Ausführungsvorschriften, München 2008, S 812.

- Angemessene geschäfts- und kundenbezogene Sicherungssysteme gegen Geldwäsche und betrügerische Handlungen zu Lasten des Kreditinstituts.

534 Die Aufzählung der Anforderungen an eine ordnungsgemäße Geschäftsorganisation zeigt, dass allein bei Auslagerungen (wesentliche wie unwesentliche) eine Vielzahl von Grundanforderungen berücksichtigt werden müssen, die insbesondere die Ausgestaltung des Risikomanagements als auch des internen Kontrollverfahren umfassen.

2.2. Anforderungen bei wesentlichen Auslagerungen

535 Bei *wesentlichen Auslagerungen* ergeben sich aufgrund der Bedeutung und des Risikogehalts für das auslagernde Kreditinstitut im Vergleich zu den unwesentlichen Auslagerungen weitere, erhöhte Anforderungen. Allein aus dem Auslagerungsvertrag ergeben sich eine Reihe von zu erfüllenden Einzelanforderungen, die nachfolgend dargestellt werden.

Darstellung der Einzelanforderungen
- Spezifizierung und ggf. Abgrenzung der vom Auslagerungsunternehmen zu erbringende Leistung
- Festlegung von Informations- und Prüfungsrechten für die Interne Revision sowie externe Prüfer
- Sicherstellung der Informations- und Prüfungsrechte sowie der Kontrollmöglichkeiten der BaFin
- Soweit erforderlich Weisungsrechte
- Regelungen, die sicherstellen, dass datenschutzrechtliche Bestimmungen beachtet werden
- Angemessene Kündigungsfristen
- Regelungen über die Möglichkeit und über die Modalitäten einer Weiterverlagerung, die sicherstellen, dass das Kreditinstitut die bankaufsichtsrechtlichen Anforderungen weiterhin einhält
- Verpflichtung des Auslagerungsunternehmens, das Kreditinstitut über Entwicklungen zu informieren, die die ordnungsgemäße Erledigung der ausgelagerten Aktivitäten und Prozesse beeinträchtigen können

Abb. 12: Wesentliche Auslagerungen – Einzelanforderungen aus dem Auslagerungsvertrag[109]

---

[109] Vgl. Mindestanforderungen an das Risikomanagement (MaRisk), AT 9 Outsourcing, Tz. 6.

Weiterhin hat das Kreditinstitut die mit wesentlichen Auslagerungen verbundenen Risiken angemessen zu steuern und die Ausführung der ausgelagerten Aktivitäten und Prozesse ordnungsgemäß zu überwachen. Das erfordert auch die regelmäßige Beurteilung der Leistung des Auslagerungsunternehmens anhand vorzuhaltender Kriterien (vgl. Kapitel 3.1). In der Bankpraxis hat jedes Kreditinstitut bei wesentlichen Auslagerungen für die Steuerung und Überwachung klare intern definierte Verantwortlichkeiten festzulegen.[110] Ein Beispiel hierfür sind die für die Gesamtbanksteuerung zuständige Organisationseinheit.

2.3. Checkliste wesentliche und unwesentliche Auslagerungen

Die nachfolgende Checkliste enthält die für die Prüfung der Internen Revision relevanten Erfordernisse, die insbesondere aus § 25a KWG sowie den MaRisk abgeleitet wurden.

Inhalt	Prüfungsfragen
Grundanforderungen aus § 25a KWG – gleichzeitig Mindestanforderungen an wesentliche und unwesentliche Auslagerungen	• Verfügt das Kreditinstitut über ein Verfahren zur Ermittlung und Sicherstellung der Risikotragfähigkeit, die Festlegung von Strategien sowie die Einrichtung interner Kontrollverfahren mit einem internen Kontrollsystem und einer Internen Revision? • Hat das interne Kontrollsystem sowohl aufbau- und ablauforganisatorische Regelungen mit einer klaren Abgrenzung der Verantwortungsbereiche als auch Prozesse zur Identifizierung, Beurteilung, Steuerung, Überwachung und Kommunikation der Risiken? • Existiert eine angemessene personelle und technisch-organisatorische Ausstattung sowie die Festlegung eines angemessenen Notfallkonzeptes, insbesondere für IT-Systeme? • Verfügt das Kreditinstitut über ein Risikomanagement, welches an Art, Umfang, Komplexität und Risikogehalt der Geschäfte orientiert ist?

---

110 Vgl. Mindestanforderungen an das Risikomanagement (MaRisk), AT 9 Outsourcing, Tz. 7.

	▪ Verfügt das Risikomanagement über angemessene Regelungen, anhand deren sich die finanzielle Lage des Kreditinstituts jederzeit mit hinreichender Genauigkeit bestimmen lässt?
	▪ Existiert darüber hinaus eine vollständige Geschäftsdokumentation, die eine lückenlose Überwachung durch die BaFin gewährleistet?
	▪ Verfügt das Institut über angemessene geschäfts- und kundenbezogene Sicherungssysteme gegen Geldwäsche und betrügerische Handlungen zu Lasten des Kreditinstituts?
Ergänzende Anforderungen an wesentliche Auslagerungen aus den MaRisk	▪ Verfügt der Auslagerungsvertrag über folgende Mindestkomponenten? – Spezifizierung und ggf. Abgrenzung der vom Auslagerungsunternehmen zu erbringenden Leistung – Festlegung von Informations- und Prüfungsrechten für die Interne Revision sowie externe Prüfer – Sicherstellung der Informations- und Prüfungsrechte sowie der Kontrollmöglichkeiten der BaFin – Soweit erforderlich Weisungsrechte – Regelungen, die sicherstellen, dass datenschutzrechtliche Bestimmungen beachtet werden – Angemessene Kündigungsfristen – Regelungen über die Möglichkeit und über die Modalitäten einer Weiterverlagerung, die sicherstellen, dass das Kreditinstitut die bankaufsichtsrechtlichen Anforderungen weiterhin einhält – Verpflichtung des Auslagerungsunternehmens, das Kreditinstitut über Entwicklungen zu informieren, die die ordnungsgemäße Erledigung der ausgelagerten Aktivitäten und Prozesse beeinträchtigen können

	<ul><li>Werden die mit den wesentlichen Auslagerungen verbundenen Risiken angemessen gesteuert?</li><li>Ist sichergestellt, dass die Ausführung der ausgelagerten Aktivitäten und Prozesse ordnungsgemäß überwacht werden?</li><li>Erfolgt eine regelmäßige Risikoanalyse, d. h. eine Beurteilung der Leistung des Auslagerungsunternehmens anhand vorzuhaltender Kriterien?</li><li>Werden die unter Abscnitt IV.3 aufgeführten Kriterien an eine ordnungsgemäße Risikoanalyse eingehalten?</li></ul>

Abb. 13: Checkliste wesentliche und unwesentliche Auslagerungen

3. Anforderungen an die Risikoanalyse

Nach den bankaufsichtlichen Anforderungen der MaRisk hat das Kreditinstitut auf der Grundlage einer Risikoanalyse eigenverantwortlich festzulegen, welche Auslagerungen von Aktivitäten und Prozessen unter Risikogesichtspunkten wesentlich sind.[111] Nähere Vorgaben, welche Inhalte, bzw. welche Risikokriterien eine Risikoanalyse zu enthalten hat, werden in den MaRisk nicht näher aufgeführt. Die Banken haben daher eigene Kriterien zu entwickeln, die hierfür maßgeblich sind. Als Lösungsansätze haben Bankenverbände – wie der Deutsche Sparkassen- und Giroverband – Leitlinien und Interpretationshilfen entwickelt, die hierfür exemplarische Musterbeispiele enthalten.[112] Das Ergebnis der Risikoanalyse soll zu einer Trennung wesentlicher von nicht wesentlichen Auslagerungen führen und damit alle für das Kreditinstitut relevanten Aspekte im Zusammenhang mit der Auslagerung berücksichtigen.[113]

Rolle der Internen Revision

Folgende Kriterien sind für die Rolle der Internen Revision von Bedeutung:[114]

---

111 Vgl. Mindestanforderungen an das Risikomanagement (MaRisk), AT 9 Outsourcing, Tz. 2.
112 Vgl. Deutscher Sparkassen- und Giroverband (DSGV): MaRisk-Leitfaden und Interpretationshilfen – MaRisk – Integration der Outsourcing-Regelungen, Berlin Januar 2008.
113 *Kokert J.*: Auslagerung von Geschäftsbereichen im Fokus der Internen Revision in: Zukunft der Internen Revision Bollmann P./Jackmuth H.-W. (Hrsg.), Stuttgart 2008, S. 160.
114 Vgl. *Berndt M.*: Outsourcing – Umsetzung der Anforderungen der neugefassten MaRisk – Folienvortrag vom Oktober 2008, S. 45.

- Keine Beteiligung der Internen Revision im Arbeitsablauf der Risikoanalyse
- Keine Ergebnisverantwortung der Internen Revision für die Risikoanalyse (Grundsatz der Unabhängigkeit)
- Ein uneingeschränktes Informationsrecht der Internen Revision über veränderte Risikosituationen, d. h. turnusgemäß und Ad-Hoc
- Berücksichtigung der Informationen/Ergebnisse aus den fortlaufenden Risikoanalysen der Fachbereiche für die fortlaufende risikoorientierte Prüfungsplanung der Internen Revision

540 Die im nachfolgenden Kapitel dargestellten Bestandteile der Risikoanalyse beziehen sich auf ein Musterexemplar des DSGV.

3.1. Bestandteile der Risikoanalyse

541 In der Bankpraxis wurden verschiedene Ansätze zu einer Risikoanalyse nach den MaRisk entwickelt. Im Bereich der Sparkassen-Finanzgruppe wurde für die Umsetzung der Outsourcing-Anforderungen eigens ein Umsetzungsleitfaden vom DSGV entwickelt, der im Januar 2008 veröffentlicht wurde. Danach muss das Kreditinstitut abhängig von Art, Umfang, Komplexität und Risikogehalt einer Auslagerung von Aktivitäten und Prozessen auf ein anderes Unternehmen angemessene Vorkehrungen schaffen, um zusätzliche oder übermäßige Risiken zu vermeiden. Die Risikoanalyse soll für das Kreditinstitut klären, welche Risiken auf die Bank zukommen, wenn die Aktivitäten und Prozesse ausgelagert werden. Hierfür hat der DSGV innerhalb eines Umsetzungsprojektes konkrete Umsetzungsvorschläge erarbeitet. Ein besonders praktikabel ausgestalteter Vorschlag in Form einer Excel-Tabelle wurde für die praktische Umsetzung ausgewählt. Dieser enthält folgende Kriterien:

Leistungskriterien durch den Dienstleister/Outsourcingpartner:

- Marktstellung
- Erfahrung
- Image
- Finanzielle Ressourcen
- Personelle Ressourcen
- Sach- bzw. IT-Ausstattung
- Sicherstellung der Qualität auf Dauer
- Existenz eines Notfallkonzeptes für zeitkritische Prozesse

- Funktionsfähigkeit der Internen Revision
- Risiken durch fehlenden Versicherungsschutz bei unsachgemäßer Leistungserbringung
- Messbarkeit der Dienstleistungsprozesse

Strategische Risiken nach Durchführung der Outsourcingmassnahme

Einschränkung der Handlungsfähigkeit
- Abhängigkeit vom Dienstleister
- Reaktionen auf Marktveränderungen
- Imageschaden des Kreditinstituts
- Reaktion auf nicht sachgerechte Leistungserbringung
- Zukünftige Erhöhung der Kosten

Verlust von Know-How
- Wichtige Mitarbeiter
- Wertvolle technische Kapazitäten

Irreversibilität (Rücknahme des Pozesses/Insourcing)
- Prozess wieder intern darstellbar
- Überleitung auf andere Anbieter

Diese Kriterien werden nach einem intern festgelegten Schema gewichtet. Danach werden für die einzelnen Fachbereiche Risikoanalysen durchgeführt.

3.2. Checkliste Risikoanalyse

Die nachfolgende Checkliste zeigt praxisorientierte Fragen für eine Risikoanalyse für »wesentliche« und »unwesentliche Auslagerungen« in Kreditinstituten auf.

Inhalt	Prüfungsfragen
Prüfungsfragen Risikoanalyse	- Liegt eine MaRisk-konforme Arbeitsanweisung zur Erstellung einer Risikoanalyse vor? - Wurde ein ausreichender und umfassender Prozess für die Risikoanalyse implementiert? - In welcher Form werden die »Wesentlichkeitskriterien« definiert und dokumentiert?

	▪ Ist die Zuständigkeit für die Erstellung der Risikoanalyse (z. B. zuständiger Fachbereich) eindeutig geklärt? ▪ Wie wird sichergestellt, dass wesentliche Änderungen in der Risikosituation identifiziert werden? ▪ Wurde auch ein Prozess zur regelmäßigen Aktualisierung der Risikoanalyse umgesetzt? ▪ Enthält die Risikoanalyse sowohl Leistungskriterien für den Dienstleister/Outsorcingpartner als auch strategische Risiken nach Durchführung der Outsourcing-Maßnahme?
Leistungskriterien Risikoanalyse	▪ Beinhalten die Leistungskriterien durch den Dienstleister zumindest folgende Kriterien: – Marktstellung – Ausreichende Erfahrung mit der angebotenen Dienstleistung – Gutes Image im Markt – Ausreichende finanzielle Ressourcen – Adäquate Sach- und IT-Ausstattung – Sicherstellung einer dauerhaften Qualität – Vorhandensein eines funktionsfähigen Notfallkonzeptes – Funktionsfähigkeit der Internen Revision – Abdeckung von Risiken durch einen ausreichenden Versicherungsschutz bei unsachgemäßer Leistungserbringung – Messbarkeit und Transparenz der Dienstleistungsprozesse
Berücksichtigung von strategischen Risiken bei der Risikoanalyse	▪ Enthält die Risikoanalyse zumindest folgende Kriterien bei Berücksichtigung der strategischen Risiken gegen die Einschränkung der Handlungsfähigkeit: – Abhängigkeit vom Dienstleister – Reaktionen auf Marktveränderungen – Imageschäden für das auslagernde Kreditinstitut – Verlust von Kern-Know-How wie wichtige Mitarbeiter (Know How-Träger) oder wertvolle technische Kapazitäten (z. B. Rechte für eigen entwickelte IT etc.)

	– Gefahr von Irreversibilität, d. h. die Möglichkeit zur Rücknahme des betroffenen Auslagerungsprozesses (Insourcing) muss erhalten bleiben – Ist die Auslagerung im Notfall wieder durch das Kreditinstitut rückgängig zu machen? – Kann der ausgelagerte Prozess bei Schlechtleistung durch den Dienstleister ggf. auf Dritte Auslagerungsunternehmen übertragen werden?

Abb. 14: Checkliste Kriterien für eine bankinterne Risikoanalyse[115]

V. Ausblick

Die Bedeutung der Auslagerungen wird in Zukunft weiter steigen, da der Ertrags- und Kostenoptimierungsdruck bei den Kreditinstituten weiter zunimmt. Daher ist zu erwarten, dass sich der Markt für Auslagerungsbereiche in Banken stetig entwickeln wird. Die Interne Revision muss sich der wachsenden Bedeutung stellen. Dies erfolgt zum einen mit den projektbegleitenden Prüfungsansatz, der bereits vor/während der Auslagerungsphase einsetzt. Hierbei können frühzeitig revisionsseitige Akzente gesetzt werden. Bereits vor Abschluss der Auslagerung ist zu klären, welche Revisionseinheit (Auslagerungsunternehmen oder dritter Dienstleister) den Prüfungsauftrag für die regelmäßig durchzuführende Systemprüfung erhält. Denn die risikoorientiert ausgerichtete Prüfung ist zur fortlaufenden Einhaltung der gesetzlichen und bankaufsichtlichen Bestimmungen notwendig.

---

115 Vgl. *Berndt M.*: Outsourcing – Umsetzung der Anforderungen der neugefassten MaRisk – Folienvortrag vom Oktober 2008, S. 44.

I.

Ausgewählte Aspekte der Prüfungspflichten der Internen Revision bei wesentlichen Auslagerungen

I. Ausgewählte Aspekte der Prüfungspflichten der Internen Revision bei wesentlichen Auslagerungen

1. Einleitung

Wesentliche Auslagerungen gewinnen für die Revisionen der Finanzdienstleistungsinstitute insgesamt eine wachsende Bedeutung. Demnach müssen sich die Prüfungshandlungen auf alle Aktivitäten und Prozesse beziehen, die auf andere Dienstleister ausgelagert wurden und zwar »in angemessenen Abständen grundsätzlich innerhalb von drei Jahren.«[116]

Dies beinhaltet, dass zahlreiche **Schnittstellenthemen** zwischen auslagerndem Institut und Auslagerungsunternehmen sowohl vertraglich als auch in der praktischen Umsetzung Teil der Revisionsagenda sind. Dazu zählen die grundsätzliche Ausgestaltung der Internen Revisionstätigkeit, die Berücksichtigung von Erkenntnissen der Risikoanalyse, die Abgrenzung der Revisionstätigkeiten, Prüfungs- und Informationsrechte, aber auch Fragen der Internen Koordination in den auslagernden Instituten und zwischen diesen. Die Behandlung dieser Fragestellungen rund um die Handhabung der Revisionstätigkeit an der Auslagerungsschnittstelle ist Bestandteil des **ersten Teil** dieses Beitrages.

Ein **zweiter Schwerpunkt** des Beitrages behandelt die Thematik, in welcher Form die Revisionsfunktion bezogen auf das Auslagerungsunternehmen ausgeübt werden kann und welche Prüfungspflichten und Spezifika sich insbesondere unter dem Blickwinkel der **Beurteilung der Funktionsfähigkeit der Internen Revision** des Auslagerungsunternehmens ergeben können.

Hier wird auf folgende Konstellationen näher eingegangen:

- Das Auslagerungsunternehmen verfügt über einen eigenen internen Revisionsbereich.
- Ein externer Dienstleister wurde mit der Durchführung der Revisionsfunktion durch das Auslagerungsunternehmen beauftragt.

Weitere Konstellationen, wie die Übernahme der Internen Revision durch eines oder mehrere der auslagernden Institute im Auftrag der auslagernden Institute oder die Beauftragung eines externen Dienstleisters durch die auslagernden Institute werden nicht schwerpunktmäßig behandelt.

---

116 Vgl. BaFin: Mindestanforderungen an das Risikomanagement (MaRisk) – Rundschreiben 5/2007 vom 30.10.2007, BT 2.3 Tz. 1.

550 Angesichts der zahlreichen und sehr heterogenen Auslagerungsverhältnisse in der Praxis, beginnend beim Auslagerungsgegenstand, über die Heterogenität der beteiligten Institute bis hin zu den unterschiedlichen Dienstleistern (Einzelauslagerungsunternehmen, Verbundunternehmen, Mehrmandantendienstleister) greifen die Ausführungen für die Prüfung von wesentlichen Auslagerungen ausgewählte Fragestellungen aus der Revisionspraxis auf.

II. Schnittstellenaspekte der Internen Revisionen des auslagernden Instituts und des Auslagerungsunternehmens

551 Die Auslagerungen der letzten Jahre in der Finanzdienstleistungsindustrie, seien es beispielsweise Kreditfabriken, Methoden des Risikomanagements (u. a. Entwicklung und Pflege von Ratingsystemen oder deren Betrieb) oder Rechenzentrumsfunktionen, sind wichtige Beispiele dafür, welche Herausforderungen sich für die Interne Revision durch diese Neuorganisation der Wertschöpfungskette ergeben haben.

552 Zwei wesentliche Herausforderungen sind zu nennen:

- Die mit den genannten Entwicklungen einhergehende steigende Komplexität impliziert **steigende Anforderungen an die Prüfungsplanung und -durchführung,** aber auch **die Koordination von** prozessualen, methodischen und IT-seitigen **Prüfungskapazitäten.**

- Es gilt, möglichst **eindeutige Schnittstellen zwischen den Internen Revisionen** der auslagernden Institute und der Internen Revision des Auslagerungsunternehmens festzulegen und zu »leben«.

553 Die MaRisk-Vorgabe[117] der Einbeziehung der ausgelagerten Prozesse und Aktivitäten in die Prüfungsplanung der Internen Revision des auslagernden Instituts erfordert Abstimmungen zwischen der Internen Revision des auslagernden Instituts und dem Auslagerungsunternehmen.

554 Davon unbenommen ist die Prüfung, ob die Voraussetzungen für den Verzicht auf eigene Prüfungshandlungen der Internen Revision des Auslagerungsunternehmens erfüllt sind (siehe Anforderungen des AT 4.4. BT 2 MaRisk), worauf im zweiten Teilabschnitt dieses Beitrages eingegangen wird.

555 Die Outsourcing – Anforderungen der MaRisk gelten gemäß AT 9 Tz. 9 darüber hinaus auch für so genannte Weiterverlagerungen. Gemäß AT 9 Tz. 6g gilt weiterhin, dass »die Möglichkeit und die Modalitäten einer Weiterverlage-

---

117 Vgl. BaFin: Mindestanforderungen an das Risikomanagement (MaRisk) – Rundschreiben 5/2007 vom 30.10.2007, BT 2.3 Tz. 1.

rung« genau zu spezifizieren sind.[118] Analog können diese Anforderungen letztlich auch für die Ausgestaltung und Abgrenzung der Revisionsfunktion bei wesentlichen Weiterverlagerungen als maßgeblich interpretiert werden.

Aus der Revisionsperspektive des ursprünglich auslagernden Instituts steigt mit der Weiterverlagerung auch die Anforderung an die Überwachung und Steuerung der ausgelagerten Revisionsfunktion. Vor dem Hintergrund, dass die finale Verantwortung letztlich bei der ursprünglich auslagernden Institutsrevision verbleibt, ist letztlich auch ihre eigene Funktionsfähigkeit betroffen. 556

Die im Folgenden zu adressierenden Schnittstellenthemen der Revisionseinheiten behandeln daher ebenfalls die Revisionsfunktion in den Weiterverlagerungen. In diesem Zusammenhang werden **ausgewählte Schnittstellenthemen** näher betrachtet: 557

- Risikoanalyse gemäß MaRisk AT 9, Tz. 2
- Festlegung und Abgrenzung von Auslagerungs- und Revisionsgegenstand
- Steuerung und Überwachung in den auslagernden Instituten: Koordination von Interner Revision, Fachabteilungen und Auslagerungscontrolling
- Zusätzliche Einzelaspekte: Strategie und Notfallkonzept
- Abstimmungs- und Vereinheitlichungsbedarf zwischen auslagernden Instituten und ihren Revisionen

1. Risikoanalyse gemäß MaRisk AT 9, Tz. 2

Die o. g. aufsichtsrechtliche Anforderung, wesentliche Auslagerungen in der risikoorientierten Prüfungsplanung zu berücksichtigen, bedeutet, dass die Methodik zur Erstellung einer Risikoanalyse und ihre Ergebnisse konsequenterweise in der risikoorientierten Prüfungsplanung zu verarbeiten sind[119] (siehe Anforderungen des BT 2.3 Tz. 1). Damit wirken sich die Erkenntnisse der Risikoanalyse auf die Prüfungsplanung der Revisionen aus. 558

---

118 Vgl. BaFin: Mindestanforderungen an das Risikomanagement (MaRisk) – Rundschreiben 5/2007 vom 30.10.2007, AT 9 Tz. 9.
119 *Bantleon U./Kranzbühler L./Ramke T.*: Auswirkungen der überarbeiteten Mindestanforderungen an das Risikomanagement auf die Interne Revision insbesondere bei Auslagerungen in: ZIR 3/2008, Berlin, S. 127.

PRÜFUNGSPFLICHTEN BEI WESENTLICHEN AUSLAGERUNGEN

	Risikoanalyse – Schnittstelle zwischen den Revisionen des auslagernden Instituts und des Auslagerungsunternehmens
1.	Werden die Erkenntnisse der Risikoanalyse bzw. Änderungen der Risikoanalyse im Hinblick auf ihre Auswirkungen auf die Risikoorientierung der Prüfungsplanung des auslagernden Instituts berücksichtigt? Wird dies systematisch durch den Prüfungsplanungsprozess sichergestellt?
2.	Ist sichergestellt, dass die Interne Revision des auslagernden Unternehmens über neue Risikoanalysen, neue wesentliche Auslagerungen und Änderungen der Risikosituation und über deren Ergebnisse des eigenen Hauses unverzüglich und regelmäßig unterrichtet wird?
3.	Wie kann sichergestellt werden, dass die Interne Revision einerseits nicht ergebnisverantwortlich für die Risikoanalyse ist, andererseits jedoch prozessunabhängig einwirken kann? D. h., wird die Meinung der Internen Revision eingeholt und gleichzeitig sichergestellt, dass diese nicht Charakter eines abschließenden Votums bzw. einer Entscheidung über die Risikoeinstufung hat?
4.	Ist bei gruppeninternen Auslagerungen gewährleistet, dass ein gemeinsames Verständnis in den Revisionseinheiten der Gruppe über Methodik und Systematik der Risikoanalyse besteht, insbesondere dann, wenn die Auslagerungsbeziehungen in der Gruppe vielfältig ausgestaltet sind?
5.	Wie ist die Rolle der Konzernrevision und der Einzelinstitutsrevisionen bei der »Beteiligung« der Revision an der Risikoanalyse geregelt?
6.	Wie sind im Zusammenhang mit den Ergebnissen der Risikoanalyse die Prüfungsrechte ausgestaltet? Findet eine risikoseitig differenzierte Ausgestaltung der Prüfungsrechte bei wesentlichen und unwesentlichen Auslagerungen statt?
7.	Aufgrund der aufsichtsrechtlich indizierten Verknüpfung der Ergebnisse/Änderungen der Risikoanalyse mit der Ausgestaltung der Revisionsfunktion ist es empfehlenswert, die vertraglichen Aspekte der Auslagerung, wie Berichtspflichten und Prüfungs- und Informationsrechte, grundsätzlich unter Einbeziehung der Internen Revision zu verhandeln. Sind diese Aspekte daher so reagibel ausgestaltet, dass die Revision des auslagernden Instituts in der Lage ist, Änderungen in der Handhabung

	der Revisionsfunktion beim Auslagerungsunternehmen zu bewirken? (z. B. Erweiterung von Berichtspflichten u. a.) In diesem Sinne kann die Ausbedingung von Prüfungs- und Informationsrechten auch bei unwesentlichen Auslagerungen im Einzelfall zielführend sein, um eine Reaktionsfähigkeit bei wesentlichen Änderungen der Risikosituation sicherstellen zu können.
	Risikoanalyse – Besonderheiten bei Weiterverlagerungen
1.	Hat dass Auslagerungsunternehmen (1. Stufe) seinerseits wesentliche Weiterverlagerungen gemäß § 25a Abs. 2 KWG vorgenommen? Wenn ja, sind folgende Prozesse als eine wesentliche Informationsbasis der »Beteiligung der Internen Revision« an Risikoanalysen und an Änderungen der Risikosituation bei Weiterverlagerungen des Auslagerungsunternehmens sowohl für die Revision des Auslagerungsunternehmens als auch für die Institutsrevisionen etabliert?
a	▪ Ist sichergestellt, dass die Interne Revision des Auslagerungsunternehmens über neue Risikoanalysen, neue wesentliche Auslagerungen und Änderungen der Risikosituation und über deren Ergebnisse des eigenen Hauses unverzüglich unterrichtet wird?
b	▪ Ist prozessual sichergestellt, dass das Auslagerungsunternehmen seinerseits wesentliche Änderungen der Risikosituation von Weiterverlagerungen an die auslagernden Institute unverzüglich weiterleitet, da diese Ergebnisse unmittelbare Auswirkung auf die Handhabung der Funktion der Internen Revision der Institute haben bzw. unmittelbare Prüfungspflichten für die Interne Revision des Auslagerungsunternehmens und/oder der Institute generieren können?
c.	▪ Ist in diesem Zusammenhang sichergestellt, dass die Internen Revisionen in diesen Informationsprozess einbezogen sind?
d.	▪ Wurde dies in der schriftlichen Prozessausgestaltung für die Interne Revision verankert?

> 2. *Anmerkung:*
>
> Allerdings ist die Zulieferung der Ergebnisse des Auslagerungsunternehmens an die auslagernden Institute in Form einer eigenen Risikoanalyse und/oder Änderungsanalyse von Weiterverlagerungen nicht geeignet, eine ganzheitliche Risikoanalyse und/oder Änderungsanalyse auf Institutsebene zu ersetzen. Das bedeutet im Umkehrschluss, dass die Risikoanalysen und die Identifizierung wesentlicher Änderungen von Risikosituationen von Auslagerungen der Institute für das Auslagerungsunternehmen der 1. Stufe letztlich ausschlaggebend sind, auch wenn dieses für seine Weiterverlagerungen selbst entsprechende Analysen vornimmt, die den Instituten zur Verfügung stehen.

2. Festlegung und Abgrenzung von Auslagerungs- und Revisionsgegenstand

559 Ziel muss es sein, dass die Abgrenzung von Prüfungsaufgaben an der Auslagerungsschnittstelle einerseits nicht zu **Prüfungslücken** mit der Folge eingeschränkter Funktionsfähigkeit und/oder aufsichtsrechtlichen Verstößen führt, andererseits jedoch Mehrfachprüfungen oder **Prüfungsüberschneidungen** vermieden werden.

560 Grundlage der eindeutigen Zuordnung von Prüfungsverantwortungen ist die Definition und Spezifizierung des Auslagerungsgegenstands. Die Erfahrung zeigt, dass sich die Abgrenzung der Revisionsverantwortlichkeiten zwischen auslagerndem Institut und Auslagerungsunternehmen zum Teil nur schwierig eindeutig aus der eigentlichen Abgrenzung des Auslagerungsgegenstandes ableiten lässt. Dies ist zum Teil in der Komplexität von Auslagerungssachverhalten und multidisziplinären Aspekten begründet (fachlich/methodisch, IT, Daten), die die Auslagerung bestimmter Funktionen des Bankbetriebs bedingt. Weiterhin kann bei einigen Auslagerungsvorhaben nicht auf Erfahrungen zurückgegriffen werden.

	Festlegung und Abgrenzung von Auslagerungs- und Revisionsgegenstand
	Die folgenden Fragestellungen sind sowohl relevant im Verhältnis des auslagernden Instituts zum Auslagerungsunternehmen (1. Stufe) als auch zwischen Auslagerungsunternehmen (1. Stufe) und Weiterverlagerungen (2. Stufe).
1.	Ist der Auslagerungsgegenstand im Sinne einer eindeutigen Zuweisung von Steuerungs- und operativen Verantwortlichkeiten zwischen auslagerndem Institut und Auslagerungsunternehmen abgegrenzt und spezifiziert (vgl. auch MaRisk AT 9, Tz. 6 und 7)?
2.	Ist der Auslagerungsgegenstand als Basis dafür geeignet, eine hinreichende Schnittstellenabgrenzung zwischen der Revision des auslagernden Instituts und der Revision des Auslagerungsunternehmens vornehmen zu können?
	Unzureichende Abgrenzungen und Spezifizierungen des Auslagerungsgegenstands oder von Service-Levels führen in der Praxis ebenfalls zu »Grauzonen« für die Abgrenzung der Revisionsfunktion. Dies spricht für eine frühzeitige Einbeziehung der Revision in einem frühen Stadium des Auslagerungsvorhabens und der Vertragsgestaltung.
	Hier kommt es erfahrungsgemäß sehr auf den spezifischen Auslagerungsgegenstand an; Erleichterungen sind bei standardisierten Auslagerungsgegenständen bei Mehrmandantendienstleistern denkbar, bei denen der Individualisierungsgrad der Schnittstellenabgrenzung tendenziell gering ist oder bei denen auf entsprechende Erfahrungen zurückgegriffen werden kann.
3.	Gibt es Interpretationsspielräume bei der Abgrenzung der Funktionen der Internen Revision zwischen auslagerndem Institut und Auslagerungsunternehmen?
	Dies ist insbesondere dann relevant, wenn sich vor dem Hintergrund vielschichtiger vertraglicher und prozessualer Strukturen die Leistungsbeziehungen zwischen auslagerndem Institut und Auslagerungsunternehmen bezogen auf den Auslagerungsgegenstand wechselseitig bedingen (z. B. Probleme bei Funktionsfähigkeit von Methoden des Kreditrisikomanagements aufgrund eingeschränkter Datenqualität oder einge-

schränkter Softwareeignung oder Systemimplementierung). Bei solchen Auslagerungsstrukturen und -schnittstellen mit komplexen Wirkungs- und Rückwirkungsketten im Leistungsprozess ist eine konsistente Schnittstellenabgrenzung der Revisionsfunktionen zum Teil nur mit einigem Abstimmungsaufwand handhabbar.

4. Ist sichergestellt, dass bei wesentlichen Weiterverlagerungen der Weiterverlagerungsgegenstand inhaltlich streng auf die Definition des Auslagerungsgegenstands zwischen auslagerndem Institut und dem Auslagerungsunternehmen der 1. Stufe Bezug nimmt?

Wird im Rahmen der Ausgestaltung und Abgrenzung der Prüfungs- und Informationsrechte der Revision darauf geachtet, dass die originären Prüfungs- und Informationsrechte des auslagernden Instituts im Hinblick auf den Auslagerungsgegenstand durch die Weiterverlagerung und die im Weiterverlagerungsvertrag vereinbarten Rechte gewahrt bleiben?

In diesem Zusammenhang sollten sich die Revisionen der auslagernden Institute darüber im Klaren sein, ob der Weiterverlagerungsgegenstand

- selbst expliziter Prüfungsgegenstand der Revision des Weiterverlagungsunternehmens sein sollte
- oder ob im Rahmen von Querschnittsbetrachtungen innerhalb der Prüfungsplanungsstruktur der Revision des Weiterverlagerungsinstituts geprüft wird.

Tatsächlich ist die Beantwortung der Frage auch abhängig von der Bedeutung der Auslagerung und dem Charakter des Dienstleistungsunternehmens, da Mehrmandantendienstleister ihre Prüfungsplanung nicht notwendigerweise mandantenspezifisch ausrichten.

5. Ist im Rahmen der Zuordnung von Prüfungsverantwortlichkeiten ein **einheitliches Verständnis** der Interpretation von aufsichtsrechtlichen/fachlichen Normen und Begriffen wie **»relevante Prüfungsergebnisse«**[120] zwischen den Revisionen hergestellt worden?

Sind »relevante Prüfungsergebnisse« in zusammengefasster oder in ausführlicher Form zu berichten? Werden einzelne Revisionsberichte, Jahresberichte oder Auszüge daraus übermittelt? Dies ist insgesamt je

---

120 Vgl. BaFin: Mindestanforderungen an das Risikomanagement (MaRisk) – Rundschreiben 5/2007 vom 30.10.2007, BT 2.1 Tz. 3.

	nach Auslagerungsgegenstand, Risikogehalt für das auslagernde Institut und Eigenschaft des Dienstleisters (Auslagerungsunternehmens) festzulegen (siehe auch Prüfung der Funktionsfähigkeit in Teilabschnitt III.4.1 dieses Abschnitts). Insbesondere bei Mehrmandantendienstleistungsbeziehungen gilt es hier zusätzlich abzuwägen zwischen dem berechtigten Interesse des auslagernden Instituts nach Transparenz über die relevanten Prüfungsergebnisse des abgegrenzten Auslagerungssachverhalts und dem Interesse des Mehrmandantendienstleisters, möglichst standardisierte Informationen weiterzugeben in Verbindung mit einer Beschränkung auf die jeweils auslagerungsrelevanten Prüfungsergebnisse. Budgetaspekte sind ebenfalls zu würdigen.
6.	Als zusätzliche Beispiele für ein notwendiges einheitliches Verständnis von übergreifenden zugrunde liegenden Normen und Begriffen sind beispielhaft zu nennen: »Ausfalldefinition« bei der Auslagerung von Ratingsystemen, »Datenqualität«, »Sicherheitskonzept« oder die Abgrenzung von Fach- und IT-Konzepten zu bestimmten Auslagerungsthemen. Die genannten Schnittstellenthemen sind aus Revisionssicht ambivalent: Sie sind nicht nur für die Schnittstellendefinition der Revisionen wichtig, sondern können ebenfalls expliziter Gegenstand von Prüfungshandlungen der Revisionen bei bestehenden Auslagerungen sein.
7.	Ist innerhalb der Revision des auslagernden Instituts sichergestellt, dass die jeweiligen fachlichen Revisionsbereiche, die von der Auslagerung betroffen sind (u. a. Fachrevisionen, IT-Revision) in die Überwachung einbezogen sind?

Beispielhaft für die Strukturierung von Schnittstellenthemen zwischen auslagerndem Institut und Auslagerungsinstitut seien an dieser Stelle IRB-Verfahren genannt. Die Struktur kann eine erste nach aufsichtsrechtlichen Anforderungen erstellte Grundlage für eine weiterführende Aufgabenteilung je nach definierter Auslagerungsschnittstelle darstellen.

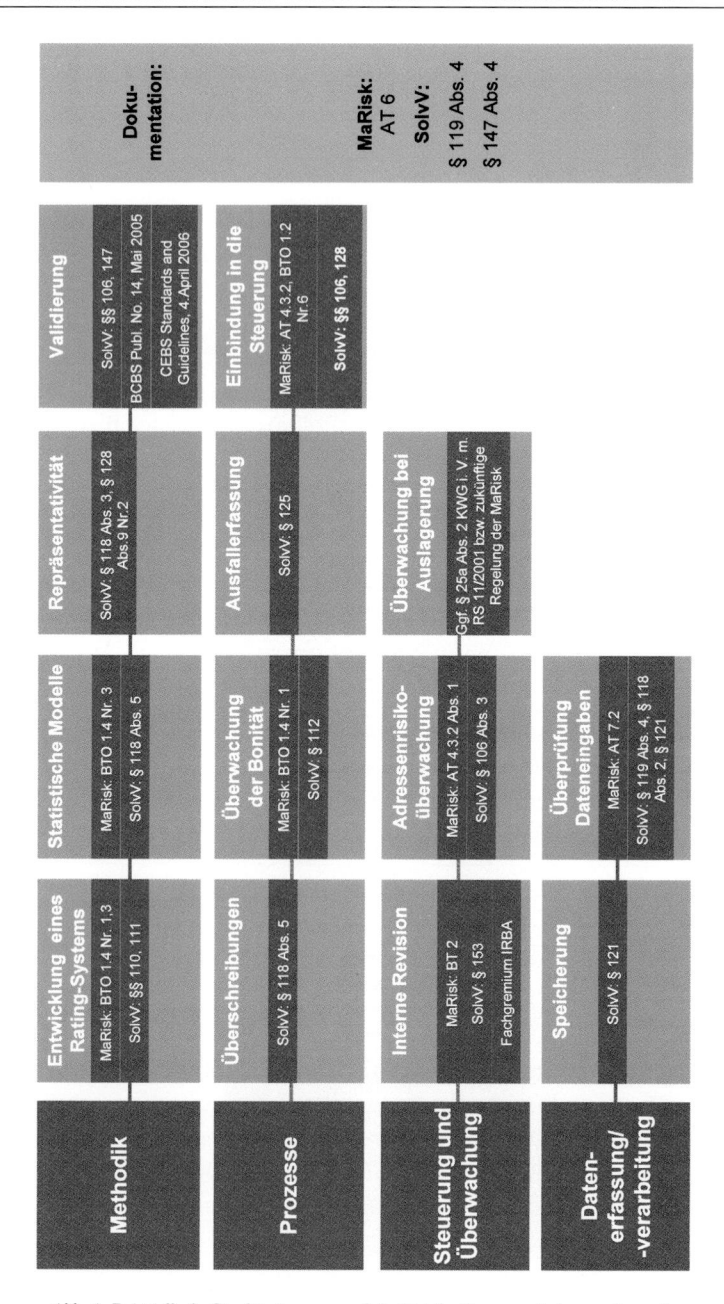

Abb. 1: Beispielhafte Strukturierung von Schnittstellenthemen zwischen auslagerndem Institut und Auslagerungsinstitut am Beispiel von IRB-Verfahren

3. Steuerung und Überwachung in den auslagernden Instituten: Koordination von Interner Revision, Fachabteilungen und Auslagerungscontrolling

Wichtig, festzustellen ist, dass die o. g. Schnittstellenthematik keine »Sonderveranstaltung« der Internen Revision ist. Abzustimmen ist die Schnittstellengestaltung der Internen Revisionen denn auch mit den institutsinternen Fach und/oder IT-Abteilungen, dem Outsourcing-Controlling auf Basis der vertraglichen Auslagerungsregelung und ggf. dem Beteiligungscontrolling, um ein einheitliches Grundverständnis von Anforderungen zwischen Fachabteilung, Controlling und Interner Revision zu gewährleisten.

562

Die sich daraus ergebenden Anforderungen überschneiden sich teilweise mit den punktuellen Änderungen in den MaRisk mit Auslagerungsbezug in der Fassung vom 30.10.2007 außerhalb des AT 9. Diese punktuellen Änderungen mit Relevanz zum Gliederungspunkt 3. betreffen:

563

- AT 4.3.1, Tz. 2: Aufbau- und Ablauforganisation,
- AT 4.3.2, Tz. 2: Risikosteuerungs- und -controllingprozesse,
- AT 5, Tz. 3e: Organisationsrichtlinien.

	Steuerung und Überwachung in den auslagernden Instituten: Koordination von Interner Revision, Fachabteilungen und Auslagerungscontrolling
1.	Sind die Überwachungsaktivitäten[121] zwischen Auslagerungscontrolling, ggf. involvierten Fach- und IT-Abteilungen oder ggf. dem Beteiligungscontrolling in den auslagernden Institute intern koordiniert?
2.	Gibt es eine Arbeitsanweisung[122, 123], die diese prozessabhängigen und prozessunabhängigen Überwachungsaktivitäten regelt und Verantwortlichkeiten im auslagernden Institut festlegt entsprechend • der Überwachung gemäß § 25a Abs. 2 KWG, • den fachlichen Standards für den Auslagerungsgegenstand, • den Revisionsstandards gemäß den MaRisk, • der Beteiligungsüberwachung (insbesondere bei gruppenangehörigen Auslagerungen, sofern ein Beteiligungsverhältnis vorliegt)?
3.	Welche Organisationseinheit koordiniert die verschiedenen Steuerungs- und Überwachungsfunktionen verantwortlich nach außen gegenüber dem Auslagerungsunternehmen? Wie ist dieser Kommunikationsprozess organisiert? Ist die Perspektive der Internen Revision ausreichend vertreten?
4.	Welche Gremien und Organe sind an der Auslagerungsschnittstelle für die verschiedenen Überwachungsfunktionen vorgesehen?
5.	Ein einheitliches Verständnis der Interpretation von aufsichtsrechtlichen/fachlichen Normen und Begriffen wie unter 2.2 erläutert sollte selbstverständlich nicht nur zwischen den Revisionen des auslagernden Instituts und dem Auslagerungsunternehmen bestehen, sondern auch innerhalb der beteiligten Bereiche innerhalb eines Instituts herbeigeführt werden.

---

[121] Vgl. BaFin: Mindestanforderungen an das Risikomanagement (MaRisk) – Rundschreiben 5/2007 vom 30.10.2007, AT 4.3.2, Tz. 2.
[122] Vgl. hierzu auch Kapitel B., II., 3. dieses Bands, »Checkliste zum Mindestinhalt der Organisationsrichtlinie Auslagerungen«.
[123] Vgl. BaFin: Mindestanforderungen an das Risikomanagement (MaRisk) – Rundschreiben 5/2007 vom 30.10.2007, AT 4.3.1, Tz. 2 sowie AT 5, Tz. 3e.

4. Zusätzliche Einzelaspekte: Strategie und Notfallkonzept

Weitere punktuelle Änderungen der MaRisk mit Auslagerungsbezug (Strategie, Notfallkonzept) in der Fassung vom 30.10.2007, über die bereits in Gliederungspunkt 3. genannten hinaus, bedingen zusätzliche Prüfungsaspekte im Hinblick auf die Auslagerungsschnittstelle.

	Zusätzliche Einzelaspekte: Strategie und Notfallkonzept
1.	Ist die Konsistenz der Risikostrategien des auslagernden Instituts bezogen auf wesentliche Auslagerungen und des Auslagerungsunternehmens gegeben?[124]
2.	Ist dies ebenfalls im Hinblick auf mögliche Weiterverlagerung gegeben?
3.	Die Abstimmungsnotwendigkeit bei Notfallkonzepten, die sich aus den MaRisk ableitet[125], bedingt, dass sowohl die Interne Revision des auslagernden Instituts als auch des Auslagerungsunternehmens dieses »Abstimmungmoment« bei ihren jeweiligen Prüfungen berücksichtigen. Ist gewährleistet, dass diese Anforderung in der Schnittstellenbetrachtung der Revisionen berücksichtigt wurde? Prüft die Interne Revision des auslagernden Instituts über das Vorliegen der entsprechenden Notfallkonzepte des Auslagerungsunternehmens hinaus, z. B. über die Prüfungsergebnisse der Internen Revision des Auslagerungsunternehmens zum Notfallkonzept, dass die Notfallkonzepte tatsächlich aufeinander abgestimmt sind?

5. Abstimmungs- und Vereinheitlichungsbedarf zwischen auslagernden Instituten und ihren Revisionen

Darüber hinaus ergibt sich ggf. weiterer Abstimmungs- und Vereinheitlichungsbedarf zwischen den auslagernden Instituten, insbesondere dann, wenn die Auslagerung bestimmte gemeinsame Interessen mehrerer auslagernder Institute betrifft oder ein gemeinsames Auslagerungsvorhaben vorliegt. Dieses Feld kann insofern heikel sein, als hier zum einen die nicht immer notwendi-

---

[124] Vgl. BaFin: Mindestanforderungen an das Risikomanagement (MaRisk) – Rundschreiben 5/2007 vom 30.10.2007, AT 4.2, Tz. 1.
[125] Vgl. BaFin: Mindestanforderungen an das Risikomanagement (MaRisk) – Rundschreiben 5/2007 vom 30.10.2007, AT 7.3.

gerweise deckungsgleichen Auffassungen der mit der Auslagerung befassten internen Bereiche unter Einbeziehung der Internen Revision gebündelt werden müssen und als zum anderen die mitunter auch unterschiedlichen Positionen der Institute harmonisiert werden müssen.

Abstimmungs- und Vereinheitlichungsbedarf zwischen auslagernden Instituten und ihren Revisionen	
1.	Besteht die Notwendigkeit, sich bezogen auf das Auslagerungsunternehmen auslagerungsinstituts-übergreifend zu verständigen? Wenn ja, ist die Revision mit einbezogen? Dies ist insbesondere dann relevant, wenn beispielsweise eine einheitliche Handhabung von aufsichtsrechtlichen Normen angestrebt wird oder bisher keine Erfahrungen mit der Auslagerung von spezifischen Geschäftsbereichen bestehen.
2.	Es ist ferner abzuklären, worauf sich der Abstimmungsbedarf aus Revisionssicht beziehen sollte. Sicherlich stehen u. a. Informationsrechte und Berichtspflichten hier im Mittelpunkt. Der Umfang solcher Abstimmungen ist jedoch in hohem Maße abhängig vom Willen zur Harmonisierung und Standardisierung im Vergleich zu einer individualisierten Handhabung der Revisionsfunktion an der Schnittstelle zu wesentlichen Auslagerungen.

566 Ein aktuelles Beispiel für die Notwendigkeit einer mehrdimensionalen Schnittstellenabstimmung (zwischen den Revisionen des auslagernden Instituts und des Auslagerungsunternehmens, zwischen den internen Abteilungen der auslagernden Institute und der Revision sowie auch zwischen den Auslagerungsinstituten bei gemeinsamem Auslagerungsgegenstand) ist die Definition von aufsichtsrechtlichen Interpretationsspielräumen anlässlich des neuen Merkblatts der Bundesbank vom 19. Dezember 2008 zu Änderungen von IRBA-Systemen und anderen kreditnehmerbezogenen internen Risikomessverfahren.

567 Hier ist es zwingend erforderlich, dass die Institute, die Teile ihrer IRB-Verfahren auslagern, und die Auslagerungsunternehmen eine abgestimmte Auffassung über die Umsetzungserfordernisse haben. Dies schließt die Interne Revision mit ein.

Für eine Abstimmung der Revisionen an der Auslagerungsschnittstelle kann es sinnvoll sein, institutionalisierte Foren/Workshops/Feedbackrunden von (ggf. ausgewählten) internen Revisionseinheiten der beteiligten Institute und des Dienstleisters einzurichten. Der Funktion des Revisionsbeauftragten des Auslagerungsunternehmens bei Vergabe der Revisionsfunktion an externe Dienstleister kommt in diesem Zusammenhang eine besondere Bedeutung zu.

568

III. Prüfungspflichten und -formen bei wesentlichen Auslagerungen

1. Prüfungspflichten der Internen Revision

Während bisher praxisorientiert Schnittstellenaspekte zwischen den Revisionseinheiten an der Auslagerungsschnittstelle behandelt wurden, stehen im weiteren Verlauf des Beitrags die Prüfungspflichten und Spezifika bei der **Beurteilung der Funktionsfähigkeit der Internen Revision des Auslagerungsunternehmens** im Fokus.

569

Die Anforderungen des § 25a Abs. 1 KWG an eine ordnungsgemäße Geschäftsorganisation sind auch bei Auslagerungen zu erfüllen. Insbesondere ist die Einbindung der Auslagerung in das Risikomanagement des auslagernden Institutes sicherzustellen (§ 25a Abs. 2 KWG). Das Risikomanagement umfasst dabei auch die Interne Revision, an welche die MaRisk besondere Anforderungen auch in Bezug auf Auslagerungen stellen. Die Verpflichtung der Internen Revision, ausgelagerte Aktivitäten und Prozesse in die Prüfung einzubeziehen, ist zudem explizit in den MaRisk AT 4.4 Tz. 3 festgeschrieben. Hierzu sind gemäß AT 9 Tz. 6 bei wesentlichen Auslagerungen die Informations- und Prüfungsrechte der Internen Revision sowie externer Prüfer festzulegen.

570

Sofern das Auslagerungsunternehmen ebenfalls den MaRisk unterliegt, besteht auch aus Sicht des Auslagerungsunternehmens eine aufsichtlich begründete Pflicht, eine Internen Revision einzurichten. Dadurch ergibt sich im Fall der Auslagerung die Verknüpfung der Pflichten der Internen Revision des auslagernden Instituts und der Internen Revision des Dienstleisters, die im Rahmen der Schnittstellendefinition sowohl auf vertraglicher als auch operativer Ebene unter Berücksichtigung des Auslagerungsgegenstandes, der Wesentlichkeit und des Risikos der Auslagerung sowie der Auslagerungsstrukturen zu gestalten ist.

571

2. Formen der Ausübung der Revisionsfunktion bezogen auf das Auslagerungsunternehmen

572 Im Fall von wesentlichen Auslagerungen bestehen gemäß MaRisk grundsätzlich zwei Möglichkeiten für die Interne Revision der auslagernden Institute, ihrer Prüfungspflicht nachzukommen.

573 Zum einen kann die Revision eigene Prüfungshandlungen im Auslagerungsunternehmen durchführen. Dies setzt entsprechende vertragliche Regelungen, hinreichende Kapazitäten sowie das erforderliche Know-how der Revisoren in Bezug auf die ausgelagerten Aktivitäten voraus.

574 Alternativ kann die Revision gemäß MaRisk BT 2.1 Tz. 3 im Falle wesentlicher Auslagerungen auf die Durchführung eigener Revisionsprüfungen verzichten, wenn an Stelle dessen »anderweitig durchgeführte Revisionstätigkeiten« treten, die ebenfalls die Anforderungen der MaRisk AT 4.4 und BT 2 erfüllen. Die Interne Revision muss sich von der Funktionsfähigkeit der Revision, die diese anderweitigen Prüfungstätigkeiten vornimmt, überzeugen.

575 Unabhängig von der grundsätzlichen Entscheidung für anderweitig durchgeführte Revisionstätigkeiten besteht für die Internen Revision des auslagernden Instituts die Möglichkeit, aufgrund der spezifischen Risikoeinschätzung oder anlassbezogen bei veränderter Risikoeinschätzung ergänzend zum Revisionsbereich des Auslagerungsunternehmens Prüfungshandlungen vorzunehmen. Die Prüfungsrechte der Internen Revision sollten entsprechend vertraglich vereinbart werden (siehe auch MaRisk AT 9 Tz. 6b). Grundsätzlich sollte die Einbindung der Internen Revision umso intensiver erfolgen, je bedeutender die ausgelagerten Aktivitäten für das Institut sind bzw. je größer die damit einhergehenden Risiken eingeschätzt werden. Die Risikoanalyse bildet den Ausgangspunkt für die Entscheidung über ggf. zu ergänzende Prüfungshandlungen.[126]

576 Die Durchführung eigener Prüfungshandlungen durch die Interne Revision des auslagernden Instituts im Vergleich zur Nutzung anderweitig durchgeführter Revisionstätigkeiten beinhaltet verschiedene Vor- und Nachteile, die in der nachfolgenden Übersicht exemplarisch dargestellt werden. Die Gewichtung der Vor- und Nachteile hängt von den spezifischen Auslagerungssachverhalten ab und ist von dem auslagernden Institut unter Berücksichtigung der Risikoanalyse und der risikoorientierten Prüfungsplanung zu entscheiden.

---

126 Vgl. *Hannemann, R./Schneider, A./Hanenberg, L.:* Mindestanforderungen an das Risikomanagement (MaRisk). Eine einführende Kommentierung, Stuttgart 2008, S. 651.

	Eigene Prüfungshandlungen	Anderweitig durchgeführte Revisionstätigkeiten
Vorteile	▪ Potentielle Risiken können frühzeitig identifiziert werden. ▪ Umfang und Art der Prüfungshandlungen können unmittelbar auf das auslagernde Institut abgestimmt werden; spezifische Schwerpunktsetzung ist möglich	▪ Fokussierung der Ressourcen der Internen Revision des auslagernden Unternehmens ▪ Prüfungstätigkeiten können durch Revisoren mit spezifischem Know-how durchgeführt werden.
Nachteile	▪ Kein vollständiger Einblick in die Prozesse und Strukturen des Auslagerungsunternehmens ▪ Spezifisches Know-how muss für die Prüfungen vorgehalten werden ▪ Ressourcenaufwand (Personal- und Sachkostenbudget)	▪ Insbesondere bei Mehrmandantendienstleistern wird nur ein Teil der Prüfungsergebnisse transparent. ▪ Überprüfung der Funktionsfähigkeit der Internen Revision, die die Prüfungstätigkeiten durchführt, ist erforderlich.

Abb. 2: Mögliche Vor- und Nachteile eigener Prüfungshandlungen und anderweitig durchgeführter Revisionstätigkeiten aus Sicht des auslagernden Instituts (Quelle: Amling, Th./Bantleon, U.: Handbuch der Internen Revision. Grundlagen, Standards, Berufsstand, Berlin, 2007, S. 202-205).

In der Praxis erfolgen Auslagerungen häufig an Mehrmandantendienstleister die i. d. R. über einen eigenen organisationsinternen Revisionsbereich verfügen. Die MaRisk sehen bei Mehrmandantendienstleistern[127] die Möglichkeit vor, bereits bei der Vertragsgestaltung auf eigene Prüfungshandlungen zu verzichten. Voraussetzung hierfür ist zum einen, die hinreichend klare spezifi-

---

127 Mit der Integration des Rundschreibens 11/2001 der BaFin in die MaRisk erfolgte eine Ausweitung der Erleichterungsregelungen über Mehrmandantendienstleister hinaus, sofern die genannten Voraussetzungen erfüllt sind, können diese auch bei anderen wesentlichen Auslagerungen genutzt werden. Vgl. *Hannemann, R./Schneider, A./Hanenberg, L.*: Mindestanforderungen an das Risikomanagement (MaRisk). Eine einführende Kommentierung, Stuttgart 2008, S. 304.

zierte Leistung im Auslagerungsvertrag und zum anderen die Funktionsfähigkeit im Sinne der Erfüllung der Anforderungen der MaRisk aus AT 4.4 und BT 2 der Internen Revision des Auslagerungsunternehmens.[128]

3. Formen der anderweitigen Durchführung der Revisionstätigkeit gemäß MaRisk

578 Die BaFin definiert in den Erläuterungen zu den MaRisk BT 2.1 Tz. 3 folgende Möglichkeiten der anderweitig durchgeführten Revisionstätigkeiten.

> **Auszug aus den Erläuterungen zu BT 2.1 Tz. 3 der MaRisk:**
>
> Die Revisionstätigkeit kann übernommen werden durch:
>
> - die Interne Revision des Auslagerungsunternehmens,
> - die Interne Revision eines oder mehrerer der auslagernden Institute im Auftrag der auslagernden Institute,
> - einen vom Auslagerungsunternehmen beauftragten Dritten oder
> - einen von den auslagernden Instituten beauftragten Dritten.

579 Als praxisrelevante Ausgestaltungsformen haben sich die eigene Interne Revision des Auslagerungsunternehmens – insbesondere bei großen Mehrmandantendienstleistern – sowie die Beauftragung von Dritten herausgestellt. Die weiteren Möglichkeiten für anderweitig durchgeführte Revisionstätigkeiten sind in der Praxis seltener zu finden.[129]

580 Im Folgenden wird daher auf die praxisrelevanten Fall-Konstellationen

- das Auslagerungsunternehmen verfügt über einen eigenen internen Revisionsbereich und
- ein externer Dritter wurde mit der Durchführung der Revisionstätigkeiten beauftragt

näher eingegangen. Im Mittelpunkt der Betrachtung stehen dabei die **Spezifika der jeweiligen Konstellation** in Bezug auf die **Prüfung der Funktionsfähigkeit** und damit Anwendbarkeit der anderweitig durchgeführten Prüfungstätigkeiten bei wesentlichen Auslagerungen. Darüber hinaus sind jeweils

---

128 Vgl. BaFin: MaRisk, AT 9 Tz. 6, Erläuterungen.
129 Vgl. *Hannemann, R./Schneider, A./Hanenberg, L.:* Mindestanforderungen an das Risikomanagement (MaRisk). Eine einführende Kommentierung, Stuttgart 2008, S. 650.

die Besonderheiten von Ein- und Mehrmandantendienstleistern sowie die Anwendbarkeit der MaRisk auf das Auslagerungsunternehmen in der Praxis zu berücksichtigen.

4. Auslagerungsunternehmen mit eigenem, internen Revisionsbereich

Große Mehrmandantendienstleister oder auch Institute, die neben ihrem originären Geschäft als Dienstleister für andere Institute aktiv sind, verfügen in der Praxis häufig über einen eigenen organisations-internen Revisionsbereich. Ein Abstellen auf diese Prüfungsergebnisse (anderweitig durchgeführte Revisionstätigkeiten) setzt die Prüfung der Funktionsfähigkeit der Internen Revision voraus. Unterliegt das Auslagerungsunternehmen unmittelbar selbst den MaRisk, muss es zwingend die MaRisk-Anforderungen erfüllen. Demgegenüber müssen Auslagerungsunternehmen, die nicht unmittelbar den MaRisk unterliegen, aufgrund des Auslagerungssachverhaltes aus Sicht des auslagernden Institutes den MaRisk-Anforderungen entsprechen und über eine funktionsfähige Interne Revision im Sinne der MaRisk verfügen.

4.1. Funktionsfähigkeit der Internen Revision

Die Interne Revision des auslagernden Instituts muss sich regelmäßig von der Konformität der Internen Revision des Auslagerungsunternehmens mit den Anforderungen der MaRisk überzeugen.

Nachfolgende Checkliste gibt einen Überblick über die Fragestellungen, die es im Rahmen der Beurteilung der Funktionsfähigkeit der Internen Revision zu beantworten gilt. Ergänzend können im Sinne einer weitergehenden Operationalisierung der Fragestellung nach der Funktionsfähigkeit der Internen Revision auch die Kriterien des Quality Assessments entsprechend der Vorgaben des DIIR e. V. herangezogen werden.

Checkliste: Fragestellungen zur Beurteilung der Funktionsfähigkeit der Internen Revision[130] – Anforderungen der MaRisk aus AT 4.4 und BT 2	
Allgemeines und Aufgaben der Internen Revision	
1.	Verfügt das Auslagerungsunternehmen über einen eigenen internen Revisionsbereich oder wird die Revisionsfunktion durch einen der Geschäftsleiter wahrgenommen? Sofern die Revisionsfunktion durch einen Geschäftsleiter wahrgenommen wird: Ist in Bezug auf die Größe des Auslagerungsunternehmens die Darstellung der Revisionsfunktion durch einen Geschäftsleiter angemessen?
2.	Wie ist die Interne Revision in die Organisation des Unternehmens eingebunden? a) Untersteht die Interne Revision direkt der Unternehmensleitung und ist dieser berichtspflichtig? b) Ist die Neutralität und Unabhängigkeit der Internen Revision in Bezug auf die Aufbau- und Ablauforganisation sichergestellt? c) Ist sichergestellt, dass die Mitarbeiter der Internen Revision nicht in den operativen Betrieb eingebunden sind und keine Aktivitäten prüfen, bei denen sie befangen sind?
3.	Ist grundsätzlich die risikoorientierte und prozessunabhängige Prüfung der folgenden Aspekte Aufgabe der Internen Revision? • Wirksamkeit und Angemessenheit des Risikomanagements und des Internen Kontrollsystems einschließlich der Beurteilung der Wirksamkeit der Maßnahmen zur Verhinderung und Aufdeckung doloser Handlungen • Ordnungsmäßigkeit aller Aktivitäten und Prozesse einschließlich ausgelagerter Aktivitäten

---

[130] Die Checkliste umfasst Anforderungen der MaRisk AT 4.4 und BT 2 sowie einzelne Aspekte des Quality Assessments (vgl. Deutsches Institut für Interne Revision e. V. (IIR): Leitfaden für die Durchführung eines Quality Assessments, 2007).

4.	Ist der Internen Revision ein vollständiges und uneingeschränktes Informationsrecht eingeräumt worden? a) Ist aufbau- und ablauforganisatorisch sichergestellt (und in der schriftlich fixierten Ordnung des Instituts verankert), dass der Internen Revision unverzüglich erforderliche Informationen und Unterlagen zur Verfügung gestellt werden? b) Ist aufbau- und ablauforganisatorisch sichergestellt, dass der Internen Revision Einblick in die Aktivitäten und Prozesse sowie die IT-Systeme gewährt wird?
5.	Ist sichergestellt, dass die Interne Revision von allen für sie relevanten Weisungen und Beschlüssen der Geschäftsleitung Kenntnis erhält? Wurde die Interne Revision in den Verteiler wesentlicher Unternehmensinformationen aufgenommen?
6.	Ist sichergestellt, dass die Interne Revision rechtzeitig über wesentliche Änderungen im Risikomanagement informiert wird? Wurde die Interne Revision in die entsprechenden Verteiler aufgenommen?
7.	Sofern das Auslagerungsunternehmen selbst in einen Konzern eingegliedert ist: Wird die Konzernrevision ergänzend im Rahmen des Risikomanagements der Gruppe zur Internen Revision des Auslagerungsunternehmens tätig oder verwendet diese die Prüfungsergebnisse?
8.	Verfolgt die Interne Revision grundsätzlich einen risikoorientierten Prüfungsansatz und zieht hierbei grds. alle Aktivitäten und Prozesse mit ein?
9.	Führt die Interne Revision auch projektbegleitende Prüfungen bei wesentlichen Projekten unter Wahrung ihrer Unabhängigkeit und Vermeidung von Interessenkonflikten durch?

	Grundsätze der Internen Revision
10.	Nimmt die Interne Revision ihre Aufgaben selbständig und unabhängig wahr?
	Ist insbesondere sichergestellt, dass die Interne Revision bei der Wertung der Prüfungsergebnisse und bei der Berichterstattung keinen Weisungen unterliegt?
11.	Ist aufbau- und ablauforganisatorisch sichergestellt, dass die Revisionsmitarbeiter mit keinen revisionsfremden Aufgaben betraut werden?
	Hinweis: Eine beratende Tätigkeit der Revision ist, sofern die Unabhängigkeit der Revision gewährleistet bleibt, nicht ausgeschlossen.
12.	Werden die Revisionsaufgaben grds. nur von Mitarbeitern der Internen Revision wahrgenommen?
	Hinweis: Der zeitweise Einbezug von anderen Mitarbeitern aufgrund ihres Spezialwissens in begründeten Einzelfällen ist damit nicht ausgeschlossen.
	Prüfungsplanung und –durchführung
13.	Basieren die Prüfungen der Internen Revision auf einem umfassenden Prüfungsplan und wird dieser jährlich fortgeschrieben?
	a) Wird für alle Prozesse und Aktivitäten einschließlich ggf. ausgelagerter Aktivitäten ein grundsätzlich dreijähriger Prüfungsturnus eingehalten?
	b) Werden Aktivitäten und Prozesse, die besonderen Risiken unterliegen, jährlich geprüft?
	c) Wird der Prüfungsturnus grundsätzlich risikoorientiert festgelegt?
	d) Sofern bei unter Risikogesichtspunkten nicht wesentlichen Aktivitäten und Prozessen von dem dreijährigen Prüfungsturnus abgewichen wird: Ist die Risikoeinschätzung nachvollziehbar und dokumentiert? Wird diese Beurteilung im Rahmen der mindestens jährlichen Fortschreibung überprüft?

	Berichtspflicht
14.	Wird über die Prüfungen der Internen Revision zeitnah ein Bericht dem fachlich zuständigen Mitglied der Geschäftsleitung vorgelegt?
	a) Enthalten die Revisionsberichte die Darstellung des Prüfungsgegenstandes, der Prüfungsfeststellungen und gegebenenfalls der vorgesehenen Maßnahmen zur Mängelbehebung?
	b) Werden »wesentliche Mängel« in dem Prüfungsbericht besonders herausgestellt?
	c) Wird bei Feststellung von »schwerwiegenden Mängeln« der Bericht unverzüglich der Geschäftsleitung vorgelegt?
15.	Wurde die Abgrenzung der Mängel, insbesondere zwischen »wesentlich«, »schwerwiegend« und »besonders schwerwiegend« durch das Auslagerungsunternehmen vorgenommen und dokumentiert?
	Ist damit eine einheitliche Bewertung der Prüfungsergebnisse sichergestellt?
16.	Werden die Prüfungen angemessen durch Arbeitsunterlagen dokumentiert?
	a) Gehen die durchgeführten Arbeiten, die festgestellten Mängel und Schlussfolgerungen für einen sachkundigen Dritten nachvollziehbar aus den Arbeitsunterlagen hervor?
	b) Werden Art und Umfang der Prüfungshandlungen einheitlich, sachgerecht und ordnungsgemäß dokumentiert?
18.	Wird bei Uneinigkeit zwischen Interner Revision und geprüfter Einheit über einen festgestellten Mangel eine Stellungnahme abgegeben?
	a) Wird eine Schlussbesprechung mit der geprüften Einheit zeitnah durchgeführt, bei der die Prüfungsergebnisse abgestimmt und dokumentiert werden?
	b) Werden Meinungsverschiedenheiten in der Schlussbesprechung festgestellt?
	c) Wird bei Meinungsverschiedenheiten im Bericht auf diese hingewiesen und ggf. die Stellungnahme der geprüften Einheit in den Bericht mit aufgenommen?

19.	Wird durch die Interne Revision zeitnah ein Gesamtbericht (Jahresbericht) über die im Geschäftsjahr durchgeführten Prüfungen erstellt und der Geschäftsleitung vorgelegt? a) Beinhaltet der Bericht die festgestellten wesentlichen Mängel und die ergriffenen Maßnahmen? b) Wird über die Einhaltung der Vorgaben des Prüfungsplans berichtet?
20.	Berichtet die Interne Revision bei schwerwiegenden Feststellungen gegen Geschäftsleiter unverzüglich an die Geschäftsleitung? a) Informiert die Geschäftsleitung daraufhin unverzüglich das Aufsichtsorgan sowie die BaFin und die Bundesbank über diese schwerwiegenden Feststellungen gegen Geschäftsleiter? b) Sofern die Geschäftsleitung das Aufsichtsorgan nicht unverzüglich informiert oder keine sachgerechten Maßnahmen beschließt: Informiert die Interne Revision unverzüglich das Aufsichtsorgan?
21.	Berichtet die Geschäftsleitung mindestens jährlich an das Aufsichtsorgan über die durch die Interne Revision festgestellten schwerwiegenden und noch nicht behobenen wesentlichen Mängel? a) Beinhaltet die Berichterstattung an das Aufsichtsorgan zu den schwerwiegenden Mängeln auch die beschlossenen Maßnahmen sowie deren Umsetzungsstand? b) Informiert die Geschäftsleitung darüber hinaus bei besonders schwerwiegenden Mängeln das Aufsichtsorgan unverzüglich?
22.	Werden Revisionsberichte und Arbeitsunterlagen mindestens sechs Jahre aufbewahrt?
Follow up und Reaktion auf festgestellte Mängel	
23.	Überwacht die Interne Revision die Mängelbeseitigung angemessen und werden ggf. Nachschauprüfungen angesetzt?
24.	Informiert die Interne Revision den fachlichen Geschäftsleiter im Fall, dass wesentliche Mängel nicht in angemessener Zeit beseitigt wurden?

25.	Informiert die Interne Revision bei weiterhin nicht erfolgter Mängelbeseitigung bei wesentlichen Mängeln in angemessener Zeit die Geschäftsleitung, spätestens aber im Rahmen des jährlichen Gesamtberichts?

Bei Mehrmandantendienstleistern ist trotz individueller Gegebenheiten in einzelnen Instituten eine gewisse Standardisierung des ausgelagerten Internen Revisionsvorgehens nicht vermeidbar. Solange der Risikogehalt der ausgelagerten Aktivitäten hierbei adäquat gewürdigt wird, ist diese Vorgehensweise in enger Abstimmung der Internen Revisionen auch vor dem Hintergrund des ökonomisch sinnvollen Einsatzes von Prüfungsressourcen vertretbar und sogar wünschenswert.

4.2. Mögliche Informationsquellen zur Beurteilung der Funktionsfähigkeit der Internen Revision

In der Praxis gilt es, verlässliche Informationen zur Beurteilung der Funktionsfähigkeit der Internen Revision des Auslagerungsunternehmens im Sinne der MaRisk und ergänzend der Internationalen Standards für die berufliche Praxis der Internen Revision 2009[131] (im Folgenden kurz: IR-Standards) zu erhalten. Die Verfügbarkeit von Informationen hängt dabei sowohl von der vertraglichen Ausgestaltung der Auslagerungen (vgl. Darstellung zu Schnittstellen insbesondere Informationsrechte und -pflichten) als auch dem Dienstleister (z. B. Mehr- vs. Einmandantendienstleister) und der Ausgestaltung der Internen Revision des Auslagerungsunternehmens ab.

Die nachfolgende Abbildung gibt einen Überblick über mögliche Informationsquellen, die für die Bewertung der Funktionsfähigkeit der Internen Revision herangezogen werden könnten.

---

131 Vgl. *The Institute of Internal Auditors*: Internationale Standards für die berufliche Praxis der Internen Revision 2009.

Informationsquelle	Hinweise
Prüfungsergebnisse der Internen Revision	Die Bereitstellung der Prüfungsergebnisse der Internen Revision sollte vertraglich mit dem Auslagerungsunternehmen vereinbart werden. Insbesondere ist auf eine Erfüllung der Anforderungen der MaRisk BT 2.1 Tz. 3 zu achten, demgemäß die für das auslagernde Institut relevanten Prüfungsergebnisse diesem zur Verfügung zu stellen sind.
	Geht aus den bereitgestellten Prüfungsergebnissen hervor, dass der Auslagerungsgegenstand hinreichend berücksichtigt wurde? (vgl. Ausführungen unter 2.2 Interpretationsbedarf für »relevante Prüfungsergebnisse«)
	Sind die übermittelten Informationen aussagekräftig?
Risikoorientierter Prüfungsplan der Internen Revision	Die Prüfungsplanung sollte risikoorientiert und unter Berücksichtigung der Unternehmensziele erfolgen; die Planung einschließlich der Risikobewertung sollte mindestens jährlich fortgeschrieben werden.[132]
	Ist der Auslagerungsgegenstand nachvollziehbar und dem Risikogehalt entsprechend in der Prüfungsplanung berücksichtigt worden?
	Insbesondere bei Mehrmandantendienstleistern ist die Prüfungsplanstruktur nicht zwangsläufig mandantenspezifisch bzw. einzelauslagerungsspezifisch aufgebaut. An dieser Stelle sind erläuternde Querschnittsbetrachtungen notwendig, um das Prüfungsziel Funktionsfähigkeit überprüfen zu können.

---

[132] Vgl. *The Institute of Internal Auditors*: Internationale Standards für die berufliche Praxis der Internen Revision 2009: Standard 2010.

	Geschäftsordnung[133] der Internen Revision des Auslagerungsunternehmens	Die Geschäftsordnung enthält regelmäßig die Befugnisse, die Verantwortung und die organisatorische Stellung der Internen Revision. Weiterhin kann sie Aufschluss über das Selbstverständnis der Revision und den vorgesehenen Umfang der Revisionstätigkeit geben, z. B. über Art und Umfang der Prüfungs- und Beratungsleistungen.[134] Die Anwendung der IR-Standards sollte hier ebenfalls verankert sein.
	Auszug aus dem Prüfungsbericht des Jahresabschlussprüfers zur Konformität der Internen Revision mit den MaRisk-Anforderungen (AT 4.4 und BT2)	Sofern das Auslagerungsunternehmen selbst den MaRisk unterliegt, prüft der Jahresabschlussprüfer auch die Konformität der Revisionsfunktion mit den MaRisk.[135] Unterliegt das Auslagerungsunternehmen selbst nicht den MaRisk, ist die Möglichkeit vorgesehen, eine Erweiterung des Prüfungsauftrags des Jahresabschlussprüfers anzustreben. Sofern an dieser Stelle Kontrollberichte wie SAS 70 Reports oder eine Prüfungsbestätigung nach IDW PS 951 vorgelegt werden, ist es erforderlich, dass diese den Anforderungen der MaRisk genügen, da andernfalls ein Verzicht auf eigene Prüfungshandlungen nicht auf diese Prüfungsbestätigung abgestellt werden kann.[136]

---

133 Gemäß dem IR-Standard 1000, sollten Aufgabenstellung, Befugnisse und Verantwortung einer Internen Revision formell in einer Geschäftsordnung der Internen Revision geregelt werden. Vgl. *The Institute of Internal Auditors:* Internationale Standards für die berufliche Praxis der Internen Revision 2009: Standard 1000.

134 Vgl. *The Institute of Internal Auditors:* Internationale Standards für die berufliche Praxis der Internen Revision 2009: Standard 1000.A1 und 1000.C1.

135 Vgl. *IDW* PS 520.

136 Vgl. *Bantleon, U./Kranzbühler, L./Ramke, Th.*: Auswirkungen der überarbeiteten Mindestanforderungen an das Risikomanagement auf die Interne Revision insbesondere bei Auslagerungen, 2008, S. 128.

	Ergebnisse eines Self-Assessments der Internen Revision des Auslagerungsunternehmens	Im Rahmen eigener Qualitätssicherungs- und -verbesserungsprogramme kann die Interne Revision in einem Self-Assessment selbst die Erfüllung der Anforderungen der MaRisk beurteilen sowie die Einhaltung der definierten Geschäftsordnung und ggf. der IR-Standards. [137] Der IIR gibt in dem Revisionsstandard Nr. 3 einen Rahmen hierfür vor.[138]
	Bericht über ein Quality Assessment der Internen Revision	Quality Assessments der Internen Revision gewinnen in der Praxis zunehmend an Bedeutung. Die Qualität der Internen Revision wird dabei gemessen an den IR-Standards durch einen akkreditierten Assessor beurteilt.[139] Für Finanzdienstleistungsinstitute sollte ergänzend die Konformität mit den MaRisk beurteilt werden. Gemäß der IR-Standards sollte eine Quality Assessment alle fünf Jahre durchgeführt werden.[140]
	Gespräche mit der Internen Revision des Auslagerungsunternehmens	Durch Gespräche mit der Internen Revision des Auslagerungsunternehmens kann sich die Revision des auslagernden Instituts einen Eindruck über die Stellung in der Organisation, das Selbstverständnis der Revision sowie die fachliche Eignung der Revisionsmitarbeiter verschaffen.

---

[137] Self-Assessments der Internen Revision sollten Bestandteil der Internen Beurteilung im Rahmen des Qualitätssicherungs- und -verbesserungsprogramm der Internen Revision sein. Vgl. *The Institute of Internal Auditors*: Internationale Standards für die berufliche Praxis der Internen Revision 2009: Standard 1311.

[138] Vgl. *Deutsches Institut für Interne Revision e. V. (IIR)*: IIR Revisionsstandard Nr. 3 – Qualitätsmanagement in der Internen Revision, 2002.

[139] Vgl. *Deutsches Institut für Interne Revision e. V. (IIR)*: Leitfaden für die Durchführung eines Quality Assessments, 2007, S. 4.

[140] Vgl. *The Institute of Internal Auditors*: Internationale Standards für die berufliche Praxis der Internen Revision 2009: Standard 1312.

Anhand der genannten möglichen Unterlagen sollte die Beurteilung der formalen Funktionsfähigkeit der Internen Revision möglich sein. Eine Aussage über die Qualität der Revisionsarbeit ist ggfs. nur unter Hinzuziehung weiterer Informationen möglich.

4.3. Weitere Aspekte der Beurteilung der Internen Revision des Auslagerungsunternehmens

Die Beurteilung der Funktionsfähigkeit der Internen Revision bei wesentlichen Auslagerungen ist für die Anwendbarkeit der anderweitigen Revisionstätigkeiten und damit einem Verzicht auf eigene Prüfungstätigkeiten für das auslagernde Institut von zentraler Bedeutung. Unter einer Risikoperspektive sind neben der Erfüllung der spezifischen MaRisk-Anforderungen zur Internen Revision weitere Aspekte aus Sicht des auslagernden Instituts von Bedeutung. Neben der im ersten Teil dieses Beitrags dargestellten Schnittstellenthematik sind dies in der Praxis häufig folgende Punkte:

- Ressourcenausstattung und Budget des Revisionsbereichs des Auslagerungsunternehmens,
- Follow up-Prozess der Internen Revision.

Ressourcenausstattung und Budget

Der erstgenannte Aspekt ist aus den allgemeinen Anforderungen der MaRisk an eine angemessene qualitative und quantitative Personal- und Sachausstattung abzuleiten (vgl. MaRisk, AT 7.1 und 7.2). [141]

Daraus leitet sich zudem unmittelbar die Frage ab, inwieweit die personelle Ausstattung (quantitativ und qualitativ) sowie das zur Verfügung stehende Budget eine risikoorientierte Vorgehensweise und eine die spezifischen MaRisk-Anforderungen entsprechende Interne Revision ermöglicht.

Die Frage nach der angemessenen Budget- und Ressourcenausstattung der Internen Revision ist ebenfalls wesentlicher Bestandteil eines Quality Assessments der Internen Revision.[142]

---

141 Vgl. *Hannemann, R./Schneider, A./Hanenberg, L.*: Mindestanforderungen an das Risikomanagement (MaRisk). Eine einführende Kommentierung, Stuttgart 2008, S. 644.
142 Im Rahmen eines Quality Assessments sind gemäß dem Leitfaden des DIIR zum einen die Budgetausstattung als Grundlagenaspekt der Internen Revision und zum anderen das Beurteilungsfeld Mitarbeiter Bewertungsgegenstand. Vgl. *Deutsches Institut für Interne Revision e. V. (IIR)*: Leitfaden für die Durchführung eines Quality Assessments, 2007, S. 7ff.

Checkliste: Ressourcenausstattung[143]

1.	Erscheint das Personalkostenbudget ausreichend um unter Berücksichtigung der spezifischen Aktivitäten des Auslagerungsunternehmens sowie des Risikogehalts der Aktivitäten eine angemessene und MaRisk-konforme Interne Revisionsfunktion zu ermöglichen?
	a) Erscheint die Zahl der veranschlagten Prüfertage realistisch in Bezug auf das Geschäft des Auslagerungsunternehmens?
	b) In welchem Umfang werden Prüfungen durch externe Dienstleister/Wirtschaftsprüfungs- und Beratungsgesellschaften unterstützt? Ist diese Unterstützung budgetiert?
2.	Wurde der Internen Revision ein Sachkostenbudget zugewiesen, um die notwendigen Ausgaben wie z. B. für Reisekosten, Aus- und Weiterbildung zu decken?
3.	Verfügen die Mitarbeiter der Internen Revision insgesamt über die erforderlichen Qualifikationen, Fachkenntnisse und Erfahrungen, um die Aufgabenerfüllung der Internen Revision sicherzustellen?
4.	Nutzt die Interne Revision für Prüfungen, die besondere Fachkenntnisse voraussetzen, externe Ressourcen, wenn diese Kenntnisse nicht in der Internen Revision verfügbar sind?

Follow up-Prozess

592 Neben der Frage der prozessualen Ausgestaltung des Follow up-Prozesses im Auslagerungsunternehmen stellt sich insbesondere auch die Frage nach dem Informationsgehalt im Zusammenhang mit festgestellten Mängeln, d. h. sowohl der Aspekt der rechtzeitigen und vollständigen Bereitstellung von Informationen über festgestellte Mängel als auch die Qualität und Tiefe der bereitgestellten Informationen über die Prüfungsergebnisse der Internen Revision sind für auslagernde Institute von Bedeutung.

---

[143] In Anlehnung an *Deutsches Institut für Interne Revision e. V. (IIR)*: Leitfaden für die Durchführung eines Quality Assessments, 2007, S. 8 und 13 f.

Die systematische Beobachtung und Auswertung
- der Entwicklung der Mängelbeseitigung,
- der Terminierung der Mängel unter Berücksichtigung der Mängelkategorie sowie
- des Informationsgehalts in Bezug auf die Feststellungen und Empfehlungen

geben Aufschluss über mögliche Risiken der Auslagerung. Im Rahmen der Schnittstellenabgrenzung zwischen der Internen Revision des Auslagerungsunternehmens sowie der Internen Revision des auslagernden Instituts sollte eine jederzeitige Nachvollziehbarkeit der o. g. Aspekte gewährleistet sein.

\	**Checkliste: Follow up-Prozesse**[144]
1.	Ist ein Follow up-Prozess zur Überwachung der Umsetzung der festgestellten Mängel und Maßnahmen etabliert?
2.	Sind Kriterien definiert, wann eine Follow up-Prüfung erforderlich ist? a) Sind die Kriterien risikoorientiert festgelegt bzw. orientieren sich ggf. bestehende Abstufungen in der Form der Follow up-Prüfung an dem Risiko der Feststellung? b) Ist definiert, bis wann Follow up-Prüfungen spätestens durchzuführen sind?
3.	Gibt es einheitliche und dokumentierte Regelungen für Fristverlängerungen? a) Werden Fristverlängerungen begründet? b) Wird das mit dem Mangel verbundene Risiko bei Fristverlängerungen angemessen berücksichtigt?

---

144 In Anlehnung an *Deutsches Institut für Interne Revision e. V. (IIR):* Leitfaden für die Durchführung eines Quality Assessments, 2007, S. 13.

4.	Gibt es definierte Informationsrichtlinien über die Nicht-Umsetzung von Maßnahmen aus Feststellungen? a) Wird die Nicht-Umsetzung von Maßnahmen begründet und von der Internen Revision gewürdigt? b) Wird bei fehlender anerkannter Begründung die Nicht-Umsetzung an die Geschäftsführung berichtet? c) Werden die Begründungen bei Nicht-Umsetzung von Maßnahmen oder ggf. abweichende Maßnahmenumsetzungen an das auslagernde Institut berichtet?
5.	Wird die Revision des auslagernden Institutes regelmäßig und bei Bedarf ad hoc über für das auslagernde Institut relevante Mängel unterrichtet?

594 Insbesondere bei Mehrmandantendienstleistern ist der Prozess der Information über festgestellte Mängel sowie der Berichtslegung über den Status der Mängelbeseitigung regelmäßig standardisiert. Die Standardisierung bietet hierbei den Vorteil der systematischen Information aller Mandanten und für die Internen Revisionen der auslagernden Institute einen strukturierten und systematischen Informationsfluss. Gleichzeitig erhält die Interne Revision des auslagernden Instituts i. d. R. nur Einblick in die für ihre ausgelagerten Aktivitäten relevanten Feststellungen und Umsetzungsstände, der vollständige Einblick in das Auslagerungsunternehmen ist für die Revision an dieser Stelle nicht immer gegeben.

5. Durchführung anderweitiger Revisionstätigkeiten durch einen externen Dienstleister

595 Die Beauftragung eines externen Dienstleisters mit der Wahrnehmung der Funktion der Internen Revision entspricht ebenfalls einer wesentlichen Auslagerung gemäß den MaRisk – sofern das Auslagerungsunternehmen diesen unterliegt. Dabei ist zu berücksichtigen, dass die Auslagerung der Internen Revision aufgrund der Bedeutung der Internen Revision normativ als wesentliche Auslagerung im Sinne des § 25a Abs. 2 KWG zu bewerten ist.

5.1. Mögliche Vor- und Nachteile

Die Auslagerung der Internen Revision an einen Dritten bei bestehenden wesentlichen Auslagerungen ist mit Vor- und Nachteilen verbunden, die in der folgenden Abbildung exemplarisch aufgezeigt werden.

596

Auslagerung der Internen Revision	
Vorteile	**Nachteile**
• Die qualitative und quantitative Ressourcenausstattung kann auf die Revisionsanforderungen abgestimmt und schnell angepasst werden. • Spezifische Fach- und Methodenkenntnisse können gezielt genutzt werden (Rückgriff auf Spezialisten möglich). • Best Practice-Ansätze können genutzt werden. • Kostenflexibilisierung ist je nach Entwicklung der Risikolage möglich. • Stärkung der Unabhängigkeit der Internen Revision möglich.	• Präsenz und Wirkung der Internen Revision im Auslagerungsunternehmen ist nicht oder nur eingeschränkt gegeben und damit eine geringere Präventivwirkung der Internen Revision. • Follow up-Prüfungen erfolgen nur bei entsprechender Beauftragung. • Kosten können je nach Prüfungsgebiet, -umfang und -intensität steigen. • Kenntnisse über die interne Organisation und über Prozesse müssen durch den Dienstleister erst erarbeitet werden.

Abb. 3: Mögliche Vor- und Nachteile der Auslagerung der Internen Revision (Quelle: Amling, Th./Bantleon, U.: Handbuch der Internen Revision. Grundlagen, Standards, Berufsstand, Berlin, 2007, S. 202-205).

Die Vor- und Nachteile der Auslagerung der Internen Revision durch das Auslagerungsunternehmen an einen externen Dienstleister sind unter Berücksichtigung des spezifischen Auslagerungssachverhaltes zwischen auslagerndem Institut und Auslagerungsunternehmen zu bewerten.

597

Darüber hinaus ergibt sich durch die Änderung des § 107 Abs. 3 AktG gemäß dem Entwurf des Bilanzrechtsmodernisierungsgesetzes auch eine explizite Verantwortung des Aufsichtsrates für die Funktionsfähigkeit der Internen

598

Revision. Vor diesem Hintergrund sollte eine rechtzeitige Einbindung des Aufsichtsrats in die Entscheidung über eine Vollauslagerung der Internen Revision erfolgen.[145]

5.2. Funktionsfähigkeitsprüfung und ausgewählte weitere Aspekte

599 Für die Funktionsfähigkeitsprüfung gelten grundsätzlich die in Abschnitt III.4.1 dieses Beitrags dargestellten Fragestellungen entsprechend der Anforderungen der MaRisk AT 4.4 und BT 2. Gleichwohl ist der Auslagerung der Internen Revision des Auslagerungsunternehmens an einen Dritten auch bei der Beurteilung der Funktionsfähigkeit Rechnung zu tragen.

600 Die Fragestellung der angemessen Budget- und Ressourcenausstattung sollte sich aufgrund der Auslagerung der Revisionsfunktion auf die vertraglich vereinbarten Revisionsleistungen beziehen. Aspekte wie die vereinbarte Zahl der Prüfertage, ggf. vereinbarte Planungsspielräume zur Erfassung von Sondersachverhalten und ad hoc-Prüfungsbedarfen sowie die vereinbarte Qualifikation und Erfahrung der eingesetzten Revisoren können zur Beurteilung herangezogen werden.

601 Die Unabhängigkeit der Internen Revision des Auslagerungsunternehmens muss auch die Frage nach möglichen weiteren (z. B. Beratungs-) Dienstleistungen des externen Dienstleisters gegenüber dem Auslagerungsunternehmen einbeziehen. Die Beratung in wesentlichen Bereichen oder Prozessen des Unternehmens durch den externen Dienstleister bei gleichzeitiger oder unmittelbar folgender Wahrnehmung der Revisionsfunktion durch diesen kann zum Verlust der Unabhängigkeit der Internen Revision führen.

602 Darüber hinaus gewinnen weitere inhaltliche Fragestellungen an Bedeutung, die beispielhaft in nachfolgender Checkliste dargestellt sind.

---

145 Vgl. *Bantleon, U./Kranzbühler, L./Ramke, Th.*: Auswirkungen der überarbeiteten Mindestanforderungen an das Risikomanagement auf die Interne Revision insbesondere bei Auslagerungen, 2008, S. 130.

	Checkliste: weitere inhaltliche Fragestellungen bei Auslagerung der Internen Revision an einen Dritten – exemplarische Darstellung –
1.	Sind die Schnittstellen zwischen auslagerndem Institut, Auslagerungsunternehmen und Revisions-Dienstleister vertraglich und operativ hinreichend definiert?
2.	Ist ein Follow up-Prozess vereinbart? Insbesondere bei jährlicher Beauftragung des externen Dienstleisters ist auf die lückenlose Sicherstellung eines angemessenen Follow up-Prozesses zu achten.
3.	Ist die Weitergabe der Prüfungsergebnisse an die auslagernden Institute geregelt? Insbesondere bei Kettenauslagerungen kann sich aufgrund von haftungsrechtlichen Erwägungen eine Begrenzung der Weitergabe der Prüfungsberichte seitens des externen Dienstleisters ergeben.
4.	Wurde bei der Beauftragung des externen Dienstleisters für die Wahrnehmung der Revisionsfunktion die Berücksichtigung der MaRisk-Anforderungen (AT 4.4. und BT 2) vereinbart?

Ein zusätzlicher Aspekt der sich bei einer Vollauslagerung der Internen Revision des Auslagerungsunternehmens ergibt, ist die aufsichtsrechtlich begründete Anforderung der Benennung eines Revisionsbeauftragten durch die Geschäftsleitung.[146] Der Revisionsbeauftragte muss die Ordnungsmäßigkeit der Revision entsprechend den MaRisk-Anforderungen aus AT 4.4 und BT 2 sicherstellen. Die BaFin benennt in den Erläuterungen zu AT 9 Tz. 8 der MaRisk die

- Erstellung des Prüfungsplans gemeinsam mit dem beauftragten Dritten,
- Erstellung des Gesamtberichtes ggf. gemeinsam mit dem beauftragten Dritten und
- Überprüfung der Mängelbeseitigung ggf. gemeinsam mit dem beauftragten Dritten

als Aufgaben des Revisionsbeauftragten.

Der Revisionsbeauftragte muss darüber hinaus über ausreichende Kenntnisse und die notwendige Unabhängigkeit zur Erfüllung seiner Aufgaben verfügen. Die Auslegung der Anforderungen nach ausreichenden Kenntnissen und

---

146 Vgl. *BaFin:* MaRisk, AT 9 Tz. 8.

notwendiger Unabhängigkeit können aus den MaRisk-Anforderungen an die Interne Revision abgeleitet werden.[147]

IV. Fazit

605 Die Prüfung von wesentlichen Auslagerungen bedingt besondere Anforderungen an die beteiligten Revisionen der auslagernden Institute und des Auslagerungsunternehmens an der Auslagerungsschnittstelle. Diese Anforderungen sind in wesentlichem Maße interpretationsbedürftig. Dies ist einerseits verursacht durch die unterschiedlichen Konstellationen, in denen die Revisionsfunktion ausgeübt werden kann (u. a. eigene Revision, externer Dienstleister) und andererseits der Komplexität von Auslagerungssachverhalten, für die es teilweise keine Beispiele gibt, geschuldet. Dementsprechend trägt der die Eigenverantwortlichkeit betonende qualitative Aufsichtsansatz der MaRisk zum Outsourcing diesen Herausforderungen Rechnung, womit jedoch keine Aufweichung der Anforderungen einhergeht.

606 In der Praxis ist daher auf das Schnittstellenmanagement der Auslagerungssachverhalte und die Beurteilung der Funktionsfähigkeit der Internen Revision des Auslagerungsunternehmens als Voraussetzung für den Verzicht von Eigenprüfungen (und damit Kosten-, Ressourcen- und Zeiteffizienzgewinn) besonderes Augenmerk zu legen. Für das Thema des Schnittstellenmanagements sind kreative und auslagerungsspezifische Revisionsansätze entsprechend der Vielfalt der Auslagerungssachverhalte notwendig. Wo sich allerdings best-practice Ansätze etablieren, können diese, jedoch nur nach sorgfältiger Prüfung des Einzelfalls, ggf. als »Blaupause« für ein effizientes und risikoorientiertes arbeitsteiliges Revisionsvorgehen bei Auslagerungen dienen. Die Fragen, die sich auf diesem Weg stellen und mögliche Lösungsansätze machen den wesentlichen Teil dieses Beitrages aus.

607 Der Beitrag zur Beurteilung der Funktionsfähigkeit der Internen Revision des Auslagerungsunternehmens berücksichtigt die verschiedenen Konstellationen der Ausübung der Internen Revision bei Auslagerungen und zeigt spezifische Besonderheiten auf, die es zu berücksichtigen gilt. Der Verzicht auf Eigenprüfungen durch die Internen Revisionen setzt voraus, dass diese Spezifika nachvollzogen und konsequent geprüft werden.

---

147 Vgl. *Bantleon, U./Kranzbühler, L./Ramke, Th.*: Auswirkungen der überarbeiteten Mindestanforderungen an das Risikomanagement auf die Interne Revision insbesondere bei Auslagerungen, 2008, S. 130.

J.

Praxisbericht – Geschäftspolitische Dimension des Outsourcing

J. Praxisbericht – Geschäftspolitische Dimension des Outsourcing

I. Veränderte externe und interne Rahmenbedingungen als Ausgangspunkte von Outsourcing-Projekten

Aufgrund der aktuellen wirtschaftlichen Situation kommt es zu einer immer stärkeren **Wettbewerbsintensivierung** im Bankgeschäft. Mittels der Übernahme der Postbank durch die Deutsche Bank entsteht am deutschen Bankenmarkt ein weiterer Riese, der nach Kundenanzahl genauso groß ist wie die Organisation der Volks- und Raiffeisenbanken oder die der Sparkassen. Zusätzlich positioniert sich die Commerzbank nach dem Zusammenschluss mit der Dresdner Bank klar und deutlich im deutschen Privatkundenmarkt und im Mittelstandsgeschäft. Der ständig ansteigende Wettbewerb ist ausweislich des »Branchenkompass Kreditinstitute« vom F.A.Z.-Institut und Steria Mummert bei regional agierenden Instituten die Herausforderung der nächsten fünf Jahre. Ferner haben die befragten Institute die Gewinnsituation, die aufsichtsrechtlichen Anforderungen, die Kostensituation sowie die Optimierung der Prozesse genannt.

Bei Volks- und Raiffeisenbanken aber auch bei Sparkassen ist aufgrund der geringen Größen, der bestehenden Kostenstrukturen oder auch der voranschreitenden Margenerosion eine strategische Neuausrichtung zum Erhalt der Zukunftsfähigkeit zwingend notwendig. Infolgedessen müssen regional geprägte Institute eine Vielzahl von Fragen zur strategischen Positionierung beantworten. Schlagworte wie Kundenzentrierung, nachhaltiges Wachstum, Outsourcing einzelner Funktionen, Kooperation mit benachbarten Instituten, die Reorganisation von Wertschöpfungsketten und nicht zuletzt die Industrialisierung prägen aktuelle Diskussionen, die im Wesentlichen auf Änderung von externen und internen Rahmenbedingungen zurückzuführen sind. Eine der wichtigsten Erkenntnisse der jüngsten Jahre ist es dabei, dass der wesentliche Erfolgsfaktor für Unternehmen im Rahmen dieser strategischen Neuausrichtung meist nicht nur die Neuartigkeit oder Einzigartigkeit einzelner strategischer Optionen ist, sondern auch die Fähigkeit, diese exzellent umzusetzen. Diese Unternehmen, auch Strategieführer genannt, heben sich dadurch hervor, dass sie im Strategieprozess (strategische Analyse, Strategieentwicklung und Strategieumsetzung) Wettbewerbsvorteile erzielen und in der Lage sind, strategische Chancen zu erkennen, diese Erkenntnis in strategische Stoßrichtungen zu überführen und (schnell) am Markt umzusetzen.[148]

610 Der erste Abschnitt dieses Buches beschreibt, wie sich die Volksbank Dreieich eG in Zusammenarbeit mit einer Managementberatung als Strategieführer präsentiert. Ausgehend von einer fundierten strategischen Analyse hat sie schnell auf veränderte Rahmenbedingungen reagiert und sich mit der Entscheidung, effiziente und industrialisierte Prozesse mittels der »Reorganisation von Wertschöpfungsketten sicherzustellen« Wettbewerbsvorteile generiert ohne dabei jedoch die Vorteile eines regional geprägten Institutes aufzugeben. Dabei ist der Beitrag als ein Leitfaden zu verstehen, der praktische Hinweise für regional verwurzelte Kreditinstitute liefert und Beispiele aufzeigt, wie das Erkennen von Veränderungen der externen und internen Rahmenbedingungen den Ausgangspunkt für den Anstoß eines Strategieprozesses darstellt. Hierdurch kann die eigene vorhandene Strategie überprüft und die Unternehmensstruktur an die geänderten Gegebenheiten angepasst werden.

1. Durchführung einer strategischen Analyse zur Untersuchung der Ausgangssituation

611 In der **strategischen Analyse** geht es darum, den Markt, die Kundenanforderungen und die Wettbewerber zu beobachten. Zielsetzung ist es, zukünftige Entwicklungen zu antizipieren. Die daraus gewonnenen Erkenntnisse müssen dann mit den eigenen Stärken und Schwächen des Unternehmens abgeglichen werden. Auf dieser Grundlage werden strategische Stoßrichtungen entwickelt, formuliert und zur Umsetzung gebracht.

612 Zur Analyse der Ausgangssituation eines Unternehmens wird bevorzugt die **SWOT-Analyse** angewendet. Sie nimmt eine klare Einteilung in externe (Chancen und Risiken) und interne (Stärken und Schwächen) Faktoren vor und hilft demnach sowohl bei der Betrachtung der eigenen Organisation als auch bei der Betrachtung des Umfelds, der so genannten Wettbewerbsanalyse.

---

[148] Vgl.: *Kipker. I.*, Strategisches Management in Genossenschaftsbanken S. 40.

2. Analyse und Prognose der externen Rahmenbedingungen

Die durch die SWOT-Analyse erarbeiteten externen und internen Faktoren lassen sich durch verschiedene Softwaretools weiter konkretisieren und aufbereiten. Für die Bewertung der **Wettbewerbsanalyse** ausschlaggebend sind beispielsweise Faktoren wie das Marktwachstum, Wettbewerbsentwicklungen sowie die Analyse von Kundenerwartungen. Eine Darstellung dieser Faktoren erfolgt in der Regel mit Hilfe von Portfolios, Diagrammen oder in Koordinatensystemen.

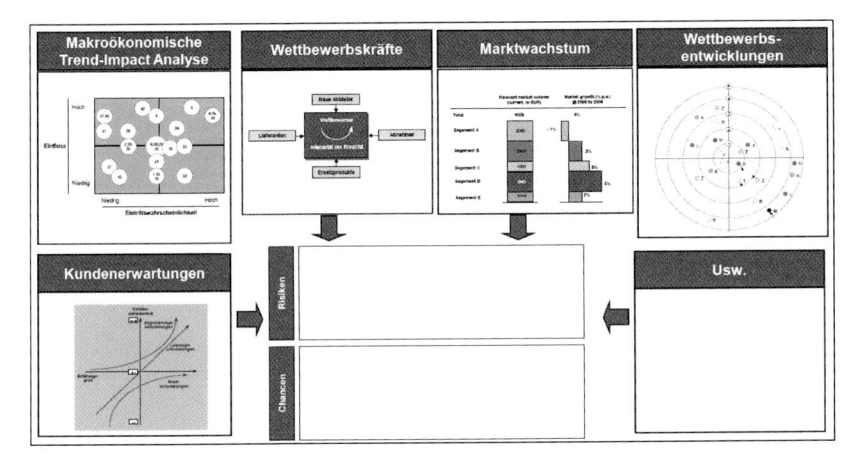

Abb. 1: Beispielhafte Darstellung weiterer Instrumente zur Analyse externer Faktoren (Quelle: Horváth & Partners)

Eine detaillierte Analyse ermöglicht beispielsweise eine direkte grafische Gegenüberstellung des Marktwachstums der Gesamtbranche oder auch Teilsegmenten mit der eigenen Wachstumsrate in diesen Geschäftsbereichen. Eigene Chancen und Risiken werden somit konkretisiert und Verbesserungspotenziale aufgedeckt.

Im Beispiel der **Volksbank Dreieich eG** zeigt die durchgeführte SWOT-Analyse zum Beispiel klare Chancen im Bereich der derzeitigen Wirtschaftssituation auf, die zu Wachstum im eigenen Geschäftsbereich führen könnten. Auch die Bevölkerungsstruktur ist für die Volksbank Dreieich eG höchst attraktiv. Ein genereller Zuzug in die Region sowie die wachsende Notwendigkeit für private Altersvorsorge verspricht einen wachsenden Kundenstamm sowie einen hohen Absatz an Vorsorgeprodukten.

616 Eine riskante externe Veränderung für die Volksbank Dreieich eG ist hingegen die anhaltende nachteilige Margensituation, die den eigenen Ertrag schmälert und von einem steigenden Preiswettbewerb ausgelöst wird. Die zunehmende Affinität für Online-Banking sowie die wachsende Wechselbereitschaft der Kunden zu Konkurrenzanbietern erfordern des Weiteren ein Überdenken der Struktur des Kundengeschäfts.

Fragestellungen	Erfüllt
Wie ist die Bevölkerungsdichte im Geschäftsgebiet?	
Wie ist das Wachstum in der Region?	
Wie ist das Durchschnittseinkommen in Ihrer Region?	
In welcher Höhe findet eine Geldvermögensneubildung statt?	
Wird die Wettbewerbssituation durch Fusionen oder Zusammenschlüsse beeinflusst?	
Haben sich neue Wettbewerber im Kerngeschäftsgebiet in angesiedelt (z. B. Strukturvertriebe, Vermögensberatungen)	
Wie ist die Konjunkturentwicklung in Deutschland, im entsprechenden Bundesland sowie dem Kerngeschäftsgebiet?	
Ist das Geschäftsgebiet von konjunkturellen Entwicklungen in einzelnen Branchen beeinflusst?	
Wie ist das Geschäftsklima (ifo Konjunkturdaten, Geschäftsklimaindex)?	
Wie hoch ist die Arbeitslosenquote und wie ist deren Entwicklung?	
Wie ist die Entwicklung der Sparquote im Geschäftsgebiet?	
Sind Besonderheiten bei der Betrachtung von Privat- oder Firmeninsolvenzen erkennbar?	
Sind Auffälligkeiten bei Existenzgründungen erkennbar?	
Wie ist die aktuelle Situation auf dem Geld- und Kapitalmarkt zu sehen?	

Sind Besonderheiten bei der Kreditvergabe in Deutschlang und speziell im Geschäftsgebiet erkennbar?	
Sind Veränderungen im regulatorischen Umfeld erkennbar (z. B. politische oder rechtliche Rahmenbedingungen)?	
Wie ist die wirtschaftliche Situation der Kunden zu beurteilen (z. B. anhand Kaufkraftkennziffern)?	
Wie ist die Milieautypisierung und deren Entwicklung im Geschäftsgebiet?	

Abb. 2: Checkliste zur Analyse externer Faktoren (Quelle: Bundesverband der Deutschen Volksbanken und Raiffeisenbanken – BVR, Bonn, 04.Mai.2007)

3. Analyse und Prognose der internen Rahmenbedingungen

Für die **interne Unternehmensanalyse** eignen sich Wettbewerbsvergleiche auf Portfolio-Basis oder Segment-Analysen. Analysen von Finanzdaten sowie Kunden- und Mitarbeiterbefragungen können ebenfalls vorgenommen werden.

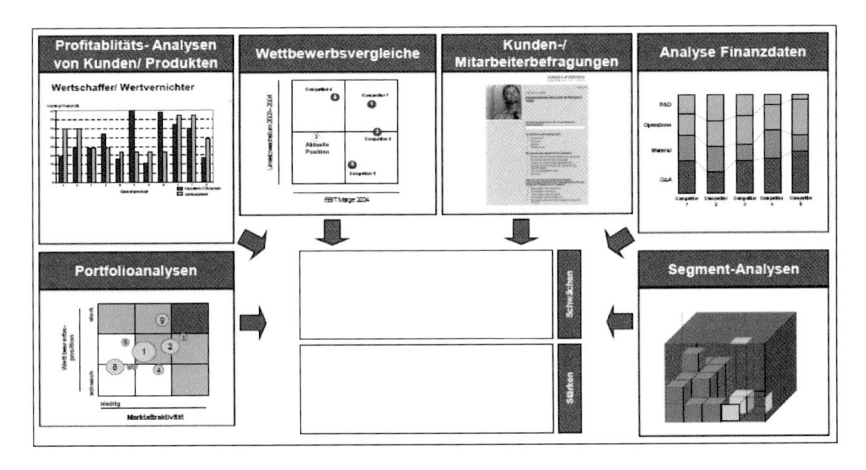

Abb. 3: Beispielhafte Darstellung weiterer Instrumente zur Analyse interner Faktoren (Quelle: Volksbank Dreieich eG)

Die mit Hilfe einer Kunden- und Mitarbeiterbefragung identifizierten Stärken im Fall der Volksbank Dreieich eG liegen in einer hohen Veränderungsbereitschaft der Mitarbeiter sowie einer hohen Kundenbindung bei identifizierten

Betreuungskunden. Ebenfalls als eine große Stärke wurden die für regional geprägte Institute wie Volks- und Raiffeisenbanken sowie Sparkassen typische hohe Filialdichte und die Verankerung der Mitarbeiter in der Region identifiziert.

619 Entwicklungspotentiale der Volksbank Dreieich eG liegen in der noch unterdurchschnittlichen Kostenrelation sowie in der nicht ausreichenden Nutzung der vorhandenen Kundenreichweite. Des Weiteren zeigte die Analyse im Bereich der Prozessoptimierung der Volksbank Dreieich eG weitere Potentiale auf, die durch konkrete Handlungen und Veränderungen der internen Struktur zu nicht unerheblichen Qualitätssteigerungen und Kostenoptimierungen genutzt werden können.

Fragestellungen	Erfüllt
Wie steht das Institut im Vergleich zu anderen Instituten mit ähnlichen Strukturen dar?	
Welche Stärken und Entwicklungspotentiale sind aus den vierteljährlichen Betriebsvergleichen ersichtlich?	
Wie steht das Management der Bank im Vergleich zu anderen da?	
Wie ist die Eigenmittelausstattung im Vergleich zu anderen Instituten?	
Wie hat sich der Solvabilitätskoeffizient entwickelt?	
Wie ist die Ertragssituation der Bank und deren Entwicklung?	
Wie ist die Ertragssituation?	
Welche Komponenten des Ertrages haben sich gut und welche eher rückläufig entwickelt?	
Wie sind die Kostenstrukturen der Bank und deren Entwicklung?	
Sind innerhalb der Kostenstrukturen differenzierte Entwicklungen erkennbar?	
Wie hoch ist der variable Anteil an den Gesamtkosten?	
Wie ist die aktuelle Risikolage der Bank?	

Sind die Risiken mit ausreichend Risikotragfähigkeit abgeschirmt?	
Sind Besonderheiten im Adressrisikobereich – wie beispielsweise die Konzentration auf einzelnen Kreditnehmer oder Branchen – erkennbar?	
Wie ist die Diversifikation im Adressrisikobereich auch im Vergleich zu den Wettbewerbern?	
Sind Risiken aus der Bonitätsstruktur des Kreditportfolios erkennbar?	
Wie ist die Verteilung zwischen gewerblichen und privaten Finanzierungen?	
Wie stark ist das Marktpreisrisiko ausgeprägt?	
Sind im Rahmen der Szenarioanalyse existenzbedrohende Risiken erkennbar?	
Wie ist die Ausprägung der einzelnen Asset-Klassen im Marktpreisrisikobereich?	
Welche Korrelationen werden für die Risikoermittlung angesetzt?	
Wie ist die Liquiditätslage?	
Auf welche Refinanzierungen kann die Bank kurzfristig zugreifen?	
Wie wird die Qualität der Serviceleistungen von den Kunden wahrgenommen?	
Wie ist die Mitarbeiterzufriedenheit?	
Wie ist die Mitarbeiteridentifikation mit ihrem Haus (Indikator: Fluktuation, Produktnutzungsquote, anonyme Befragung)?	
Wie ist die Vertriebsstärke insgesamt zu beurteilen?	
Wie ist die Ausschöpfung der Bestandskunden?	
In welcher Höhe wird jährlich an der Geldvermögensneubildung partizipiert?	

Wie viele Neukunden werden im Jahr gewonnen und in welchen Segmenten findet dies statt?	
Wie ist die Kundenbindung ausgeprägt?	
Wie ist das Verhältnis zwischen Hauptbank- und Nebenbankverbindung?	
Welche Vertriebskanäle bestehen?	
Findet eine Verzahnung zwischen den Vertriebskanälen statt?	
Wie ist die Dichte des Vertriebskanals »Filiale«?	
Ist die Produktion an den Bedürfnissen der Kunden ausgerichtet?	
Welche Entwicklungspotentiale sind auch im Vergleich zu anderen Instituten erkennbar?	
In welcher Wettbewerbssituation befindet sich die Bank aktuell?	
Welche Wettbewerbsvorteile und –nachteile sind vorhanden?	
Wie sind die Konditionen im Vergleich zum Wettbewerb?	

Abb. 4: Checkliste zur Analyse interner Faktoren (Quelle: Bundesverband der Deutschen Volksbanken und Raiffeisenbanken – BVR, Bonn, 04.Mai.2007)

II. Die Vision des »erlebbaren Qualitätsführers für unsere Kunden« als gemeinsame Basis für eine Radikalkur in der Produktions- und Steuerungsbank

620 Wichtig zur Orientierung und zur konsequenten Ausrichtung des strategischen Handelns ist eine gemeinsame Vision. Diese setzt Richtlinien für die Zukunft, ist deutlich abgrenzbar von der Ist-Situation[149] und schafft somit die Grundlage für abzuleitende Unternehmensziele. Die Entwicklung einer Vision und die daraus folgenden Schritte zu ihrer Erreichung werden im folgenden Abschnitt geschildert. Zusätzlich wird auf die Möglichkeit eingegangen, mittels der Balanced Scorecard-Systematik die Strategie, die konkret definierten strategischen Ziele sowie die strategischen Maßnahmen erlebbar zu machen.

---

149 Vgl. *Horváth & Partners*, Balanced Scorecard umsetzen, Schäffer-Poeschel, 2000, Stuttgart.

1. Entwicklung der Vision und konsequente Ausrichtung des strategischen Handelns

Aufgesetzt auf dem ersten Schritt, der Durchführung einer SWOT-Analyse und der Konkretisierung ihrer Ergebnisse durch weitere Instrumente, wurde im zweiten Schritt der strategischen **Neuausrichtung eine Unternehmensvision** erzeugt. Zum besseren Verständnis dieses Vorgehens zeigt die nachfolgende Grafik den Zusammenhang zwischen Ist-Position (SWOT-Analyse), Vision, der Strategie und dem Strategieumsetzungsinstrument Balanced Scorecard. Die Balanced Scorecard dient als Mess- und Kontrollinstrument der Erreichung von strategischen Zielen, um eine konsequente Ausrichtung des strategischen Handelns zu gewährleisten.

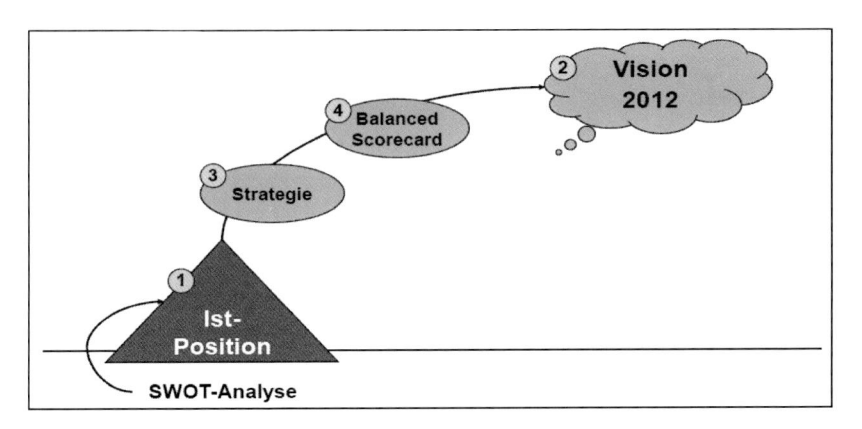

Abb. 5: Die Strategie ist der Weg von der Ist- zu der Zielposition
(Quelle: Volksbank Dreieich eG, Horváth & Partners)

622 Aufbauend auf diesen Überlegungen lautet die **Vision 2012** der Volksbank Dreieich eG:

> **Wir sind eine eigenständige, wirtschaftlich erfolgreiche und vertriebsstarke Volksbank. Wir sind in der Region verankert und übernehmen gesellschaftliche Verantwortung.**
>
> **Wir begeistern unsere Mitglieder und Kunden als erlebbarer Qualitätsführer mit unserem umfassenden Beratungs-& Finanzdienstleistungsangebot.**
>
> **Wir sind ein attraktiver Arbeitgeber und bieten unseren Mitarbeitern exzellente Entwicklungsmöglichkeiten in einem leistungsstarken Arbeitsumfeld.**

623 Nach der Festlegung der Vision sind im weiteren Prozess der Strategiefindung **Unternehmensziele** definiert worden, die zur Erfüllung der Vision 2012 beitragen, auf der Ist-Situation aufbauen und die grundsätzliche und zukunftsorientierte Ausrichtung der Bank beschreiben. Ein derartiges Strategiemodell ist nur dann vollständig, wenn es Antworten auf die wichtigsten Unternehmensbereiche liefert und Verknüpfungen innerhalb der einzelnen Bereiche zieht. Im Regelfall, wie auch in der Volksbank Dreieich eG, wird unter dem Begriff der Strategie sowohl die Geschäfts- als auch die Risikostrategie verstanden. Daher beinhalten die Strategien neben den Zielen und Planungen der Geschäftsaktivitäten auch die Ziele der Risikosteuerung und -begrenzung im Kreditgeschäft, Einlagen- und Vermittlungsgeschäft sowie dem Handelsgeschäft. Diese Ziele werden durch entsprechende Rahmenbedingungen sowie die für die operativen Tätigkeiten notwendigen Arbeitsanweisungen ergänzt.

Die vier wichtigsten Betrachtungsebenen, die in die Strategiefindung integriert werden müssen, sind die Finanzperspektive, die Kundenperspektive, die Prozessperspektive sowie die Mitarbeiterperspektive – auch Potenzialperspektive genannt -. In Einzelfällen kann diese Betrachtung um eine zusätzliche fünfte Ebene, zum Beispiel der Mitgliederperspektive ergänzt werden. Dabei spielt die Ausgewogenheit der strategischen Ziele eine genauso wichtige Rolle wie die Fokussierung auf die wenigen aber wirklich wichtigen bzw. relevanten Ziele während des Strategiefindungsprozesses und deren Definition. Nach dem Leitspruch »twenty is plenty« werden maximal zwanzig Unternehmensziele festgelegt (in der Regel jeweils maximal fünf pro Perspektive), die die

Grundlage der Zielübersicht (Strategy Map) bilden. Sie gibt einen schnellen Überblick über alle Unternehmensziele, deren Perspektiven und die Zusammenhänge der Ziele untereinander. Ergänzt wird die Zielübersicht von so genannten Zieldefinitionen, die die schlagwortartig formulierten Ziele der Zielübersicht ergänzen und die Basis für die formulierte Strategie bilden.

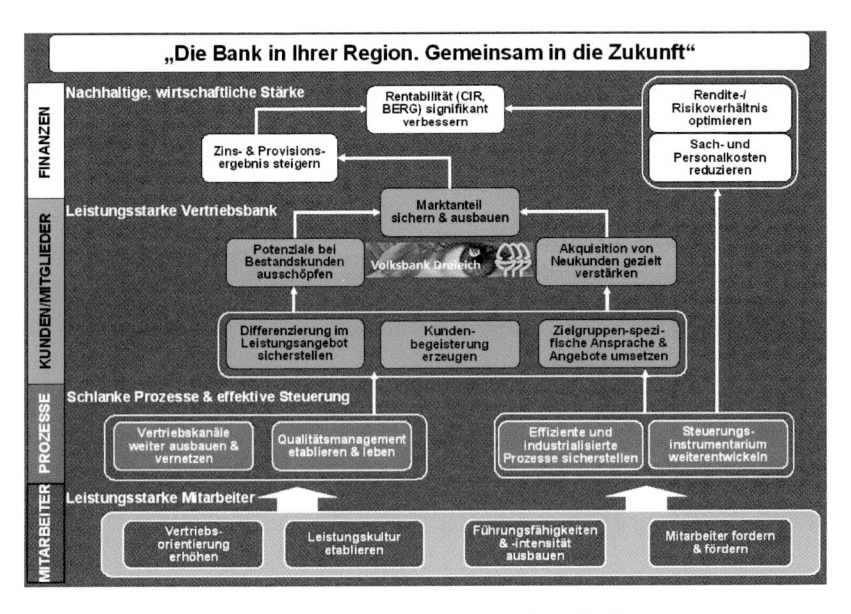

Abb. 6: Zielübersicht der Volksbank Dreieich eG

Nachfolgend finden sie eine Übersicht ausgewählter strategischer Ziele der Volks-bank Dreieich eG, der dazugehörigen Zieldefinitionen und der zugeordneten Perspektive:

Finanzperspektive

Rentabilität (CIR, BERG) signifikant verbessern:

Wir werden unsere obersten Steuerungskennzahlen CIR und das Betriebsergebnis vor Bewertung deutlich verbessern und streben langfristig mindestens den Rentabilitäts-Verbandsdurchschnitt (GVF) in unserer Größenklasse an.

Rendite-/Risikoverhältnis optimieren:

Unser Ziel ist ein organisches und qualitatives, überdurchschnittliches Wachstum, kein Wachstum zu Lasten des Risikos und/oder des Ertrages.

> **Kundenperspektive**
>
> Erlebbarer Qualitätsführer:
>
> *Wir sind erlebbarer Qualitätsführer mit unserem umfassenden Beratungs- und Finanzdienstleistungsangebot.*

> **Prozessperspektive**
>
> Effiziente und Industrialisierte Prozesse sicherstellen:
>
> *Wir werden unsere Prozesse weiter industrialisieren und somit unsere Produktivität und Nettovertriebszeit weiter steigern. Dafür werden wir das Thema Prozessmanagement in einer zentralen Verantwortlichkeit verankern und Potenziale zur Reorganisation von Wertschöpfungsketten konsequent nutzen.*
>
> Weiterentwicklung des bestehenden Qualitäts- und Beschwerdemanagements:
>
> *Wir werden das bestehende Qualitäts-/Beschwerdemanagement weiterentwickeln (z. B. Service-Scheckheft, Kunden-Fokusgruppen).*

> **Mitarbeiterperspektive**
>
> Erhöhung der Mitarbeiteridentifikation:
>
> *Wir stärken die Identifikation aller Mitarbeiter mit dem Gesamthaus. Ziel ist es, selbstbewusste, begeisterte und von der Volksbank Dreieich eG überzeugte Arbeitskräfte zu beschäftigen.*
>
> Hohe Vertriebsorientierung:
>
> *Wir fördern und fordern eine hohe Vertriebsorientierung und werden diese kontinuierlich überprüfen und weiterentwickeln.*

625 Auf die Definition der strategischen Ziele folgen im weiteren Prozess der Strategiefindung die Entwicklung von Messgrößen der Zielerreichung, die Definition von Zielwerten sowie die Ableitung von Maßnahmen. Dieses Vorgehen wird in dem nachstehenden Model weiter konkretisiert. Es dient als Leitfaden der erfolgreichen Erarbeitung einer Balanced Scorecard.

Workshop 1: Zielübersicht entwickeln	Workshop 2: Messgrößen erarbeiten	Workshop 3: Zielwerte definieren	Workshop 4: Maßnahmen ableiten
■ Auswahl der Strategischen Ziele ■ Verknüpfung der Ziele ■ Vorbereitung Zieldefinitionen	■ Abstimmung Zieldefinitionen ■ Auswahl geeigneter Messgrößen ■ Entwicklung neuer, effizienter Messverfahren	■ Ableitung von Zielwerten ■ Perspektivenübergreifende Plausibilsierung	■ Zuordnung bereits geplanter Maßnahmen ■ Entwicklung weiterer strategische Maßnahmen

Abb. 7: Horváth & Partners Vorgehensmodel zur Erarbeitung einer Balanced Scorecard

Die zu generierenden Messgrößen machen Leistungserbringungen überprüfbar. Bei ihrer Aufstellung ist es wichtig, eine eindeutige Interpretation der Kennzahlen zu ermöglichen und die potenzielle Erhebbarkeit zu gewährleisten. Besonders für den Bereich der strategischen Steuerung, der Aufrechterhaltung des Geschäftsbetriebes sowie der operativen Steuerung ist die Erzeugung von Messgrößen ausschlaggebend.

Fragestellungen	Erfüllt
Kann mit den Messgrößen das Erreichen der gewünschten Ziele abgelesen werden?	
Wird durch die Messgrößen das Verhalten der Mitarbeiter in die gewünschte Richtung beeinflusst?	
Ist eine prinzipielle Erhebbarkeit (z. B. technisch) der Messgröße gewährleistet?	
Sind nicht monetäre Ziele auch mit nicht-monetären Wirkungen ausgestattet?	
Wurde die korrekte Einheit der Messgrößte gewählt?	
Ist eine eindeutige Interpretation der Kennzahl möglich?	
Ist die richtige Balance im Messbereich zwischen Strategischer Steuerung, Aufrechterhaltung des Geschäftsbetriebes und operativer Steuerung vorhanden?	
Sind die definierten Messpunkte realistisch?	

Abb. 8: Checkliste zur Bestimmung von Messgrößen (Quelle: Volksbank Dreieich eG)

627 Aufbauend auf diese Messgrößen werden im nächsten Schritt Zielwerte definiert, die innerhalb einer bestimmten Zeit erreicht werden müssen (Beispiel Zielwert 2009, 2010, 2011, 2012). Als sehr praktikabel hat sich dabei der Zeithorizont von vier bis fünf Jahren erwiesen. Entscheidend bei der Festlegung dieser Zielwerte ist es, dass positive Veränderungen eingeplant werden, um Signale zu setzen. Außerdem sollte ein konstanter Anstieg der Zielwerte genauso wie die so genannte Hockeystick-Methode (signifikanter Anstieg erst im letzten Planjahr) vermieden werden. Ebenfalls ist es wichtig, dass eine Zeitverzögerung dargestellt wird, Sättigungseffekte berücksichtigt werden und der Einfluss fertig gestellter Maßnahmen eingeplant wird.

628 Im vierten und letzten Schritt folgt die Planung und direkte Zuordnung der strategischen Maßnahmen zu strategischen Zielen. Hieraus ergibt sich die direkte Umsetzung der Strategie in konkrete Handlungen, wie es der Anspruch der Balanced Scorecard »Translating Strategy to Action« fordert.[150]

629 Derartige strategische Maßnahmen können Tätigkeiten – wie beispielsweise Inhouse-Projekte oder andere Aktivitäten sein, die außerhalb des Tagesgeschäfts liegen und wesentliche Ressourcen (z. B. Finanzmittel, Know-how, etc.) beanspruchen. Die Einführung eines neuen EDV-Programms wäre ein derartiges Beispiel.

630 Eine empfehlenswerte Vorgehensweise im Prozess der Maßnahmenfindung ist die Einteilung in drei folgenden Handlungsschritte: Ideen für die strategischen Maßnahmen finden, diese budgetieren und priorisieren sowie letztendlich die strategischen Maßnahmen dokumentieren.

631 Bei der Auswahl der tatsächlich durchzuführenden Maßnahmen muss darauf geachtet werden, dass die bestehenden Ressourcen nicht über Maßen in Anspruch genommen werden. Des Weiteren müssen endgültig ausgewählte strategische Maßnahmen vor ihrer Umsetzung detailliert geplant und während der Umsetzung überwacht werden.

2. Ansätze zur strukturellen Veränderung der Wertschöpfungskette

632 In der Volksbank Dreieich eG hat sich nach dem Durchlaufen des oben beschriebenen Prozesses der strategischen Neuausrichtung die »erlebbare Qualitätsführerschaft für unsere Kunden« als ein primärer Teil der Vision herauskristallisiert, der sich deutlich in dem Ziel »Kundenbegeisterung erzeugen« wiederfinden lässt.

---

150 Vgl. *Horváth & Partners*, Balanced Scorecard umsetzen, Schäffer-Poeschel, 2000, Stuttgart.

Betrachtet man oben aufgezeigte Zielübersicht genauer, ist erkennbar, dass für die Volksbank Dreieich eG das Ziel »**Effiziente und Industrialisierte Prozesse sicherstellen**« eine der Grundvoraussetzungen ist, die »Kundenbegeisterung zu erzeugen«. Gleichzeitig zeigt die vorausgehende SWOT-Analyse enorme Potenziale im Bereich der Prozessoptimierungen auf.

Um diese Lücke zwischen Ist-Situation und Ziel-Situation zu schließen, hat sich die Volksbank Dreieich eG dazu entschlossen, die Wertschöpfungskette genauer zu betrachten und Ansätze zu deren struktureller Veränderung zu überprüfen.

Generell haben regional verankerte Institute drei Optionen zur **strukturellen Veränderung der Wertschöpfungskette** und somit zur Sicherstellung effizienter und industrialisierter Prozesse.

Die erste Option sieht die Optimierung der Eigenfertigung in Aufbau- und Ablauforganisation vor. Grundsätzlich stehen den Genossenschaftsbanken hierzu alle Instrumente der industriellen Fertigung zur Verfügung. Einige Instrumente dürften sich aber auf Grund fehlender Größe und Investitionstragfähigkeit in der Umsetzung nicht lohnen. Darüber hinaus erlaubt die Variante auch keine Mengeneffekte.

Die zweite Option sieht die Nutzung von Kooperationsmodellen vor. Die Kooperation kann über Insourcing erfolgen (d. h. ein Institut übernimmt Leistungen für andere Banken) oder über die Schaffung einer gemeinsamen Plattform zur Leistungserbringung (sogenannte Shared Service Center). Im Gegensatz zur dritten Option behält das beteiligte Institut – häufig über Gesellschaftsanteile – Einfluss auf die Leistungserbringung und somit Gestaltungs- und Mitspracherechte.

Diese zweite Option war in der Vergangenheit im Finanzverbund nur im kleinen Stil erfolgreich. Eine Vielzahl von Instituten kooperiert z. B. auf regionaler Ebene in Revisions-, Beauftragtenwesen-, Einkaufs- und Projektleistungen.

In Summe waren die meisten Kooperationsmodelle betriebswirtschaftlich nicht ausreichend attraktiv, sodass die beteiligten Institute vor dem Aufwand und dem Risiko zurückschreckten.

In der dritten Option, dem Outsourcing, lagert das Institut seine Leistungen an einen verbundinternen Partner oder externen Dritten aus. Primäres Ziel hierbei ist es, die Rationalisierung von Geschäftsprozessen sowie die Reduktion der Geschäftskomplexität voranzutreiben. Hierbei werden vorrangig Geschäftsbereiche ausgelagert, die für das Unternehmen in eigener Fertigung sehr teuer oder nicht effizient ausführbar sind. Somit wird eine Spezialisierung auf die tatsächlichen Kerngeschäfte des Unternehmens eingeleitet.

641 In der Vergangenheit war die dritte Option im genossenschaftlichen Finanzverbund eher eine virtuelle Option, da kein tatsächlicher Markt für Bankleistungen existierte. Mittlerweile stehen Regionalbanken erste Angebote von Dienstleistern auf der Produktions- und Steuerungsbankseite zur Verfügung. Die Sparkassen haben hingegen seit längerem mit der Norddeutschen Retail Service (NRS) der Sparkassen Hamburg und Bremen eine Blaupause für alle nicht-vertrieblichen Bankleistungen geschaffen. Dieses Modell wird mittlerweile in allen wesentlichen Regionen in regionalen Dienstleistungseinheiten übernommen (z. B. transactio in Bayern).

642 Folgende Abbildung zeigt eine Aufstellung der möglichen drei Optionen im Zusammenhang mit der Empfehlung der »make or buy« Entscheidung (daher »selber machen« oder »einkaufen«).

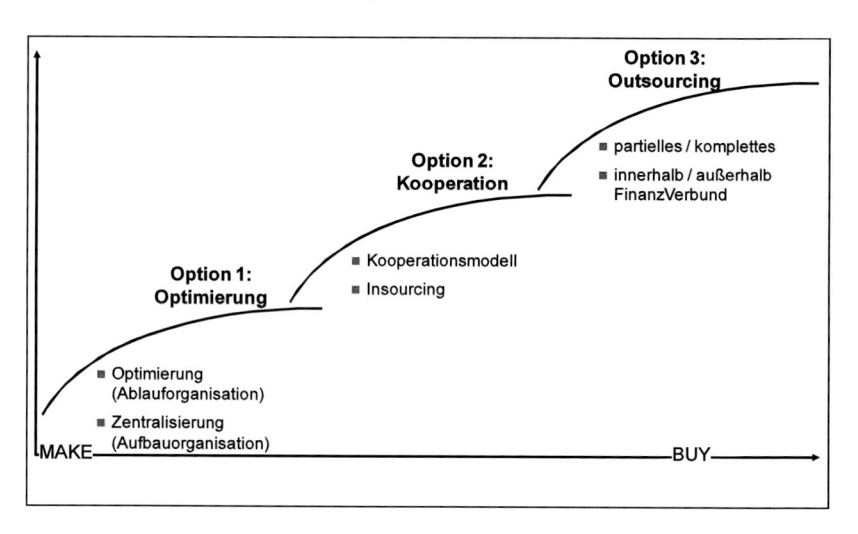

Abb. 9: Strategische Optionen der Gestaltung der Produktionsleistung (Quelle: Horváth & Partners)

3. Partnershipbanking als die Lösung der Volksbank Dreieich eG

643 Die Volksbank Dreieich eG hat die Fokussierung auf die Kernkompetenz Vertrieb sowie die **Dekonstruktion der Wertschöpfungskette** schon seit einigen Jahren in der Strategie fest verankert. Zur Umsetzung dieser strategischen Positionierung wurde in 2006 das Projekt »Aufbrechung der Wert-

schöpfungskette mittels eines Service Centers« gestartet. Vor dem Hintergrund der Erfahrungen mit der fabrikähnlichen Abwicklung von standardisierten Baufinanzierungen wurden gemeinsam mit der »VR-Kreditwerk Hamburg – Schwäbisch Hall AG (nachfolgend Kreditwerk)« die unterschiedlichen Möglichkeiten zur Realisierung innovativer Wertschöpfungsarchitekturen überprüft. Ziel dieses Projektes war, mit der Bündelung von Aktivitäten mehrerer Primärgenossenschaften für alle administrativen Prozesse in der Produktions- und Steuerungsbank die Kostenrelationen der Volksbank Dreieich eG nachhaltig zu verbessern und somit die Zukunftsfähigkeit zu erhöhen.

Im genossenschaftlichen Finanzverbund sind in jüngster Vergangenheit eine Vielzahl von Initiativen zu regionalen Service Centern gescheitert. Gründe waren unter anderem ungeklärte Fragestellungen zum Thema Personal, geringe Einsparungseffekte, insbesondere durch den Betriebsübergang § 613a BGB, Komplexität der gesellschafts- und vertragsrechtlichen Konstellation und Einschränkungen im Prozessmodell der Banken. Ferner ist in einigen Regionen die Angst entstanden, dass die Zusammenarbeit in einem Service Center als Vorstufe zur Fusion bewertet werden könnte. Unter Berücksichtigung der oben aufgeführten Problemstellungen sowie der – seitens der Volksbank Dreieich eG – gewünschten Gestaltungs- und Mitspracherechte wurde der Fokus auf die Schaffung einer gemeinsamen Plattform zur Leistungserbringung gelegt.

In dieser strategischen, zum Teil visionären Diskussion wurde eine Vielzahl von Fragen im Zusammenhang mit der Implementierung eines Regionalen Service Centers überprüft. Schwerpunkte bei der Erarbeitung eines möglichen Modells waren Fragestellungen bezüglich Mitspracherecht, dem Umgang mit dem betroffenen Personal, betriebswirtschaftliche Vorteilhaftigkeit unter Berücksichtigung der Mehrwertsteuerproblematik, Möglichkeiten der IT-Nutzung sowie Qualitätsanforderungen an das Processing.

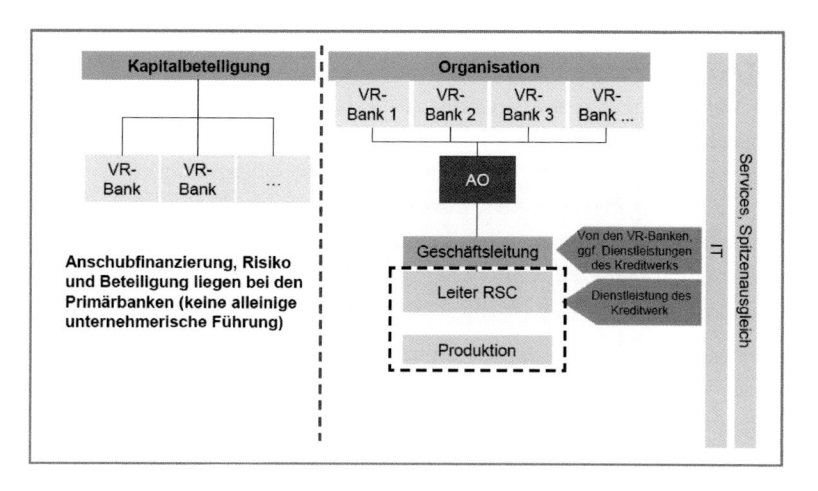

Abb. 10: Beteiligungsmodell als Basis für partnerschaftliche Entwicklung
(Quelle: Volksbank Dreieich eG)

646 Als einen wesentlichen Erfolgsfaktor für die Akquise weiterer Primärgenossenschaften wurde ein **Beteiligungsmodell** in der Rechtsform einer Genossenschaft entwickelt. Vor dem Hintergrund der rechtsformspezifischen Ausgestaltung hat jedes beteiligte Institut ein Mitspracherecht und das Service Center folgt damit dem Grundsatz »Hilfe zur Selbsthilfe«. Unabhängig von der Höhe der Beteiligung entfällt auf jedes Mitglied eine Stimme. Kleine Genossenschaftsbanken mit einer Bilanzsumme unter 100 Mio. € bis hin zu den größeren Instituten mit teilweise mehreren Mrd. € Bilanzsumme haben somit eine gleichwertige Einflussnahme auf die Geschäftspolitik des Regionalen Service Centers. Aus dem in der Abbildung dargestellten Beteiligungsmodell ist die alleinige Kapitalbeteiligung durch Primärgenossenschaften erkennbar. Auf die Beteiligung von Verbundunternehmen wie beispielsweise Rechenzentralen oder auch Zentralbanken wurde bewusst verzichtet. Hintergrund ist die Unabhängigkeit von Verbundinteressen bzw. -politik sowie dem Ziel eines von den Primärgenossenschaften bestimmten, organischen Wachstums. Die Organe werden ebenfalls von den Primärgenossenschaften in einem rotierenden Verfahren gestellt. Der Vorstand, der zunächst aufgrund der Größe der Gesellschaft aus einer Person besteht, wird von einer Primärgenossenschaft ehrenamtlich maximal für zwei Jahre gestellt. Danach wird das Amt des Vorstandes durch eine andere Kreditgenossenschaft übernommen. Zur Sicherstellung einer reibungslosen Produktion auch während der Übergangszeit wird

die operative Verantwortung an einen Produktionsleiter übertragen. In den Aufsichtsrat werden zunächst alle Institute eine Person abstellen, ab neun Mitgliedern wird ebenfalls ein rotierendes System genutzt.

Weiterhin ist die für Genossenschaften typische genossenschaftliche Rückvergütung als ein weiterer wesentlicher Vorteil für ein rein als Cost Center agierende Servicegesellschaft zu nennen. Mittels dieses Instrumentes können Ertragsüberschüsse der gemeinsamen betriebenen Kooperationsplattform an die Mitglieder je nach Nutzungsintensität nachträglich in Form von Preisreduzierungen weitergegeben werden.

Die gewählte Gesellschaftsform sowie die dargestellten Rahmenbedingungen vermeiden das Scheitern an einem dominierenden Partner, wie in der Vergangenheit bei einigen Initiativen erkennbar. Ferner wird die Zusammenarbeit in einem regionalen Service Center als Vorbote zur Fusion ebenfalls entkräftet.

Im Jahr 2008 wurde das »**Regionale Service Center VR-Banken Rhein-Main eG**« als eine Kooperationsplattform für Bankdienstleistungen gegründet und die Produktion im Januar 2009 aufgenommen. Zielsetzung ist es, zukünftig alle administrativen Prozesse bzw. Dienstleistungen über das Service Center anzubieten. Zunächst werden Leistungen rund um den privaten Kreditprozess sowie Call-Center-Dienstleistungen (Inbound, Outbound) in Kooperation mit der F-Call AG angeboten.

Ende 2009 wird das Produktportfolio um Passivdienstleistungen, wie beispielsweise die Eröffnung von Konten, die Bestellung von EC-Karten oder auch die Erfassung der Legitimationsdaten, erweitert. In einer zukünftigen Ausbaustufe sollen abhängig von der Nachfrage bzw. dem Bedarf der beteiligten Primärgenossenschaften auch standardisierte Steuerungsprozesse implementiert werden.

Fragestellungen	Erfüllt
Inwieweit ist eine Abhängigkeit des Institutes von einem Dritten gewünscht?	
Welche Qualitätsanforderungen ergeben sich aus der geschäftspolitischen Positionierung?	
In welcher Höhe sollen betriebswirtschaftliche Vorteile erzielt werden?	

GESCHÄFTSPOLITISCHE DIMENSION DES OUTSOURCING

Ist eine Verzahnung mit bestehenden IT-Systemen zwingend notwendig oder ist eine komplett neue Inputsoftware denkbar?	
Wie ist die geschäftspolitische Positionierung bzgl. des Umgangs mit dem betroffenen Personal?	
Inwieweit ist der mögliche Verlust von Kernkompetenzen geschäftspolitisch gewollt?	
Ist eine Auslagerung an verbundinterne Partner denkbar?	
Ist eine Auslagerung an verbundfremde Partner gewollt?	
Ist eine Kooperation mit benachbarten Instituten in Form eines Insourcing gewollt?	
Inwieweit ist das Betreiben einer gemeinsamen Plattform zur Leistungserbringung denkbar?	
Welche Geschäftsfelder der Produktions- und Steuerungsbank sollen ausgelagert werden?	
Sollen auch Geschäftsfelder in der Vertriebsbank ausgelagert werden?	
Gibt es Geschäftsfelder die aufgrund strategischer Überlegungen nicht ausgelagert werden sollen?	
Soll die Wertschöpfungskette mit einem bereits bestehenden Service Center aufgebrochen werden?	
Ist eine Zusammenarbeit mit den benachbarten Instituten denkbar?	
Sollen Verbundunternehmen wie beispielsweise Rechenzentralen oder auch die Zentralbanken mit einbezogen werden?	
Inwieweit soll eine Unternehmensberatung bei der Auslagerung zur Seite stehen?	
Soll auch in Zukunft bei den ausgelagerten Geschäftsfeldern ein Mitspracherecht bestehen?	
Inwieweit soll das Outsourcing oder das Betreiben eines Kooperationsmodells zur Umsetzung von Verbundpolitik dienen?	

Soll die Auslagerung auch zur Diversifikation von Risiken (z. B. Produktionsrisiko) genutzt werden?	
Inwieweit ist die Anzahl der Gründungsmitglieder bei der Wahl der Rechtsform für die Umsetzung des Partnershipbankings zu beachten?	
In welcher Höhe soll ein Service Center mit Kapital ausgestattet werden?	
Ist ein Gesellschafterwechsel in Service Center gewünscht und in welcher Rechtsform kann die Strategie bestmöglich umgesetzt werden?	
Wie soll die Haftung im Service Center ausgestaltet sein?	
Wer und wie viele sollen die Geschäftsführung im Service Center übernehmen?	
Soll das Service Center als reine Cost Center agieren?	
Welche Rechtsform ist unter steuerlichen Gesichtspunkten zu wählen?	

Abb. 11: Checkliste Partnershipbanking (Quelle: Volksbank Dreieich eG)

III. Betriebswirtschaftliche Überlegungen aus Sicht der Volksbank Dreieich eG

1. Betriebswirtschaftliche Motive für Auslagerungen

Im Rahmen der strategischen Positionierung wurden im Zusammenhang mit der Dekonstruktion der Wertschöpfungskette folgende grundsätzliche **betriebswirtschaftliche Ziele** von der Volksbank Dreieich eG definiert:

- Wandel von Fixkosten zu variablen Kosten (Erhöhung der Flexibilität des Kostenmanagements bei rückläufiger Vertriebsleistung)
- Steigerung der Dienstleistungsqualität
- nachhaltige Kostenreduzierung

In der Produktionsbank der Volksbank Dreieich eG sind in den vergangenen Jahren unabhängig von der Vertriebseffizienz vergleichsweise **hohe Fixkosten** angefallen. Ursächlich hierfür ist die Ausrichtung der Mitarbeiteranzahl an der durchschnittlichen Auslastung der Produktionseinheiten losgelöst von Nachfrageveränderungen. In einigen regional verankerten Instituten wird Personal auf Vorrat zur Sicherung der Funktionsfähigkeit und kurzer Durchlaufzeit vorgehalten. Die Festeinstellung der Mitarbeiter verursacht feste, nur sehr träge abbaubare Personalaufwendungen. Aufgrund des Zusammenhangs der Sachkosten, wie beispielsweise Raum- oder IT-Kosten, mit der Anzahl der Mitarbeiter erhält ein Großteil der Sachkosten ebenfalls einen fixen Charakter. Die Auslagerung der administrativen Tätigkeiten mit Hilfe der Kooperationsplattform »Regionales Service Center« führt zur vollständigen Variabilität der Kosten. Von der jeweiligen Primärgenossenschaft sind nur Kosten bei vorliegender Nachfrage und entsprechendem Leistungsumfang (z. B. Qualität) zu tragen.

653 Neben der reinen Kostenbetrachtung ist ein **Qualitätsvergleich** zwischen Eigenproduktion und Fremdbezug vorzunehmen. Vor dem Hintergrund der geplanten Auslagerung von administrativen Prozessen in der Steuerungs- und Produktionsbank liegt bei der Gegenüberstellung des Qualitätsniveaus der Schwerpunkt auf den standardisierten Prozessen. Hierbei ist Standardisierung nicht als Einengung misszuverstehen, da selbst in komplexen Segmenten weite Teile sehr gut vereinheitlicht werden können. Hier können wir von der Automobilindustrie lernen. Schließlich ist auch ein Porsche ein standardisiertes Produkt, dem keiner die Qualität absprechen wird. Bei standardisierten Prozessen sind die Geschwindigkeit der Bearbeitung, sprich die Durchlaufzeit oder die Bearbeitungsdauer, sowie die Qualität der Bearbeitung die zu prüfenden Faktoren. Kriterien für die Qualität können beispielsweise Fehlerquote, Anzahl der Nachforschungen oder auch die Bewertung interner Abnehmer sein. Im Rahmen der Kooperationsplattform »Regionales Service Center« sowie der im vorherigen Kapitel beschriebenen Gesellschaftsform hat jede Primärgenossenschaft bei der Entwicklung neuer Prozesse ein Mitspracherecht. Jedoch ist für jede Kreditgenossenschaft, so auch für die Volksbank Dreieich eG, eine Bereitschaft für Innovation bzw. Veränderungen notwendig. So kann die Ausrichtung eines Prozesses auf mehrere Mandanten für manche Regionalbanken eine Qualitätsnivellierung bedeuten. So ist es beispielsweise denkbar, dass bei der Kreditabwicklung privater Immobilienfinanzierung auf bisherige ausführliche Darstellungen im Rahmen der Votierung zu verzichten ist. Gleichzeitig könnte bei einigen Volksbanken eine Ausweitung der einzureichenden Unterlagen vor Auszahlung die Folge sein. In der Entwicklungsphase des Prozesses kann jedes Institut – wie beschrieben – Einfluss nehmen, nach Implementierung ist jedoch von jedem Kunden des Regionalen

Service Centers der standardisierte Prozess bei individueller Parameterausgestaltung (z. B. ungesicherte Kreditteile, Risikogruppen, Kapitaldienst) anzuwenden.

Das essenziellste Ziel für die Auslagerung von Dienstleistungen auf das Regionale Service Center ist für die Volksbank Dreieich eG die Erzielung einer **nachhaltigen Kostenreduzierung**. Dafür sind die Aufwendungen der Dienstleistung des Service Centers mit der Summe der Kosten bei Eigenproduktion bei gleicher Dienstleistungsqualität zu vergleichen. Die drei wesentlichen Einsparfaktoren des Regionalen Service Centers sind in der beigefügten Abbildung dargestellt und werden in den nachfolgenden Abschnitten detailliert vorgestellt.

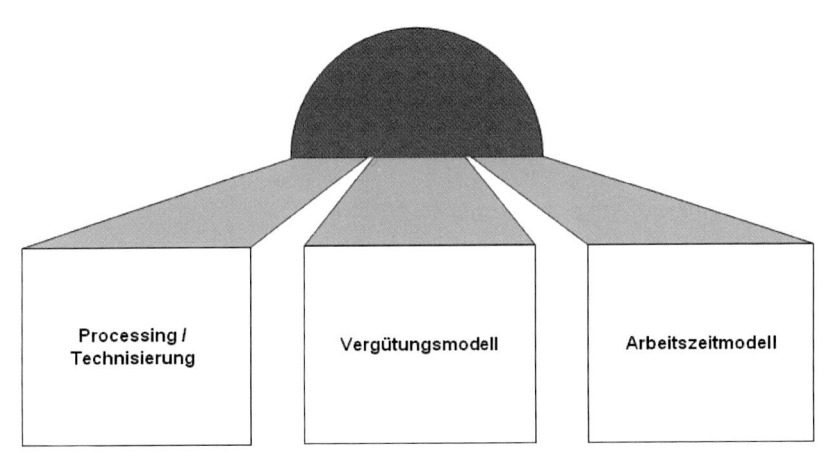

Abb. 12: Wesentliche Einsparfaktoren bei Wechsel von Eigenproduktion in Fremdbezug (Quelle: Volksbank Dreieich eG)

Fragestellungen	Erfüllt
Ist die nachhaltige Kostenreduzierung ein betriebswirtschaftliches Ziel im Zusammenhang mit der Auslagerung?	
Welche Priorität erhält die Flexibilisierung der Kosten?	
Inwieweit sollen durch die Auslagerung Qualitätsverbesserungen erzielt werden?	
Welche Prozesse sind in der Bank aufgrund der strategischen Komponente oder der Komplexität als Kernprozesse zu bezeichnen?	

Inwieweit ist eine Aufteilung der Prozesse in inhaltlich abgeschlossene Teilprozesse möglich?	
Wie ist die Bewertung der Prozesse unter Berücksichtigung eine Prozess-, Funktions- und Kostenanalyse?	
Welche Optimierungsmöglichkeiten bestehen bei internen Ansätzen?	
Welche Auslagerungsalternativen bestehen unter Berücksichtigung von Kosten und Qualität?	
Wie fließen die Mitarbeiter (Anzahl, Funktion, Qualifikationsniveau, Gehalt, Nebenkosten) in die Bewertung ein?	
Wir wird der quantitative Output (Mengen, Laufzeiten, etc.) bei der Bewertung berücksichtigt?	
In welcher Form fließt der qualitative Output (Fehlerquoten, Vollständigkeit) ein?	
Inwieweit wurden bei der Kostenermittlung die eingesetzten Arbeitsmittel (Räumlichkeiten, Technik, etc.) berücksichtigt?	

Abb. 13: Checkliste Betriebswirtschaftliche Überlegungen (Quelle: Volksbank Dreieich eG)

2. Zentrale Modelle vs. Regionale Bündelung

655 Mit der strategischen Positionierung, die Wertschöpfungskette aufzubrechen, hat die Volksbank Dreieich eG bewusst alle Möglichkeiten für die Auslagerung von administrativen Prozessen offengehalten. Mit dem Start des Projektes »Aufbrechung der Wertschöpfungskette mittels eines Service Centers« wurde jedoch der Fokus auf die regionale Bündelung von Aktivitäten gelegt, wobei auch der zentrale Ansatz nie aus den Augen verloren wurde.

656 Im Rahmen des genannten Projektes wurde im Juni 2007 gemeinsam mit VR-Kreditwerk eine **Analyse der Processing-Kosten** für die Abwicklung privater Immobilienfinanzierungen durchgeführt. Auf Basis bankindividueller Erhebungsbögen wurden über den Zeitraum von sechs Wochen die Prozesszeiten und -kosten sowie der Nebentätigkeitsfaktor ermittelt. Die Analyse des Selbstaufschriebs zeigt erhebliche Einsparpotentiale für die Volksbank Dreieich eG. Aus der beigefügten Abbildung ist ein Defizit bei dem effektiven

Kostensatz pro Arbeitsminute zu dem Durchschnittwert erkennbar. Der Wert der Volksbank Dreieich eG liegt mit 2,04 € circa 15 % über dem Durchschnitt.

	Minimum	Durchschnitt	Maximum
Kostensätze pro effektiver Arbeitsminute Marktfolge	1,08	1,74	3,43

● Effektiver Kostensatz Volksbank Dreieich eG

Abb. 14: Kostensätze pro effektiver Arbeitsminute (Quelle: Selbstaufschrieb 2007, Benchmarkanalyse VR-Kreditwerk AG)

Eine tiefergehende Betrachtung zeigt jedoch ein differenziertes Bild. So sind beispielsweise die Gesamtkosten für eine Mitarbeiterkapazität (AKE, VAK, MAK) inklusive Sachkosten und innerbetrieblicher Verrechnung von Service-Einheiten mit ca. 149 T€ deutlich über dem Durchschnitt. Dies konnte zum Teil durch effizientere Prozesse sowie dem geringen Anteil an Nebentätigkeitsfaktoren (z. B. Kommunikationszeiten) kompensiert werden. Insgesamt liegen die Kosten für die Bearbeitung einer privaten Immobilienfinanzierung bei 738 €.

Im nächsten Schritt wurden die genannten Kosten mit der Auslagerung auf ein zentrales Modell sowie einem regionalen Kooperationsmodell verglichen. Aus der Abbildung ist der Einsparungseffekt inklusive vollständigem Ansatz der Mehrwertsteuer von rund 62 % bei der Auslagerung auf den zentralen Dienstleister des genossenschaftlichen Finanzverbundes, VR-Kreditwerk, erkennbar. Die Effekte wie Economies of Scales, der Wegfall von Doppelarbeiten, der Technisierungseffekt sowie die Übernahme von Best-Pratice-Prozessen führen zu Einsparungen in dieser Größenordnung. Bei einem Vergleich mit einem Regionalen Service Center liegt die Ersparnis bei noch immer erheblichen 54 %, jedoch unterhalb des Zentralmodells. Ursächlich hierfür sind die geringen Skaleneffekte im Vergleich zum Zentralmodell. Die Berücksichtigung der reinen betriebswirtschaftlichen Faktoren hätte zu einer Auslagerung der privaten Immobilienfinanzierungen auf den zentralen Dienstleister VR-Kreditwerk geführt.

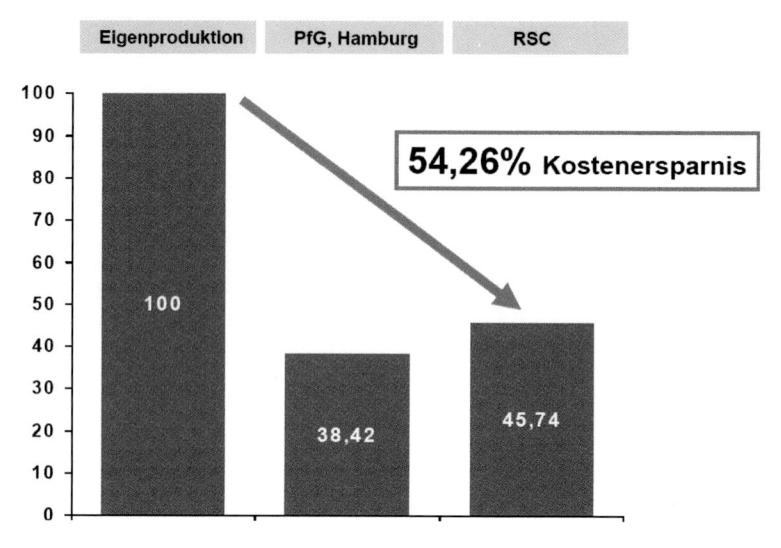

GESCHÄFTSPOLITISCHE DIMENSION DES OUTSOURCING

Abb. 15: Vergleich Produktionskosten private Immobilienfinanzierungen

659   In Anbetracht der Kostenvorteile von ca. 54 %, der Unabhängigkeit von einem dominierenden Partner, dem Erhalt von Arbeitsplätzen und Know-how in der Region, der stärkeren Akzeptanz der Prüfungsverbände, der stärkeren Identifikation mit dem Unternehmen, der gewünschten Mitspracherechte aber auch die gemeinsame Entscheidung mit weiteren Primärgenossenschaften über die Weiterentwicklung des Produktportfolios hat die Volksbank Dreieich eG dazu veranlasst, ein Regionales Service Center zu gründen.

Fragestellungen	Erfüllt
Welche Kriterien sind neben der rein betriebswirtschaftlichen Betrachtung bei der Entscheidung zwischen zentralem Modell und Regionalen Service Center zu beachten?	
Entsteht eine hohe Abhängigkeit vom zentralen Anbieter?	
Inwieweit ist eine Einflussnahme im Service Center und bei dem zentralen Modell möglich?	
Ist die Mitsprache bzw. die Einbeziehung bei der Prozessentwicklung möglich?	

Inwieweit kann das jeweilige Institut bei der Erweiterung des Produktportfolios mitwirken?	
Inwieweit werden bei einem Service Center die Arbeitsplätze in der Region gehalten?	
Ist eine Übernahme des Personals durch das Regionale Service Center möglich?	
Bei welchem Modell ist die Identifikation mit dem Unternehmen größer?	
Welche Punkte sollen für die Analyse der Prozesse im bankindividuellen Erhebungsbogen aufgeführt werden?	
Über welchen Zeitraum sollen die Prozesse mittels des Erhebungsbogens aufgenommen werden?	
In welcher Höhe sind Defizite im Bereich Prozesszeiten und -kosten im Benchmarkvergleich erkennbar?	
Was sind die Ursachen bei einem Defizit zur Benchmark?	

Abb. 16: Checkliste Zentrales Modell vs. Regionale Bündelung (Quelle: Volksbank Dreieich eG)

3. Vorteilhaftigkeit des Regionalen Service Centers

In dem vorherigen Abschnitt wurde die **Vorteilhaftigkeit des Regionalen Service Centers** am Beispiel der privaten Immobilienfinanzierung beschrieben. Nachfolgend werden die einzelnen Einsparkomponenten – auch für weitere administrative Prozesse – im Detail erläutert.

Ausweislich der Abbildung 17 liegt der Einsparerfolg bei einem Vergleich zwischen Eigenproduktion und der Auslagerung von Dienstleistungen auf das Regionale Service Center zwischen 50 %-60 %. Bei einer Clusterung der Komponenten sind mit jeweils 30 % das **Processing** sowie die **Abkoppelung von dem Tarifvertrag** für Volks- und Raiffeisenbanken zu nennen.

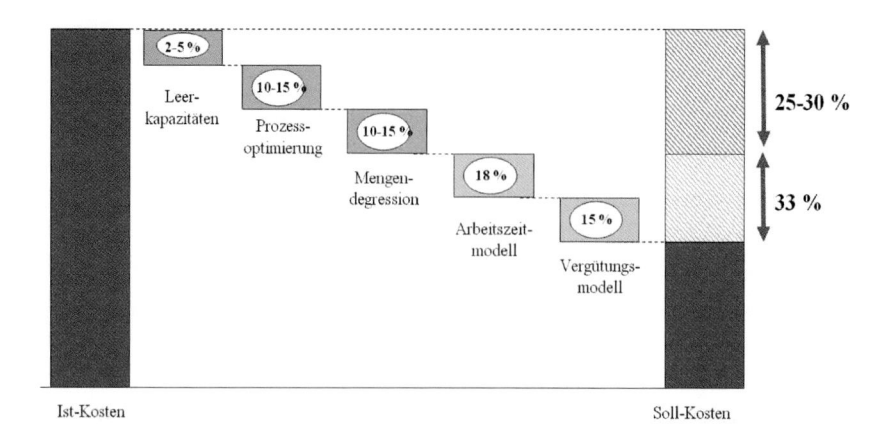

GESCHÄFTSPOLITISCHE DIMENSION DES OUTSOURCING

Abb. 17: Einsparkomponenten bei einem Vergleich Eigenproduktion und Fremdbezug über das Regionale Servic-Center (Quelle: Volksbank Dreieich eG)

662   Die Einsparpotentiale im **Processing** entstehen sowohl durch die Prozessoptimierung als auch durch Mengeneffekte (Economies of Scale). Die bisherige Bearbeitung von Kreditvorgängen im privaten Immobilienbereich war durch ein hohes Maß an individueller Bearbeitung durch den Sachbearbeiter und einer auf Vertrieb ausgerichteten Informationstechnologie geprägt. Bis zuletzt wurden in der Volksbank Dreieich eG, wie auch in allen anderen Primärgenossenschaften, die Kreditentscheidungen vom Sachbearbeiter getroffen, wobei dafür diverse Altsysteme und Aktenberge durchforstet wurden. Infolgedessen benötigte die Volksbank Dreieich eG durchschnittlich mehr als das doppelte an Bearbeitungs- und Vertriebszeit als die Wettbewerber. Dieser ineffiziente Prozess wird mit der Produktionsaufnahme des Regionalen Service Centers in Kooperation mit VR-Kreditwerk auf eine fabrikähnliche Abwicklung ausgemerzt. Die bis dato dahin größte Problemstellung im Zusammenhang mit industrieller Fertigung konnte im Laufe des Projektes erstmalig überwunden werden. Die ehemals bestehenden Schnittstellenprobleme konnten mit der erstmaligen Integration der SAP-basierten Prozessstraße in das Bankensystem der VR-Banken überwunden und der IT-Kreislauf somit geschlossen werden. Somit war der Weg zum »Kredit von der Stange« für die Volks- und Raiffeisenbanken erstmals freigeräumt. Mit Hilfe des Automatic-Loan Processor (ALP) von VR-Kreditwerk wird eine integrierte und automatisierte Bearbeitung von Immobilienkrediten im Neugeschäft von der Beantragung, der Kreditentscheidung über die Vertragserstellung und Unterlagenprüfung bis zur Auszahlung sowie Archivierung ermöglicht. Mit der indus-

triellen Fertigung verändert sich die Bearbeitung der Kreditfälle und somit auch das Anforderungsprofil an die Sachbearbeiter grundlegend. Wurde in der Vergangenheit der Kreditfall noch ganzheitlich betrachtet, werden potentielle Fehlerquellen maschinell mit Hilfe der integrierten Steuerungssystematik ermittelt. Insgesamt werden 128 Prüfroutinen – wie beispielsweise bei den Komponenten Kapitaldienstfähigkeit, Blankoanteil, Schufa-Kennzeichen oder auch bei Durchschnittswerten bezogen auf den umbauten Raum – durchgeführt und mittels eines Ampelsystems den Sachbearbeitern angezeigt. Aufgrund der regelbasierten Steuerungssystematik hat sich der Unsicherheitsfaktor Mensch in der Bearbeitung der Kreditprozesse deutlich reduziert. So wird bei einer roten Ampel (schwerwiegende Probleme) der Kreditfall – ohne menschliches Zutun – abgelehnt. Ferner wird in einem Grün-Fall der Kreditantrag inklusive Einstellung der Verträge maschinell ohne Einbindung eines Sachbearbeiters bearbeitet. Lediglich bei Gelb-Fällen ist das Eingreifen eines Mitarbeiters notwendig. Jedoch wird bei der Bearbeitung nur die jeweilig betroffene Prüfroutine bearbeitet. Die industrielle Fertigung – unter anderem gekennzeichnet durch maschinelle Prüfroutinen sowie die Bearbeitung nur bei unplausiblen Parametern – führt zu einer deutlichen Reduzierung der Prozesskosten.

Eine weitere wesentliche Komponente der Profitabilität im Vergleich zur Eigenproduktion ist die Nutzung von Skaleneffekten – inzwischen auch vermehrt als Economies of Scale bezeichnet. Skalen- oder auch Größenvorteile ergeben sich durch die Ausweitung der Produktionsmenge und der infolgedessen verminderten Durchschnittspreise. Begründet ist dieser Vorteil im Wesentlichen durch Spezialisierung, z. B. ausschließliche Bearbeitung des Auszahlungsprozesses bei privaten Immobilienfinanzierungen, durch Lernkurven sowie Kapazitätsgrößenvorteile (Verteilung der Fixkosten). Zur Nutzung dieser Vorteile haben im Gegensatz zu den Genossenschaftsbanken – denen kostengünstige Produktionsstätten noch Angst bereiten – andere Branchen, wie beispielsweise die produzierende Industrie, bereits vor Jahren getrieben von der Notwendigkeit auch Teile ihres Geschäftes ausgelagert. Seit 2003 ist die TeamBank AG mit ihrem Produkt e@sycredit als Vorreiter im genossenschaftlichen Verbund zu bezeichnen. Diese kann die gewünschten Skaleneffekte jedoch nur aufgrund der klar definierten und standardisierten Prozesse realisieren. Dieses Prinzip findet uneingeschränkt – beispielsweise bei dem Produkt »private Immobilienfinanzierung« – auch im Regionalen Service Center Anwendung. Sobald diese standardisierten Prozesse mit neuen Prozessschleifen für einzelne Institute ausgestattet werden, können die gewünschten

Skaleneffekte nicht erzielt werden bzw. werden sukzessive aufgezehrt. Aufgrund der Vorteile des Regionalen Service Centers (z. B. unternehmerische Steuerungsmöglichkeit) wird von den Primärgenossenschaften in Kauf genommen, dass die Skaleneffekte nicht in derselben Höhe erzielt werden, wie bei einer Auslagerung an einen zentralen Dienstleister.

664 Im Zusammenhang mit den veränderten Anforderungen an die Sachbearbeiter – infolge der sehr fein gegliederten Prozessschritte – ergeben sich zwangsläufig auch neue Personalstrukturen. Die Ausfüllung des Aufgabengebietes auch ohne bankspezifisches Vorwissen führt zu einer Realisierung von Kostenvorteilen mit einem eigenen Arbeitszeit- und Vergütungsmodell. Grundlage für deren Entwicklung war die Erfüllung der kundenspezifischen Bedürfnisse, die Sicherstellung der Produktivität, die Stärkung einer Leistungskultur aber auch die Vermeidung eines Bürokratiemonsters. Bei der konzeptionellen Ausgestaltung wurde aufgrund der neuen Anforderungsprofile an die Mitarbeiter der Schwerpunkt der Effizienzsteigerungen auf die Veränderung der Arbeitszeit gelegt. Die größten Effizienzgewinne ergeben sich durch die veränderten Wochenarbeitszeiten sowie den verringerten Urlaubsanspruch. Bei dem Vergütungsmodell werden Einsparungen aufgrund der geringen Grundvergütung erreicht, die jedoch aufgrund der stärkeren Leistungskultur durch Leistungsprämien zum Teil wieder aufgezehrt wird. Trotz des enorm wachsenden Kostendrucks können sich die VR-Banken zu einer Auslagerung des Geschäftes nur sehr schwer durchringen. Ursächlich hierfür ist die starke Verwurzelung in der Region und der dadurch begründete gesellschaftliche Druck bei Freisetzung von Mitarbeitern. Daher wurde gemeinsam mit dem Fachanwalt für Arbeitsrecht, Herrn Lars Th. Köbel, ein Personalmodell für die Lösung für personelle Fragestellungen der Primärgenossenschaften konzipiert.

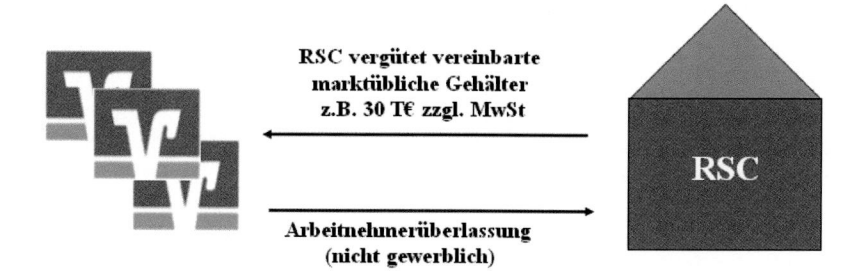

Abb. 18: Arbeitnehmerüberlassung (Quelle: Volksbank Dreieich eG)

Mitarbeiter von Kooperationspartnern können über eine nicht gewerbliche 665
Arbeitnehmerüberlassung im Service Center beschäftigt werden. Dies dürfte
insbesondere für regionale Nachbarn sehr hohe Attraktivität besitzen. Aufgrund der Fakturierung in Höhe der marktüblichen Gehälter bleiben die Kostenstrukturen im Regionalen Service Center gewahrt. Für die jeweilige Primärgenossenschaft tritt der betriebswirtschaftliche Effekt schleichend ein, jedoch werden auch die Kulturprobleme im Haus vermieden. Zielsetzung ist es, relativ kurzfristig das Kostenniveau der ausgewählten Wettbewerber zu erreichen.

Fazit:

Mit dem Regionalen Service Center wird den Volks- und Raiffeisenbanken ein 666
Erfolg versprechendes Modell geboten, um im immer härter werdenden Kostenwettbewerb mitzuhalten. Im Zusammenspiel mit dem Service Center kann sich die jeweilige Primärgenossenschaft auf ihre Kernkompetenz Vertrieb konzentrieren. Gleichzeitig sichert sie sich durch die kostengünstige Nachbearbeitung marktgerechte Kostenstrukturen.

Fragestellungen	Erfüllt
Welche Mitarbeiter können für die Entwicklung des Prozesshandbuches hinzugezogen werden?	
Inwieweit wurde die Datenpflege im Prozesshandbuch geregelt?	
Wie erfolgt der Prozessübergang bzw. wie sind die Schnittstellen definiert?	
Wie ist der Handlungsrahmen (z. B. Kapitaldienstfähigkeit, Sicherheiten, Tilgungsaussetzungen, Gebühren, Beschwerdemanagement) geregelt?	
Wie erfolgt die Bonitätsprüfung?	
Welche Regelungen wurde bzgl. der Sicherheiten getroffen (Beleihungswertermittlung, Sicherstellung)?	
Welche Produkte werden über das regionale Service Center abgewickelt?	
Wie erfolgt die Auflagengestaltung z. B. für Auszahlungen?	
Wie ist der Schriftverkehr geregelt (Kompetenzen, etc.)?	

Wie erfolgt die Terminüberwachung?	
Welche Formulare werden genutzt?	
Sind die individuellen Parameter im Automatic-loan-Prozessor implementiert?	
Wurde ein Funktionstest des Automatic-loan-Prozessor anhand von Testdaten durchgeführt?	
Wurde die IT-Infrastruktur entsprechend den Anforderungen ausgestaltet (Server, Hardware, Software)?	
Wurde ein Funktionstest mit Echtdaten durchgeführt?	
Ist eine Schulung der Mitarbeiter im Regionalen Service Center erfolgt?	
Ist eine Schulung der Mitarbeiter im Vertrieb der jeweiligen Primärgenossenschaft erfüllt?	
Erfolgt eine Begleitung des Personals mit TOJ-Maßnahmen?	
Ist ein Qualitätsmanagement (z. B. Service-Level Durchlaufzeit) im Regionalen Service Center implementiert worden?	
Welche Zielsetzung bzw. Philosophie besteht im Zusammenhang mit dem Arbeitszeitmodell?	
Findet das Arbeitszeitmodell für alle Mitarbeiter (z. B. Führungskräfte, Auszubildende, Behinderte, etc.) Anwendung?	
Wird die Grundform des Arbeitszeitmodells genutzt oder sollen Sonderformen wie beispielsweise Regelarbeitszeit, variable Arbeitszeit, Vertrauensarbeitszeit, Jahresarbeitszeitkonto, Lebensarbeitszeit Anwendung finden?	
Wie sind die Arbeitszeit- bzw. Pausenregelungen (Wochenarbeitszeit, Kernarbeitszeit, Pausenzeiten)?	
Wie erfolgt die Zeiterfassung?	
Wann entstehen Überstunden, Zeitguthaben, Zeitschulden, Überstunden etc.?	

Wann liegen Abwesenheiten (betrieblich oder persönlich bedingt) vor?	
Welche Zielsetzung bzw. Philosophie besteht im Zusammenhang mit dem Vergütungsmodell?	
Was sind die Vergütungsbestandteile (Fixbestandteile, Variable Bestandteile, Koppelungsmöglichkeiten der variablen Bestandteile, Höhe der variablen Vergütung)?	
Wie wird mit den Vergütungsstufen umgegangen (Anzahl Vergütungsstufen, Bindungsinstrument Betriebszugehörigkeit, Einbindung Funktionsprofile, Ausschüttung leistungsorientierte Vergütung)?	
Sollen Sonderformen wie beispielsweise Deffered Compensation Anwendung finden?	
Wie erfolgt die Leistungsmessung (Kriterien, Gewichtung)?	
Wurde bei der Entwicklung der Personalmodelle der Betriebsübergang vermieden?	
Wurde ein Fachanwalt für Arbeitsrecht bei der Entwicklung der Arbeitszeit- und Vergütungsmodell oder auch der Personalmodelle einbezogen?	
Ist eine Einbindung eines Steuerberaters bei der Entwicklung des Personalmodells erfolgt?	
Sind die vertraglichen Beziehungen bei den Personalmodellen klar bestimmt?	
Sind die betriebswirtschaftlichen Effekte des Personalmodells im Detail geprüft?	
Ist die Kommunikation in das Unternehmen und mit dem Betriebsrat erfolgt?	

Abb. 19: Vorteilhaftigkeit des Regionalen Service Centers (Quelle: Volksbank Dreieich eG)

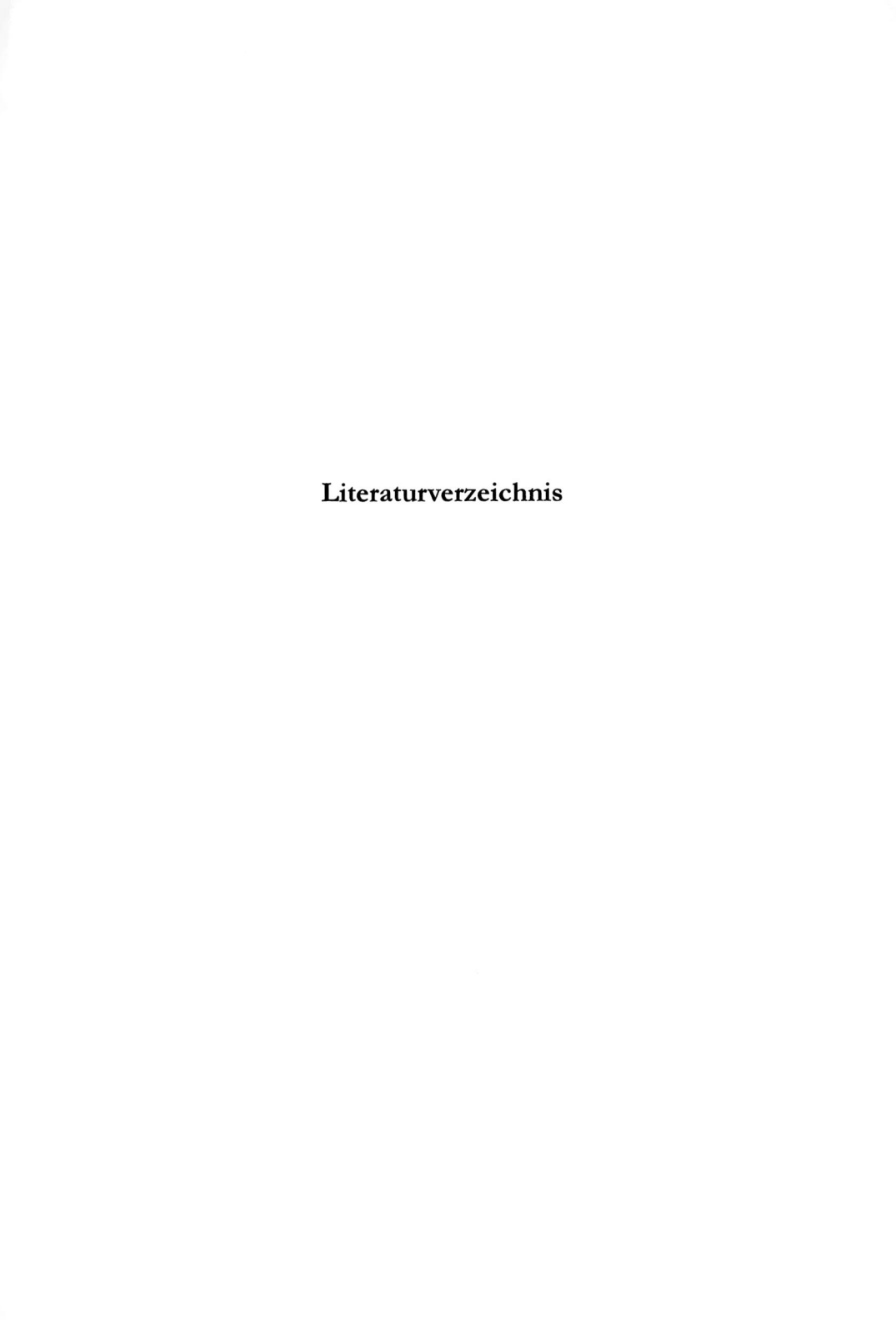

Literaturverzeichnis

Literaturverzeichnis

Amling, Th./Bantleon, U.: Handbuch der Internen Revision. Grundlagen, Standards, Berufsstand, Berlin 2007.

BaFin: Mindestanforderungen an das Risikomanagement (MaRisk) – Rundschreiben 5/2007 vom 30.10.2007.

Bantleon U./Kranzbühler L./Ramke T.: Auswirkungen der überarbeiteten Mindestanforderungen an das Risikomanagement auf die Interne Revision insbesondere bei Auslagerungen in: ZIR 3/2008, Berlin, S. 124–132.

Becker A.: Prüfung von Frühwarnverfahren in: Bearbeitungs- und Prüfungsleitfaden: Risikofrüherkennung im Kreditgeschäft Becker A./Berndt M./Klein J. (Hrsg.), Heidelberg 2008.

Becker A./Mauer A.: Steigende Bedeutung von Outsourcing-Prüfungen durch die Interne Revision in Kreditinstituten in: ZIR 1/2009, Berlin.

Berndt M.: Outsourcing – Umsetzung der Anforderungen der neugefassten MaRisk – Folienvortrag vom Oktober 2008.

Boos K.-H./Fischer R./Schulte-Mattler H.: Kreditwesengesetz – Kommentar zu KWG und Ausführungsvorschriften, München 2008.

Bräutigam P.: IT-Outsourcing: Eine Darstellung aus rechtlicher, technischer, wirtschaftlicher und vertraglicher Sicht, Berlin 2004.

Deutscher Sparkassen- und Giroverband (DSGV): MaRisk-Leitfaden und Interpretationshilfen – MaRisk – Integration der Outsourcing-Regelungen, Berlin Januar 2008.

Deutscher Sparkassen- und Giroverband (DSGV): Mindestanforderungen an das Risikomanagement – Interpretationsleitfaden Version 1.0, Berlin.

Deutsches Institut für Interne Revision (DIIR): DIIR Prüfungsstandard Nr. 4 – Standard zur Prüfung von Projekten – Definitionen und Grundsätze, Frankfurt 2008.

Deutsches Institut für Interne Revision e. V. (IIR): Leitfaden für die Durchführung eines Quality Assessments, 2007.

Deutsches Institut für Interne Revision e. V. (IIR): IIR Revisionsstandard Nr. 3 – Qualitätsmanagement in der Internen Revision, Stand 12. August 2002.

Ernst & Young Sales Management 2008 – Optimierungspotenziale im Bankvertrieb erkennen und umsetzen, Vortrag vom 12. November 2008, S. 3.

Follmann H.: Bedeutung des Outsourcing steigt in: Bankmagazin 09/2004, Wiesbaden.

Hannemann, R./Schneider, A./Hanenberg, L.: Mindestanforderungen an das Risikomanagement (MaRisk). Eine einführende Kommentierung, 2. überarbeitete und erweiterte Auflage, Stuttgart 2008.

Hanten, M./Goerke, O.: Outsourcing-Regelungen unter Geltung des § 25a Abs. 2 KWG in der Fassung des FRUG; in BKR – Zeitschrift für Bank- und Kapitalmarktrecht, 2007, S. 489 ff.

IDW Institut der Wirtschaftsprüfer in Deutschland e. V.: IDW Prüfungsstandard: Besonderheiten Problembereiche bei der Abschlußprüfung von Finanzdienstleistungsinstituten (IDW PS 520), Stand 02. Juli 2001.

IDW Institut der Wirtschaftsprüfer in Deutschland e. V.: IDW Prüfungsstandard: Die Prüfung des internen Kontrollsystems beim Dienstleistungsunternehmen für auf das Dienstleistungsunternehmen ausgelagerte Funktionen (IDW PS 951), Stand 19. September 2007.

Kleine W.: Outsourcing von Kreditprozessen unter Berücksichtigung der MaK in: Handbuch Bankenaufsichtliche Entwicklungen Becker A./Gruber W./Wohlert D. (Hrsg.), Stuttgart 2004.

Kokert J.: Auslagerung von Geschäftsbereichen im Fokus der Internen Revision in: Zukunft der Internen Revision Bollmann P./Jackmuth H.-W. (Hrsg.), Stuttgart 2008.

Plaumann-Ewerdwalbesloh, M.: Ernst & Young Sales Management 2008 – Optimierungspotenziale im Bankvertrieb erkennen und umsetzen, Vortrag vom 12. November 2008.

PriceWaterhouseCoopers: Effizienz der Kreditprozesse in deutschen Kreditinstituten – Studie zum aktuellen Stand der Prozesse, Strukturen und Effizienzkennzahlen im Kreditgeschäft, Frankfurt Juni 2008.

Reinicke, Th.: Outsourcing in Genossenschaftsbanken, Ein Leitfaden aus betriebswirtschaftlicher und rechtlicher Sicht; Berlin 2008.

Reischauer, F./ Kleinhans, J.: Kreditwesengesetz – Kommentar (Loseblattsammlung); Berlin Stand 03/2009

Rosner-Niemes S.: Risikoorientierte System- und Verfahrensprüfungen im Kreditgeschäft in: Prüfung des Kreditgeschäfts durch die Interne Revision – Becker A./Kastner A. (Hrsg.), Berlin 2007.

Sanio J.: veröffentlichte Rede anlässlich der Jahrespressekonferenz der BaFin am 10. Mai 2006 in Bonn.

Schnabel C.: MaRisk: Qualitative Anforderungen an das strategische Management in: BankPraktiker 03/2007.

The Institute of Internal Auditors: Internationale Standards für die berufliche Praxis der Internen Revision 2009, in der Übersetzung vom Deutschen Institut für Interne Revision (DIIR e. V.), Wien 2008.

Tölle H.: Ousourcing: Auslagerung von Geschäftsbereichen als Alternative zu Fusionen in: BankPraktiker 12/2007.